ERICH
SCHMIDT
VERLAG

D1718978

Die UEFA EURO 2024™ aus sportökonomischer Perspektive

Management, Organisation und Wirkung einer Sportgroßveranstaltung

Herausgegeben von:

Prof. Dr. Thomas Bezold und Prof. Dr. Florian Pfeffel

Mit Beiträgen von:

Prof. Dr. Thomas Bezold, Prof. Dr. Andrea Braun von Reinersdorff, Prof. Dr. Christoph Breuer, Prof. Dr. Markus Breuer, Prof. Dr. André Bühler, Prof. Dr. Axel Faix, Heiko von Glahn, Lars Griebel, Maximilian Herzog, Prof. Dr. Anne Jakob, Prof. Dr. Florian Kainz, Georg Kemper, Prof. Dr. Thomas Könecke, Christian Kühner, Justus Maas, Prof. Dr. Gerd Nufer, Prof. Dr. Florian Pfeffel, Prof. Dr. Christoph Rasche, Prof. Dr. Maria Ratz, Prof. Dr. Florian Riedmüller, Dr. Peter Rohlmann, Annette Schwarz, Alexander Smolareck, Prof. Dr. Tim Ströbel, Prof. Dr. Gerhard Trosien, Prof. Dr. Ronald Wadsack, Dr. Fabio Wagner, Dr. Stefan Walzel, Prof. Dr. Dr. Christian Werner

ERICH SCHMIDT VERLAG

Bibliografische Information der Deutschen Bibliothek

Die Deutsche Bibliothek verzeichnet diese Publikation in der Deutschen Nationalbibliografie; detaillierte bibliografische Daten sind im Internet über http://dnb.d-nb.de abrufbar.

Weitere Informationen zu diesem Titel finden Sie im Internet unter
ESV.info/978-3-503-23713-5

Gedrucktes Werk: ISBN 978-3-503-23713-5
eBook: ISBN 978-3-503-23714-2

Satz: L101 Agentur für Mediengestaltung, Fürstenwalde
Druck: docupoint, Barleben

Vorwort der Herausgeber –
Sportökonomischer Rahmen der EURO 2024

Thomas Bezold & Florian Pfeffel

Die UEFA EURO 2024 wird nach der FIFA-Weltmeisterschaft 2006 die größte Sportveranstaltung sein, die in Deutschland vorbereitet, organisiert und durchgeführt werden wird. Vom 14. Juni 2024 bis 14. Juli 2024 werden 51 Spiele der europäischen Nationalmannschaften in zehn deutschen Stadien stattfinden, um den Europameister zu ermitteln.

Parallel zu den sportlichen Entscheidungen in den Stadien stellt die Organisation und Durchführung einer Kontinentalmeisterschaft hohe Herausforderungen an die Organisationskompetenz der verantwortlichen Verbände und Institutionen.

Der vorliegende Herausgeberband hat das Ziel, die Sportgroßveranstaltung UEFA EURO 2024 aus sportökonomischer Perspektive zu analysieren. Die Konzeption der Publikation orientiert sich dabei an den verschiedenen Wertschöpfungsaspekten, die bei Planung, Vorbereitung und Durchführung zu durchlaufen sind. Dabei erfahren auch die verschiedenen Perspektiven der unterschiedlichen Stakeholdergruppen Berücksichtigung. Zu den wichtigsten Stakeholdern zählen dabei die UEFA, der DFB, die EURO 2024 GmbH, die Landesverbände, politische Entscheidungsträger der drei föderalen Ebenen, die Ausrichterstädte, Stadien, Medien, Ausrüster, Sponsoren, Agenturen, Sportartikelindustrie, Zuschauer und die allgemeine Öffentlichkeit. Die Auswahl der Autoren und Beiträge wurde unter der Prämisse vorgenommen, eine fruchtbare Symbiose zwischen sportökonomischer Theorie und praktischer Anwendung und Umsetzung sicherzustellen.

Inhaltlich gliedert sich die Publikation in die fünf Bereiche Entwicklung und organisatorischer Rahmen, Fans und digitale Angebote, Ausrichterstädte und Rechte, Sponsoren und Marke sowie Nachhaltigkeit und Legacy.

Im ersten Themenbereich **Entwicklung und organisatorischer Rahmen** werden einleitend die sporthistorische Entwicklung der Fußball-Europameisterschaften seit 1960, die wirtschaftliche Bedeutung und das Vergabeverfahren der EURO aufgezeigt. Darüber hinaus werden die Personalmanagement-Herausforderungen thematisiert. Es wird ausgeführt, wie der geplante Aufbau des Personalbedarfs umgesetzt wird. Angesichts der Größe der Veranstaltung kann dabei auf den Einsatz von Volunteers nicht verzichtet werden. Die Bedarfsplanung, die Auswahl, das Einsatzmanagement der Volunteers und die laufenden Planungen zur EURO 2024 werden vorgestellt.

Der zweite Themenbereich **Fans und digitale Angebote** beginnt mit der Thematik Fan-Engagement. Dazu werden zunächst verschiedene Klassifizierungen von Fansegmenten erläutert und empirische Studien zum Fan-Engagement vorgestellt. Diese werden dann in Bezug zu den Planungen und Möglichkeiten der EURO 2024 gesetzt. In Hinblick auf eine gute Interaktion und Berücksichtigung der Zuschauerperspektive werden Ergebnisse von empirischen Zuschauerbefragungen thematisiert, um die Erwartungshaltung der Fußballinteressierten abzubilden. Gerade vor dem Hintergrund des zurückliegenden FIFA World Cups in Katar erhalten die artikulierten Erwartungen der deutschen Fußballfans an die EURO im eigenen Land eine besondere Brisanz. Die Ergebnisse stammen aus einer Befragung im März 2023.

Die zunehmende Medialisierung und Digitalisierung im Sport und insbesondere im Fußball stellt auch die Organisatoren der EURO 2024 vor entsprechende Herausforderungen. Trends im Medienverhalten der Sportkonsumenten und mögliche Lösungsansätze werden aufgezeigt. In diesen Kontext sind auch die Entwicklungen im E-Sport einzuordnen. Im Beitrag wird das E-Sport-Ökosystem erklärt und dargelegt, wie und warum der E-Sport für Sportgroßveranstaltungen der Größenordnung einer EURO in Zukunft eine Relevanz erhalten könnte.

Der dritte Themenbereich **Ausrichterstädte und Rechte** beginnt mit einem vermarktungsrechtlichen Blick auf die Ausrichterstädte. Zunächst wird das Rechteschutzprogramm der UEFA vorgestellt. Auf dieser Basis wird am Beispiel Berlin erläutert, welche Anforderungen und Limitationen sich ergeben, aber auch welche Chancen für die Host Cities damit verbunden sind. Die geplante Umsetzung der Rolle als Ausrichterstadt wird anhand der drei Städte Frankfurt am Main, München und Berlin illustriert. Mit unterschiedlicher theoretischer Fundierung und Schwerpunktsetzung werden die Rahmenbedingungen, Planungen und konkreten Konzepte der Städte vorgestellt.

Der Blick auf **Sponsoren und Marke** bildet den nächsten Themenkomplex. Die Erläuterung der Grundlagen von Sport- und Eventsponsoring anhand von verschiedenen Sportgroßveranstaltungen stellen in diesem Kapitel den Ausgangspunkt dar. Einen speziellen Fokus erfährt die Sportartikelindustrie durch die Analyse der Ausrüsterverträge der Nationalmannschaften als Marketinginstrument. Ein weiterer Beitrag widmet sich dem Markenmanagement bei Sportgroßveranstaltungen aus Multi-Akteurs-Perspektive. Implikationen für das Markenmanagement der Eventmarke UEFA EURO 2024 werden abgeleitet. Die Monetarisierung der Eventmarke UEFA EURO 2024, die Umsetzung und betriebswirtschaftliche Bedeutung des Event-Merchandisings stehen hier im Mittelpunkt.

Der Themenbereich zu **Nachhaltigkeit und Legacy** beschließt den Herausgeberband. Zunächst werden hier die Grundlagen des Nachhaltigkeitsmanagements vermittelt, bevor mit den Planungen für die Olympischen

Spiele in Paris 2024, der Weltmeisterschaft in Katar und der zurückliegenden EURO 2016 (und auch 2020) Benchmarks ermittelt werden. Diesen werden die Planungen zur EURO 2024 gegenübergestellt, wobei vor allem die Nutzung bestehender Infrastruktur und das Zoning positiv ins Gewicht fallen. Das Thema Nachhaltigkeit findet sich auch im Folgebeitrag wieder, in dem der Co-Hosting-Ansatz von Events der alleinigen Ausrichtung durch ein Land gegenübergestellt wird. Es wird die Frage behandelt, welche Konsequenzen sich aus dem Vergleich der beiden Konzepte für den Bewerbungs- und Vergabeprozess zukünftiger Fußball-Europameisterschaften ableiten lassen. Im letzten Beitrag werden mögliche Transfereffekte der EURO 2024 auf den Vereins- und Wettkampfsport im Amateurbereich in den Blick genommen und mögliche Effekte aufgezeigt.

Insgesamt ist der Herausgeberband als **Fachbuch für eine breite Zielgruppe** konzipiert, die sich besonders für die sportökonomischen Perspektiven einer Sportgroßveranstaltung interessiert. Damit richtet sich das Buch zunächst an Praktiker, Wissenschaftler, Dozenten und Studierende im Fachgebiet Sportmanagement, Sportökonomie und Eventmanagement. Entscheidungträger in Bewerbungs- und Organisationskomitees von Großveranstaltungen, Vertreter der öffentlichen Verwaltung, Sportverbände und Vereine werden viele Themenbereiche finden, die sich auch auf andere Sportarten und Größenklassen von Sportveranstaltungen adaptieren lassen. Darüber hinaus wendet sich die Publikation an alle Sportinteressierten, die einen vertieften Einblick in die Vorbereitung, Organisation und Durchführung einer Sportgroßveranstaltung erhalten möchten. Durch den interdisziplinären Ansatz und die Berücksichtigung verschiedener Stakeholdergruppen sollen die Komplexität und die organisatorische Vielschichtigkeit einer Sportgroßveranstaltung am Beispiel der EURO 2024 analysiert und dargestellt werden.

In formaler Hinsicht möchten wir darauf hinweisen, dass aus Gründen der besseren Lesbarkeit in den Beiträgen genderneutrale Formulierungen in Form des generischen Maskulinums verwendet wurden.

Das Herausgeberteam bedankt sich sehr herzlich bei allen Mitwirkenden, die zum Gelingen der Publikation beigetragen haben. Hier ergeht ein besonderes Dankeschön vor allem an alle Autoren für das Verfassen der Einzelbeiträge. Für die Mitarbeit bei der Erstellung des Manuskripts danken wir Valentin Nickolai und Christian Kühner sehr. Zu guter Letzt geht ein herzliches Dankeschön an die Mitarbeitenden und das Team des Erich Schmidt Verlages für die stets freundliche, professionelle und kooperative Betreuung des Buchprojektes.

Berlin, im Oktober 2023   Prof. Dr. Thomas Bezold
                                                    Prof. Dr. Florian Pfeffel

Inhaltsüberblick

Sponsoren und Marke

Nachhaltigkeit und Legacy

Inhaltsverzeichnis

Fans und digitale Angebote

André Bühler & Gerd Nufer

Axel Faix

Christoph Rasche & Andrea Braun von Reinersdorff

Ausrichterstädte und Rechte

Gerhard Trosien & Georg Kemper

9　Regionalökonomische Auswirkungen der EURO 2024 –
Erwartungen in Frankfurt und Umgebung 181

Florian Kainz, Fabio Wagner, Christian Werner & Thomas Könecke

10　Stakeholderanalyse zur EURO 2024 – Eine Fallstudie zur Host City München .. 202

Thomas Bezold & Heiko von Glahn

11　Berlin als Host City – Von der Fan Zone bis zum Finale 223

Sponsoren und Marke

Gerd Nufer & André Bühler

Florian Riedmüller

Lars Griebel & Tim Ströbel

Peter Rohlmann

Nachhaltigkeit und Legacy

Florian Pfeffel, Maria Ratz & Christian Kühner

Stefan Walzel & Maximilian Herzog

Justus Maas & Christoph Breuer

Entwicklung und organisatorischer Rahmen

1 Fußball-Europameisterschaften im Wandel der Zeit – Entwicklung, wirtschaftliche Bedeutung und Vergabeverfahren

Thomas Bezold

„Die UEFA-Fußball-Europameisterschaft ist der prestigeträchtigste Fußballwettbewerb für europäische Nationalmannschaften, bei dem unter den UEFA-Mitgliedsverbänden der europäische Kontinentalmeister ermittelt wird. Der Wettbewerb findet seit 1960 im Vierjahresrhythmus statt. Die Veranstaltung bietet europäischen Spitzenfußball und erfüllt die ausrichtenden Verbände und die Austragungsstädte mit großem Stolz", so die Selbsteinschätzung des europäischen Fußball-Verbandes UEFA (2018a, S. 3).

In diesem einführenden Beitrag wird die Entwicklung der Fußball-Europameisterschaft der Männer als Sportgroßveranstaltung von der ersten Austragung im Jahr 1960 bis zur 17. Austragung im Jahr 2024 nachgezeichnet und anhand zentraler sportökonomischer Kennzahlen und Kriterien beschrieben. Mit diesem Grundlagenbeitrag sollen verschiedene Informationsziele für diese Publikation erreicht werden. Zunächst geht es darum, den Untersuchungsgegenstand, die Fußball-Europameisterschaft, abzugrenzen, zu beschreiben und die Veranstaltung in den Kontext der internationalen Sporteventszene einzuordnen. Viele sportökonomische Kennzahlen der EURO (z. B. Erträge, Aufwendungen, Zuschauerzahlen, Medieninteresse) sind nur vor dem Hintergrund dieser über Jahrzehnte andauernden Entwicklung zu verstehen. Seit den 1990er-Jahren fand darüber hinaus eine verstärkte Medialisierung und Kommerzialisierung von Sportgroßveranstaltungen statt, die auch eine Professionalisierung im Eventmanagement dieser mit sich brachte (vgl. Weiß, 2008, S. 28–42; Maennig & Zimbalist, 2012; Masterman, 2021, S. 24–29). Eingebettet in diesen generellen Trend ist auch die Entwicklung der Fußball-Europameisterschaft zu sehen. Wendet man das Lebenszykluskonzept als Analyseinstrument aus dem strategischen Management auf die Europameisterschaft an, kann man der Veranstaltung durch eine nachfrageorientierte und adäquate Anpassung an die Event-Rahmenbedingungen eine Position in der Reifephase des Eventlebenszyklus attestieren (Weiß, 2008, S. 88–94). Im zweiten Teil des Beitrages soll der Vergabeprozess der EURO 2024 nachgezeichnet werden, der final dafür Verantwortung trägt, dass die Veranstaltung 2024 in Deutschland stattfindet und vom Deutschen Fußball-Bund ausgerichtet wird.

Die Fußball-Europameisterschaft, Kurzform „UEFA EURO" oder „EURO", ist ein vom europäischen Fußball-Kontinentalverband UEFA veranstaltetes Fußballturnier der Männer-Nationalmannschaften ihrer nationalen Mitgliedsverbände, das im vierjährigen Rhythmus ausgetragen wird. Die Veranstaltungsdauer beträgt im aktuellen Turniermodus circa vier Wochen. Das Ausrichterland bzw. der ausrichtende nationale Fußballverband wird dabei von den nach den Statuten der UEFA zuständigen Gremien gewählt, aktuell vom UEFA-Exekutivkomitee (UEFA, 2016, S. 10–12). Der gesamte Wettbewerb gliedert sich prinzipiell in zwei Phasen: eine Qualifikationsphase, in der alle gemeldeten Nationalmannschaften der UEFA-Mitgliedsverbände die Teilnehmer für die sog. Endrunde ermitteln. Diese Qualifikationsphase dauert circa zwei Jahre. Die zweite Phase ist die „Endrunde", die eigentliche Europameisterschaft, die von einem oder von mehreren UEFA-Mitgliedsverbänden gemeinschaftlich ausgerichtet wird, um den Europameister zu ermitteln (UEFA, 2018a, S. 3). Die weiteren Ausführungen dieses Beitrages beziehen sich auf diese Endrunde. Die Qualifikationsphase wird dabei weitestgehend ausgeblendet und nur thematisiert, wenn sie für das Verständnis und zur Erklärung der Entwicklung der Fußball-Europameisterschaften von Bedeutung ist.

Zur Beschreibung der sportökonomischen Bedeutung von Sportgroßveranstaltungen werden verschiedene Kriterien und Parameter herangezogen, die aus einer breiten und intensiven internationalen Forschungsintensität hervorgegangen sind. Dazu zählen unter anderem die zeitliche Dauer, die Periodizität, der Qualifikationsmodus, Anzahl der teilnehmenden Mannschaften an der Qualifikation und der Endrunde, der Modus des Turniers und die damit zusammenhängende Anzahl der Spiele, Anzahl der Ausrichterstädte inklusive Stadien mit deren Kapazitäten und Auslastungsquoten, Summe der Live- und Medien-, insbesondere TV-Zuschauer, Höhe der realisierten Einnahmen, Kosten, Gewinne und Verluste der involvierten Stakeholdergruppen (vgl. dazu Gans et al., 2003, S. 81–83; Weiß, 2008, S. 42–44; Masterman, 2021, S. 10–21; UEFA, 2021a). Durch die komprimierte Darstellung der wichtigsten Veranstaltungsparameter lässt sich auch der Aufstieg der EURO von einer zu Beginn „ungeliebten Meisterschaft der Nationalmannschaften" hin zu einer der bedeutendsten Sportgroßveranstaltungen Europas belegen.

1.1 Entwicklung der Fußball-Europameisterschaften von 1960 bis 2024

Die Fußball-Europameisterschaft wurde zum ersten Mal 1960 ausgetragen. Sie zählt aktuell zu den größten Sportgroßveranstaltungen europa- und weltweit. Zusammen mit den Olympischen Spielen, den Olympischen Winterspielen und der FIFA-Fußball-Weltmeisterschaft erreicht das UEFA-Turnier Spitzenwerte in Bezug auf relevante Bewertungskriterien wie die Summe der Live-Zuschauer im Stadion, weltweite Medien-Zuschauer, insbesondere TV-Reichweite, aber auch in Bezug auf die generierten Umsätze aus kommerziellen Rechten, Vermarktung medialer Rechte und Ticketing sowie in Bezug auf die Sportinfrastrukturinvestitionen und die Durchführungskosten für den Wettbewerb (Weiß, 2008, S. 41; UEFA, 2021, S. 24–29).

Die Einführung und Etablierung dieses Fußballturniers vor gut 60 Jahren war jedoch sehr schwierig und mit vielen Hindernissen verbunden, welche nachfolgend beschrieben werden (UEFA, 2021b). Während es bereits regionale Turniere zwischen verschiedenen Nationalverbänden mit ihren Auswahlmannschaften gab, wie z. B. die Skandinavischen Meisterschaften, den Balkan-Cup und die Baltischen Meisterschaften (Grüne, 2008, S. 18–20), entstand die erste Initiative für eine Europameisterschaft in den 1950er-Jahren. Im Gründungsjahr der UEFA 1954 kam von der französischen Sportzeitung *L'Equipe* der Vorschlag, eine Europameisterschaft der Nationalmannschaften auszutragen. Einen großen Unterstützer fand die Initiative der *L'Equipe* beim ersten UEFA-Generalsekretär Henri Delaunay, der zuvor für den französischen Fußballverband arbeitete (UEFA, 2020). Erwähnenswert ist dabei der Tatbestand, dass Delaunay in seiner Funktion als Generalsekretär des französischen Fußballverbandes schon im Jahr 1927 zusammen mit dem österreichischen Funktionär Hugo Meisl der FIFA den Vorschlag machte, einen „Europapokal der Nationen" auf europäischer Ebene ins Leben zu rufen. Da die FIFA jedoch selbst stark mit der Etablierung der Fußball-Weltmeisterschaft beschäftigt war, die 1930 zum ersten Mal in Uruguay stattfinden sollte, und eine Europameisterschaft als „Konkurrenzveranstaltung" ansah, wurde die Idee seitens des Weltverbandes nicht unterstützt und deshalb nicht weiterverfolgt. Darüber hinaus waren auch die Vereine negativ gegenüber der Idee eingestellt, ihre Spieler noch häufiger für die Nationalmannschaft freizustellen (UEFA, 2015).

Nach Henry Delaunays Tod im Jahr 1955 übernahm sein Sohn Pierre Delaunay die Idee eines „Europapokals der Nationen" und setzte sich stark dafür ein. Pierre Delaunay wurde daraufhin zum Generalsekretär des Organisationskomitees für den Europapokal der Nationen berufen, nachdem innerhalb der UEFA 1957 Einverständnis über die Initiierung des Turniers erzielt werden konnte. Die Siegestrophäe – der Gewinnpokal des

Turniers – wurde in Anerkennung der Gründungsverdienste von Henri Delaunay für den europäischen Nationalmannschaftsfußball „Henri-Delaunay-Pokal" benannt (UEFA, 2015).

Das erste europäische Turnier wurde mit ca. der Hälfte der UEFA-Mitgliedsverbände ausgetragen. 17 europäische Länder nahmen mit ihren Nationalmannschaften daran teil. Das war eine notwendige Meldung, denn die UEFA-Statuten sahen als Voraussetzung für die Durchführung eine Mindestteilnehmeranzahl von 16 Nationalmannschaften vor. Die 17 Teams spielten in der Qualifikationsphase von 1958 bis 1960 vier Teilnehmer für die Endrunde aus, welche dann vom 6. bis 10. Juli 1960 in Frankreich aufeinandertrafen, um den Europameister zu ermitteln. Der gesamte Qualifikationswettbewerb funktionierte nach einem K.-o.-System mit Hin- und Rückspiel. Erst in der Endrunde, der Runde der letzten Vier, endete dieser Modus und der Sieger wurde in einem Spiel ermittelt. Allerdings war der sportliche Wert des Turniers noch limitiert, weil spielstarke Nationalmannschaften wie beispielsweise aus der Bundesrepublik Deutschland, Italien oder England nicht teilnahmen. Von vielen Nationalverbänden und deren Funktionären und Nationaltrainern wurde der „Europapokal der Nationen" als störend im Terminkalender empfunden. Exemplarisch und legendär war die Aussage des damaligen Bundestrainers Sepp Herberger, als er gefragt wurde, warum eine DFB-Auswahl nicht bei der Europameisterschaft 1960 teilnehmen wolle. Der Bundestrainer erklärte, er habe kein Interesse daran, „die Zeit zwischen den Weltmeisterschaften zu verschwenden" (Förster, 2015). Das erste Spiel mit Beteiligung einer deutschen Nationalmannschaft bei der Europameisterschaft machte die Auswahlmannschaft des Deutschen Fußball-Verbandes (DFV – Fußballverband der Deutschen Demokratischen Republik). Am 21. Juni 1958 empfing die DFV-Auswahl von Trainer Fritz Gödicke in der Qualifikationsphase für die Europameisterschaft 1960 das Team aus Portugal in Ost-Berlin. Die DDR schied nach einem 0:2 und wenige Tage später im Rückspiel in Porto mit 2:3 aus (Grüne, 2008, S. 36).

Für die Endrunde der Europameisterschaft in Frankreich qualifizierten sich die Teams aus der Tschechoslowakei, Sowjetunion, Jugoslawien und dem Gastgeberland Frankreich. Im Halbfinale verloren die Franzosen gegen Jugoslawien mit 4:5. Die Sowjetunion setzte sich klar mit 3:0 gegen die Tschechoslowakei durch. Im Gegensatz zu heute wurde 1960 noch der 3. Platz ausgespielt, den die Tschechoslowakei mit einem 2:0 gegen Frankreich gewann. Erster Europameister wurde die Nationalmannschaft der Sowjetunion, die im Finale nach Verlängerung 2:1 gegen Jugoslawien gewinnen konnte. Die ersten beiden Turniere 1960 und 1964 wurden noch unter dem Namen *„Europapokal der Nationen"* ausgetragen. Erst im Jahr 1966 erklärte die UEFA den Wettbewerb offiziell zur Fußball-Europameisterschaft (UEFA, 2021b).

1.1.1 Turniermodus

Aus sportökonomischer Sicht besonders wichtig ist der zugrunde liegende Modus des Turniers, weil sich daraus wichtige organisatorische und ökonomische Konsequenzen ableiten (Weiß, 2008, S. 51–80). Dazu zählen insbesondere der Qualifikations- und Endrundenmodus, die Anzahl der teilnehmenden Nationalverbände an der Qualifikation und dem Endturnier, die Anzahl der Spiele sowie die zeitliche Dauer der Endrunde.

Phase 1: 1960–1976

In den Anfangsjahren der Fußball-Europameisterschaft von 1960 bis 1976 wurde im Gastgeberland nur mit vier Mannschaften im Halbfinalmodus gespielt, wodurch auch nur vier Spiele zusammenkamen. Der wirtschaftliche Hebel für spieltagsbezogene Einnahmen wie Ticketing, Catering und Sponsoring, aber auch die Höhe der Erträge aus der medialen Vermarktung blieben deswegen relativ gering. Auch die Anzahl der Stadionzuschauer war noch sehr überschaubar. Obwohl es in der Endrunde ja nur zwei Halbfinale, das Spiel um Platz 3 und das Endspiel gab, blieben die Auslastungsquoten in einem Bereich zwischen 30 und 70 Prozent (vgl. Tab. 1.1). Auch an dieser Kennzahl ist zu erkennen, dass der sportliche Stellenwert, die Popularität des Turniers und das Zuschauerinteresse noch stark entwicklungsfähig waren. Es muss berücksichtigt werden, dass die Mobilität der Fußballfans in dieser Zeit noch nicht so stark ausgeprägt war, wie es heute üblich ist. Es gab noch den „Eisernen Vorhang", der allgemeine Wohlstand war noch nicht so stark entwickelt. Flugreisen waren in dieser Zeitspanne noch teuer, es gab noch keine Billig-Airlines. Hinzu kam, dass es für den kompletten Reiseaufwand ja nur maximal zwei Spiele zu sehen gab. Am 18. Juni 1972 gewann die DFB-Auswahl im Brüsseler Heysel-Stadion mit einem 3:0 gegen die Sowjetunion zum ersten Mal den Europameistertitel.

Phase 2: 1980–1992

Die Aufstockung auf acht Teams in der Phase von 1980 bis 1992 brachte eine signifikante Steigerung in allen wichtigen Turnierkriterien. Auch begann die Popularität durch die Teilnahme aller bedeutenden europäischen Fußballnationen zu steigen. Zum ersten Mal wurde bei der EURO 1980 in Italien die Gesamtstadionkapazität für alle Spiele von einer Million Sitzplätzen überschritten. Es erhöhte sich die Anzahl der im Gastgeberland ausgetragenen Spiele auf 15 (1980) bzw. 14 Spiele (1984–1992). Bis 1980 gab es noch ein Spiel um Platz 3. Seit 1984 bis heute wird kein Spiel um Platz 3 mehr ausgetragen, aber die Endspielteilnehmer werden über zwei Halbfinale ermittelt, wodurch die Gesamtzahl der Spiele der Endrunde von 1984 bis 1992 von der UEFA auf 14 Paarungen festgelegt wurde.

Durch die Aufstockung auf acht Teams konnten alle spieltagsbezogenen Einnahmearten gesteigert werden. Auch stieg durch die Erhöhung der Mannschaften und Spiele das Interesse der Nationalverbände, sich für eine Ausrichtung der EURO zu bewerben. Es entstand ein Bewerberwettbewerb unter den Nationalverbänden, den die UEFA geschickt für die weitere Entwicklung des Veranstaltungsformats nutzen konnte. In dieser Phase konnte auch die Auslastungsquote in den Stadien stark gesteigert werden. Abgesehen von der EURO 1980 in Italien (31,62 %), wurden bei den übrigen Turnieren, insbesondere bei der EURO 1988 in der Bundesrepublik Deutschland, Auslastungsquoten um 90 Prozent erreicht (vgl. Tab. 1.1). Die Auswahl des Deutschen Fußball-Bundes konnte auch in dieser Phase einen Europameistertitel verbuchen. Bei der EURO 1980 in Italien schlug sie am 22. Juni 1980 im Stadio Olimpico in Rom die Nationalmannschaft Belgiens mit 2:1.

Phase 3: 1996–2012

Den nächsten großen Meilenstein konnte die UEFA durch die Erhöhung der teilnehmenden Nationalmannschaften auf 16 Teams erreichen, was zu insgesamt 31 Spielpaarungen in der Endrunde führte. Dieses Turnierformat wurde von 1996 bis 2012 ausgetragen. Die Gesamtzuschauerzahl erhöhte sich bei konstant hohen Auslastungsquoten um 90 Prozent auf 1,5 Millionen (vgl. Tab. 1.1). Begünstigend kam die Öffnung der Grenzen der ehemaligen Ostblockländer dazu. Durch kostengünstige Reisemöglichkeiten, insbesondere im Flugverkehr, erfuhr die EURO enormen Zuspruch. Die Turnierdauer verlängerte sich auf zwei bis drei Wochen. In diese Zeit fielen auch die von der UEFA zugelassene gemeinsame Austragung von mehreren Gastgeberländern, wie die EURO 2000 in Belgien und den Niederlanden, die EURO 2008 in Österreich und der Schweiz und 2012 in Polen und der Ukraine. Durch die Zulassung von Co-Hostings konnten auch kleinere Länder, die allein nicht alle notwendigen Bewerbungsvoraussetzungen erfüllten, zusammen mit einem Partnerland die Europameisterschaft ausrichten (Grüne, 2008, S. 254). Der DFB-Auswahl gelang in dieser Phase bei der 10. EURO 1996 in England der dritte Titel. Im Finale am 30. Juni 1996 im Londoner Wembley-Stadion gewann die DFB-Auswahl gegen Tschechien mit 2:1 nach einem „Golden Goal" in der Verlängerung.

Phase 4: 2016–2024

Seit 2016 wird die Endrunde der EURO mit 24 Nationalmannschaften ausgespielt, was zu insgesamt 51 Turnierspielen führt. Dementsprechend sind auch sowohl die Einnahmemöglichkeiten in allen relevanten Ertragskategorien als auch die Organisations- und Durchführungskosten für den Ver-

Phase	EURO	Ausrichterland	Anzahl Teams	Anzahl Spiele	Anzahl Stadien	Summe aller Stadionplätze	Zuschauer Gesamt	Stadionkapazität Durchschnitt	Zuschauer Durchschnitt	Auslastungsquote in %	Europameister
	1960	Frankreich	4	4	2	160.000	78.958	40.000	19.740	49,35	Sowjetunion
	1964	Spanien	4	4	2	428.000	156.253	107.000	39.063	36,51	Spanien
1	1968	Italien	4	4	3	290.000	192.119	66.667	48.030	66,25	Italien
	1972	Belgien	4	4	4	204.000	106.510	51.000	26.628	52,21	Deutschland
	1976	Jugoslawien	4	4	2	308.000	106.087	79.500	26.522	34,44	Tschechoslowakei
	1980	Italien	8	14	4	1.109.000	350.665	78.750	25.047	31,62	Deutschland
	1984	Frankreich	8	15	7	781.122	599.655	52.340	39.977	76,77	Frankreich
2	1988	Deutschland	8	15	8	999.086	935.681	66.276	62.379	93,65	Niederlande
	1992	Schweden	8	15	4	488.100	429.623	31.050	28.642	88,02	Dänemark
	1996	England	16	31	8	1.568.745	1.269.894	47.377	40.496	80,95	Deutschland
	2000	Belgien/Niederlande	16	31	8	1.200.650	1.102.850	36.531	35.576	91,85	Frankreich
3	2004	Portugal	16	31	10	1.343.260	1.165.192	37.587	34.204	86,74	Griechenland
	2008	Österreich/Schweiz	16	31	8	1.153.651	1.143.170	37.306	36.967	99,09	Spanien
	2012	Polen/Ukraine	16	31	8	1.552.029	1.397.721	47.960	45.088	90,06	Spanien
	2016	Frankreich	24	51	10	2.629.600	2.427.303	48.760	47.594	92,31	Portugal
4	2020	Pan-Europa	24	51	11	3.265.476	1.238.845	61.874	24.291	37,94	Italien
	2024	Deutschland	24	51	10	2.780.000					

Tab. 1.1: Statistische Kennzahlen zu allen 17 Europameisterschaften von 1960 bis 2024 (eigene Darstellung)

anstalter UEFA und die ausrichtenden Nationalverbände angestiegen. Die Veranstaltungsdauer beträgt in diesem Turnierformat in der Regel vier Wochen. Durch diese lange Zeitspanne ist es für viele ausländische Gäste interessant, einen längeren Aufenthalt im Gastgeberland zu planen, was sich positiv auf den zusätzlichen eventinduzierten privaten Konsum im Transportgewerbe, in Hotellerie, Gastgewerbe und im Einzelhandel auswirkt. Bei der EURO 2016 in Frankreich wurde der bislang gültige Zuschauerrekord aufgestellt. Zu den 51 Spielen kamen 2.427.303 Zuschauer in die Stadien, was einem Auslastungsgrad von 92,31 Prozent entspricht (vgl. Tab. 1.1).

Eine Sonderstellung in dieser Phase nahm dabei die EURO 2020 ein, die aufgrund des sechzigjährigen Jubiläums des Turniers im Jahr 2020 nicht an ein oder zwei Ausrichterländer vergeben wurde, sondern europaweit ausgetragen werden sollte. Insgesamt fand das Turnier in elf verschiedenen Ländern statt. In Deutschland war München Austragungsort. Das Turnier musste aufgrund der Covid-19-Pandemie um ein Jahr verschoben werden. Es wurde vom 11. Juni bis 11. Juli 2021 in zehn europäischen Städten sowie in der asiatischen Stadt Baku, als Hauptstadt des euroasiatischen Landes Aserbaidschan, ausgetragen. Die beiden Halbfinalspiele und das Finale wurden im Londoner Wembley-Stadion durchgeführt. Italien schlug dabei am 11. Juli 2021 Gastgeber England im Elfmeterschießen und wurde Europameister. Aufgrund der Covid-Einschränkungen wurde bei dem Jubiläumsturnier 2021 nur eine Stadionauslastung von 37,94 Prozent erzielt (vgl. Tab. 1.1). Die Idee einer europaweiten Austragung in elf verschiedenen Ländern war eine anlassbezogene Einzelentscheidung der UEFA zur Würdigung des sechzigjährigen Jubiläums der EURO, die als Ausnahme zur gängigen Vergabepraxis einzuordnen ist.

Eng mit der Entscheidung über das Turnierformat und der Summe der damit in der Endrunde zur Austragung kommenden Spiele hängt die Entwicklung der Anzahl der Zuschauer vor Ort zusammen. Weitere wichtige Kriterien sind die Stadionkapazität und die Auslastung der Stadien. Tabelle 1.1 gibt einen Überblick über wichtige statistische Turnierkriterien, insbesondere über die Zuschauerentwicklung, Auslastungsquoten sowie über die Anzahl der teilnehmenden Mannschaften und Spiele aller bisherigen Europameisterschaften von 1960 bis 2020 (DFB, 2020; UEFA, 2021).

Die Europameisterschaft hat sich über vier Phasen zu einer der bedeutendsten internationalen Sportgroßveranstaltungen entwickelt. Dieser steile Anstieg war nach dem holprigen Start nicht unbedingt zu erwarten (UEFA, 2015). Während der kompletten Zeitspanne ab 1960 bis heute hat sich auch die Anzahl der UEFA-Mitgliedsverbände von 34 auf 55 erhöht (UEFA, 2023b), was vornehmlich mit der Gründung neuer nationaler Verbände, u.a. durch den Zerfall der Sowjetunion und des ehemaligen Jugoslawiens, zu tun hat. Ohne diesen Zuwachs wäre die eingetretene Expansion so nicht möglich gewesen. Für die Entwicklung des Turniers und seiner Attraktivität waren vor allem die Anpassung des Turnierformats und die Zulassung von bis zu 24 Nationalmannschaften für die Endrunde verantwortlich. Unterstützt wurde dieser Trend auch durch die Grenzöffnungen in vielen osteuropäischen Ländern, die liberalen Einreisebestimmungen in vielen europäischen Ländern, insbesondere in der Europäischen Union, sowie durch günstige Reise- und Flugangebote. Im Bereich der Medienerlöse profitierte die EURO vom internationalen Wettbewerb um Premiumsportrechte und von der international gestiegenen Popularität der telegenen Sportart Fußball. Einen wesentlichen Beitrag zur Popularisierung der EURO haben darüber hinaus die Modernisierungen und der Komfort der Stadien und die Weiterentwicklung der Sport- und Verkehrsinfrastruktur geleistet. Dies betrifft zum einen die Qualität der Stadionatmosphäre und die Anzahl der Sitzplätze, aber zum anderen insbesondere die quantitativen und qualitativen Verbesserungen im Hospitalitybereich. Bei der EURO 2024 wird das aktuell schon seit 2016 praktizierte und bewährte Turnierformat mit 24 Mannschaften gespielt werden. Mit einer Veranstaltungsdauer von vier Wochen können eventinduzierte, zusätzliche ökonomische Umsatzauswirkungen für die Hotellerie, das Gastgewerbe, das Transportwesen und den Einzelhandel vornehmlich in den Ausrichterstädten erwartet werden. Es stehen insgesamt 51 Spiele an, die vom 14. Juni bis 14. Juli 2024 in zehn verschiedenen Städten bzw. Stadien ausgetragen werden.

1.1.2 Wirtschaftliche Bedeutung

Die positive Entwicklung der EURO lässt sich vor allem auch an wirtschaftlichen Kennzahlen ablesen. Die UEFA veröffentlicht in ihrem Finanzbericht 2020/2021 die turnierbezogenen Einnahmen und Ausgaben sowie den veranstaltungsbezogenen Gewinn des Kontinentalverbandes (UEFA, 2021b, S. 24–29). Bei den Einnahmen dominieren die Erlöse aus den Medienrechten, insbesondere aus dem Verkauf der TV-Rechte. Der zweite große Einnahmebereich kommt aus den Verkaufserlösen der kommerziellen Rechte, wobei hier vor allem die Sponsoringeinnahmen zu Buche schlagen. Erlöse aus Ticketverkäufen und die Hospitality haben eine untergeordnete Bedeutung (vgl. Tab. 1.2). In Summe lagen die gesamten Erlöse bei der EURO 2020 bei 1.882,5 Millionen Euro, etwas niedriger als bei der EURO 2016, die mit 1.916 Millionen Euro die bislang höchsten Einnahmen verzeichnen konnte. Die UEFA muss auch eine Reihe von umfangreichen Kostenblöcken übernehmen. Dazu zählen die Wettbewerbskosten, die Ausschüttung an die teilnehmenden Nationalverbände und die Solidaritätszahlungen an Klubs. Interessant ist dabei die Entwicklung, dass die Wettbewerbskosten und die Zahlungen an die teilnehmenden Verbände sowie für die die Spieler abstellenden Klubs seit 2004 stark angestiegen sind. So wurden bei der EURO 2020 331 Millionen Euro als Prämien an die teilnehmenden Verbände und 200 Millionen Euro direkt an die Klubs ausbezahlt. Die Wettbewerbskosten, die für die Turnierorganisation der EURO 2020 anfielen, beliefen sich auf 703,9 Millionen Euro. Bei der EURO 2016 lagen sie noch bei 595,2 Millionen Euro. Für die Turnierorganisation bezahlt die UEFA Aufwendungen für hauptamtliches Personal, Stadion- und Spielortmanagement, Organisation der Volunteers, Hospitality, TV-Produktion, Veranstaltungsbewerbung, Gewinnspiele, Zeremonien, Transport sowie Ausgaben für Schiedsrichter und Spielbeauftragte.

In der Summe profitiert die UEFA finanziell von der Vergabe und Durchführung der EURO. Das Nettoergebnis für die UEFA liegt seit 2004 immer bei über 500 Millionen Euro. Auch bei dieser Kennzahl ist die EURO 2016 in Frankreich mit 847,3 Millionen Euro der beste Wert. Aufgrund der höheren Ausschüttungen an die teilnehmenden Verbände und Clubs und der höheren Wettbewerbskosten ist der prozentuale Anteil der Einnahmen, der final bei der UEFA verbleibt, sukzessive zurückgegangen. Während dieser Anteil bei der EURO 2004 noch bei 62,9 Prozent lag, ist er bis zur EURO 2020 auf 34,3 Prozent geschrumpft, auch wenn der absolute Betrag in 2020 höher lag als in 2004. Nicht berücksichtigt in dieser Zusammenstellung sind die Budgets und Ergebniszahlen der lokalen Organisationskomitees und der ausrichtenden nationalen Verbände sowie die Investitionen in die Verkehrs- und Sportinfrastruktur der Ausrichterländer, die nicht von der UEFA zu tragen sind und deswegen auch nicht im UEFA Finanzbericht erfasst werden.

Interessant und sinnvoll ist ein Vergleich mit den Zahlen des FIFA World Cups 2018, um den Stellenwert der finanzwirtschaftlichen Ergebnisse der Verbände besser einordnen zu können. Die verbandseigenen Erträge der FIFA aus der Weltmeisterschaft 2018 in Russland betrugen 5.357 Millionen USD. Abzüglich der Wettbewerbskosten in Höhe von 1.824 Millionen USD verblieb der FIFA ein Überschuss aus der Fußball-Weltmeisterschaft 2018 in Höhe von 3.533 Millionen USD – in etwa das Fünffache des Gewinns im Vergleich zur EURO 2016 in Frankreich (FIFA, 2019, S. 34)!

Tabelle 1.2 gibt einen Überblick über die Entwicklung der wichtigsten Erlös- und Kostenarten sowie über das Nettoergebnis für die UEFA der EURO-Turniere von 2004 bis 2020 (UEFA, 2021a, S. 26).

(in Mio. EUR)	EURO 2004	EURO 2008	EURO 2012	EURO 2016	EURO 2020
Einnahmen Medienrechte	560	801,6	837,2	1.024,2	1.135
Einnahmen Kommerzielle Rechte	182,2	289,8	313,9	483,3	520,8
Einnahmen aus Rechteverkauf	**742,2**	**1.091,4**	**1.151,1**	**1.507,5**	**1.655,8**
Ticketing-Einnahmen	81,5	100,6	136,1	269,2	148,9
Hospitality-Einnahmen	29,9	155	102	128,1	77,3
Übrige Einnahmen	1,6	3,9	1,7	11,2	0,5
Bruttoeinnahmen	**855,2**	**1.350,9**	**1.390,9**	**1.916**	**1.882,5**
Wettbewerbskosten	−187,7	−464,5	−499,2	−595,2	−703,9
Nettoeinnahmen	**667,5**	**886,4**	**891,7**	**1.320,8**	**1.178,6**
Ausschüttungen an Verbände	−128,9	−184	−196	−301	−331
Solidaritätszahlungen an Klubs	0	−43,3	−100	−150	−200
Übrige Solidarität und Spenden	−1	−0,9	−2	−22,5	−1,8
Nettoergebnis	**537,6**	**658,2**	**593,7**	**847,3**	**645,8**
in % der Bruttoeinnahmen	62,9	48,7	42,7	44,2	34,3

Tab. 1.2: Betriebswirtschaftliche Kennzahlen der EURO 2004 bis 2020
(eigene Darstellung)

1.2 Vergabeverfahren der EURO 2024

Bei einer sportökonomischen Analyse der EURO 2024 darf der Bewerbungs- und Vergabeprozess nicht fehlen. Er ist zentraler Bestandteil der Eventstrategie und Grundvoraussetzung für die Übernahme der Ausrichtereigenschaft und damit für die Vorbereitung und Durchführung der Veranstaltung. Der Vergabeprozess bei internationalen Sportgroßveranstaltungen beginnt aufgrund der aufwendigen Bewerbungsvorbereitungen in der Regel gut 10 Jahre vor der späteren Eventdurchführung. Bei der Bewerbung um die Ausrichtung der Olympischen Spiele fällt die Entscheidung des Internationalen Olympischen Komitees (IOC) in der Regel sieben Jahre vor der Austragung (IOC, 2021, S. 42). Im Vorfeld einer solchen Bewerbung müssen viele Koordinations- und Abstimmungsgespräche zwischen den beteiligten Sportverbänden, den zuständigen Bundes- und Landesministerien und den betroffenen kommunalen Entscheidungsträgern geführt werden.

Rechtsverbindlich ist der komplette Bewerbungs- und Vergabeprozess einschließlich der Bestimmung des Ausrichters im „Bewerbungsreglement für die UEFA EURO 2024" dokumentiert und veröffentlicht (vgl. UEFA, 2016). Der Bewerbungsprozess gliedert sich demnach in drei Phasen (vgl. UEFA, 2016, S. 10, Artikel 2 des Bewerbungsreglements):

1. Anfangsphase, während der die UEFA-Mitgliedsverbände ihr Interesse an einer Bewerbung erklären können;
2. Phase für die Zusammenstellung der Bewerbungsunterlagen, während der die einzelnen Bewerber ihre Bewerbungsunterlagen auf der Grundlage der Bewerbungsanforderungen zusammenstellen und
3. Evaluationsphase, während der die von den Bewerbern eingereichten Bewerbungsunterlagen von der UEFA bewertet werden. Unter Umständen verlangt die UEFA während der Evaluationsphase von den Bewerbern, dass sie die in ihren Bewerbungsunterlagen beschriebenen Angaben weiter ausführen und vertiefen sowie spezifischere Garantien liefern.

Das Präsidium des Deutschen Fußball-Bundes entschied am 23. Oktober 2013, dass sich der DFB um die Ausrichtung der EURO 2024 bewerben wird und veröffentlichte diese Entscheidung einen Tag später auf dem 41. ordentlichen DFB-Bundestag in Nürnberg. Am 20. Januar 2017 erneuerte das neu gewählte DFB-Präsidium unter Vorsitz von Präsident Reinhard Grindel die Bewerbung und überreichte am 1. März 2017 die offizielle Interessenserklärung des DFB an die UEFA. Die Bundesrepublik Deutschland war bereits 1988 Ausrichter der Fußball-Europameisterschaft und würde damit zum zweiten Mal als Gastgeberland der EURO fungieren (DFB, 2017d; 2018).

Neben dem Deutschen Fußball-Bund gab es noch einen zweiten Bewerber um die Ausrichtung der EURO 2024, den Türkischen Fußballverband (Türkiye Futbol Federasyonu, TFF).

1.2.1 Nationales Bewerbungsverfahren

Für die deutsche Bewerbung soll aufgrund der hohen sportökonomischen Bedeutung für die Ausrichterstädte und -regionen kurz dargestellt werden, wie der DFB-interne Auswahlprozess für die Ausrichterstädte inklusive Stadien erfolgte. Die verbandsrechtliche Grundlage dafür bildete das DFB-Bewerbungsreglement plus Anhänge I-III (DFB, 2017a).

Aufgrund des UEFA-spezifischen Bewerbungsreglements für die UEFA EURO 2024 war klar, dass es nur zehn Ausrichterstädte geben sollte (UEFA, 2017). Da der DFB mehr Bewerberstädte erwartete, wurde ein „Deutschland internes", nationales Bewerberverfahren vorgeschaltet, um die zehn Austragungsorte zu bestimmen. Bis zum 17. Februar 2017 konnten interessierte Städte in Kooperation mit den Stadioneigentümern und -betreibern, die bei der EURO 2024 als Ausrichter fungieren wollten, eine Interessenbekundung beim DFB einreichen. In Summe bewarben sich 18 Städte und Stadien (vgl. Tab. 1.3). Im Rahmen des weiteren Verlaufs des Bewerbungsverfahrens zogen die Städte Dresden, Freiburg, Karlsruhe und Kaiserslautern aus unterschiedlichen Gründen ihre Bewerbung zurück, sodass sich final 14 Städte um eines der zehn Ausrichtermandate bewarben.

Nach den UEFA-Vorgaben im Bewerbungsreglement müssen alle Stadien eine sog. Netto-Sitzplatzkapazität (Anzahl öffentlich verfügbarer Sitzplätze, Medienarbeitsplätze und Plätze mit Sichtbehinderung werden nicht mitgezählt) von minimal 30.000 Sitzplätzen aufweisen (UEFA, 2017, S. 5–11).

Zur Evaluation der Bewerbungsunterlagen wurde ein Bewerbungskomitee ins Leben gerufen, das sich an den Prinzipien Nachhaltigkeit, Transparenz und Verantwortlichkeit zu orientieren hatte. Zur Gewährleistung eines transparenten und fairen Entscheidungsprozesses im DFB-Auswahlverfahren wurden das DFB-Präsidium, das DFB-Bewerbungskomitee, die einbezogenen hauptamtlichen Mitarbeiter des DFB sowie alle weiteren einbezogenen Personen auch im DFB-Auswahlverfahren verpflichtet, den Vorschriften des „Code of Conduct" – Verhaltensregeln des DFB für das Nationale Bewerbungsverfahren zur Auswahl der Spielorte der UEFA EURO 2024 – Folge zu leisten (vgl. DFB, 2017a, Anhang II, S. 4).

Die eingereichten Dokumente wurden nach vorab festgelegten Kriterien auswertet und zusätzlich wurden allen 14 Stadien Evaluationsbesuche, sog. Site Visits, abgestattet, um die infrastrukturellen Verhältnisse und Rahmenbedingungen der Stadien samt Umbaumaßnahmen vor Ort im realen Betrieb zu beurteilen. Eines der wichtigsten Auswahlkriterien war dabei die Stadionkapazität. Das DFB-Präsidium entschied über die von der UEFA geforderte Netto-Sitzplatzkapazität in der Kategorie I von mindestens 50.000 auf mindestens 60.000 anzuheben, um möglichst vielen Menschen den Zugang zur EURO zu ermöglichen. Weitere Kriterien betreffen Sicherheitsaspekte, logistische Auflagen, Beleuchtung, Beschallung und die medientechnische Infrastruktur. Insgesamt orientierte sich der Kriterienkatalog an den UEFA-Turnieranforderungen (UEFA Tournament Requirements), die insgesamt sog. 12 Sektoren umfassen, die wiederum in die drei Bereiche „Global Concept", „Infrastructure" und „Operations" aufgeteilt sind (vgl. DFB 2017a, S. 6–7). Im Einzelnen wurden folgende Kriterien geprüft und sind mit der entsprechenden Gewichtung in die Gesamtbewertung eingegangen (DFB, Anhang II zum DFB-Bewerbungsreglement, S. 12):

- Vision, Konzept und Nachhaltigkeit: 10 %
- Politik, Soziales und Umwelt: 5 %
- Rechtliche Themen: 12 %
- Leistungen im Bereich Sicherheit: 12 %
- Stadien: 25 %
- Mobilität: 15 %
- Unterbringung/Trainingseinrichtungen: 10 %
- Bewerbung der Veranstaltung: 5 %
- Kommerzielle Themen: 3 %
- Organisation und Finanzen: 3 %.

Darüber hinaus wurde eine regionale Einteilung der Bewerber vorgenommen, dass sog. Zoning, damit die Europameisterschaft möglichst in allen Regionen Deutschlands stattfindet. Die 14 Bewerber wurden dabei in vier über das gesamte Bundesgebiet hinweg verteilte Zonen eingeteilt mit der Vorgabe, dass pro Zone mindestens ein und maximal vier Bewerber berücksichtigt werden können. Die Zone I (Norden) bildeten Bremen, Hamburg und Hannover. Die Zone II (Westen) umfasste Dortmund, Düsseldorf, Gelsenkirchen, Köln und Mönchengladbach. Zone III (Süden) gehörten Frankfurt am Main, München, Nürnberg und Stuttgart an. In der Zone IV (Osten) befanden sich Berlin und Leipzig (DFB 2017c; DFB, 2017a, Anhang II zum Bewerbungsreglement, S. 8).

Basierend auf der Auswertung der Bewerbungsunterlagen und der Ergebnisse der Site Visits sowie der Zoneneinteilung erstellte das Bewerbungskomitee ein Ranking anhand eines Scoringmodells. Am 15. September 2017 wählte das DFB-Präsidium aus den 14 Bewerbern zehn Städte und Stadien aus, mit denen sich der DFB um die Ausrichtung der EURO 2024 bei der UEFA bewarb. Dabei folgte das DFB-Präsidium einstimmig der Empfehlung des Bewerbungskomitees. Ausgewählt wurden die Plätze 1 bis 10: Berlin, München, Düsseldorf, Stuttgart, Köln, Hamburg, Leipzig, Dortmund, Gelsenkirchen und Frankfurt. Auf den Plätzen 11 bis 14 landeten Nürnberg, Hannover, Mönchengladbach und Bremen, die nicht berücksichtigt werden konnten (DFB, 2017c).

	Stadt	Üblicher Stadionname	Stadionname EURO 2024	Kapazität
1	Berlin	Olympiastadion	Olympiastadion Berlin	70.033
2	Dortmund	Signal-Iduna Park	BVB Stadion Dortmund	61.524
3	Düsseldorf	Merkur Spiel-Arena	Düsseldorf Arena	46.264
4	Frankfurt	Deutsche Bank Park	Frankfurt Arena	48.057
5	Gelsenkirchen	Veltins-Arena	Arena Auf Schalke	49.471
6	Hamburg	Volksparkstadion	Volksparkstadion Hamburg	50.215
7	Köln	RheinEnergieStadion	Cologne Stadium	46.922
8	Leipzig	Red Bull Arena	Leipzig Stadium	46.635
9	München	Allianz Arena	Munich Football Arena	66.026
10	Stuttgart	MHP Arena	Stuttgart Arena	50.998
Nicht berücksichtigt:				
11	Bremen	wohninvest Weserstadion		42.000
12	Hannover	Heinz-von-Heiden-Arena		49.000
13	Mönchengladbach	Borussia-Park		54.000
14	Nürnberg	Max-Morlock-Stadion		50.000

Tab. 1.3: Austragungsorte, Stadionnamen und Sitzplatzkapazitäten der EURO 2024 (eigene Darstellung)

Tabelle 1.3 gibt in alphabetischer Reihenfolge einen Überblick über die zehn Austragungsorte, Stadien, Stadionnamen und deren Kapazitäten für die EURO 2024 sowie die vier nicht berücksichtigten Städte (UEFA, 2022; Stadionwelt, 2023). Dabei ist zu berücksichtigen, dass die UEFA nur Sitzplätze zulässt, weshalb die Kapazitäten niedriger sind als im Ligaspielbetrieb der Bundesliga. Ferner müssen die Stadien werbefrei als sog. clean arena zur Verfügung gestellt werden, was auch bedeutet, dass die kommerziellen Namensrechte während der EURO 2024 ausgesetzt werden und die Stadien einen neutralen Namen erhalten (UEFA, 2017, S. 3; UEFA, 2023a).

Der DFB übergab am 24. April 2017 die deutsche Bewerbung in Form des Bid Books an die UEFA (DFB, 2018). Auch vom türkischen Fußballverband wurden die Bewerbungsunterlagen fristgerecht bei der UEFA eingereicht.

1.2.2 Vergabeentscheidung der UEFA

Im nächsten Schritt prüfte die UEFA-Administration über einen Zeitraum von vier Monaten die beiden Bewerbungen und verfasste für jede Bewerbung einen schriftlichen Evaluationsbericht, der am 21. September 2018 der Öffentlichkeit vorgestellt wurde. Die beurteilten Bewertungskriterien waren dabei (UEFA, 2018a, S. 5):

- Vision
- Politische, gesellschaftliche und Umweltaspekte
- Rechtliche Angelegenheiten
- Sicherheit und Dienstleistungen
- Stadien
- Mobilität
- Unterkunft und Trainingseinrichtungen
- Telekommunikation und Broadcasting
- Event-Promotion
- Kommerzielle Aspekte
- Organisatorische und finanzielle Angelegenheiten
- Voraussichtliche Reisezeiten im Jahr 2024.

Der deutschen Bewerbung wurde eine konzeptionell, infrastrukturell und technisch sehr professionelle Einreichung attestiert (UEFA, 2018a, S. 7–24). Die Bewertung des türkischen Fußballverbandes wurde insgesamt auch positiv bewertet, wenngleich etliche Kritikpunkte in Bezug auf politische und gesellschaftliche Aspekte sowie auf die Umsetzung von Bauvorhaben ausgemacht wurden (UEFA, 2018a, S. 25–41). Ein großes Plus im direkten Vergleich waren die höheren und schon komplett vorhandenen und im Betrieb befindlichen Stadionkapazitäten in Deutschland. Insgesamt schnitt Deutschland in der Beurteilung durch die UEFA besser ab als die Türkei.

Das Ergebnis des Evaluationsberichts war zwar für die Mitglieder des Exekutivkomitees nicht bindend, jedoch ein deutlicher Fingerzeig anhand eines objektivierten, kriterienorientierten Bewertungsvorgangs. Die Entscheidung über die Austragung der EURO 2024 traf das dafür zuständige UEFA-Exekutivkomitee am 27. September 2018. Von den 17 anwesenden stimmberechtigten Mitgliedern des Gremiums stimmten bei einer Enthaltung 12 für Deutschland und 4 für die Türkei (vgl. UEFA, 2018b). Nach 1988 wurde damit der Deutsche Fußball-Bund zum zweiten Mal mit der Ausrichtung der Fußball-Europameisterschaft beauftragt. Die UEFA EURO 2024, die die 17. Auflage dieses Turniers sein wird, wird vom 14. Juni bis 14. Juli 2024 ausgetragen. Der Slogan der EURO 2024 lautet: „United by Football. Vereint im Herzen Europas!"

1.3 Zusammenfassung

Die Fußball-Europameisterschaft wurde zum ersten Mal 1960 ausgespielt. In der Anfangsphase kämpfte das Turnier um Akzeptanz. Große Fußballnationen wie England, Italien und Deutschland (West) waren zu Beginn noch nicht dabei. Der Deutsche Fußball-Verband (DFV, Fußballverband der Deutschen Demokratischen Republik) nahm an der Qualifikationsrunde 1960 teil, scheiterte aber in zwei Spielen an Portugal. Der DFB nahm erst 1968 zum ersten Mal teil, konnte sich jedoch dabei nicht für die Endrunde der letzten vier Mannschaften qualifizieren. Nach den kontroversen Sichtweisen und verbandsinternen Diskussionen übernahm die UEFA das Turnier im Jahr 1966, erkannte den Wettbewerb als offizielle Europameisterschaft der Nationalmannschaften an und ist seitdem Veranstalter dieser Fußball-Kontinentalmeisterschaft.

Elementar für die sportliche, aber vor allem für die sportökonomische Entwicklung der Europameisterschaft war der Spielmodus. Dieser gliedert sich bis heute in zwei Phasen: Qualifikationsphase und Endrunde, wobei der Anzahl der teilnehmenden Nationalmannschaften in der Endrunde eine besondere Bedeutung zukommt.

In der Gesamtbetrachtung von 1960 bis 2024 lassen sich die Europameisterschaftsturniere dabei in vier zeitliche Gruppen einteilen, die durch den Spielmodus geprägt wurden. So bestand die erste Phase zwischen 1960 (Frankreich) und 1976 (Jugoslawien) nur aus einer Endrunde mit vier Mannschaften und vier Spielen. Dementsprechend war der sportökonomische Hebel für Einnahmen, Kosten, Zuschaueraufkommen und Medieninteresse eher gering. In der zweiten Phase von 1980 (Italien) bis 1992 (Schweden) wurde die Teilnehmeranzahl auf 8 erhöht, was bis zu 15 Spielen führte. Alle eventbezogenen Parameter konnten dadurch gesteigert werden. Die sporttouristischen Aktivitäten und Auslandsreisen der europäischen Fußballfans nahmen auch aufgrund erleichterter Reisebedingungen zu. Zu einer wichtigen Sportgroßveranstaltung wurde die Europameisterschaft erst in der dritten Phase von 1996 (England) bis 2012 (Polen/Ukraine), nachdem die UEFA die Endrunde auf 16 Nationalmannschaften erhöhte, was zu signifikanten Steigerungen in allen veranstaltungsbezogenen Kriterien wie Zuschaueraufkommen, Mediareichweite, Einnahmen und Kosten für Veranstalter und Ausrichter führte. In diese Zeit fiel auch die Entscheidung der UEFA, dass mehrere Nationalverbände das Turnier länderübergreifend gemeinsam ausrichten können, was im Jahr 2000 von Belgien und den Niederlanden, im Jahr 2008 von Österreich und der Schweiz und im Jahr 2012 von Polen und der Ukraine wahrgenommen wurde. Die letzte, aktuell vierte Phase begann mit dem Turnier 2016 in Frankreich, bei dem die Teilnehmerzahl der Endrunde auf 24 erhöht wurde, wodurch das Turnier insgesamt 51 Spiele für Zuschauer, Medien und Sponsoren zu bieten hat. Diese Erhöhung bildete wiederum die Voraussetzung und Grundlage für die weitere Steigerung aller relevanten sportökonomischen Kriterien. Die EURO 2016 hält bislang die Rekorde in Bezug auf die Stadionzuschauer mit knapp 2,5 Millionen Besuchern. Eine Sonderstellung nimmt die EURO 2020 ein. Wegen coronabedingter Einschränkungen in vielen europäischen Ländern konnte sie erst ein Jahr später 2021 ausgetragen werden. Aufgrund des sechzigjährigen Jubiläums der Veranstaltung entschied die UEFA, die EURO 2020 nicht in einem Land auszutragen, sondern auf ganz Europa zu verteilen, was zu elf verschiedenen Ländern, Austragungsstädten und Stadien führte. Bei der EURO 2024 kehrt die UEFA wieder zum bewährten 24er Endrunden-Spielmodus zurück.

Der Bewerbungs- und Vergabeprozess um die Fußball-Europameisterschaft ist vom Veranstalter UEFA über die Jahre stetig weiterentwickelt worden. Ein sportrechtsverbindlicher, standardisierter Ablauf mit zeitlichen und inhaltlichen Vorgaben, der transparent veröffentlicht wird und an die sich alle interessierten Nationalverbände zu halten haben, bildet dabei die verfahrenstechnische Grundlage. Die eingereichten Bewerbungsunterlagen werden durch die UEFA-Administration auf der Basis eines vorab bekanntgegebenen Bewertungskatalogs geprüft, ausgewertet und in einem Evaluationsbericht veröffentlicht. Das Bewertungsergebnis ist als Empfehlung einzustufen, die versucht, die komplexen Bewerbungsunterlagen anhand standardisierter und möglichst objektiver Kriterien vergleichbar zu machen. Die finale Entscheidung über die Vergabe der Europameisterschaft an ein oder mehrere Ausrichterverbände und -länder trifft aktuell nach den Statuten der UEFA das Exekutivkomitee, das dabei nicht an die Empfehlung des Evaluierungsberichtes gebunden ist. Für die EURO 2024 hatten sich der Türkische Fußballverband und der Deutsche Fußball-Bund form- und fristgerecht beworben. Das UEFA-Exekutivkomitee hat sich bei einer Enthaltung mit 12 Stimmen für Deutschland und 4 für die Türkei für die Bewerbung des Deutschen Fußball-Bundes entschieden. Für die deutsche Bewerbung sprachen vor allem der sehr gute Zustand der allgemeinen Infrastruktur und die stabilen politischen Rahmenbedingungen sowie die bereits vorhandene, moderne Stadionqualität und die Organisationskompetenz in der Ausrichtung von Sportgroßveranstaltungen.

Literatur

DFB. (2017a). *DFB-Bewerbungsreglement für das Nationale Bewerbungsverfahren des DFB im Rahmen der Bewerbung des DFB als Ausrichter der UEFA EURO 2024 samt Anlagen I bis III.* Frankfurt.

DFB. (2017b, Mai 19). *EM 2024: DFB verabschiedet Auswahlverfahren der Spielorte* [Pressemitteilung]. https://www.dfb.de/news/detail/em-2024-dfb-verabschiedet-auswahlverfahren-der-spielorte-167645/

DFB. (2017c, September 15). *DFB-Präsidium legt Spielorte für Bewerbung um EURO 2024 fest* [Pressemitteilung]. https://www.dfb.de/news/detail/dfb-praesidium-legt-spielorte-fuer-bewerbung-um-euro-2024-fest-174061/?no_cache=1&cHash=b9737772eaaf18d93056d6b3e1e0956d

DFB. (2017d, Januar 20). *EM 2024: DFB bewirbt sich um Ausrichtung* [Pressemitteilung]. https://www.dfb.de/maenner-nationalmannschaft/em-2024/news-detail/?tx_news_pi1%5Bnews%5D=160749&cHash=f9ad41a76aba1850fcec059c73c903e8

DFB. (2018, April 24). *EURO 2024: Grindel, Curtius, Lahm und Šašic übergeben Bid Book* [Pressemitteilung]. https://www.dfb.de/news/detail/euro-2024-grindel-curtius-lahm-und-sasic-uebergeben-bid-book-185624/?no_cache=1&cHash=7461e46f8f024a2ef180f0e1b2aa9061

DFB. (2020, November 29). *Europameisterschaften. Die Zuschauerzahlen.* [Mitteilung im Infotool]. https://www.dfb.de/maenner-nationalmannschaft/turniere/europameisterschaften/zuschauerzahlen/

FIFA. (2019). *FIFA Finanzbericht 2018.* Galledia.

Förster, D. (2015). *EM 1960 in Frankreich.* https://www.fussball-wm.pro/em-geschichte/endrunde-1960-frankreich/

Gans, P., Horn, M. & Zemann, C. (2003). *Sportgroßveranstaltungen – ökonomische, ökologische und soziale Wirkung.* Hofmann.

Grüne, H. (2008). *Fußball EM-Enzyklopädie 1960–2012.* AGON Sportverlag.

IOC. (2021). *Olympic Charter.* DidWeDo.

Maennig, W. & Zimbalist, A. (2012). *International Handbook on the Economics of Mega Sporting Events.* Cheltenham.

Masterman, G. (2021). *Strategic Sports Event Management* (4. Aufl.). Routledge.

Schulze-Marmeling, D. & Dahlkamp, H. (2008). *Die Geschichte der Fußball-Europameisterschaft* (2. Auf.). Die Werkstatt.

Stadionwelt (Hrsg.) (2023, März 23). Stadionnamen und Kapazitäten der UEFA EURO 2024. *heute Stadionwelt.* https://www.stadionwelt.de/news/20235/stadionnamen-und-kapazitaeten-der-uefa-euro-2024

UEFA. (2015). *Die steile Erfolgs-Geschichte der EURO* [Pressemitteilung]. https://de.uefa.com/european-qualifiers/news/0254-0d7c999c9b2c-036 bd521d4d6-1000--die-steile-erfolgs-geschichte-der-euro/

UEFA. (2016). *Bewerbungsreglement für die UEFA EURO 2024*. Nyon. https://editorial.uefa.com/resources/0234-0f842c1ec251-75ece60422b5-1000/bewerbungsreglement_fur_die_uefa_euro_2024.pdf

UEFA. (2017). *UEFA EURO 2024 Tournament Requirements*. Nyon. https://www.uefa.com/multimediafiles/download/officialdocument/uefaorg/regulations/02/46/30/61/2463061_download.pdf

UEFA. (2018a). *UEFA EURO 2024 Evaluationsbericht*. Nyon. https://www.uefa.com/MultimediaFiles/Download/OfficialDocument/competitions/General/02/57/28/24/2572824_DOWNLOAD.pdf

UEFA. (2018b, September 27). *Deutschland wird Ausrichter der UEFA EURO 2024* [Pressemitteilung]. https://de.uefa.com/insideuefa/news/0249-0f8e64106cf1-9499a0ad59c2-1000--deutschland-wird-ausrichter-der-uefa-euro-2024/

UEFA. (2020). *EURO 1960: Alles, was ihr wissen müsst.* https://de.uefa.com/uefaeuro/history/news/025b-0ee2c77f82d8-ad781c0354a0-1000--euro-1960-alles-was-ihr-wissen-musst/

UEFA. (2021a). *UEFA Finanzbericht 2020/21*. Nyon. https://editorial.uefa.com/resources/0275- 151e1ef99a41-e3de843e82bf-1000/de_ln_uefa_finanzbericht_2020-2021.pdf

UEFA. (2021b, Juni 21). *Geburtsstunde der UEFA-Fußball-Europameister-schaft* [Pressemitteilung]. https://de.uefa.com/news/026a-127e06747d7e-32368e1c7229-1000/

UEFA. (2022, April 25). *Die Gastgeberstädte der EURO 2024 in Deutsch-land* [Pressemitteilung]. https://de.uefa.com/euro2024/news/0259-0e7a5d34721c-1967ef446646-1000--euro-2024-alles-was-man-wissen-muss/

UEFA. (2023a, Februar 1). *EURO 2024: Alles, was man wissen muss* [Pressemitteilung]. https://de.uefa.com/euro2024/news/0259-0e7a5d34721c-1967ef446646-1000--euro-2024-alles-was-man-wissen-muss/

UEFA. (2023b). *Nationalverbände*. https://de.uefa.com/insideuefa/national-associations/

Weiß, D. P. (2008). *Strategische Gestaltung des Lebenszyklus von Mega-Events*. Gabler.

2 Personalmanagement bei Sportgroßveranstaltungen – Ein strategischer Ansatz am Beispiel der EURO 2024

Annette Schwarz & Alexander Smolareck

Neben den großen und präsenten Themen wie Nachhaltigkeit und Volunteers und den vielfältigen Aspekten rund um das Venue darf ein zentrales Element in der Planung von Großsportveranstaltungen nicht vergessen werden. Es sind diejenigen, die die konkrete Umsetzung der Großveranstaltung erst möglich machen – die Mitarbeiterinnen und Mitarbeiter eines Organisationskomitees. Human Resource Management spielt deshalb eine zentrale Schlüsselrolle bei der Etablierung einer Organisationseinheit und unterscheidet sich signifikant zur Personalarbeit in einem langfristig existierenden Unternehmen. Projektbefristete Arbeitsverträge, ein rasantes Wachstum des Mitarbeitendenstamms, die internationale und diverse Teamstruktur sowie ein effektiver und schneller Wissenstransfer im Rahmen des Onboardings sind nur einige wichtige Aspekte, die die dynamische Personalarbeit im Rahmen einer Großsportveranstaltung beschreiben. Mit praktischen Darstellungen und Erfahrungen am Beispiel der UEFA EURO 2024 soll aufgezeigt werden, wie ein funktionsfähiges HR-Projektmanagement konzeptionell geplant wurde, in welchen Dimensionen der Personalarbeit Herausforderungen warten und wie ein Personalkonzept für Großsportveranstaltungen unter Berücksichtigung der Besonderheit des Standortes Deutschland ausgestaltet werden kann.

2.1 Bedeutung der strategischen Personalplanung

In der Makroplanung einer Großsportveranstaltung ist die frühzeitige Personalplanung und Festlegung der Personalstrategie zur Rekrutierung und dem Personaleinsatz ein zentraler Erfolgsfaktor, da durch eine strukturierte Vorarbeit und Identifizierung von Risiken und Herausforderungen grundlegende Entscheidungen schon vorab getroffen werden können. In diesem Zusammenhang stellt die vom Bundesministerium des Innern, für Bau und Heimat entwickelte „Nationale Strategie Sportgroßveranstaltungen" ein Makrokonzept für einen strukturierten Ablauf von der Planung bis hin zur Evaluierung vor (BMI & DOSB, 2021). Nach erfolgreicher Bewerbung und dem einhergehenden Start der Umsetzungsphase (*Phase 4 – Initiierung*) beginnt auch das HR-Projektmanagement mit der strategischen Vorbereitung, welches konkret einen Personalplan und eine Organisationsstruktur als wichtigen Teilschritt beinhalten soll (BMI & DOSB, 2021, S. 71). An dieser Stelle ist wichtig abzugrenzen, dass Personen mit verschiedensten Anstellungsarten in der Personalplanung zu beachten sind. Vereinfacht lassen sich drei Gruppen unter dem Oberbegriff *Workforce* definieren: Arbeitnehmer, ausgestattet mit einem Arbeitsvertrag bei der Organisationseinheit, Freelancer/freie Mitarbeiter und externe Firmen unter einem Dienstleistungsvertrag sowie Volunteers. Im Folgenden wird der Fokus gezielt auf die Arbeitnehmer gelegt. Um die Umsetzungsphase zu initiieren, spielt das strategische HR-Management (SHRM) eine zentrale Rolle: „For optimal human performance in this dynamic and challenging project-oriented environment, human resource management must have a strategic focus" (Van der Wagen, 2007, S. 22). Neben zahlreichen Definitionen, die die einschlägige Literatur bietet, ist es genauso interessant, welches Ziel ein effektives SHRM eigentlich verfolgt: „The overall purpose of human resource management is to ensure that the organization is able to achieve success through people" (Armstrong, 2009, S. 9). Dies bekräftigt nochmals den doch so logischen, aber oft missachteten Fokuspunkt, dass der Mensch bzw. die Arbeitskraft im Vordergrund aller strategischer Planungen steht und somit die Personalauswahl eine Vorrangstellung einnimmt. Somit ist die strategische Entwicklung eines Rekrutierungskonzepts unentbehrlich. Übergreifend kristallisieren sich vier Bereiche heraus, für die eine strategische Vorarbeit im Rahmen des SHRM gewährleistet werden muss (vgl. Van der Wagen, 2007, S. 21; Armstrong, 2009. S. 9):

- **Organisationform:** Unternehmensform, Design, Berichtslinien, Rollen & Hierarchien
- **Ressourcenplanung:** Stellenplan, Rekrutierung, Talentmanagement
- **Personalentwicklung:** Performancemanagement und Feedbackkultur
- **Risikomanagement:** Identifizierung von Risiken und Lösungsentwicklung

Mithilfe von Policies, Prozesslandkarten und Strategien können nun in der Initiierungsphase (vgl. Phase 4 des Referenzkonzepts der „Nationalen Strategie Sportgroßveranstaltungen") diese Schwerpunkte der Personalarbeit aufbereitet werden, bevor die Organisation in die operative Phase übergeht. Ein strukturiert aufgesetztes SHRM ermöglicht somit, in die operative Phase überzugehen und die Organisation nachhaltig auf den massiven Personalaufbau vorzubereiten (Weerakoon, 2016, S. 16).

2.2 Herausforderungen der Personalarbeit im Eventkontext: die pulsierende Organisation

Aufgrund einiger Besonderheiten der Veranstaltungsbranche stellt das Umfeld eine Herausforderung und einen dynamischen Kontext für das Personalmanagement dar. Das generelle Ziel, auf ein Ereignis an einem bestimmten Datum, nämlich dem „Start des Turniers", zuzuarbeiten, bringt in allen Entscheidungen eine klaren zeitlichen Projektplan mit, der vorgibt, bis wann ein Unterprojekt erledigt werden muss. Noch mehr Bedeutung und Exklusivität ist bei Großsportveranstaltungen geboten, die sich zwar rotierend in einem definierten Zyklus wiederholen, aber aufgrund des Standortwechsels meist nicht zentralisiert organisiert werden. Mit der Etablierung eines LOCs (Local Organising Comittee) wird somit eine temporäre Struktur geschaffen, die ihren Fokus auf die Planung und Implementierung eines Events legt und im Vorfeld nicht „getestet und erprobt" werden kann, und bei der es nicht nur eine Chance gibt, es richtig zu machen (Van der Wagen, 2007, S. 5). Während bei Wirtschaftsunternehmen Wochen und Monate in die Sozialisierung und den Wissensaufbau investiert werden können, muss das projektbefristete Personal eines Events in kürzester Zeit in die neu gegründete Projektorganisation integriert werden. Hierfür braucht es eine klare Onboarding-Strategie, die definiert, welche Themen für neu rekrutierte Mitarbeiter essenziell wichtig sind und wie ein konkreter Einarbeitungsplan für die einzunehmende Rolle auszusehen hat.

Die Basis für das strategische HRM ist die Konzeption eines zentralen Stellenplans, der klare Rekrutierungszeiträume, Profile der benötigen Kandidaten und Berichtslinien schon im Vorhinein definiert und festlegt. Unter Einbeziehung der einzelnen Projektleitenden kann pro Teilprojekt und Einheit der Personalbedarf sowohl während der Planungsphase als auch während der Turnierphase ermittelt und ein zentralisierter Stellenplan inklusive eines Mengengerüstes aufgestellt werden. Ein klar vorgegebenes Zeitmanagement spielt hierbei eine wichtige Rolle, da sich der Personalaufwuchs während der Vorbereitungsphase zunächst nur langsam entwickelt, aber wenige Monate vor dem Turnierstart stark exponentiell ansteigt (Van der Wagen, 2007). Es ist zu empfehlen, die Personalplanung in zwei große Stellenpläne einzuteilen, nämlich den zentralisierten Personalbedarf in der Vorbereitungsphase vor Turnierstart (Central Planning Staff) und das Tournament Staff, welches wenige Monate vor Turnierstart in operativen Rollen beginnt. Auf Mikroebene ist eine klare Differenzierung der Anforderungsprofile zu beobachten: Das Central Planning Staff besteht aus zentralen Schlüsselrollen, die von langjährigen Eventexperten eingenommen werden und zuerst die individuelle Projektstrategien und Projektsteckbriefe erarbeiten und die Implementierung dessen vorantreiben. Das Tournament Staffing besteht ausschließlich aus operativen Rollen, die die Vorarbeit an allen Venues umsetzen und das Event aktiv vor Ort mitgestalten und abwickeln. Die Trennung der beiden Stellenpläne macht auch dahingehend Sinn, dass das Central Planning Staff auf Basis des Projektfortschritts das Tournament Staff mitdefinieren muss. Ein Personalbedarf kann nicht generalisiert nach einem beliebigen Schema aufgestellt werden, da im Rahmen der Vorbereitungsphase Unbeständigkeiten und Dynamiken zu berücksichtigen sind, die Auswirkung auf etwaige Mehrbedarfe haben oder zu Kürzungen von Ressourcen führen können. Fasst man also die Mitarbeitenden-Entwicklung zusammen, so beginnt die Planungs- und Konzeptionsphase mit einer eher überschaubaren Anzahl an Mitarbeitern, die aber umso mehr relevante Berufs- und Projekterfahrung vorweisen können. Je kürzer der Zeitraum zum eigentlichen Turnierstart, desto dynamischer steigt die Anzahl operativ tätiger Mitarbeiter des Tournament Staffs. Sobald die Großveranstaltung beendet ist, wickelt eine kleine Anzahl erfahrener Mitarbeiter das LOC ab. Goldblatt (2011, S. 134) verwendet dafür den sehr passenden Begriff einer „pulsierenden Organisation".

Von der gerade erläuterten Makropersonalplanung kommend, ist es nun unentbehrlich, auf Mikroebene eine klare Definition von Hierarchieebenen voranzutreiben, damit die einzelnen Projekte den Personalbedarf an transparente Erwartungen und Seniorität der entsprechenden Rolle knüpfen können. In dem Dschungel an Junior Analysten, Managern, Senior Directors und Vice Presidents müssen klare Hierarchiestufen in Bezug auf benötigte Kompetenzen, Führungsqualitäten und Verantwortlichkeiten definiert werden. Jeder Mitarbeitende hat einen klaren Job – und ein Rollenprofil, das einem Hierarchielevel zugeordnet ist. Auf Basis dessen können Gehaltsbänder für die jeweiligen Rollen/Hierarchielevel festgelegt und eine Projektstruktur entwickelt werden. Auch an dieser Stelle ist es wichtig, dass die zuvor erwähnte Dynamik nicht starr bleibt und der Stellenplan auf mögliche Mehrbedarfe oder Reduzierungen überprüft und angepasst wird. Nachdem die Hierarchiestufen etabliert wurden, müssen Aufwertungen der Positionen möglich sein (Change Management).

Aufbauend auf dem Set-up der Organisation, den definierten Hierarchiestufen und den damit verbundenen Gehaltsstrukturen kann eine Rekrutierungsstrategie entwickelt werden. Diese sollte den Standard-Rekrutierungsprozess beschreiben, die Rekrutierungskanäle aufzeigen und die eben genannten Hierarchiestufen präzise definieren.

2.3   Strategisches HRM am Beispiel der EURO 2024

Um nun den beschriebenen Rahmen des SHRM mit praktischen Beispielen zu füllen, wird exemplarisch an zwei personalwirtschaftlichen Themenfeldern aufgezeigt, wie die Personalarbeit durch die Organisationseinheit der UEFA EURO 2024 strategisch aufgesetzt wurde. Neben allgemeinen organisationalen Themen wie z. B. die Festlegung der Berichtslinien und die Konzeption einer gültigen Betriebsordnung für die Mitarbeitenden, wird auch auf die Rekrutierungsstrategie für das Central Planning Team eingegangen. Außerdem werden personalwirtschaftliche Risiken aufgezeigt, die im Vorfeld identifiziert wurden und mit entsprechenden Maßnahmen minimiert werden.

2.3.1   Rekrutierungsstrategie

Im Vorfeld der EURO 2024 steht die Organisation vor der Herausforderung, bis zum Turnierjahr 2024 einige hunderte Mitarbeiter an zehn verschiedenen Standorten zu rekrutieren. Um sicherzustellen, dass das richtige Personal mit den entsprechenden Fähigkeiten und Kompetenzen zur richtigen Zeit am richtigen Ort ist, ist eine frühzeitige Planung der Rekrutierung erforderlich. Hierbei spielt die Zusammenarbeit zwischen den Fachabteilungen und der HR eine wichtige Rolle, um gemeinsam effektiv und zielorientiert die benötigten Rollen und Positionen zu definieren, geeignete Kandidaten zu gewinnen und den „best fit" für die Stelle, die Abteilung und das Gesamtprojekt EURO 2024 zu rekrutieren.

Im September 2021 nahm das Joint Venture EURO 2024 GmbH mit einem Kernteam in Frankfurt am Main die Arbeit auf. Dabei wurden die zentralen Schlüsselpositionen mit langjährigen Projektverantwortlichen besetzt. Zusammen mit den Projektleitern wurden die zukünftig zu besetzenden Stellenprofile definiert und ausgearbeitet, während das Personalwesen den Führungskräften mit seiner Expertise zur Seite steht. Der Staffing Plan bildet die Grundlage für die Stellenbesetzung und enthält alle relevanten Informationen zur Position. Er dient sowohl als Planungstool für den Zeitpunkt und das Zielgehalt der Besetzung von Positionen als auch als Kontrollsystem zur Steuerung und Gewährleistung der Einhaltung der budgetären Grenzen, Vertragslaufzeiten und Hierarchiestufen. Darüber hinaus wurden für alle Hierarchiestufen auf der Grundlage eines Vergütungs-Benchmarkings innerhalb der deutschen Sportindustrie Salary Grids definiert, die jeweils eine Untergrenze, einen MidPoint sowie eine Obergrenze enthalten. Bei Änderungen der ursprünglich abgestimmten Rahmenbedingungen einer Position (Bsp. Aufwertung einer Stelle von Manager zu Sr. Manager), wird über einen definierten Change-Request ein Genehmigungsprozess gestartet und durch das Management freigegeben.

Das Ziel der Rekrutierungsstrategie ist es, einerseits den Recruiting Prozess effizienter und transparenter zu gestalten und andererseits die Time-to-Hire zu reduzieren. Um diese Ziele zu erreichen wird definiert, wie potenzielle Kandidaten über welche Kanäle am besten erreicht werden (Job Promotion, Personalmarketing etc.) und wie schon im Vorfeld interessante Bewerber in einem Bewerbungspool gesammelt werden können. Außerdem werden die gesuchten Zielgruppen klar definiert.

Insgesamt sieht die EURO 2024 GmbH in der Turnierphase knapp 650 Festangestellte an zehn Venues vor. Das Kernteam und damit auch das Headquarter (HQ) der Organisation befindet sich in Frankfurt am Main. Es ist geplant, dass die Personalstärke zunächst einmal sehr moderat zunimmt und dann ab Ende 2023 massiv ansteigt. Folgender Zuwachs an Personal ist geplant:

Jahr	Anzahl (kumulativ pro Jahr)	Standort
2021	22 Mitarbeiter	HQ
2022	50 Mitarbeiter	HQ
2023	172 Mitarbeiter	HQ / Venues
2024 „Turnierjahr"	650 Mitarbeiter	Venues

Tab. 2.1: Personalentwicklung nach Standort (eigene Darstellung)

Zu Beginn der Rekrutierungsphase wurden die Führungspositionen/ Schlüsselpositionen besetzt, die spezielle Skills und Kompetenzen erfordern. Im Laufe des Turniers nehmen die Anforderungen an Experten- und benötigtem Spezialwissen ab und der Bedarf an eher generalistisch geprägten Positionen und Rollen wird zunehmen. Des Weiteren soll ein guter Mix von nationaler lokaler Expertise auf der einen Seite sowie internationalen Spezialisten auf der anderen Seite rekrutiert werden. Dies spiegelt den Grundgedanken des Joint Ventures aus UEFA und DFB-Sicht wider. Folglich wurden beide Organisationen auch aktiv an der Promotion der Stellen miteingebunden, um sowohl international als auch lokale High-Level-Kandidaten zu gewinnen.

Um Transparenz bei der Vergütung und der hierarchischen Einordnung zu gewährleisten, wurden spezielle Hierarchiegruppen definiert, die ein gewisses Profil und Jahre an spezifischer Berufserfahrung und Ausbildung mitbringen sollen. Diese sind wie folgt definiert:

Der **Senior Manager** übernimmt in den meisten Fällen eine fachliche und disziplinarische Führung seines Teams und ist somit für den Gesamterfolg seines Projekts verantwortlich. Auf dieser Ebene werden Experten gesucht, die eine gewisse Berufserfahrung vorweisen können und im besten Falle schon an Sportevents mitgewirkt haben. Die **Manager** tragen die Verantwortung für Teilprojekte. Auch hier werden Spezialisten gesucht, die im Turnierzeitraum Personalverantwortung übernehmen. Der **Coordinator** unterstützt die Sr. Manager und Manager entweder generalistisch oder unmittelbar im spezifischen Projekt. Hierbei muss keine mehrjährige Erfahrung im Fachgebiet ausgewiesen werden können. Im Fokus stehen hier Absolventen und Masterstudierende, die durch Praktika, Ehrenämter oder Volunteereinsätze mit dem Ablauf eines Turniers vertraut sind. Die **Assistants** übernehmen klassische Assistenztätigkeiten und werden generalistisch eingesetzt. Vor allem im Turnierzeitraum wird die EURO 2024 GmbH viele sog. short-term Assistant-Stellen besetzen, um das Team in allen Bereichen zu unterstützen. Assistants benötigen keine große Berufserfahrung, vielmehr kommt es auf deren überdurchschnittliche Motivation sowie auf Softskills wie Stressresistenz und gute Kommunikationsfähigkeiten an.

Somit werden im Kern zwei Hauptkriterien unterschieden: Die Länge der Beschäftigung (short-term vs. long-term) sowie die benötigte Seniorität. Je kürzer die Zeit zum Turnier, desto geringer wird die benötigte Seniorität. Demnach lassen sich allgemein drei Zielgruppen definieren, die auf verschiedenen Rekrutierungswegen gesucht werden müssen.

Bei den langfristigen Experten werden Kandidaten gesucht, die über einen längeren Zeitraum Projekte leiten können und einschlägige Fachkenntnisse mitbringen. Hier besteht die Herausforderung, interessante Kandidaten aus teils unbefristeten Arbeitsverhältnissen für ein befristetes Projekt zu gewinnen. Um dieses Hindernis zu überwinden, steht das Employer Branding im Fokus. Die UEFA EURO 2024 ist eine Once-in-a-Lifetime-Chance, womit bei Kandidaten die Einmaligkeit und Exklusivität in den Mittelpunkt gerückt wird. Zusammen mit den flexiblen Arbeitszeiten, dem dynamischen Umfeld im Fußballkontext und dem „Dabei-Sein" am Event, kann es gelingen, diese Zielgruppe zu erreichen. Beispielhaft spielen folgende vier Zielgruppen dabei eine wichtige Rolle, die es im Rahmen des Personalmarketings zu erreichen gilt.

Event Jumper: Viele Experten arbeiten von Event zu Event. Deswegen wird zu beachten sein, welche großen Sportevents (z. B. Handball-Europameisterschaft 2024) vor der EURO 2024 in Deutschland stattfinden. Von diesen Events können sog. Event Jumper weiterbeschäftigt werden. Des Weiteren wird der Kontakt zu internationalen Sportveranstaltungen gesucht. Mit den Großereignissen wie der FIFA Fußball-Weltmeisterschaft in Katar oder den European Championships 2022 fanden schon 2022 Turniere mit großem Personalbedarf statt, aus denen sich eine Weiterbeschäftigung bei der EURO 2024 ergeben könnte. Mit Olympia 2024 Paris könnte ein Anschlussbeschäftigung für viele short-term-Stellen geboten werden. Somit ist es essenziell, einen Austausch bzw. Kooperation aufsetzen.

EURO 2020 Netzwerk: Durch den Standort München im Rahmen der UEFA EURO 2020 hatte die damalige Organisationseinheit DFB EURO GmbH knapp 70 Stellen erfolgreich besetzt. In diesem Kontext konnten viele Fachkräfte rekrutiert werden, die teils aus der Selbstständigkeit, teils aus anderen Unternehmen oder von anderen Events zur EURO 2020 dazugestoßen sind. Die Kontakte müssen genutzt werden, um sowohl diejenigen mit einer starken Performance wieder für das Projekt gewinnen zu können als auch deren weites Netzwerk zu nutzen.

Vereine: Alle Vakanzen der EURO 2024 sind Jobpositionen, die überwiegend bereits in Profivereinsstrukturen existieren. Hier muss schon frühzeitig mit Vereinen der Bundesliga kommuniziert werden und auf mögliche Beurlaubung/ Freistellungen für short-term Positionen aufmerksam gemacht werden. Das Vereinsnetzwerk betrifft nicht nur interne Mitarbeiter, sondern auch Partner und Dienstleister der Vereine sind hier von großer Bedeutung.

Externe Kandidaten via Social Media: Neben traditionellen Jobbörsen müssen die beruflichen sozialen Netzwerke bespielt werden, welche die höchste Reichweite besitzen. Dazu wurde ein EURO 2024 LinkedIn Channel aufgebaut, der mithilfe der DFB und UEFA Channels weiter geteilt wird. Aus kommunikativer Sicht werden hier neben klassischen Stellenanzeigen auch authentische Einblicke in den Arbeitsalltag der Organisation gezeigt.

2.3.2 Identifizierung von Risiken im Bereich der Arbeitnehmerüberlassung

Die Eventbranche ist sich permanent ändernden Rahmenbedingungen unterworfen – sowohl rechtliche Änderungen wie die Anpassung des Mindestlohns oder die Reform der Arbeitnehmerüberlassung (AÜG-Reform), als auch übergeordnete Themen wie der Fachkräftemangel in Deutschland sind hierfür als Beispiele zu nennen. Im Rahmen der UEFA EURO 2024 wurden in der Konzeptions- und Vorbereitungsphase potenzielle Risiken identifiziert, die im Zusammenhang mit der Beschäftigung von freien Mitarbeitern und Arbeitnehmern entstehen können.

Generell muss davon ausgegangen werden, dass nicht alle Tätigkeiten, die im Zusammenhang mit einer Großveranstaltung stattfinden, durch Beschäftigte ausgeübt werden können. Für einzelne Tätigkeiten wird es der Beauftragung externer Experten bedürfen, die als sog. Freelancer oder freie Mitarbeiter – also im rechtlichen Sinne selbstständig tätige Personen – beauftragt werden.

In diesem Zusammenhang wurden folgende Fragestellungen im Vorfeld erörtert: Wie ist der Einsatz von Freelancern/freien Mitarbeitern im Zusammenhang mit der Organisation und Durchführung der EURO 2024 rechtlich zu beurteilen? Welche Risiken bestehen, sofern ein derartiger Einsatz von Freelancern gegen rechtliche und/oder steuerliche, gesetzliche Regelungen verstoßen sollte? Welche Umsetzungsschritte sind für eine rechtssichere Ausgestaltung des Einsatzes von Freelancern notwendig oder empfehlenswert?

Diese Fragestellungen sind steuer- und sozialversicherungsrechtlich komplex und können in der Regel auch nicht pauschal beantwortet werden. Für eine abschließende Beurteilung muss stets der konkrete Einzelfall betrachtet werden, allerdings lässt sich folgender Leitgedanke durch das Thema definieren: Für eine auf deutschem Staatsgebiet ausgeübte Tätigkeit gilt grundsätzlich deutsches Sozialversicherungsrecht. Somit bedarf es einer sorgfältigen Prüfung, ob eine Tätigkeit nach deutschem Sozialversicherungsrecht wirklich auf selbstständiger Basis überhaupt ausgeübt werden kann. Bei einer statusrechtlichen Fehlbeurteilung drohen sowohl dem Unternehmen als auch dem Management Risiken. Neben der Nachzahlung von Sozialversicherungsbeiträgen bzw. von Lohnsteuer und der ggf. erforderlichen Korrektur aufgrund eines zu Unrecht vorgenommenen Vorsteuerabzugs kommen mehrere Ordnungswidrigkeiten sowie Straftaten, insbesondere Vorenthalten und Veruntreuen von Arbeitsentgelt (§ 266a StGB) und Steuerhinterziehung (§ 370 AO) in Betracht. Es bedarf in jedem Einzelfall einer sorgfältigen Prüfung, ob der Einsatz von Freelancern/freien Mitarbeitern ausreichend rechtssicher ist.

Nach dem Territorialitätsprinzip richtet sich das auf eine Tätigkeit anwendbare Sozialversicherungsrecht grundsätzlich nach dem Recht des Staates, in dem sie ausgeübt wird. Dies bedeutet, dass für eine auf deutschem Staatsgebiet ausgeübte Tätigkeit grundsätzlich deutsches Sozialversicherungsrecht gilt. Für die Beurteilung der Tätigkeit von Freelancern in Deutschland ist deshalb entscheidend, ob ihre Tätigkeit auch nach deutschem Sozialversicherungsrecht als selbstständige Tätigkeit gewertet wird. Die Versicherungs- und Beitragspflicht in den einzelnen Zweigen der deutschen Sozialversicherung und nach dem Recht der Arbeitsförderung knüpft in aller Regel an das Bestehen einer „Beschäftigung" an. Zum Begriff der „Beschäftigung" enthält § 7 Abs. 1 SGB IV (lediglich) folgende für alle Sozialversicherungszwecke maßgebliche Legaldefinition: „Beschäftigung ist die nichtselbständige Arbeit, insbesondere in einem Arbeitsverhältnis. Anhaltspunkte für eine Beschäftigung sind eine Tätigkeit nach Weisungen und eine Eingliederung in die Arbeitsorganisation des Weisungsgebers." Unselbstständig ist eine fremdbestimmte und damit in persönlicher Abhängigkeit ausgeübte Tätigkeit. Persönliche Abhängigkeit äußert sich vor allem im Weisungsrecht des Arbeitgebers und in der Eingliederung in dessen Betrieb. Ausgangspunkt zur Abgrenzung von Beschäftigung und Selbstständigkeit ist regelmäßig der Inhalt der zwischen den Beteiligten getroffenen Vereinbarung. Einige der erfahrungsgemäß wichtigsten in der Praxis zu berücksichtigenden Kriterien sind,

- ob die Person, um deren Tätigkeit es geht, im Zusammenhang mit ihrer Tätigkeit selbst keine versicherungspflichtigen Arbeitnehmerinnen oder Arbeitnehmer beschäftigt,

- ob Weisungsgebundenheit im Hinblick auf Ort, Zeit und Inhalt der Tätigkeit besteht,

- ob Kontroll- und Überwachungsmaßnahmen des Auftraggebers erfolgen und Reportingpflichten des Auftragnehmers bestehen, eine Tätigkeit geleistet wird, die beim Auftraggeber auch von angestellten Personen erbracht wird (wobei Auszubildende hier nicht zu berücksichtigen sind),

- ob die Person bei ihrer Tätigkeit typische Merkmale unternehmerischer Tätigkeit vermissen lässt und dem äußeren Erscheinungsbild nach Leistungen erbringt, die früher für den gleichen Auftraggeber in abhängiger Beschäftigung erbracht wurden.

Es gibt keine absoluten Kriterien für oder gegen eine Beschäftigung. Es gibt auch keine allgemeinverbindliche Checkliste und keinen allgemeinverbindlichen Kriterienkatalog. Es darf zudem auch nicht mathematisch abgezählt werden, wie viele Gesichtspunkte für und wie viele Gesichtspunkte gegen eine Beschäftigung sprechen, da die Wertigkeit einzelner Aspekte im Rahmen der Gesamtwürdigung unterschiedlich sein kann. Ganz grundsätzlich ist bei Großveranstaltungen davon auszugehen, dass die Durchführung von Aufgaben und Tätigkeiten im Wege einer echten selbstständigen Tätigkeit als eher eingeschränkt zu bewerten ist, da bereits die Koordination und Organisation der einzelnen Tätigkeiten eine weitreichende Eingliederung voraussetzt, die in vielen Sachverhaltskonstellationen wohl nicht mit einer echten Selbstständigkeit vereinbar sein dürfte. Aus diesem Grund werden Mitarbeiter nicht als Freelancer beschäftigt, sondern über ein Anstellungsverhältnis unter Vertrag genommen.

2.4   Fazit

Das Personalmanagement im Kontext von Sportgroßveranstaltungen stellt eine komplexe und anspruchsvolle Herausforderung dar, welche eine umfassende Planung, Koordination und Zusammenarbeit erfordert, um eine reibungslose Veranstaltung zu gewährleisten. Dabei kommt der Personalabteilung eine entscheidende Rolle zu, indem sie für die effektive Rekrutierung, Einstellung und Verwaltung von zahlreichen Mitarbeitenden verantwortlich ist. Die damit einhergehenden Herausforderungen umfassen die Planung und Koordination von Arbeitskräften an verschiedenen Standorten, die Sicherstellung der adäquaten Fähigkeiten und Kompetenzen, die strikte Einhaltung von Budgets, Gesetzen und Vertragslaufzeiten sowie die erfolgreiche Bewältigung von unerwarteten Herausforderungen und Notfällen. Eine erfolgreiche Personalmanagement-Strategie erfordert eine sorgfältige Vorbereitung und Planung, eine enge Zusammenarbeit mit anderen Fachbereichen und Projektleitenden, eine klare Kommunikation und eine schnelle Reaktionsfähigkeit auf unvorhergesehene Ereignisse. Wenn diese Elemente sorgfältig abgestimmt werden, kann HR-Management dazu beitragen, dass die Sportgroßveranstaltung erfolgreich und unvergesslich wird.

Literatur

Armstrong, M. (2009). *Armstrong's handbook of human resource management practice*. Kogan Page.

BMI & DOSB. (2021). Nationale Strategie Sportgroßveranstaltungen.

Goldblatt, J. (2011). *Special Events, A New Generation and the Next Frontier* (6. Aufl). John Wiley & Sons.

Van der Waagen, L. (2007). *Human Resource Management for Events: Managing the Event Workforce*. Butterworth-Heinemann.

Weerakoon, R. (2016). Human Resource Management in Sports: A Critical Review of its Importance and Pertaining Issues. *Physical Culture and Sport: Studies and Research*, 69(1), 15–21. https://doi.org/10.1515/pcssr-2016-0005

3 Volunteering im Rahmen der EURO 2024 – Management von Freiwilligen bei Sportgroßveranstaltungen

Ronald Wadsack

Im deutschen Sprachgebrauch wird der Begriff „Volunteer" speziell für die entsprechende Beteiligung an Sportgroßveranstaltungen genutzt, im internationalen Bereich umfasst dies einen größeren Bereich von Engagementformen, einschließlich der in Deutschland mit Wahlämtern verbundenen Variante (Feiler et al., 2018, S. 104). Erstmals wurden Volunteers bei den Olympischen Spielen 1948 in London eingesetzt (Nichols, 2013, S. 215).

3.1 Volunteers als wichtiges Element einer Sportgroßveranstaltung

Sportgroßveranstaltungen sind ohne freiwillig Engagierte nicht realisierbar bzw. es müsste eine große Summe an Geldern für das entsprechende Personal aufgewendet werden. Bei den Special Olympics 2023 in Berlin wird eine Zielgröße von 20.000 Volunteers angegeben (Special Olympics, 2023).

Bei einer fiktiven Rechnung mit 10 Arbeitsstunden zu einem deutschen Mindestlohn von z. Z. 12 Euro pro Stunde ergibt sich ein Gegenwert von 2,4 Millionen Euro. Verpflegung, Ausstattung usw. sind dabei noch nicht eingerechnet. Solberg ermittelte für die zweiwöchige Eishockey-Weltmeisterschaft 1999 ein Engagement-Volumen von 71.000 Stunden, verteilt auf

800 Volunteers. Dies entspräche einem Einsatz von ca. 89 Stunden je Volunteer über den Veranstaltungszeitraum (Cuskelly et al., 2006, S. 136). Diese Berechnung lässt allerdings immaterielle Aspekte, wie Imagewirkungen durch Auftreten und Engagement der Volunteers, außer Acht (Nichols, 2013, S. 215).

Die Aufgabe, das Volunteer-Management für ein Sportevent der Größenordnung der UEFA EURO 2024 durchzuführen, ist ausgesprochen komplex. Hinzu kommt die Internationalität einerseits der möglichen Volunteers und andererseits bei Kontakten u. a. mit Zuschauern, Teams und Medienvertretern. Nicht zu unterschätzen ist die Bedeutung der Volunteers für die Qualitätswahrnehmung durch die Besucher und Teilnehmer des Events. Die Volunteers sind häufig abseits des Sportgeschehens die Vertreter der Eventorganisation.

Für die EURO 2024 wird eine Zielgröße von 16.000 Volunteers genannt (DFB, 2022).

Dabei ist der Bedarf an Volunteers mit verschiedenen Rahmenbedingungen in Einklang zu bringen (Cuskelly et al., 2006, S. 136):

- Multi- versus Einzel-Sportevent
- Anzahl der beteiligten Veranstaltungsstädte bzw. Sportstätten
- Unterstützungsaufwand der einzelnen Sportstätten (z. B. Orientierung von Athleten und Gästen; Umbau im Zuge des Events)
- Anzahl der Teilnehmer (Sportler, Betreuungsteam, Medienvertreter u. a.)
- Erwartete Anzahl an Zuschauern
- Service-Konzept der Veranstaltung.

3.2 Volunteering als Sonderform der Personalwirtschaft

Zunächst erscheint Volunteering als Aufgabe der Personalwirtschaft. Ziel ist es, die Leistungsfähigkeit der jeweiligen Organisation in Bezug auf die Ressource Mensch unter Beachtung betriebswirtschaftlicher Kriterien zu sichern. Damit ist die Verbindung in einen operativen Prozess verbunden, der sich an der Zielsetzung der Organisation ausrichtet (z. B. Jung, 2017, S. 11).

Volunteering für eine Sportgroßveranstaltung unterscheidet sich in einigen Punkten von dem normalen Prozess der Personalwirtschaft:

- Bewerbungs- und Auswahlphase liegen deutlich vor der eigentlichen Einsatzzeit.
- Der Einsatzzeitraum ist für die meisten Akteure von vorneherein auf einen relativ kleinen Zeitraum begrenzt.

- Die Anzahl der zu beschaffenden Menschen ist groß und erfordert eine entsprechende Bewerbungs- und Auswahlinfrastruktur.
- Volunteering beruht, wie alle freiwilligen Engagements, in erster Linie auf nicht-geldlichen Anreizen (dazu z. B. Wadsack, 2019, S. 1/6).

Grundsätzlich sind die Spezifika der Personalwirtschaft in Zusammenhang mit Dienstleistungen zu berücksichtigen. Schließlich geht es an vielen Stellen um persönliche Kontakte im Zuge des Volunteer-Einsatzes, welche spezielle Anforderungen an die Leistungen der Engagierten stellen. Weniger körperliche, aber umso mehr geistige und seelische Energie muss für ein gelungenes Erlebnis der Servicepartner eingesetzt werden (Maleri & Frietzsche, 2008, S. 95–96). Eine Unterscheidung kann nach den Einsatzbereichen erfolgen, ob diese eher dem Frontoffice-Bereich mit mehr direktem Kontakt zu den Gästen oder dem Backoffice-Bereich mit weniger Kontakt zuzuordnen sind (Haller, 2005, S. 259–264).

Volunteer-Aufgaben	Einsatzbereich		Kontakt mit Menschen (Gäste, Zuschauer, Sportler usw.)	
	Frontoffice	Backoffice	mehr	weniger
Team Management und Koordination		X	(X)	
Medienbetrieb		X		X
Catering, Hospitality	X	(X)	X	
Marketing		X		X
Sportstättenmanagement		X		X
Zuschauerkontrolle	X		X	
Finanzierung, Budgetierung		X		X
Risikomanagement		X		X
Erste-Hilfe-Einsatz	X		X	
Eventbetrieb	X	(X)	(X)	
Anmeldung	X		X	
Volunteer-Management	X		X	

Tab. 3.1: Einsatzbereiche und Menschen-Kontakt im Zuge des Volunteer-Einsatzes (zu den Aufgabenbereichen: Cuskelly et al., 2006, S. 137–138)

Mit den direkten Kontakten zu Gästen, Teams oder anderen Volunteers tragen die eingesetzten Mitarbeiter unmittelbar zu der dienstleistungsspezifischen Qualität des Events bei (Trosien, 2019, S. 589). Bezogen auf die

FIFA Fußball-Weltmeisterschaft 2006 wurde ein Anteil von einem Drittel der Volunteers mit direktem Gästekontakt geschätzt (Kamp, 2007, S. 76).

Die Gesamtaufgabe des Volunteer-Management kann als Prozess betrachtet werden, der bei Sportgroßveranstaltungen über mehrere Jahre reichen kann. Dabei muss deutlich im Vorfeld der Veranstaltung der Bedarf an Volunteers ermittelt werden, bis dann bei der eigentlichen Veranstaltung die Zahl der anwesenden Mitarbeitenden rasant anwächst, um zum Ende hin rapide abgebaut zu werden (Cuskelly et al., 2006, S. 142). Ein noch wenig bearbeitetes Thema ist der Umgang mit dem Legacy-Gedanken in Bezug auf die verabschiedeten Volunteers.

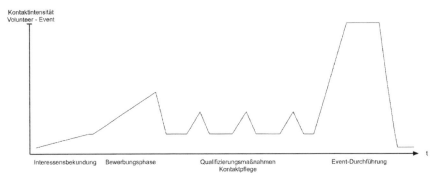

Abb. 3.1: Schema der Kontaktintensität von Volunteers bei Sportgroßveranstaltungen (eigene Darstellung)

Konzeptionell bedarf es dazu schon in der Anwerbephase eines Ansatzes, um hier z. B. durch regionale Bezüge eine Grundlage für die Verbindung im Nachgang des Events zu schaffen (Nichols, 2013, S. 221–222).

Auch wenn Volunteering in erster Linie auf die Bereitstellung von nicht finanziell zu honorierender Arbeitszeit abzielt, hat es dennoch eine wirtschaftliche Dimension für die Eventorganisation: direkt in Bezug auf Qualifizierung, Ausstattung und Versorgung während der Veranstaltung sowie ggf. auf das Angebot von speziellen Veranstaltungsformaten für die Volunteers. Indirekt in der Notwendigkeit, einen komplexen Volunteer-Management-Prozess mit entsprechend bezahlten Kräften zu unterhalten. Für die FIFA Fußball-Weltmeisterschaft 2010 in Südafrika wurden alleine für das Volunteer-Trainingsprogramm Kosten von ca. 2 Millionen Euro angegeben (Schmidt, 2012, S. 154). Dies machte zwar nur 0,08 % des Gesamtbudgets aus, umfasst aber auch nicht alle oben angesprochenen Kostenpositionen.

Der Managementprozess erstreckt sich über mehrere Phasen, welche sich über einige Jahre hinziehen können:

- Volunteer-Planung (Aufgaben, Einsatzbereiche, Anforderungen, Kapazitäten) unter Berücksichtigung unterschiedlicher Einsatzorte
- Konzeption der Versorgungs- und Einsatzinfrastruktur (Übernachtung, Einkleidung, Verpflegung bzw. Kommunikationsinfrastruktur, Pausenbereiche, Instrument zur Einsatzplanung)
- Überbrückungsphase bis zum Einsatzzeitraum
- Schulung / Einweisung
- Eventeinsatzkoordination, inkl. rollierende Einsatzkräfteplanung
- Verabschiedung (Wertschätzung)

Mit den einzelnen Phasen sind weitere Aufgaben verbunden, wie die Gestaltung von Volunteer-Events oder die Ermöglichung des eigenen Zuschauens für die Volunteers.

3.3 Prozessschritte des Volunteer-Management

3.3.1 Bedarfsplanung für Volunteers

Die Bedarfsplanung für Volunteers steht unter den Vorzeichen der spezifischen Eigenart von Dienstleistungen, dass zumindest ein Teil der Aufgabenbereiche von der Anwesenheit der Gäste oder Besucher abhängig ist. Für die UEFA EURO 2024 bildet das Servicekonzept für Teilnehmende und Besucher den Rahmen für die Abschätzung der Volunteer-Kapazitäten.

Hinzu kommen Herausforderungen durch den Charakter des Events:

- Da es sich um ein in dem Rahmen einmaliges Event handelt, ist es im Vorfeld nicht möglich, Studien oder Beobachtungen von Arbeitsprozessen vorzunehmen, um Einsatzerfordernisse zu beobachten.
- Durch die Nutzung unterschiedlicher Venues bei der UEFA EURO 2024 ergeben sich unterschiedliche Einsatzanforderungen, z. B. aufgrund der Stadionzugänge und Anreiseoptionen.
- Ggf. können Erfahrungswerte von Bundesligaspielen und anderen Großevents in dem jeweiligen Stadion für eine Bedarfsabschätzung herangezogen werden.
- Es bedarf der Berücksichtigung einer Reserve an Volunteer-Kapazität, wenn im Verlauf der Veranstaltung einzelne Kräfte ausfallen oder in der Zeitspanne seit der Anwerbung bis zum eigentlichen Event sich einige ausgewählte Kandidaten umentscheiden und zur Nichtteilnahme entschließen. Dieser Umstand muss wiederum mit dem Volunteer-Management während der Veranstaltung in Einklang gebracht werden.

Der Einsatz für das Engagement ist grundsätzlich Zeit und hier für Volunteers entweder die Entscheidung für den Einsatz von Freizeit in Relation zu anderen Aktivitätsmöglichkeiten oder sogar von bezahltem Urlaub (Cuskelly et al., 2006, S. 136).

Zudem liegt in der Bedarfsplanung die besondere Herausforderung, dass die UEFA EURO 2024 eine Dienstleistung ist. Durch die Abhängigkeit der Leistungsinanspruchnahme durch den externen Faktor (Gäste, Besucher, Sportler etc.) kann der Bedarf an vorgehaltener Leistungskapazität nur begrenzt eingeschätzt werden. Potenziell entstehende monetäre Leerkosten halten sich bezogen auf das Gesamtevent zwar in Grenzen, denn die Volunteers werden für die Arbeitszeit nicht entlohnt. Die Über- oder Unterforderung der angeworbenen Volunteers kann aber anderweitige Negativeffekte auslösen; Einflüsse auf die Motivation der Volunteers und die Reputation des Volunteer-Einsatzes in einschlägigen Internetforen sind hier beispielsweise zu nennen.

3.3.2 Volunteer-Marketing, -beschaffung und -auswahl

Im klassischen Sinne des operativen Marketings können die „7 P" des Dienstleistungsmarketings als Grundlage dienen: product, price, place, promotion, people, physical facilities, process (z. B. Bruhn et al., 2019, S. 490). Sie können für die Strukturierung der Marketingarbeit genutzt werden.

- **product:** Art und Umfang des Einsatzes, gewährte Anreize wie Kleidung, ÖPNV-Tickets. Hinzu kommen besondere Veranstaltungen für die Volunteers, wie z. B. Stadtrundfahrten, Feste, Besichtigungen. (Für die Volunteer-Veranstaltungen im Zuge der FIFA Fußball-Weltmeisterschaft 2006, vgl. Kamp, 2007, S. 80)
- **price:** Einzubringende Ressourcen seitens der Volunteers in Bezug auf Zeit und ggf. eigene finanzielle Leistungen.
- **place:** Art und Weise des Zugangs zu der Volunteer-Tätigkeit, bei der Bewerbung über das Internet, bei der Beteiligung über den jeweiligen Einsatzort.
- **promotion:** Wege und Arten der Kommunikation für die Volunteer-Tätigkeit. Spezifisch für den Sport ist die Nutzung der sportartspezifischen Kommunikationskanäle über Verbände und Vereine.
- **people:** Das jeweilige Team, welches sich im Zuge der Volunteer-Tätigkeit ergibt, und das in Bezug auf die Dienstleistung wirkungsvolle Zusammenspiel.
- **physical facilities:** Die eigentliche Arbeitsumgebung und die vorzufindenden Arbeitsbedingungen.
- **process:** Die Funktionalität der Abläufe, in die der Volunteer eingebunden ist.

Gerade bei Sportgroßveranstaltungen hat der Bedarf an Sicherheit eine große Bedeutung. Insofern ist es erforderlich, die Volunteerauswahl nicht nur nach Kompetenz vorzunehmen. Eine Überprüfung der Integrität für die Teilnahme als Volunteer muss ebenfalls erfolgen, da die betreffenden Personen Zugang zu internen Bereichen der Veranstaltung haben. Daran gekoppelt ist das Akkreditierungs- und Zugangssystem, welches den Volunteers Bewegungsfreiheit in ihren Einsatzbereichen ermöglicht.

Mit dem Auswahlprozess ist die Möglichkeit der Ablehnung verbunden, sie kann u. U. zusätzliche Arbeit erfordern, wenn Begründungen geliefert und Nachfragen beantwortet werden müssen (Nichols, 2013, S. 217).

Die Bindungsform des Volunteering ist speziell, da sie eine Mischung aus drei Komponenten darstellt (Wadsack, 2019, S. 1/6 bzw. S. 1/26–1/28):

- Bei einer Sportgroßveranstaltung ist die Unterzeichnung einer Vereinbarung über die Zusammenarbeit relativ üblich. Dies entspricht aber nicht einem normalen Arbeitsvertrag, da die Rechte und Pflichten anders aufgestellt sind.

- Demnach kommt der Selbstverpflichtung und damit der Selbstverantwortung des einzelnen Volunteer eine zentrale Rolle zu. Die durch die Anmeldung implizierte Erklärung, freiwillig am Gelingen der Veranstaltung mitzuwirken, bedeutet eine auf eigener Initiative beruhende Einsatzbereitschaft.

- Wie bei allen Bindungsformen ist der „psychologische Vertrag" gültig (auch Nichols & Ojala, 2009, S. 369; Kim, 2017), ein Ausdruck für die unausgesprochenen und nicht schriftlich fixierten gegenseitigen Erwartungen an das Engagement. Es speist sich seitens der Volunteers aus verschiedenen Quellen, wie Werbung für das Volunteering, Vorgesprächen, eigenen Vorstellungen aus der Beobachtung entsprechender Veranstaltungen.

- Dieser psychologische Vertrag hat eine große Bedeutung für die Zufriedenheit mit der Zusammenarbeit und der daraus folgenden Einsatz- und Leistungsbereitschaft. Gerade unter den Bedingungen einer kompakten Einsatzzeit bestehen nicht viele Möglichkeiten, Klärungsprozesse zwischen Vertretern der Organisation und Volunteer durchzuführen, um Missverständnisse bzgl. der Zusammenarbeit zu beseitigen.

Eine besondere Aufgabe liegt in dem Erhalt der Engagementbereitschaft angeworbener Volunteers, sowohl in der Zeit zwischen der Anwerbephase und dem eigentlichen Einsatz als auch während der Veranstaltung. Sonst gerät die Stabilität der Durchführung in Gefahr und es bedarf ggf. zusätzlicher Anstrengungen für die Neuakquise von Volunteers und weitere Qualifizierungen.

3.3.3 Einsatzplanung

Die Einsatzplanung umfasst zunächst die Zuordnung einzelner Personen gemäßihrer Kompetenzen auf einzelne Einsatzbereiche und Einsatzzeiträume. Anspruch ist, dass alle Bereiche personell abgedeckt sind. Hinzu kommt die Berücksichtigung einer Sicherheitsreserve in Form von Springern oder Back-up-Volunteers, um Ausfälle umgehend kompensieren zu können.

Die genauere Betrachtung der Einsatzbedingungen ist hilfreich, um die Ausstattung und das Bereithalten von Schutz- und Unterstützungsmaßnahmen zu gewährleisten. Tabelle 3.2 zeigt eine Übersicht zu relevanten Rahmenbedingungen, die je nach Einsatzort und -dauer zu bewerten sind. Kleidung, Unterstellungsmöglichkeiten bei Sonne oder Regen, Gehörschutz oder andere Ausstattungselemente sind zu erwägen.

Räumliche Bedingungen	Raum/Funktion	Zeichen, Symbole und Gegenstände
• Temperatur • Luftqualität • Geräuschkulisse, Lautstärke • Geruch • …	• Layout der Räume • Ausstattung • Möblierung • Wege, Wegführung • Funk-Erreichbarkeit • …	• Ausschilderung • Funktionalität • Qualität • …

Tab. 3.2: Physische Umweltdimensionen als Einfluss auf die Arbeitssituation von Volunteers (Zeithaml et al., 2018, S. 295 mit eigenen Ergänzungen)

3.3.4 Qualifizierung und Schulung

Gemäß der Einsatzplanung und den vorgesehenen Arbeitsbereichen ist das Qualifizierungskonzept zu gestalten. Die Anforderungen an die einzelnen Volunteers können sich je nach Einsatzbereich deutlich unterscheiden (Cuskelly et al., 2006, S. 137–138).

Die notwendigen Qualifikationen für den Volunteer-Einsatz sind im Vorfeld zu erarbeiten. Dazu zählen grundlegende Themen, wie das Verständnis der UEFA EURO 2024 und Informationen zu den beteiligten Akteuren. Daneben sind spezielle Qualifikationen zu vermitteln, die direkt auf den späteren Einsatzbereich wirken.

Dank der heutigen Möglichkeit der Online-Schulungen ist diese Aufgabe deutlich vereinfacht, da die Schulung ortsunabhängig durchgeführt werden kann. Ausnahme sind spezifische Anforderungen, die sich aus der räumlichen Situation des jeweiligen Einsatzbereiches ergeben. Diese müssen vor Ort vermittelt werden.

Entsprechend bedarf es eines Konzeptes für die Qualifizierung von 16.000 Volunteers. Themenbereiche sind z. B.

- Selbstverständnis des Events und damit verbundene Bedeutung der Volunteers und ihrer Arbeit
- Sicherheitsaspekte des Events
- Spezifika für die einzelnen Einsatzbereiche.

3.3.5   Führung der Volunteers im Einsatzzeitraum

Die Führung der Volunteers in dem Einsatzzeitraum ist eine besondere Herausforderung (Cuskelly et al., 2006, S. 141), da die Arbeit in einem eng begrenzten Zeitkorridor der Veranstaltung und der dahinterstehenden Ereignistaktung erfolgen muss und sehr unterschiedliche Einsatzbereiche umfasst. Eine längere Phase der Feedback-Schleifen oder anderer Führungsmodelle ist an der Stelle nicht möglich. Nichols verweist auf die Herausforderung, den Enthusiasmus der Volunteers im Griff zu halten, ohne eine Demotivation auszulösen (Nichols, 2013, S. 217).

Zu dem Einsatz der Volunteers gehört i. d. R. eine entsprechende Versorgung mit Essen und Trinken über den Tagesverlauf. Dieser Service muss in angemessener Form sichergestellt werden. Zudem sind unterschiedliche Einsatzintervalle der beteiligten Volunteers zu berücksichtigen und die Versorgungsoptionen sind dementsprechend auszurichten.

Ein grundlegendes Thema ergibt sich aus der unterschiedlichen Bindungsform, einerseits der für die UEFA EURO 2024 angestellten Mitarbeiter mit einem Arbeitsvertrag und andererseits der Volunteers mit einer wesentlich offeneren Bindung, selbst bei Unterzeichnung einer Volunteer-Vereinbarung. Hier stellen sich u. U. klassische Probleme der Zusammenarbeit, wie unterschiedliche Erwartungen an die Zusammenarbeit, Umgang mit Arbeitsanweisungen etc. (z. B. Wadsack, 2017).

3.3.6   Anreize und Wertschätzung

Allgemein für Dienstleistungstätigkeiten gilt die intrinsische Motivation als wichtige Grundlage für einen erfolgsorientierten Einsatz. Das Vorhandensein kann nur bedingt durch Führungsaktivitäten beeinflusst werden (Biermann, 1999, S. 193). Hier kann ein Vorteil des Volunteering liegen, da die Engagementbereitschaft vermutlich eng mit einer inneren Verbundenheit mit der Sportart bzw. dem Event verknüpft ist.

Als Fazit aus wenigen Studien zur Motivation von Event-Volunteers führen Cuskelly et al. die Unterschiedlichkeit der Motivationslagen der einzelnen Akteure und Unterschiede zu der Motivation von Vereinsengagierten an. Hinzu kommt, dass sich die Motivationslage im Laufe des Events verändern kann (Cuskelly et al., 2006, S. 140). Es kann vermutet werden, dass aufgrund der dichten Erfahrungswelt, in welche die Volunteers bei einer Sportgroßveranstaltung eintauchen, neue Eindrücke und Kontakte mit anderen Engagierten den Fokus auf andere Aspekte als vor Beginn des Events lenken können. Der „psychologische Vertrag" kann sich entsprechend verändern.

Drei zentrale Problembereiche sind erkennbar (Kamp, 2007, S. 100–111):

- Wenn bei der Anwerbung bzw. in Vorphasen Zusagen gemacht wurden, z. B. im Hinblick auf die Einsatzintensität oder die Möglichkeit, auch Veranstaltungen als Zuschauer zu verfolgen, die in der Event-Realität nicht eingehalten werden, führt dies zu Frustration.
- Wenn die Einsatzplanung nicht funktioniert und nur wenige Einsatzzeiten letztlich ermöglicht werden, kann dies massiv mit der Eingangserwartung eines wichtigen Beitrages zu dem Event kollidieren.
- Zum Ende des Events hin ist es eine Herausforderung, die Intensität des Einsatzes hochzuhalten. V. a., wenn die Volunteers Einblicke in Backoffice-Bereiche haben und diese teilweise schon in Auflösung befindlich sind, kann dies zu einer größeren Ungenauigkeit bei den eigenen Einsätzen führen.

Werkmann hat aus einer Untersuchung der Erwartungen und Erfahrungen von Volunteers bei der FIFA Fußball-Weltmeisterschaft der Frauen 2011 in Deutschland u. a. die Unterschiede zwischen Erwartungen und Erlebnis untersucht (n=573). Die Übersicht ergibt sich aus Tabelle 3.3.

Die beiden unteren Quadranten zeigen die Erwartungen, welche aus Sicht der Befragten nicht angemessen erfüllt wurden. Der Bezug zu dem schon angesprochenen psychologischen Vertrag ist erkennbar. Nichols & Ojala (2009, S. 369) heben die Flexibilität in der Beschäftigung, die Qualität der persönlichen Beziehungen, die Anerkennung der geleisteten Arbeit und die klare Kommunikation in Bezug auf die individuelle Volunteer-Tätigkeit hervor.

Bei der FIFA Fußball-Weltmeisterschaft 2006 ergaben sich auch Diskrepanzen zwischen Eingangserwartungen und Volunteer-Realität. Positive Abweichungen gab es bei der Chance, damit zumindest zeitweise in ein Stadion zu kommen und Erfahrungen aus vorheriger ehrenamtlicher Arbeit einzubringen. Die Entwicklung persönlicher Kontakte und das Gefühl, zum Erfolg der Veranstaltung beizutragen, wurde weniger positiv erlebt (Kamp, 2007, S. 99). Grundlage war eine Volunteer-Befragung mit N=4.982 (je nach Frage geringerer Anteil).

Aus dieser Übersicht ist erkennbar, wie vielfältig die Anreiz-Vorstellungen und -Erlebnisse der Volunteers und damit der psychologischen Verträge sein können.

		niedriger	höher
Erfahrungen	Besser erfüllt	• Kleidung • Ich habe für meine Tätigkeit Anerkennung gefunden.	• Ich konnte mit anderen Volunteers als Gleichgesinnten zusammenarbeiten. • Ich habe sympathische Menschen kennengelernt. • Ich habe die Fußball-Weltmeisterschaft live miterlebt. • Stimmung im Zuschauerbereich • Versicherungsschutz • Ich war am Geschehen dichter dran. • Eigene Sicherheit • Unterstützung während der Tätigkeit • Verhältnis zu den „Vorgesetzten" • Verhältnis zu anderen Volunteers • Ich konnte die tolle Stimmung unmittelbar miterleben. • Die Tätigkeit hat mir Spaß gemacht. • Einhaltung von Zusagen
	Schlechter erfüllt	• Kostenlose Nutzung der öffentlichen Verkehrsmittel • Ich habe Prominente gesehen. • Verpflegung • Rahmenprogramm • Die Volunteer-Tätigkeit war ein Ausgleich zu meiner sonstigen Tätigkeit. • Umsetzung meiner Anregungen • Ich habe Sportler- und Teammitglieder getroffen. • Ich hatte eigene Verantwortung und Entscheidungs-Möglichkeiten. • Ich konnte damit eigene Probleme selbst in die Hand nehmen und lösen. • Abwechslungsreichtum • Ich konnte meine eigenen Stärken und Schwächen herausfinden.	• Gute Ausstattung mit Arbeitsgeräten • Stimmung im Volunteer-Team • Ich konnte damit etwas für das Gemeinwohl tun. • Einweisungsgespräch • Vorbereitung auf die Tätigkeit • Ich konnte damit meine eigenen Kenntnisse und Erfahrungen erweitern. • Ich habe die Veranstaltung durch mein eigenes Engagement erst möglich gemacht. • Klare Aufgabenstellung • Ablauf/Organisation. • Ich konnte den Event aktiv mitgestalten.
		niedriger	höher
		Erwartungen	

Tab. 3.3: Erwartungen-Erfahrungen-Portfolio FIFA Fußball-Weltmeisterschaft der Frauen 2011 (Werkmann, 2014, S. 87)

3.3.7 Beendigung des Volunteer-Einsatzes

Mit dem Ende eines vereinbarten Einsatzzeitraumes bzw. dem Ende der Veranstaltung ist auch die Engagementphase vorüber. Die Verabschiedung und möglicherweise die Vorbereitung auf einen Folgeeinsatz ist in der Planung zu berücksichtigen.

Wie schon angesprochen ist zu erwägen, wie eine lose Verbindung der Volunteers auch nach dem Event vorbereitet werden kann. Damit können eine Festigung angebahnter Kontakte und eventuell die Bereitschaft zu weiteren freiwilligen Engagements befördert werden.

3.3.8 Verwaltungsaufgaben

Akkreditierung, Aufzeichnung der Einsätze und Versicherungsfragen sind nur einige Aufgaben, welche als Hintergrundarbeit vor und während des Events in Bezug auf die Volunteers zu leisten sind.

3.3.9 Zusammenfassung

Personalwirtschaftliche Funktion	Spezifika des Volunteer-Management
Personalbedarfsplanung (Quantität, Qualität)	• Unsicherheit in Bezug auf Einsatzbedarf und verfügbare Ressourcen • Unsicherheit in Bezug auf die Beibehaltung der Engagementbereitschaft über die Wartezeit
Personalbeschaffung, -auswahl (-marketing)	• Anwerbung für einen deutlich in der Zukunft liegenden Zeitpunkt • Komplexer Marketing-, Bewerbungs- und Auswahlprozess
Personaleinsatz, Arbeitsgestaltung	• Volunteer-Management im Vorfeld der Veranstaltung • Volunteer-Einsatzmanagement während der Veranstaltung
Personalentwicklung, Arbeitsqualifikation	• Möglichkeiten der spezifischen Qualifikation unter Bedingungen der Volunteers und Organisations-Ressourcen
Personalführung im Arbeitsprozess	• Form der Kontakte, Technologie • Führungsstil
Personalentgelt und Arbeitsleistung	• Anreizstruktur abseits finanzieller Belohnung • Wertschätzung
Personalanpassung/ Arbeitsbeendigung	• Absehbares Ende des Engagements • Folgetätigkeit?
Personalverwaltung	• Verträge • Versicherungsfragen • Zeugnisse, Arbeitsbescheinigungen

Tab. 3.4: Funktionen des Personalmanagement und Volunteering-Spezifika (Spalte 1 entsprechend der Kapitelstruktur in Oechsler & Paul, 2019; Spalte 2: eigene Darstellung)

3.4   Volunteer-Management bei der EURO 2024

Zum Zeitpunkt der Erstellung des Artikels (Januar 2023) befinden wir uns im Volunteer-Prozess für die EURO 2024 noch relativ am Anfang, die eigentliche Bewerbungsphase startet erst Mitte 2023. In Deutschland wird vermutet, dass grundsätzlich relativ wenige Probleme bei der Akquise von Volunteers bestehen (Feiler et al., 2018, S. 108). Durch die Einbeziehung des Vereinssystems im Fußball und der entsprechenden Verbände gibt es einen guten Zugang zu relevanten Menschen.

Für die EURO 2020, die allerdings in mehreren Staaten durchgeführt wurde, wird für die ca. 37.000 Bewerbungen, die eingingen, eine Anzahl von 12.000 Volunteers genannt (Juchem, 2020).

Geht man von einem ähnlichen Aufkommen an Bewerbungen aus, ist die Herausforderung für den Auswahlprozess zu erkennen, selbst wenn ein Teil der Bewerbungen schon auf Basis der „Papierform" abgelehnt wird.

Der Werbeprozess für die UEFA EURO 2024 und das Volunteering ist mittlerweile angelaufen, Interessensbekundungen können über ein Internetportal abgegeben werden (DFB, 2023). Im Rahmen der „Event Social Responsibility"-Strategie der UEFA werden die Volunteers als Stakeholder geführt, mit dem Anspruch verbunden: "Represent the diversity of German and European society within the workforce" (UEFA, 2021). Grundlage bildet das im Bewerbungsprozess für die UELA EURO 2024 eingebrachte Nachhaltigkeitskonzept des DFB, welches u.a. eine Partizipation der Volunteers vor und während des Events in Aussicht stellte und mit „Volunteers Programme – Football ist so diverse" ein Leuchtturmprojekt formulierte (DFB, o. D., S. 14, 29 & 41).

Für die Qualifikationsauslosung der UEFA EURO 2024 in Frankfurt im Oktober 2022 wurde auch schon ein Volunteer-Team zusammengestellt. Die Einsatzbereiche ergeben sich aus Tabelle 3.5.

Einsatzbereiche	Erläuterung
Akkreditierung	Akkreditierung meist als erste Anlaufstelle und damit von großer Bedeutung für den ersten Eindruck der Veranstaltung.
Event-Logistik	Materiallogistik für die gesamte Veranstaltung vom Aufbau bis zum Abbau.
Event-Transport (Airport, Fahrer, Fleet)	Airport: Begrüßung am Flughafen für UEFA-Gäste. Fahrer: Transport von Gästen. Fleet: Koordination des Fahrzeugeinsatzes.
Gästemanagement und Protokoll	Unterstützung des für VIP-Gäste zuständigen Teams.
Medienarbeit	Erste Anlaufstelle für Medienvertreter und Bereitstellung von Informationen für deren Arbeit.
Soziale Verantwortung	Unterstützung von Menschen mit Einschränkungen, besondere Aufmerksamkeit für die beteiligten Menschen.
Bühnenarbeit	Unterstützung des Bühnen-Teams für die Proben.
Veranstaltungsstätten-Logistik	Unterstützung des Venue-Management zur Schaffung einer guten Arbeitssituation.
Volunteer-Management	Unterstützung des lokalen Volunteer-Management in verschiedenen Aufgabenbereichen.
Zugangsmanagement	Unterstützung des Security-Teams vor Ort und weitergehende Aufgaben in Zusammenhang mit dem Zutritt zu der Location.

Tab. 3.5: Einsatzbereiche der Volunteers im Rahmen
der Qualifikationsauslosung (Gast, 2022)

Drei weitere grundlegende Schritte erfolgten im Rahmen der Volunteer-Kampagne. Für den Volunteerbereich wurde Anfang Dezember 2022 ein eigenes Logo vorgestellt (DFB, 2022b) (Abb. 3.2).

Abb. 3.2: Volunteer Logo der UEFA EURO 2024
(UEFA, 2022)

Des Weiteren erfolgte die Ausschreibung der UEFA EURO 2024 für Volunteer-Manager an den einzelnen Spielorten. Ergänzend wird von der jeweiligen Stadt eine korrespondierende Stelle besetzt. Die Zielstellung der bis zu 31.08.2024 befristeten Zusammenarbeit wird für die Stadt Gelsenkirchen folgendermaßen beschrieben: „Die Volunteer-Managerin bzw. der Volunteer-Manager ist zuständig für die Planung und Organisation des Programms in Gelsenkirchen, damit die richtige Anzahl der Volunteers mit passender Kompetenz zur richtigen Zeit am richtigen Ort ist. Dabei arbeitet die Volunteer-Managerin bzw. der Volunteer-Manager eng mit dem Team Volunteering der EURO 2024 GmbH vor Ort zusammen" (Stadt Gelsenkirchen, 2023).

Aufgaben sind u. a.: Entwicklung eines Volunteer-Konzeptes, Akquise von Freiwilligen u. a. mit der Ehrenamtsagentur, Abwicklung der Volunteer-Schulung und des Volunteer-Einsatzes am Spielort. Dabei ist je nach Zuständigkeit mit der EURO 2024 GmbH zu kooperieren. Die Bezahlung erfolgt nach EGr 10 TVöD (Stadt Gelsenkirchen, 2023). Vergleichbare Ausschreibungen erfolgten an allen 10 Spielorten.

Als weiterer Schritt besteht die Möglichkeit, sich für eine Volunteer-Tätigkeit vormerken zu lassen, wobei die Präferenz-Angaben sich z. Zt. nur auf den möglichen Einsatzort beziehen (DFB, 2023). Mit der Vormerkung akzeptiert der Interessent einen 24 Punkte umfassenden Katalog an Bedingungen für die Zusammenarbeit. Dazu zählen folgende Aspekte:

„2. Der/die Freiwillige erklärt sich bereit, die ihm/ihr zugewiesene Rolle während der von der LOS mitgeteilten Zeiten zu übernehmen. Darüber hinaus erklärt sich der Freiwillige damit einverstanden, dass die LOS die zugewiesene Rolle und die Arbeitszeiten jederzeit ändern kann.

[...]

4. Der/die Freiwillige kann seine/ihre Präferenz äußern, einem bestimmten Bereich oder einer bestimmten Rolle zugewiesen zu werden. Nichtsdestotrotz stimmt der Freiwillige zu, dass das LOS das Recht hat, den Freiwilligen in jedem beliebigen Bereich oder Gebiet einzusetzen und den Freiwilligen zu bitten, jede Aufgabe im Zusammenhang mit der Veranstaltung zu übernehmen, die das LOS verlangt. Während des Dienstes hat der Volontär in dem ihm zugewiesenen Bereich oder in der ihm zugewiesenen Rolle alle Anweisungen und Regeln des LOS oder seiner Vertreter zu befolgen, einschließlich des Tragens von Uniformen, die vom LOS und/oder der UEFA zur Verfügung gestellt werden.

...

18. Der Volunteer erkennt an und erklärt sich damit einverstanden, dass das LOS die Teilnahme des Volontärs an der Veranstaltung jederzeit mit sofortiger Wirkung beenden kann." (DFB, 2022a). LOS steht dabei für die EURO 2024 GmbH, mit Sitz in Frankfurt.

Hinzu kommen weitere Themen, wie z. B.:

- Erklärungen zu der Freiwilligkeit und Unentgeltlichkeit des Engagements
- der Ausschluss des Anspruchs, Fußballspiele zu sehen
- die Übernahme der mit der Volunteer-Tätigkeit verbundenen Kosten durch den Engagierten, wenn nicht vorab andere schriftliche Abmachungen getroffen wurden
- der Versicherungsschutz im Zuge der Ausübung der Volunteer-Tätigkeit
- die Geheimhaltung bzw. Vertraulichkeit von Informationen, die im Zuge der Veranstaltung erlangt werden. Dies gilt auch nach Ende der Volunteer-Tätigkeit.
- der Ausschluss von eigenen Medienkontakten.

Entsprechend der heutigen Zeit und den Möglichkeiten der Digitalisierung, kommen eine Volunteer-Management-Software und eine entsprechende App zum Einsatz. Für die Qualifizierungsmaßnahmen werden zumindest teilweise E-Learning-Komponenten eingesetzt.

Literatur

Biermann, T. (1999). *Dienstleistungsmanagement*. Hanser.

Bruhn, M., Meffert, H. & Hadwich, K. (2019). *Handbuch Dienstleistungsmarketing* (2. Aufl.). Springer Gabler.

Cuskelly, G., Hoye, R. & Auld, C. (2006). *Working with Volunteers in Sport*. Routledge.

DFB. (2022a, April 29). *Terms and Conditions. (nicht mehr öffentlich verfügbar)*

DFB. (2022b, Dezember 05). *Volunteer-Logo der UEFA EURO 2024 in Deutschland Veröffentlicht.* https://www.dfb.de/maenner-nationalmann schaft/em-2024/news-detail/?tx_news_pi1%5Bnews%5D=247028

DFB. (2023, Januar 17). *Volunteers.* https://www.dfb.de/die-mannschaft/euro-2024/volunteers/

DFB. (o. D.). *United by Football. In the Heart of Europe. Sustainability Concept UEFA EURO 2024.* https://www.dfb.de/fileadmin/_dfbdam/178855-EURO_2024_Nachhaltigkeitskonzept.pdf

Feiler, S., Rossi, L. & Hallmann, K. (2018). Germany. In K. Hallmann & S. Fairley (Hrsg.), *Sports Volunteers Around the Globe* (S. 103–113). Springer.

Gast, M. (2022, Juni 15). *UEFA EURO 2024: Volunteers für Qualifikationsauslosung am 9. Oktober in Frankfurt gesucht.* https://www.flw24.de/aktu

elles/meldungen/details/datum/2022/06/15/uefa-euro-2024-volun-teers-fuer-qualifikationsauslosung-am-9-oktober-in-frankfurt-gesucht

Haller, S. (2005). *Dienstleistungsmanagement* (3. Aufl.). Gabler.

Juchem, M. (2020). *Rekordbewerberzahl für das Volunteerprogramm.* https://www.kicker.de/rekordbewerberzahl_fuer_das_volunteer_pro gramm-770254/artikel

Jung, H. (2017). *Personalwirtschaft* (10. Aufl.). de Gruyter.

Kamp, B. (2007). *Erarbeitung eines Führungsmodells für Ehrenamtliche bei Sportgroßveranstaltungen, dargestellt am Beispiel der FIFA Fußballwelt-meisterschaft 2006 TM* [Diplomarbeit]. https://opus.ostfalia.de/frontdoor/ deliver/index/docId/115/file/Kamp_2006_Ehrenamt_Fuehrungsmodell_ Sportgro%c3%9fveranstaltungen.pdf

Kim, E. (2017). *An Investigation of Volunteer Motivation and Psychological Contract for the Effective Management of Sport Event Volunteers.* [Dok-torarbeit, Griffith University]. https://research-repository.griffith.edu.au/ handle/10072/377617

Maleri, R. & Frietzsche, U. (2008). *Dienstleistungsproduktion* (5. Aufl.) Springer.

Nichols, G. (2013). Volunteering für the Games. In V. Girginov (Hrsg.), *Handbook of the London 2012 Olmypic an Paralympic Games* (S. 215–224). Routledge.

Nichols, G. & Ojala, E. (2009). Understanding the Management of Sports Event Volunteers Through Psychological Contract Theory. In. *VOLUN-TAS 2009* (Beitrag 369).

Oechsler, W. A. & Paul, C. (2019). *Personal und Arbeit* (11. Aufl.). de Gruy-ter.

Schmidt, H. R. (2012). Fußballgroßveranstaltungen – sportpolitische Her-ausforderungen. In M.-P. Büch; W. Maennig & H.-J. Schulke (Hrsg.), *Sport und Sportgroßveranstaltungen in Europa – zwischen Zentralstaat und Regionen* (S. 149–158). University Press.

Special Olympics. (2023, Januar 16). *#TeamVolunteer2023.* https://www. berlin2023.org/de/mach-mit/volunteers

Stadt Gelsenkirchen. (2023, Januar 31). *Stellenausschreibung Volunteer-Managerin bzw. eines Volunteer-Managers. (nicht mehr öffentlich ver-fügbar)*

Trosien, G. (2019). Volunteering im Sport (Sportgroßveranstaltungen). In T. Bezold; L. Thieme; G. Trosien & R. Wadsack (Hrsg.), *Handwörterbuch des Sportmanagements* (3. Aufl., S. 587–592). Peter Lang.

UEFA. (2021). *UEFA EURO 2024 Germany – Event Social Responsibility Strategy*. https://editorial.uefa.com/resources/0268-1215ecb871e3-641360529cae-1000/esr_strategy_v3.0_web_version_high_res_.pdf

UEFA. (2022). *Volunteer-Logo für die UEFA EURO 2024 in Deutschland enthüllt*. https://www.uefa.com/euro-2024/news/027c-16c0ead3823d-661019015c1c-1000--volunteer-logo-fur-die-uefa-euro-2024-in-deutschland-enthullt/

UEFA. (o. D.). *Volunteer Positions / Roles descriptions. Qualifying Draw*. https://www.hfv-online.de/fileadmin/HFV-Daten/presse/QF_Draw_2024_VOLT_Projects_and_Roles_Descriptions.pdf

Wadsack, R. (2017). Zum Verhältnis von Haupt- und Ehrenamt. In L. Thieme (Hrsg.), *Der Sportverein – Versuch einer Bilanz* (S. 249–271). Hofmann.

Wadsack, R. (2019). Engagementförderung für freiwillige Mitarbeiter – eine konzeptionelle Grundlage. In LandesSportBund Niedersachsen e.V./ Niedersächsischer Turner-Bund e.V. in Kooperation mit der Ostfalia Hochschule für angewandte Wissenschaften (Hrsg.), *Engagement gestalten!* (S. 1/5–1/32). https://ntb-shop.de/Engagement-gestalten-systematisch-erfolgreich-motivierend-p212241019

Werkmann, K. (2014). *Motivation, Zufriedenheit und Wertschätzung von Sport-Event-Volunteers*. Springer Gabler.

Zeithaml, V. A., Bitner, M. J. & Gremler, D. D. (2018). *Service Marketing* (7. Aufl.). McGraw-Hill.

Fans und digitale Angebote

4 Fan-Engagement bei einer EURO – Von Fanmeile bis Social Media

André Bühler & Gerd Nufer

Vor mehr als einem Jahrzehnt stellten die Autoren dieses Beitrags die folgende Denkaufgabe:

> "Imagine the business of sports without fans. No spectators at sports matches, no buyers of merchandising, no potential customers for sponsoring companies, no recipients for the sports media. Such a scenario would be unthinkable." (Bühler & Nufer, 2010, S. 63)

Während der Corona-Pandemie 2020/21 wurde das Undenkbare dann aber doch Realität, als Zuschauer auf der ganzen Welt keine Sportveranstaltungen mehr besuchen durften. Das größte Sportevent der Welt, die Olympischen Spiele in Tokio 2020, mussten verschoben werden und fanden ein Jahr später unter nicht wirklich besseren Bedingungen vor so gut wie leeren Rängen statt. Das Gleiche galt für die UEFA EURO 2020, die ebenfalls um ein Jahr verschoben werden musste, dann aber zumindest (bis auf wenige Ausnahmen wie beispielsweise das Finale in Wembley) mit reduzierter Zuschauerzulassung stattfinden konnte. Hintergrund der Überlegungen sowohl des Internationalen Olympischen Komitees wie auch der Europäischen Fußballunion war damals die Befürchtung, dass ihre jeweiligen Premiumprodukte ohne Fans in den Stadien leiden würden. Natürlich gab es immer noch Millionen von Menschen, die Live-Streams von Sportveranstaltungen verfolgten oder in diesen schwierigen Corona-Zeiten allerhand Merchandise ihrer Lieblingsmannschaften kauften. Doch die Pandemie bestätigte einmal mehr die Grundregel im Sportbusiness: Der Wirtschaftsmarkt Sport im Allgemeinen und professionelle Sportorganisationen im Besonderen brauchen Fans, die bereit sind, ihre Zeit, ihre Emotionen und ihr Geld für ihren Lieblingssport und ihre Lieblingsmannschaften zu investieren. Zuschauer sind die primären – und wohl wichtigsten – Kunden eines Sportunternehmens. Daher ist es für jede professionelle Sportorganisation unerlässlich, eine nachhaltige Beziehung zu ihren Fans aufzubauen und aufrechtzuerhalten und sie auf jede mögliche Weise einzubeziehen. Vor diesem Hintergrund wird die Bedeutung des Fan-Engagements deutlich.

Fan-Engagement kann aus zwei Perspektiven betrachtet werden: Entweder aus der Sicht des Sport- oder (– um im Kontext der UEFA EURO zu bleiben – ganz explizit dem) Fußballbusiness, wo professionelle Fußballunternehmen (hauptsächlich Verbände und Vereine) versuchen, Fans zu gewinnen. Ziel ist hier eindeutig, ein größeres und loyaleres Publikum zu gewinnen und letztendlich die Einnahmequellen von Fans als Kunden zu erhöhen. Unabhängig davon kann Fan-Engagement auch aus der Perspektive der Fans betrachtet werden. Hier lautet die einfache Frage: Wie setzen sich die Fans selbst mit dem Fußball und ihrem Lieblingsverein oder – im Kontext dieses Buches – mit ihrer Lieblingsnationalmannschaft und somit der UEFA EURO 2024 auseinander? Die Grundlage beider Perspektiven ist ein tiefergehendes Verständnis dessen, was ein Fußballfan ist.

Dieses Kapitel kombiniert beide Perspektiven des Fan-Engagements. Es beginnt damit, die Fans an sich zu beschreiben und damit zwei Fragen zu beantworten: Was ist ein Fan und welche Arten von Fußballfans gibt es? Der zweite Teil dieses Kapitels befasst sich dann mit dem Konzept des Fan-Engagements. Es analysiert den Status quo der empirischen Forschung in diesem Bereich und liefert auch einige Beispiele dafür, wie man Fans aus der Perspektive einer Sportorganisation einbinden kann. Der dritte Teil befasst sich dann mit dem Engagement der Fans bei verschiedenen Fußball-Europameisterschaften. Hier wird der Unterschied zwischen Fan-Engagement vor Ort in den Stadien, bei den sog. UEFA Fan Festivals und im Rahmen von Social Media getroffen. Im Rahmen des Fazits endet dieses Kapitel mit einer kritischen Auseinandersetzung des Fan-Engagement- Konzepts.

4.1 Fans und Fantypologien

Um das Konzept des Fan-Engagements verstehen zu können, ist es zunächst einmal wichtig, sich mit dem Fanbegriff und den verschiedenen Ausprägungen des Fan-Daseins zu beschäftigen.

4.1.1 Der Fan – das (un)bekannte Wesen

„Der Fan" ist als Begriff ziemlich irreführend, weil Meinungen weit auseinandergehen, wenn es darum geht, „einen Fan" zu definieren. Das Collins English Dictionary (2018) beschreibt einen Fan beispielsweise schlichtweg als „glühenden Bewunderer einer Sportmannschaft". Das Cambridge International Dictionary of English (Procter, 1995) stellt fest, dass ein Fan „eine Person ist, die ein großes Interesse an und Bewunderung für eine Sportmannschaft hat". Für das Sir Norman Chester Centre for Football Research (2003) ist ein Fan einfach jeder, der einem Verein folgt. Und hierzulande definiert der Duden (o. D.) seit 1961 einen Fan als „begeisterter Anhänger, begeisterte Anhängerin von jemandem, etwas".

Lenhard (2002, S. 38) diskutiert in seiner Arbeit die relevantesten Definitionen und entwickelt eine etwas anspruchsvollere: „Ein Fan bzw. Unterstützer ist ein Mensch, der sich mit einem bestimmten Sportverein auf kognitiver, affektiver und verhaltensspezifischer Ebene identifiziert." Er fügt hinzu, dass weder ein empirisches Maßsystem noch ein identifizierbarer Schwellenwert zwischen „Fan" und „Nicht-Fan" existiert, weil jeder einzelne Sportfan unterschiedliche Identifikationsebenen aufweist.

Betrachtet man das Fußballgeschäft als Business, so ist es wichtig zu beachten, dass sich „typische" Fußballfans in vielerlei Hinsicht von gewöhnlichen Verbrauchern gewöhnlicher Unternehmen unterscheiden. Zum einen zeigen sie in aller Regel eine höhere Leidenschaft für ihren Lieblingsfußballverein als für ihre bevorzugte Getränkemarke. Oder wurde jemals jemand in einem Supermarkt gesehen, der oder die ein Regal voller Coca-Cola verehrt und feiert oder ein anderes mit Pepsi gefülltes beleidigt? Zum anderen zeigen die Fans ein hohes Maß an Loyalität gegenüber ihrer Fußballmannschaft. Während manche Menschen von einer Automarke zur anderen wechseln, bleiben Sportfans für immer bei ihrem Lieblingsteam (Nufer & Bühler, 2013). Dempsey und Reilly (1998) erklären diese Loyalität damit, dass Fans im Sport etwas finden, das sie nirgendwo sonst finden, z. B. die Flucht aus der gewöhnlichen Alltagswelt, der Adrenalinschub und Nervenkitzel eines Spiels oder das Gefühl, Teil einer Gemeinschaft zu sein. Deshalb schwören die Fans ihren Vereinen die Treue. Hornby (1996, S. 35) veranschaulicht in seinem Bestseller *Fever Pitch* die Fantreue aus der Sicht der Fußballfans:

"I had discovered after the Swindon game that loyalty, at least in football terms, was not a moral choice like bravery or kindness; it was more like a wart or a hump, something you were stuck with. Marriages are nowhere near as rigid – you won't catch any Arsenal fans slipping off to Tottenham for a bit of extra-marital slap and tickle, and though divorce is a possibility (you can just stop going if things get too bad) getting hitched again is out of the question. There have been many times over the last twenty-three years when I have pored over the small print of my contract looking for a way out, but there isn't one."

Leidenschaft und Loyalität führen zum dritten Unterschied: Sportfans sind oft irrational in ihrem Konsumverhalten. Kaufentscheidungen werden selten aus kommerziellen Gründen getroffen, oder wie Cashmore (2003, S.23) es ausdrückt: „Ein Teil davon, ein Fan zu sein, beinhaltet den Kauf aller Arten von Produkten, die sich auf das Objekt der Bewunderung beziehen", unabhängig von Preis oder Qualität. Eine damit verbundene Konsequenz der Loyalität ist die Tatsache, dass Unterstützer keine echte Wahl haben, wenn es um Kaufentscheidungen geht. Da normale Verbraucher Präferenzen haben können, haben sie normalerweise die Wahl zwischen mehreren Produkten. Sportfans würden jedoch selten zu einem anderen Verein wechseln, nur weil der Ticketpreis des Konkurrenten günstiger ist.

Abgesehen davon sind Fußballfans genauso wichtig, wenn es um das Produkt selbst geht. Morrow (2014) weist auf die wichtige Rolle der Fans bei der Erschaffung des Produkts hin, das sie tatsächlich konsumieren. Die Atmosphäre ist nicht nur ein entscheidender Teil der Attraktivität des Spiels, sondern wird auch von den Fans selbst erschaffen. Insofern können die Fans als Co-Produzenten einer Veranstaltung gesehen werden, für die sie bezahlen, um daran teilzunehmen. Daher werden Fans im Kontext von Sportveranstaltungen auch als „Co-Creators of Value" oder „Prosumer" (eine Kombination aus Produzent und Konsument) bezeichnet (Nufer & Bühler, 2013, S. 11).

Ein weiterer Ansatz, um die Persönlichkeit von Sportfans zu beschreiben, stammt aus der Sozialpsychologie. Elemente der Theorie der sozialen Identität wurden verwendet, um das Verhalten von Fans mit „BIRGing" und „CORFing" zu analysieren. „BIRGing" (= Basking In Reflected Glory) bedeutet, dass Menschen versuchen, sich mit erfolgreichen Mitmenschen zu assoziieren, um ihren eigenen Erfolg zu demonstrieren. Menschen, die BIRGen, versuchen sich selbst als erfolgreich darzustellen, indem sie öffentlich ein gemeinsames Merkmal der Sportorganisation zeigen, mit der sie sich identifizieren. Sie sonnen sich also im Ruhme anderer. So wurde beispielsweise empirisch bewiesen, dass mehr Menschen das Trikot ihres Vereins tragen, nachdem ihre Mannschaft gewonnen hat. Auf die gleiche Weise sagen die Fans gerne: „Wir haben gewonnen", während im Falle einer Niederlage die sprachliche Phrase eher „sie haben verloren" lautet. „CORFing" (Cutting Out Reflected Failure) spiegelt Letzteres wider. Wenn ein Team verliert, versuchen einige Fans, sich vom Misserfolg des eigenen Teams zu distanzieren, um nicht mit einem Verliererimage in Verbindung gebracht zu werden (Strauss, 2006; Posten, 2010; Nufer & Bühler, 2013; Bühler & Nufer, 2014).

Die oben genannten Unterschiede sind einer der Hauptgründe, warum die Beziehung zwischen Sportvereinen und ihren Anhängern nicht adäquat ökonomisch erfasst werden kann. Morrow (2014) behauptet, dass das Kundenkonzept unvollständig ist, weil es die Idee der Identität eines Fans mit einem Verein nicht berücksichtigt. Unterstützung für diese Interpretation kommt von Lenhard (2002, S. 19), der feststellt, dass „Identität und Iden-tifikation im Profisport wichtige Themen sind". Das Konzept der Fantreue, des irrationalen Verbraucherverhaltens, der Leidenschaft, der Identität und der Identifikation führt zu dem Schluss, dass Sportfans „captive con-sumers" in einem „captive market" sind (Pierpoint, 2000; Conn, 2001; Banks, 2002; Nufer & Bühler, 2013; Bühler & Nufer, 2014). Dabei handelt es sich der allgemeinen Marketingliteratur zufolge um eine Gruppe von Verbrauchern, die nur eine begrenzte Auswahl an Produkten haben, die sie auswählen / kaufen können, oder keine andere Alternative haben, als ein Produkt von einer bestimmten Quelle zu kaufen.

Einige Autoren weisen jedoch darauf hin, dass sich die Beziehung zwi-schen Vereinen und Fans verändert und dass die neue Generation von Fans nicht so leidenschaftlich und loyal sein wird wie die traditionellen Fans (Morrow, 2014). Grünitz und von Arndt (2002) erkannten schon Anfang des neuen Jahrtausends einen Entfremdungstrend von Fans und Spielern. Ähnliches stellte Lenhard (2002) fest, als er die Beziehung zwi-schen Fans, Spielern und Vereinen im Laufe der Jahrhunderte disku-tierte. Er kommt z. B. zu dem Schluss, dass sich die Fußballstars von heute in Bezug auf den Alltag und die Zukunftsperspektive von der Lebenswirklichkeit der meisten Fans entfernen. Er stellt eine zuneh-mende Distanz zwischen Vereinen, Spielern und Fans fest, die zu einer Abnahme der Identifikation führt. Dempsey und Reilly (1998) machen die kommerzielle Ausbeutung von Fans durch Vereine dafür verantwortlich und den Umstand, dass im Laufe der Jahre immer mehr traditionelle Fans „ausgepreist" wurden, weil sie sich die immer höheren Eintrittskar-tenpreise nicht mehr leisten konnten. Tatsächlich hat sich die soziale Struktur der Stadionbesucher verändert. Fans mit mittlerem Einkommen werden vom Spiel angezogen und Fans mit niedrigem Einkommen wer-den vertrieben. Malcolm, Jones und Waddington (2000) erwähnen in die-sem Zusammenhang den Wandel vom „traditionellen Fan" zum „wohlha-benden Kunden".

Fast zwei Jahrzehnte später bestätigt die empirische Forschung jene Prog-nosen zu Beginn des neuen Jahrtausends. 2017 hat der FC PlayFair!, eine Non-Profit-Organisation mit dem Ziel, Integrität und Nachhaltigkeit im Fußball zu fördern, die größte wissenschaftliche Umfrage im deutschen Fußball durchgeführt. Einige der Ergebnisse, die aus der Befragung von 17.330 Fußballfans resultierten, sollten für alle Fußballunternehmen ein Alarmzeichen sein:

- 72,4 % gaben an, dass die Interessen der Fans angesichts der anhalten-den Entwicklungen im Profifußball auf der Strecke blieben,
- 83,3 % warnen den Profifußball vor einer zunehmenden Entfremdung des Profifußballs von seinen Fans,

- 83,4 % sind sich einig, dass der Profifußball aufgrund des enormen Geldbetrags längst den Bezug zum wirklichen Leben verloren hat,
- 86,9 % denken, dass es im Fußball nur um Geld geht,
- und mehr als jeder zweite Befragte machte deutlich, dass er sich irgendwann vom Spiel abwenden würde, wenn die Kommerzialisierung des Fußballs weiter zunimmt.

Dies wiederum ist nicht nur ein deutsches Phänomen, sondern eines, das auch bei Fußballfans in anderen europäischen Ligen zu beobachten ist. Der Fußball, so scheint es, steht kurz davor, seine Basis und damit seine wichtigsten Stakeholder zu verlieren.

Die Einbindung der Fans ist daher eine wesentliche Aufgabe für professionelle Fußballorganisationen, um ihre Stammkundschaft zu erhalten. Es muss jedoch auch beachtet werden, dass es verschiedene Arten von Fans mit unterschiedlichen Interessen und unterschiedlichen Bedürfnissen gibt, die im Rahmen des Fan-Engagements angesprochen werden müssen.

4.1.2 Verschiedene Fan-Typen

Auch wenn man gerne ein bestimmtes Bild vom gemeinen Fußballfan hat, so sollte nicht außer Acht gelassen werden, dass Fußballfans nicht unbedingt die treuen, irrationalen und leidenschaftlichen Anhänger sind, wie im vorherigen Abschnitt erwähnt. Greenfield und Osborn (2001) haben die Entwicklung einer neuen Generation von „sitzenden Sofafans" beobachtet, die sich aus der zunehmend medialen Sportrezeption ergibt. Diese Fans haben eine andere Beziehung zu den Vereinen im Vergleich zu denen, die etwa Live-Spiele besuchen. Hermanns und Riedmüller (2008) unterscheiden auch in erster Linie zwischen **Fernsehzuschauern** und **Zuschauern im Stadion**. Lenhard (2002) untersucht die letztgenannte Gruppe im Detail und identifiziert die Zuschauer im Stadion als heterogene Gruppe. Menschen, die Live-Spiele besuchen, können in drei Hauptkategorien unterteilt werden: erstens der **konsumorientierte Fan**, der einen bestimmten Unterhaltungswert für sein Geld haben möchte. In diesem Fall ist die emotionale Bindung zum Verein nicht sehr gut entwickelt und Fußballspiele sind mehr oder weniger eine austauschbare Freizeitbeschäftigung. Das genaue Gegenteil ist der **sportorientierte Fan**, der die gleichen Eigenschaften aufweist wie der zuvor erwähnte irrationale, loyale und leidenschaftliche traditionelle Fan. Die dritte Kategorie ist der **eventorientierte** Fan, der unabhängig vom Spiel selbst Spaß im und um das Stadion haben möchte, d. h. Hooligans, Ultras oder Groundhoppers. **Ultras** sind bestimmte Fanbewegungen, die ihren Ursprung in Italien haben. Ultras sehen sich für die Atmosphäre in den Stadien verantwortlich und organisieren deshalb z. B. umfangreiche Choreografien oder Fahnen. **Groundhopper** sind Fußballfans, die es sich zur Aufgabe gemacht haben, so viele Fußballspiele und Stadien wie möglich zu besuchen, unabhängig davon, ob ihr eigener Verein beteiligt ist oder nicht. Lenhard (2002) stellt fest, dass die Grenze nicht klar gezogen werden kann, wie das Beispiel von Ultras und Groundhoppers zeigt. Beide Gruppen sind zwar sportorientiert, wollen aber mehr erleben als einen reinen sportlichen Wettkampf. Lenhards Fan-Interpretationsschema war eines der ersten und fügte damit der ständigen Diskussion, wer ein Fan ist und welche Arten von Fans es gibt, einen wissenschaftlichen Mehrwert hinzu. Lenhards Schema aus dem Jahr 2002 ist heute jedoch veraltet. Z. B. hat der Begriff „ereignisorientierter Fan" fast zwei Jahrzehnte später eine andere Bedeutung als 2002, zu einer Zeit, als die **Eventisierung des Sports** (d. h. die Umwandlung des sportlichen Wettbewerbs in ein Ereignis oder Spektakel) erst am Anfang stand und daher im heutigen Kontext ein irreführender Begriff ist.

Im Laufe der Jahre haben verschiedene Autoren (z. B. Stewart, Smith & Nicholson, 2003; Crawford, 2004; Reysen & Branscombe, 2010; Wiid & Cant, 2015) versucht, Fans in verschiedene Kategorien zu einzuteilen, aber keine Kategorisierung hat allgemeine Akzeptanz gefunden. Es gab auch einige Charakterisierungsversuche von Marktforschungs- und Mediaagenturen, z. B. Carat, die zwischen „verrückten", „leidenschaftlichen", „sympathischen" und „affinen" Fans unterscheiden (Dentsu, 2019). Ihre Typologie ist jedoch eindeutig marketinggetrieben und erweckt den Anschein, als diene sie nur dem Verkauf von weiterführenden Beratungsleistungen. Ebenfalls geschäftsmotiviert, aber eine wesentlich bessere Kategorisierung, ist die von der European Club Association (ECA, 2020) erstellte **Fußballfan-Typologie**, die auf einer repräsentativen Befragung in sieben Fußballmärkten basiert. Auf Basis der Daten konnten die folgenden sechs Fan-Typen identifiziert werden:

- Fußballfanatiker: Sie verfolgen den Fußball mit einem starken emotionalen Engagement. Ihnen ist das Gemeinschaftsgefühl wichtig, das der Fußball bietet. Sie gehen lieber ins Stadion, um das Zusammengehörigkeitsgefühl zu erleben. Fußballfanatiker sind ihrem jeweiligen Verein verbunden, engagieren sich aber auch stark im unteren Ligenfußball.

- Club Loyalists: Sie sind langjährige Fußballfans, die ihren Verein genau verfolgen. Sie schauen regelmäßig Fußball und halten sich über Neuigkeiten auf dem Laufenden. Ein Teil ihrer Identität ist eine starke emotionale Bindung an ihren Club.

- Ikonen-Imitatoren: Sie haben ein mäßiges bis starkes Interesse am Fußball, weil sie regelmäßig selbst spielen. Die Icon-Imitatoren folgen weniger den Vereinen als vielmehr bestimmten Spielern. Sie ziehen es vor, selbst zu spielen, anstatt zuzuschauen, sind nicht auf einen bestimmten Wettbewerb ausgerichtet, genießen aber dennoch große Spiele mit den besten Fußballern.

- FOMO (Fear Of Missing out) Follower: Sie beschäftigen sich häufig mit Fußball über Nachrichten, illegales Streaming und Teilen von Fußball-geschichten, sind aber weniger emotional engagiert. Sie ziehen es vor, den großen Teams und großen Wettbewerben zu folgen, da dies eine höhere Qualität der Unterhaltung bietet. Für sie ist Fußball eine soziale Währung.

- Main Eventers: Sie zeigen eine niedrige Interaktionsfrequenz, die um die großen Spiele und Turniere herum zunimmt. Als moderate Fans interessieren sie sich mehr für das Event und kümmern sich weniger um das Ergebnis.

- Tag Alongs: In Bezug auf das Fan-Engagement jene Fußballfans mit dem geringsten emotionalen Engagement. Das Interesse am Fußball wird eher durch die Leistung der Nationalmannschaft oder durch Freunde / Familie ausgelöst, das Interesse am Fußball steigt jedoch bei großen Turnieren.

All diese verschiedenen Fan-Typen müssen angesprochen werden, wenn es um die Fan-Interaktion geht. Das nächste Unterkapitel wird einen genaueren Blick auf die verschiedenen Konzepte der Fan-Bindung werfen.

4.2 Fan-Engagement

Fan-Engagement ist in den letzten Jahren zu einem Schlagwort geworden – sowohl in der Sportmarketing-Literatur als auch im Sportbusiness. Aber was genau ist das? The Connected Fan (2020) definiert das **Fan-Engagement** aus der Perspektive der Fußballunternehmen als „intensive und tief verwurzelte Verbindung mit der Fangemeinde" und „die Art und Weise, wie ein Verein oder eine Marke mit der Fangemeinde kommuniziert". Schnater (2016) diskutiert in seinem Blog verschiedene Ansätze zur Definition von Fan-Engagement und schlägt schließlich die folgende Definition vor: Fan-Engagement ist "the growth strategy of long-term relationship management between sports institution and fan groups, where institutions facilitate fans in self-expression and in-group acceptance, using both modern online and offline technologies, with the goal of creating social value for fans, which can be transformed into profit optimization".

Dieses Unterkapitel untersucht den Status quo der akademischen Forschung auf dem Gebiet des Fan-Engagements und beschreibt einige Konzepte sowie Instrumente, die Fußballunternehmen verwenden könnten, um mit ihren Fans zu interagieren.

4.2.1 Empirische Studien und wissenschaftliche Arbeiten zum Fan-Engagement

Es gibt verschiedene empirische Studien, die das **Konzept des Fan-Engagements** in verschiedenen Kontexten untersuchen. Z. B. versuchten Yoshida et al. (2014), Fan-Engagement zu konzipieren und zu messen, indem sie eine **Fan-Engagement-Skala** vorschlugen, die sich aus drei Dimensionen zusammensetzt: Managementkooperation, prosoziales Verhalten und Leistungstoleranz. Sie zeigten auch, dass Teamidentifikation und BIRGing eine besonders wichtige Rolle spielen, um die drei Dimensionen des Fan-Engagements zu erhöhen.

Stander und De Beer (2016) untersuchten das **Potenzial des Fan-Engagements** als Indikator für positives Verbraucherverhalten im Kontext des südafrikanischen Fußballs. Infolgedessen etablierten sie einen strukturellen Weg zwischen Fan-Engagement und Spielteilnahme sowie Fan-Engagement und Ausgaben für Team-Merchandise.

Huettermann, Uhrich und Koenigstorfer (2019) zeigten in ihrer Studie über europäische Profisportmannschaften, dass Fan-Engagement **positive Komponenten** (z. B. Fan-Ressourcen-Integration, Fan-Lernen, Fan-Wissensaustausch) oder **negative Komponenten** (z. B. Fan-Norm-Verstoß, Fan-Widerstand gegen das Team) umfassen kann. Diese Komponenten wiederum können sowohl Vorteile (z. B. Entwicklung von Fan-Ressourcen, Co-Creation von Fan-Werten) als auch Nachteile (z. B. Zerstörung des Fan-Werts, Entwicklung von Fan-Identitätskonflikten) haben.

Pradhan, Malhotra und Moharana (2020) konzentrierten sich auf die **Auswirkungen des Fan-Engagements auf das Sponsoring**. Im Kontext des Profifußballs identifizierten sie einen positiven Einfluss der Fan-Persönlichkeit und der Sponsor-Markenpersönlichkeits-Kongruenz auf die Markeneinstellung des Sponsors und die Kaufabsicht der Marke. Darüber hinaus zeigten sie, dass nach innen gerichtete Verhaltensweisen (z. B. Kauf von Tickets, Ansehen von Clubspielen, BIRGing) und nach außen getragene Verhaltensweisen (z. B. Tragen von Clubkleidung, Zeigen des Logos des Clubs) relevante, aber auch unterschiedliche Komponenten des Fan-Engagements sind.

Einige andere Studien untersuchten das Konzept des Fan-Engagements im Kontext der **Social Media-Aktivitäten von Fußballvereinen**. Vale und Fernandes (2018) z. B. haben ein breiteres Verständnis dafür gewonnen, warum und wie Sportfans mit Vereinen in den sozialen Medien interagieren. Ihre Studie zeigte auch zusätzliche Möglichkeiten für Sportorganisationen, mit der jeweiligen Fangemeinde online zu interagieren. Parganas und Anagnostopoulos (2015) analysierten das Fan-Engagement von Social Media im Kontext des englischen Profifußballs. Nach ihren Erkenntnissen sollten alle Medienkanäle des Vereins integriert werden, um einen gezielteren und nachhaltigeren Austausch mit Fans zu ermöglichen. Sie kamen auch zu dem Schluss, dass die angemessene Balance zwischen rein kommerziellen Inhalten und Inhalten, die die Fan-Interaktion und das Engagement der Fans erhöhen, eine große Herausforderung für Sportmarketingmanager darstellt. Im Kontext des europäischen Fußballs stellte Aichner (2019) fest, dass Social Media-Nutzer Beiträge von Fußballvereinen unabhängig vom Inhalt des Postings mögen, kommentieren und teilen. Die Studie kommt auch zu dem Schluss, dass die Nutzerbindung und die Reichweite von Werbung durch den Einsatz von fußballbezogenen Inhalten signifikant erhöht werden können.

Darüber hinaus gibt es Studien, die die verschiedenen Ebenen und Konzepte des **Fan-Engagements in verschiedenen Kulturen** untersuchen. Sullivan et al. (2021) fanden beispielsweise heraus, dass chinesische Fußballfans dazu neigen, mehr als einen Verein zu unterstützen, oft einen inländischen und einen ausländischen Verein. Sie stellten auch unterschiedliche Konsummethoden chinesischer Fans fest, die traditionelle Formen wie Stadionbesuche meiden.

4.2.2 Fan-Engagement-Instrumente

Die einschlägige Sportmarketing-Literatur sowie Blogs von Sportmarketing-Praktikern bieten ein breites Spektrum an Instrumenten im Kontext des Fan-Engagements. Bühler und Nufer (2010) beschreiben beispielsweise drei **Relationship-Marketing-Instrumente**, mit denen professionelle Fußballorganisationen ihre Fans binden können. Erstens geben **Mitgliedschaftsprogramme** Fans und Vereinen die Möglichkeit, ihre Bindung zu stärken. Obwohl sich die meisten Mitgliedsvereine an erwachsene Fans richten, erkennen immer mehr Fußballvereine, dass sie auch Beziehungen zu den jüngeren Fans eingehen müssen. Daher haben einige Fußballvereine sog. Kinderclubs eingeführt, die Rabatte und exklusive Mitgliedschaftsinhalte für die jüngste Fangemeinde anbieten. Zweitens sollen **Fan-Treueprogramme** das loyale Kaufverhalten von Fußballfans belohnen und damit fördern. Drittens und angesichts der Tatsache, dass Fußballvereine auch mit unzufriedenen und unglücklichen Fans zusammenarbeiten sollten, um eine langfristige Beziehung zu bewahren, könnte ein **systematisches und professionelles Beschwerdemanagementprogramm** ein gutes Instrument sein.

In ihrem **Fan-Engagement-Modell** unterscheiden Fowler und Wilson (2016) zwischen Fan-Engagement in vier Kategorien: An **Spieltagen** und **Nicht-Spieltagen** sowie **On-Site** und **Off-Site**. Mit Fans in der Sportstätte an einem Spieltag besteht die Herausforderung für Sportorganisationen darin, das Live-Erlebnis zu verbessern. Hier ist das Rahmenprogramm vor einem Spiel und in der Halbzeit unerlässlich. Auch die Bereitstellung von Live-

Statistiken über Spieler während des Spiels könnte die Fans tief in das Live-Erlebnis einbeziehen. An einem Spieltag kommt die Social Media- und Virtual-Reality-Technologie ins Spiel, um Fans anzusprechen, die nicht persönlich anwesend sind. An einem Nicht-Spieltag können Fans auch vor Ort mit exklusiven Stadionführungen angesprochen werden. Für die Off-Site-Version des Nicht-Spieltags-Fan-Engagements sollten Sportunternehmen versuchen, Fans durch virtuelle Realität, vereinsbezogene Inhalte auf den Social Media-Konten der Clubs und E-Sports zu verbinden.

Mons (2021) postuliert einige Anforderungen, um den Erwartungen an das Fan-Engagement in Zukunft gerecht zu werden. Damit Sportorganisationen mit Fans an Spieltagen vor Ort interagieren können, müssen Stadien aufgerüstet und exklusive Inhalte in Stadien („**Sportainment**") erstellt werden. Fans, die das Sportereignis von zu Hause aus verfolgen, sollten einbezogen werden, indem man ihnen die Möglichkeiten der **virtuellen Realität** sowie alternative Medien anbietet. An Nicht-Spieltagen sollten Vereine die Fans auf ihrer Website ansprechen, indem sie ihnen Museen, Exkursionen oder virtuelle Erlebnisse anbieten. Mons argumentiert auch, dass das „größte Schlachtfeld für Vereine, wenn es um das Engagement der Fans geht, tatsächlich außerhalb des Stadions stattfinden wird" – und zwar an Nicht-Spieltagen. Hier sind **digitale Transformation**, **Big Data**, **Marktsegmentierung**, **individualisierte Marketingansätze** und **Storytelling** der Schlüssel, um das Fan-Engagement in Zukunft zu steigern.

Ein sehr wichtiger Aspekt, wenn es um Fan-Engagement in Kombination mit Social Media geht, ist das **Konzept der Second Screens**. Eine Studie von Carat (Dentsu, 2019) ergab, dass rund 76 % der Fußballfans in Deutschland einen zweiten Bildschirm nutzen, um während eines Spiels nach Marken oder Produkten zu suchen oder einfach über Messenger-Dienste oder soziale Medien wie Twitter, Facebook oder Instagram über das Spiel selbst zu chatten. Laut dem Connected Fan (2020) könnten verschiedene Geräte wie **Smartphones** oder **Smartwatches** zusätzliche Optionen für Fußballvereine bieten, um mit Fans in Kontakt zu treten.

Davey und Richardson (2018) heben allerdings den warnenden Zeigefinger, indem sie betonen, dass alle Bemühungen, die unternommen werden, um Fans zu engagieren, authentisch und sinnvoll für die Fans sein sollten. Wenn Fans den Eindruck haben, dass ihnen Engagement aufgezwungen wird, könnten Fans genau das Gegenteil von dem tun, was die Sportorganisation mit Fan-Engagement eigentlich erreichen wollte.

4.3   Fan-Engagement bei der EURO 2024

Alle vier Jahre findet in Europa die größte temporäre Völkerwanderung des Kontinents statt. Wann immer die UEFA zur Fußball-Europameisterschaft lädt, reisen zehntausende von Fußballfans aus unterschiedlichen Ländern in das jeweilige Gastgeberland, um ihre jeweilige Nationalmannschaft live vor Ort zu unterstützen. Seit der UEFA EURO 1996 in England verzeichnet der größte kontinentale Fußballwettbewerb für Nationalmannschaften jeweils mehr als eine Million Besucher bei den Spielen der Fußball-Europameisterschaften (Abb. 4.1). Den bis dato höchsten Zuschauerzuspruch verzeichnete die EURO 2016 in Frankreich mit fast zweieinhalb Millionen Fans live vor Ort.

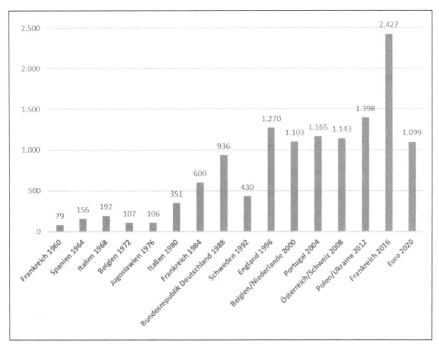

Abb. 4.1: Gesamtzuschauerzahl in den Stadien bei Fußball-Europameisterschaften von 1960 bis 2020 (eigene Darstellung in Anlehnung an Statista, 2016)

Die Gründe für ein derartig hohes Fanaufkommen entspringen einer Vielzahl an individuellen Motiven. **Hauptmotivation für viele Fußballfans**, Zeit und Geld für die Reisen zu Fußball-Europameisterschaften zu investieren, dürfte in der Unterstützung ihrer jeweiligen Nationalmannschaften liegen. Zudem schwingt auch die allgegenwärtige Hoffnung mit, Teil von etwas Großem zu sein, wenn das eigene Team tatsächlich Fußballeuropameister werden sollte. Oder aber Außenseiter wie Dänemark 1992 oder Griechenland 2004 völlig überraschend den Titel gewinnen und somit Fußballgeschichte schreiben. Abgesehen von den **sportlichen Aspekten** reisen die meisten Fans zur Fußball-Europameisterschaft, um die **besondere Atmosphäre** des größten Fußballereignisses des Kontinents zu erleben, um Teil einer wirklich kontinentalen Bewegung zu sein. Die Teilnahme an der UEFA EURO ist mehr als Fußball. Daher versuchen die UEFA und die Gastgebernationen, die Fans sowohl vor Ort als auch außerhalb des Geländes zu begeistern. Im und um das Stadion herum gibt es mehrere Möglichkeiten, sich vor und nach den jeweiligen Spielen als Fan aktiv miteinzubringen. Z. B. präsentieren sich die UEFA-Partner an Ständen, sorgen für Unterhaltung und binden die Fans in verschiedene Arten von Gewinnspielen ein. Die UEFA selbst bietet offizielle Fanartikel an einer Reihe von Ständen am Veranstaltungsort an. In den Stadien gibt es eine gut orchestrierte Stadionshow, die ihren Höhepunkt erreicht, wenn beide Mannschaften das Feld betreten und sich für die Nationalhymnen aufstellen. Eine solche Atmosphäre findet man nur bei wenigen Sportveranstaltungen. Neben den Olympischen Spielen und der FIFA Fußball-Weltmeisterschaft gehört die UEFA EURO definitiv auch dazu.

Mit der **16. Fußball-Europameisterschaft** im Jahr 2020 und anlässlich des 60-jährigen Bestehens des europäischen Finalturniers wollte die UEFA einen neuen Zuschauerrekord aufstellen. Die Voraussetzungen dafür schienen perfekt, war die **UEFA EURO 2020** nicht nur in einem Ausrichterland geplant, sondern gleich europaweit. So sollten hunderttausende von

Abb. 4.2: Spiel der EURO 2020 Deutschland vs. Ungarn
in der nur zu 20 % besetzten Münchener Arena (eigene Darstellung)

Fußballfans ihren Nationalmannschaften durch ganz Europa folgen. Die Corona-Pandemie machte dem Vorhaben aber einen Strich durch die Rechnung. Zwar fand das Endrundenturnier um die europäische Fußballkrone tatsächlich in zehn europäischen Ausrichterstädten (sowie der asiatischen Stadt Baku) statt, allerdings nicht in dem Umfang wie geplant, sondern erst ein Jahr später und mit signifikanten Einschränkungen. So wurden für die Spiele in der Münchener Arena beispielsweise nur 20 % der eigentlichen Gesamtkapazität zugelassen. Die „Heimspiele" der deutschen Nationalmannschaft verfolgten daher statt der geplanten 70.000 Zuschauer nur 14.000, was wiederum Auswirkungen auf die Stimmung vor und im Stadion und somit auch auf das Fanerlebnis selbst hatte.

Für das Finale zwischen England und Italien durften zwar 65.000 Fans ins Stadion, dennoch auch hier 25 % weniger als geplant. Die pandemiebedingten Einschränkungen hatten somit zur Folge, dass auch die „Fanwanderung" geringer ausfiel als erwartet. Ins Finalstadion durften zwar 7.500 italienische Fans, aber nur tausend Italiener, die per Sondererlaubnis nach London fliegen und sich dort auch nur maximal zwölf Stunden aufhalten durften. Das Restkontingent ging an Italiener, die bereits in England lebten (Sportschau, 2021). Das Flair einer paneuropäischen Fußball-Europameisterschaft konnte sich so nie richtig entfalten, was u. a. auch daran lag, dass die geplanten **UEFA Fan Festivals** in den meisten Ausrichterstädten der Pandemie zum Opfer fielen, so auch das Fan Festival im Münchener Olympiapark (Olympiapark, 2021). Eine der wenigen offiziellen Public Viewing Events im Rahmen der UEFA EURO 2020 fand in Glasgow, der schottischen Ausrichterstadt, statt. Hier konnten sich Fans unterschiedlicher Nationen treffen, miteinander feiern, die Spiele schauen und ein buntes Unterhaltungsprogramm genießen (Scottish FA, 2021). Allein die Impressionen dieses Fan Festivals (Abb. 4.3) zeigen, was unter normalen Umständen bei der letzten Fußball-Europameisterschaft alles möglich gewesen wäre.

Doch auch wenn die Fan-Aktivitäten vor Ort und damit auch die Möglichkeiten zum Fan-Engagement der Vor-Ort-Besucher eingeschränkt waren, war die UEFA EURO 2020 medial ein Erfolg. Oder vielleicht auch gerade deshalb. Mit weniger Stadionbesuchern vor Ort und eingeschränkten Reisemöglichkeiten, blieb den Fußballfans nur die Rezeption des Fußballevents über die **Medien**. Und so sahen kumuliert mehr als 5,2 Milliarden Menschen in 229 Ländern die 51 Spiele der Fußball-Europameisterschaft 2021, die durchschnittliche Live-Zuschauerzahl während des Endspiels lag bei 328 Millionen Fernsehzuschauern (UEFA, 2021a). Interessanterweise waren die höchsten Zuwachsraten im außereuropäischen Raum (Indien 229 % Zuwachs auf insgesamt 107 Millionen TV-Zuschauern, China 43 % auf 352 Millionen und die Vereinigten Staaten von Amerika 32 % auf 87 Millionen) zu verzeichnen (Sportspromedia, 2021).

Abb. 4.3: UEFA EURO 2020 Fan Zone Glasgow (Scottish FA, 2021, o. S.)

Noch beeindruckender sind die Zahlen hinsichtlich der **Social Media-Aktivitäten** während der Fußball-Europameisterschaft 2021. Die offiziellen Social Media-Accounts der UEFA EURO 2020 (u. a. Twitter, Facebook, Instagram, YouTube, TikTok) verzeichneten einen Zuwachs von mehr als zehn Millionen Followern innerhalb des vierwöchigen Fußballturniers und landeten schließlich bei insgesamt 35 Millionen Usern auf den unterschiedlichen Kanälen. Auch die Social Media-Zuwächse der teilnehmenden Fußballverbände können sich sehen lassen: Frankreich (insgesamt 25 Millionen) und England (23 Millionen) hatten nach der UEFA EURO 2020 je drei Millionen Social Media-Follower mehr, der italienische Fußballverband als neuer Fußballeuropameister brachte es auf zusätzliche zwei Millionen und somit insgesamt auf zwölf Millionen Usern auf seinen Social Media-Accounts. Der DFB verzeichnete – trotz des frühen Ausscheidens – immerhin einen Zuwachs von 712.000 neuen Followern und rangiert mit insgesamt 14 Millionen Social Media-Usern hinter Frankreich und England auf Platz drei der teilnehmenden Fußballverbände (UEFA, 2021b). Im Vergleich zu früheren Fußball-Europameisterschaften verwendeten die nationalen Fußballverbände und auch die UEFA selbst ihre offiziellen **Social Media-Accounts** zur individuelleren Ansprache der Fans. Wurden früher oftmals die gleichen Bilder und Texte auf unterschiedlichen Social Media-Kanälen gepostet (sog. **Cross-Posting**), so wurden bei der UEFA EURO 2020 die Twitter-, Facebook-, TikTok- und Instagram-Accounts mit spezifischem Content bespielt und somit auch unterschiedliche Zielgruppen unterschiedlich bedient. Auffällig war zudem, dass die Posts weniger auf **inhaltliche Informationen** und mehr auf **Entertainment und Emotionen** abzielten sowie eine gewisse Nähe und Vertrautheit herstellten. So haben Fans das Gefühl, dabei zu sein und dazuzugehören, auch wenn sie mitunter tausende von Kilometern vom eigentlichen Ereignis entfernt sind.

Eine besondere Rolle spielte dabei TikTok als Kurzvideo-Plattform. Zum ersten Mal in der Geschichte des Weltfußballs wurde eine Social Media-Plattform offizieller Sponsor eines Finalturniers. Als **offizieller Social Media-Partner** der UEFA EURO 2020 ermöglichte TikTok der UEFA einen exklusiven Zugang zur jugendlichen Zielgruppe. Und das mit großem Erfolg. Die auf TikTok von Fußballfans unter dem Hashtag #EURO2020 geposteten Kurzvideos hatten insgesamt mehr als 16,6 Milliarden Zugriffe, die unter #TikTokEURO2020 geposteten Videos wurden 1,2 Milliarden Mal angeschaut. Durch diese von den Usern selbst gestalteten Videos wurde innerhalb der jugendlichen Zielgruppe das Gefühl erschaffen, Teil der UEFA EURO 2020 zu sein. Eine solche offizielle Partnerschaft zwischen einer Social Media-Plattform und einem Fußballevent macht im Hinblick auf Fan-Engagement also durchaus Sinn (Carcione, 2021).

4.4　Fazit und Ausblick

Fans sind das Lebenselixier jeder Sportorganisation. Ohne Fans wäre das Fußballbusiness kein Geschäft, weil es kein Publikum gäbe, das für Tickets bezahlt, keine Zuschauer, die Sport im Fernsehen oder im Internet verfolgen, keine Rezipienten, die die Sportnachrichten lesen, keine Fans, die Merchandising kaufen, und keine potenziellen Kunden für die Sponsoren der Sportunternehmen. Fast alles im Fußballgeschäft richtet sich an Fans. Fans sind jedoch viel mehr als potenzielle Einnahmen für die gewinnorientierten Stakeholder des Fußballgeschäfts. Fans schaffen Atmosphäre, sie sind Teil der Attraktion (und manchmal sind sie die einzige

Attraktion). All dies führt zu der Schlussfolgerung, dass Fans für Sportorganisationen unerlässlich sind. Deshalb erkennen immer mehr Vereine und Verbände, dass sie sich auf das Engagement der Fans konzentrieren müssen.

Dies ist jedoch auch mit einem warnenden Hinweis verbunden. Eines der Missverständnisse – oder vielmehr ein Paradoxon – des Fußballgeschäfts ist die Idee, Fans in Kunden zu verwandeln, indem man ihnen immer mehr Produkte und Dienstleistungen anbietet. Es ist ein Paradoxon, weil normale Unternehmen fast aller anderen Geschäftsbereiche versuchen, ihre Kunden in treue und langfristige Fans zu verwandeln. Engagierte und loyale Fans sind daher zwei Seiten der Medaille. Es ist positiv, wenn für Fans ein tatsächlicher Mehrwert erzielt wird. Aus Gründen der Gewinnmaximierung Fans zu Kunden zu machen, ist nicht nachhaltig. Sportorganisationen müssen Geld verdienen, daran besteht kein Zweifel. Aber es gibt einen schmalen Grat zwischen der Bereitstellung von etwas Nützlichem für einen Fan und der Ausbeutung von Fans. Daher müssen Sportorganisationen immer bedenken, dass ihre „Kunden" extrem loyal sind, aber dass ihre Loyalität keine blinde Loyalität ist. Eine gesunde Beziehung sollte beiden zugutekommen – dem Sportunternehmen und den Fans. Dies gilt auch im Zusammenhang mit den großen Fußballevents unserer Zeit.

Die FIFA Fußball-Weltmeisterschaft 2022 in Katar wurde beispielsweise eine völlig neue Erfahrung in der Geschichte des Fußballs, da die Fußball-Weltmeisterschaft 2022 erstmals von einer Nation ohne jegliche Fußballtradition ausgerichtet wurde. Dieser Mangel an Fußballtradition schlug sich auch auf die Fan-Engagement-Bemühungen während der Fußball-Weltmeisterschaft 2022 nieder. Kritisch gesehen wurden beispielsweise gekaufte „Fan-Leader" aus den Teilnehmerländern, denen Flug, Unterkunft sowie der Eintritt zum Eröffnungsspiel von den katarischen Gastgebern bezahlt wurden. Ebenso aus Gastarbeitern zusammengewürfelte „Nationalmannschaftsfans", die zwar die Trikots der entsprechenden Nationalmannschaften trugen, aber auch Fangesänge zum Besten gaben, die so nie von den „echten" Fans gesungen wurden. Bei der UEFA EURO 2024 in Deutschland wird es hingegen wieder eine Rückbesinnung auf die hierzulande gewohnte Fankultur geben. Normale Bedingungen vorausgesetzt, werden hunderttausende Fans aus unterschiedlichen europäischen Ländern nach Deutschland kommen, um in den Ausrichterstädten, den Stadien und auf den zahlreichen UEFA EURO 2024 Fan Festivals gemeinsam zu feiern. Aber auch für die Millionen Fans, die die Fußball-Europameisterschaft 2024 nicht live vor Ort verfolgen werden, wird es neue Möglichkeiten zum Interagieren geben. Die UEFA EURO 2024 wird ein Maßstab sein, wenn es darum geht, in den sozialen Medien jene Zuschauer zu begeistern, die die Spiele im Fernsehen oder über Livestreams verfolgen, während sie sich gleichzeitig auf Twitter, Facebook, Instagram und TikTok austauschen. Aber trotz aller Marketingbemühungen – und das ist die Quintessenz dieses Kapitels – sollten das „schöne Spiel" und seine Fans der Kern des Fußballgeschäfts bleiben.

Literatur

Aichner, T. (2019). Football clubs' social media use and user engagement. *Marketing Intelligence & Planning, 37*(3), S. 242–257.

Banks, S. (2002). *Going Down – Football in Crisis*, Mainstream Publishing.

Bühler, A. & Nufer, G. (2010). Relationship Marketing in Sports, Routledge.

Bühler, A. & Nufer, G. (2014). International Sports Marketing: Introduction and Perspectives. In A. Bühler & G. Nufer (Hrsg.), *International Sports Marketing: Principles and Perspectives* (S. 3–20). Erich Schmidt Verlag.

Carcione, C. (2021). *Which social media has won the UEFA EURO 2020?* https://www.linkedin.com/pulse/uefa-euro-2020-Social Media-chiara-carcione

Cashmore, E. (2003). The marketing Midas with a golden boot. *The Times Higher*, S. 22–23.

Collins English Dictionary. (2018). Definition Fan. In *Collins English Dictionary* (13. Aufl.).

Conn, D. (2001). *The Football Business* (5. Aufl.). Mainstream.

Crawford, G. (2004). *Consuming sport: Fans, sport and culture*. Routledge.

Davey, T. & Richardson, M. (2018). *Wie erschafft man unvergessliche Fan-Rituale mit Kultstatus?* https://www.munich-business-school.de/insights/2018/fan-engagement/

Dempsey, P. & Reilly, K. (1998). *Big money, beautiful game – saving soccer from itself*. Nicholas Brealey Publishing.

Dentsu. (2019). *Karat Fantypologie 2019*.

Duden. (o. D.). Definition Fan. In *Duden*. Abgerufen am 02.01.2023 von https://www.duden.de/rechtschreibung /Fan

ECA. (2020). *Fan of the Future – Defining Modern Football Fandom*. Nyon.

FC PlayFair!. (2017). *Situationsanalyse Profifußball 2017*. https://fcplayfair.org/wp-content/uploads/2022/07/FCPlayFair_Studie-1.pdf

Fowler, D. & Wilson, G. (2016). *Fan Engagement: From Match Day to Every Day*. https://geoffwnjwilson.com/2016/08/25/254/

Greenfield, S. & Osborn, G. (2001). *Regulating Football – Commodification, Consumption and the Law*, Pluto.

Grünitz, M. & von Arndt, M. (2002). *Der Fußball-Crash*. RRS Verlag.

Hermanns, A. & Riedmüller, F. (2008a). Professionalisierung des Sport-Marketing. In A. Hermanns & F. Riedmüller (Hrsg.), *Management-Handbuch Sport-Marketing* (2. Aufl., S. 3–20). Vahlen.

Hornby, N. (1996). *Fever Pitch*. Indigo.

Huettermann, M., Uhrich, S. & Koenigstorfer, J. (2019). Components and outcomes of fan engagement in team sports: The perspective of managers and fans. *Journal of Global Sport Management, 7*(4), 447–478.

Lenhard, M. (2002). *Vereinsfußball und Identifikation in Deutschland – Phänomen zwischen Tradition und Postmoderne*. Verlag Dr. Kovac.

Malcolm, D., Jones, I. & Waddington, I. (2000). The people's game? Football spectatorship and demographic change. *Soccer & Society, 1*(1), 129–143.

Mons, J. K. (2021). *14 awesome ways how fan engagement will improve in the future*. https://sporttomorrow.com/how-to-improve-fan-engagement-in-the-future/

Morrow, S. (1999). *The New Business of Football – Accountability and Finance in Football*. Springer.

Nufer, G. & Bühler, A. (2013). Marketing und Sport: Einführung und Perspektive. In G. Nufer & A. Bühler (Hrsg.), *Marketing im Sport. Grundlagen und Trends des modernen Sportmarketing* (3. Aufl., S. 3–25). Erich Schmidt Verlag.

Olympiapark. (2021). *UEFA EURO 2020 – Kein Fan Festival im Olympia-park*. https://www.olympiapark.de/de/veranstaltungen-tickets/sport events/detailansicht/event/6123/uefa_euro_2020_-_kein_fan_festival_ im_olympiapark/

Parganas, P. & Anagnostopoulos, C. (2015). Social Media Strategy in Professional Football: The case of Liverpool FC. *Choregia, 11*(2), 61–75.

Pierpoint, B. (2000). Heads above Water: Business Strategies for a New Football Economy. In J. Garland, M. Rowe & D. Malcolm (Hrsg.), *The Future of Football – Challenges for the Twenty-First Century* (S. 29–38). Taylor & Francis.

Posten, M. (2010). Basking in Glory and Cutting off Failure. In A. Bühler & G. Nufer (Hrsg.), *Relationship Marketing in Sports* (S. 66–67). Routledge.

Pradhan, D., Malhotra, R. & Moharana, T. R. (2020). When fan engagement with sports club brands matters in sponsorship: Influence of fan–brand personality congruence. *Journal of Brand Management, 27*(3), 77–92.

Procter, P. (1995). Definition Fan. *Cambridge International Dictionary of English.*

Reysen, S. & Branscombe, N. R. (2010). Fanship and fandom: Comparisons between sport and non-sport fans. *Journal of Sport Behavior, 33*(2), 176–193.

Schnater, B. (2016). *Defining fan engagement.* https://www.linkedin.com/pulse/defining-fan-engagement-bas-schnater

Scottisch FA. (2021). *UEFA EURO 2020 Glasgow Fan Zone.* https://euro2020.scottishfa.co.uk/fan-zone/

Sir Norman Chester Centre for Football Research. (2003). *Fact Sheet 11 – Branding Sponsorship and Commerce in Football.*

Sportspromedia. (2021). Euro 2020 reaches cumulative global audience of 5.2bn. https://www.sportspromedia.com/news/euro-2020-tv-audience-ratings-viewership-Social Media-figures/?zephr_sso_ott=0DJmzI

Sportschau. (2021). *Wembley: Inzidenzen steigen, 1.000 Italiener dürfen einreisen.* https://www.sportschau.de/fussball/uefaeuro2020/fussball-finale-euro-corona-em-stadion-wembley-100.html

Stander, F. W. & De Beer, L. T. (2016). Engagement as a source of positive consumer behaviour: A study amongst South African football fans. *South African Journal for Research in Sport, Physical Education and Recreation, 38*(2), 187–200.

Statista. (2016). *Gesamtzuschauerzahl in den Stadien bei Fußball-Europa-meisterschaften von 1960 bis 2016.* https://de.statista.com/statistik/daten/studie/227322/umfrage/anzahl-zuschauer-im-stadion-bei-fussball-europameisterschaften/

Stewart, B., Smith, A. & Nicholson, M. (2003). Sport consumer typologies: A critical review. *Sport Marketing Quarterly, 12*(1), 206–216.

Strauss, B. (2006). Das Fußballstadion als Pilgerstätte. In Landeszentrale für politische Bildung Baden-Württemberg (Hrsg.), *Fußball und Politik* (S. 38–48).

Sullivan, J., Zhao, Y., Chadwick, S. & Gow, M. (2021). Chinese Fans' Engagement with Football: Transnationalism, Authenticity and Identity. *Journal of Global Sport Management, 7*(10), 1–20.

The Connected Fan. (2020). *What is fan engagement?* https://theconnectedfan.com/fan-engagement/

UEFA. (2021a). *Kumulierte Live-Zuschauerzahl im Rahmen der UEFA EURO 2020 beträgt 5,2 Milliarden weltweit.* https://de.uefa.com/insideuefa/news/026d-13251e97842b-00404df0da89-1000--kumulierte-live-zuschauerzahl-im-rahmen-der-uefa-uefaeuro2020-betr/

UEFA. (2021b). *UEFA EURO 2020 went viral – A special tournament: on the pitch, and on social media.* https://editorial.uefa.com/resources/0276-15769ffa5879-a62705924d6d-1000/220225_uefa_euro_2020_goes_viral_20220624112434.pdf

Vale, L. & Fernandes, T. (2018). Social media and sports: driving fan engagement with football clubs on Facebook. *Journal of Strategic Marketing*, *26*(1), 37–55.

Wiid, J. A. & Cant, M. C. (2015). Sport fan motivation: Are you going to the game? *International Journal of Academic Research in Business and Social Sciences*, *5*(1), 383–398.

Yoshida, M., Gordon, B., Nakazawa, M. & Biscaia, R. (2014). Conceptualization and measurement of fan engagement: Empirical evidence from a professional sport context. *Journal of Sport Management*, *28*(4), 399–417.

5 Fanerwartungen an die EURO 2024 – Ergebnisse einer empirischen Untersuchung

Axel Faix

Sportliche Großereignisse (Sport Mega Events, SME) wie Fußball-Welt- oder -Europameisterschaften sind für die ausrichtenden Länder in vielerlei Hinsicht von Bedeutung. Ihre national und international starke Beachtung bietet Gelegenheit, das Land potenziellen Investoren, Touristen und Kunden zu präsentieren und Prestige zu gewinnen. Die Turnierspiele ziehen Millionen Fans vor Ort in die Stadien und werden milliardenfach im TV und in digitalen Medien verfolgt, ihre Konsequenzen und Hintergründe intensiv diskutiert. Die Vorbereitung der Großereignisse erfordert von den Ausrichtern hohe Investitionen in Stadien und Infrastrukturen. Die Verkäufe von Tickets, TV- und Werberechten sowie zunehmende Güternachfragen etwa in den Bereichen Gastronomie und Tourismus führen zu bedeutenden ökonomischen Effekten für die ausrichtenden Länder. Vor- und nachlaufende Aktivitäten sowie die Durchführung von SME können weitreichenden kulturellen, sozialen oder auch politischen „Impact" haben (Mackellar, 2013).[1]

---

[1] In den letzten Jahren wurden SME auch im Rahmen aufwändig orchestrierter „Soft Power"-Strategien realisiert, mit denen die Ausrichter durch Investitionen in Sport oder Kultur ihre Verankerung in der internationalen Gemeinschaft zu verstärken suchen (Giulianotti, 2015). Im Sport betraf dies etwa die Olympischen Spiele in Peking 2008 und 2022 und die Fußball-Weltmeisterschaften in Russland 2018 und Katar 2022.

Dabei werden Großereignisse in hohem Maße durch das Verhalten von Zuschauern der Spiele, Besuchern von „Fanmeilen" oder auch Bewohnern der gastgebenden Städte geprägt. Diese Akteure reagieren dabei nicht nur auf das sportliche Abschneiden ihrer Mannschaft, sondern auch auf die Stimmungslage bei einem Turnier sowie die Bedingungen in und im Umfeld der Stadien. Die Ausrichtung einer Veranstaltung auf die Präferenzen von Fans und die Dynamik ihrer Beziehungen hat daher hohe Bedeutung.

Aus diesem Grund behandelt der vorliegende Beitrag die Fanerwartungen an die im Jahre 2024 in Deutschland stattfindende Fußball-Europameisterschaft („EURO 2024"). Neben rein sportlichen Erwartungen werden allgemeinere Ansprüche an das Turnier sowie an das Auftreten der Nationalmannschaft und weiterer Akteure im Kontext des Turniers einbezogen. Wesentliche Informationsbasis ist eine Online-Befragung von Fußballfans in Deutschland.

5.1 Grundlagen zu Fans und Fanerwartungen

5.1.1 Verständnis von „Fan"

Die *begriffliche Bestimmung* von „Fan" rückt die Zuwendung von Individuen zu Subjekten oder Objekten in den Mittelpunkt der Betrachtung. Fans entwickeln auf Basis eines Bedürfnisses nach Identifikation längerfristige Bindungen von hoher emotionaler Qualität, die sich in verschiedenen Verhaltensweisen ausdrücken können (Becker & Daschmann, 2022).[2] Das Eingehen und Aufrechterhalten der Beziehung soll soziale Zugehörigkeit, Individualität und Selbstverwirklichung fördern. Hierbei werden passende, aneignungsfähige Werte und Einstellungen („Identitätsbausteine"), die dem Selbstbild hinzugefügt werden können, benötigt (Becker & Daschmann, 2022). Für den Sport wird konstatiert, dass die Faneigenschaft darauf beruht, dass man sich selbst als Fan (z. B. eines Teams oder einer Sportart insgesamt) wahrnimmt und begreift (Bauer et al., 2008).[3]

---

[2] Roose et al. (2017, S. 4) definieren Fans „als Menschen, die längerfristig eine leidenschaftliche Beziehung zu einem für sie externen, öffentlichen, entweder personalen, kollektiven, gegenständlichen oder abstrakten Fanobjekt haben und in die emotionale Beziehung zu diesem Objekt Zeit und/oder Geld investieren".

[3] Grundsätzlich existiert ein Unterschied zwischen einem Fan (mit Interesse an einer Sportart, einem Team etc.) und einem Zuschauer einer Sportveranstaltung (der bei dieser zugegen ist oder sie über Medien konsumiert). Manche Zuschauer besuchen – ohne dass z. B. Identifikation zu einem bestimmten Team bestünde – einen Wettkampf „nur", weil sie Freunde treffen möchten; manche Fans sehen nur selten Spiele im Stadion oder andere Medien, sind ihrem Club aber eng verbunden (Da Silva & Las Casas, 2017). Im Weiteren wird „Fan" als Oberbegriff für beide Typen verwendet.

Für *Fußballfans* dreht sich ihr Leben – mehr oder weniger – um diesen Sport (als Ganzes oder bedeutsame Ausschnitte, z. B. eine bestimmte Liga) und „soccer match outcomes are consequently of importance" (Tamir, 2019, S. 234). Insbesondere zu Clubs oder Teams wird oft eine hohe Loyalität entwickelt, die wesentlich auf der angeführten Identifikation basiert (Stevens & Rosenberger, 2012). Neben Clubs oder (National-)Teams kann sich die Fanbeziehung auch auf einzelne Spieler oder Spielerinnen richten (Hunt et al., 1999).[4] Die Loyalität wird einschließlich ihrer (sozial-)psychologischen Begründungen intensiv untersucht. Koenigstorfer et al. (2010) analysieren den Einfluss möglicher Abstiege von Clubs aus der Bundesliga auf die Loyalität und finden, dass "fandom is about expressing [...] identity and attitude to life, knowing everything about the club, sharing intimate details with it, standing by it, especially in bad times, and experiencing intense emotions. Indeed, loyal fans often remain behaviorally loyal to their club throughout their life" (Koenigstorfer et al., 2010, S. 664).

Für *Proficlubs* sind Fans in mehrfacher Hinsicht von Bedeutung. Sie tragen durch Stadionbesuche, Käufe von Merchandisingartikeln, Ausgaben für TV-Abonnements unmittelbar oder mittelbar zu den Erlösen der Clubs bei, beeinflussen aber durch ihre Mitwirkung an der „Produktion" des Spielerlebnisses im Stadion (als „Co-creator of value") auch die Identität und Attraktivität von Team und Club für Dritte, wie z. B. Sponsoren (Koenigstorfer et al., 2010).[5]

Fußballfans können ihre Bindung und Zuneigung zu einem Team durch ein breites Spektrum an *Verhaltensweisen* ausdrücken (Besuch von Spielen im Stadion, Meinungsäußerungen über Social Media etc.). Hierfür sind vielfältige Motive bedeutsam, die im Kontext weiterer psychologischer sowie sozialer Faktoren wirken.[6] Gau (2013) untersucht auf Basis einer Befragung von Teilnehmern einer Außenübertragung (in Taiwan) des Fußball-Weltmeisterschafts Endspiels 2010 verschiedene *Nutzenarten*, die Fans potenziell erleben, während sie Sportveranstaltungen besuchen. Der mögliche Nutzen betrifft z. B. das Erleben einer guten Stimmung, einer aufregenden Erfahrung, Stressabbau, das Zusammensein mit Familie und

---

4   Lammert et al. (2019, S. 9–10) ermitteln, dass Fans sich aber weitaus eher ihrem Lieblingsclub als ihrem Lieblingsspieler verbunden fühlen. Die weiteren Ausführungen konzentrieren sich auf Teams als Gegenstand von Fanbeziehungen.

5   Die wechselseitige Abhängigkeit verschiedener Erlösarten – z. B. die Förderung von Abschlüssen mit Sponsoren und Werbepartnern durch ausverkaufte Stadien und regelmäßige TV-Übertragungen der Spiele eines Clubs – löst im günstigen Fall eine positive Spirale zur Erzielung wirtschaftlicher und sportlicher Erfolge aus, bei deren Initiierung und Entwicklung Fans eine Schlüsselrolle einnehmen.

6   Dieser Komplex wird von diversen verhaltenstheoretisch orientierten Studien erhellt. Siehe z. B. Wann (1995); Funk et al. (2001); Trail et al. (2003); Bouchet et al. (2011).

Freunden oder ein „Basking in Reflected Glory" (Aufwertung der eigenen Person durch Identifikation mit einem erfolgreichen Team und Teilhabe an dessen Ruhm durch demonstrierte Hinwendung, z. B. Tragen von Clubtrikots; „BIRG" oder „BIRGing").[7] In der Studie erzielen die höchsten Nutzenbewertungen (Skala von 1 bis 5): Erleben einer guten Stimmung (Nutzenwert 4,34), Erleben einer aufregenden Erfahrung (4,32), Unterstützung für das eigene Team (4,29), Gewinnen von Sportinformationen (4,22), Unterstützung für den bevorzugten Spieler (4,18) und Abbau von Stress (4,12). Für Basking in Reflected Glory wird ein Wert von 3,73 gemessen (Gau, 2013, S. 792–793).

Bei *Fanbeziehungen zur Nationalmannschaft eines Landes* sind Besonderheiten zu beachten. Fans *unterschiedlicher* (auch stark rivalisierender) nationaler Clubs „vermischen" sich in ihrer Zuneigung zur *gleichen* Nationalmannschaft, in der – womöglich – Spieler ihrer Clubs mitwirken. Im Unterschied zu Fans eines Clubs, die oft auch einen gemeinsamen lokalen oder regionalen Bezug haben, der ihnen das Bilden einer „Community" erleichtert, erscheinen Fans einer Nationalmannschaft in dieser Hinsicht eher „unverbunden". Dabei gibt es weniger regelmäßige Gelegenheiten, die Nationalelf spielen zu sehen, da kein durchgängiger Ligabetrieb herrscht. Im Mittelpunkt stehen große Turniere wie Welt- oder Europameisterschaften und die vorlaufenden Qualifikationsspiele.[8] Sportliche Erfolge, die Nationalmannschaften bei bedeutenden internationalen Turnieren erzielen, können sich – meist zeitlich begrenzt – positiv auf das Wohlbefinden von Fans und weiteren Beobachtern (im Sinne eines „Feelgood-effekts") auswirken (Stieger et al., 2015; Unanue et al., 2022).[9] Eine erfolgreiche Nationalmannschaft ist in der Lage, Identifikation mit dem Team zu schaffen oder zu fördern und (über die nationale Identität) Nationalstolz und -zugehörigkeit sowie Selbstwertgefühle zu stärken (Kersting, 2007; Maennig & Porsche, 2008; Meier et al., 2019). Manche Nationalmannschaften tragen ihre Heimspiele (überwiegend) an stets gleichen

---

7 Vgl. grundlegend dazu Cialdini et al. (1976) sowie Campbell et al. (2004). Kommt es dagegen zu anhaltenden sportlichen Misserfolgen, kann dies zu CORF („Cutting of reflected failure") bzw. CORFing (Snyder et al., 1986) führen, wobei "fans will tend to dissociate themselves from an unsuccessful team. After a team loses, fans will be less likely to wear the team's colors, attend events, or outwardly support the team" (Campbell et al., 2004, S. 153). Auf Abweichungen von den „konsistenten" Mustern, die BIRG und CORF grundsätzlich abbilden, wird später noch eingegangen.

8 Wettbewerbe wie die UEFA Nations League werden von vielen Fans (noch) kritisch gesehen.

9 Mutz (2019) findet im Rahmen einer Längsschnittuntersuchung für Fans in Deutschland (mit Erhebungen zwischen Mai und September 2016) im Kontext der EURO 2016 weitergehende Auswirkungen auf die bekundete Zufriedenheit mit dem Leben („Life satisfaction").

Orten aus, sodass sich ein fester räumlicher Bezugspunkt für Fans bietet.[10] Die potenziellen Beiträge für Fans zur Identitätsstiftung durch eine Nationalelf hängen vom betreffenden Land und seiner Kultur (und den möglichen kulturellen und sozialen Gemeinsamkeiten) ab (Becker & Daschmann, 2022). Alles in allem können sich Fans in vielfältiger Hinsicht unterscheiden, z. B. hinsichtlich der Art und Regelmäßigkeit, mit der Spiele verfolgt werden, oder der Einstellung zum Gegenstand der Fanbeziehung. Es existieren verschiedene Ansätze zur *Segmentierung von Fans*,[11] die in der Regel in einem Proficlubkontext entwickelt wurden, aber auch Bezüge zu Nationalmannschaften herstellen lassen.[12]

Die weiteren Ausführungen behandeln die EURO 2024 und die verschiedenen *Erwartungshaltungen*, die Fans potenziell mit diesem Wettbewerb verbinden. Mit Blick auf die Herkunft lassen sich Fans im Rahmen einer Europameisterschaft in Fans aus dem Gastland (oder den Gastländern) und auswärtige Fans – die zum Teil aufwendige Reisen zur Veranstaltung unternehmen müssen – unterscheiden. Die Befragung für den vorliegenden Beitrag adressierte Fans in Deutschland (für die prinzipiell eine Hinwendung zur DFB-Elf unterstellt wird). Bezüglich der Fanerwartungen wird angenommen, dass Fans einerseits grundlegende Ansprüche an die Bedingungen und die Art der Durchführung des Turniers stellen und andererseits Erwartungen an das sportliche Abschneiden der Nationalmannschaft sowie ihr Auftreten „neben dem Platz" richten.

5.1.2 Fanerwartungen an die Bedingungen und Durchführung der EURO 2024

Es ist davon auszugehen, dass viele Fans während der EURO 2024 eine lebendige, begeisternde *Stimmung* in den Stadien, auf den eingerichteten Fanmeilen bzw. beim Public Viewing sowie bei den weiteren Veranstaltungen, die in diesem Rahmen durchgeführt werden, erwarten.[13] Diese Erwartung könnte sich in der *Vorfreude* auf das Ereignis spiegeln, die von den

---

10 So finden die Heimspiele der englischen Mannschaft meistens im Londoner Wembley-Stadion statt.

11 Vgl. im Überblick zu den Ansätzen z. B. Fillis & Mackay (2014); Bodet (2015).

12 Beispiele sind die Ansätze von Hunt et al. (1999) und Giulianotti (2002). Letzterer konzipiert eine zweidimensionale („traditional-consumer" und „hot-cool") Unterscheidung von Fans, die sich nach Maßgabe ihrer Identifikation und der Intensität ihrer Aktivitäten sowie der Ausrichtung ihres (Konsum-)Verhaltens in Bezug auf einen Club vier (idealen) Typen (Supporters, Fans, Followers, Flaneurs) zuordnen lassen.

13 Seit den 2000er-Jahren sind bei Großveranstaltungen im Fußball zunehmend Fanmeilen (wobei z. B. auch von Fanzonen, Fanparks oder Public Viewing Areas gesprochen wird) populär geworden. Sie ermöglichen Fans ohne Stadiontickets, Spiele auf Großbildschirmen zu verfolgen und bieten neben weiteren Unterhaltungsangeboten (Konzerte etc.) zudem Gelegenheit zu Treffen von Fans vor und nach einem Spiel. Besuche auf den Fanmeilen können einen eigenständigen Cha-

Befragten in der Erhebung zum Ausdruck gebracht wird. Fans mit einem entsprechenden Alter erinnern sich an die Fußball-Weltmeisterschaft 2006 in Deutschland („Sommermärchen"), die von Vielen als vierwöchiges, rauschendes Fest („Die Welt zu Gast bei Freunden") bei prächtigem Wetter erlebt wurde und aufgrund der attraktiven Spielweise des Teams und des unerwarteten dritten Platzes zu breiter Anerkennung und Identifikation mit der deutschen Mannschaft – womöglich auf Basis eines Basking in Reflected Glory – führte. Maennig & Porsche (2008) berichten von knapp 60 % der Deutschen, die nach der Fußball-Weltmeisterschaft 2006 eine Identifikation mit dem Team äußerten, während es vor dem Turnier lediglich 31 % waren.[14] Die Durchführung des Turniers beeinflusste nicht nur das Selbstbild Deutschlands, sondern auch dessen Wahrnehmung in der Welt als gastfreundliches, offenes Land. Eilenberger resümiert: „Die WM 2006 hat mit vielen Klischees gebrochen. Es gab etwas, was man mit Deutschland sonst nicht so verbindet: eine klar kommunizierte Herzlichkeit gegenüber den Besuchern aus der ganzen Welt. Man sah Lebensfreude auf den Straßen. Insofern hat sich bei vielen Menschen in Europa und der ganzen Welt doch einiges verändert. Sie haben ein Deutschland erlebt, das mit Klischees, die noch aus der Nazizeit stammen, nicht viel zu tun hatte. Das war ein positiver Riss im Deutschlandbild weltweit" (Batarilo, 2018).[15] Die stark frequentierten *Fanmeilen*, die vielfältige Begegnungen zwischen Fans ermöglichten und meist durch eine friedlich-fröhliche Atmosphäre geprägt waren, trugen maßgeblich zum positiven Bild bei, das durch diese Fußball-Weltmeisterschaft vermittelt wurde (Kersting, 2007; Frew & McGillivray, 2008; Rookwood, 2021).

In der Erhebung werden daher Fragen zur Vorfreude gestellt und die erwartete Stimmung während der EURO 2024 erhoben. Ebenso werden Einschätzungen zu Fanmeilen und ihrer Rolle für eine gelungene EURO 2024 erfasst.[16] Die Erörterung von Fanmeilen rückt über die Aktivitäten

---

rakter als Event haben und ihren Besuchern vielfältige soziale Erfahrungen verschaffen (Ludvigsen, 2019).

14 Zudem gaben 95 % der Befragten an, stolz auf die Leistung ihrer Mannschaft zu sein. Ein Jahr nach der Fußball-Weltmeisterschaft äußerten 62 % der Deutschen einen anhaltend gestiegenen Nationalstolz, den sie direkt auf die Fußball-Weltmeisterschaft 2006 zurückführten. Vgl. zu vertiefenden Analysen Kersting (2007).

15 An dieser Sicht scheinen auch dubiose Geldströme an FIFA-Funktionäre und Korruptionsvorwürfe im Kontext der Vergabe nichts zu ändern.

16 Mit der zunehmenden Etablierung von Fanmeilen während der Durchführung von SME rücken deren Effekte aus Sicht von Fans ins Blickfeld des wissenschaftlichen Interesses. Vgl. z. B. Horbel et al. (2016); Rookwood (2021). Horbel et al. (2016) finden am Beispiel der Fußball-Weltmeisterschaft 2014 für das Public Viewing (für Spiele mit deutscher Beteiligung), dass die Teamperformance für die Wertstiftung von Zuschauern nur eine kleine Rolle spielt, während Spaß/Unterhaltung, Atmosphäre und soziale Kontakte/Interaktion zentrale Bedeutung haben.

der in ihrem Umfeld agierenden Sponsoren und Werbepartner des Turniers die anhaltende *Kommerzialisierungsdiskussion* im Fußball ins Blickfeld, die auch SME betrifft. Dies belegt nicht zuletzt auch die Auseinandersetzung um die hohen Einnahmen der FIFA aus der Fußball-Weltmeisterschaft 2022 in Katar. In der Erhebung wird vor diesem Hintergrund untersucht, ob Fans eine eher an den *Interessen der Fans oder der Sponsoren* ausgerichtete EURO erwarten.

Die angeführten sozialen Effekte von SME durch Fanmeilen und ähnliche Angebote werfen die Frage auf, ob bzw. inwieweit die EURO 2024 durch das Zusammentreffen von Angehörigen unterschiedlicher Nationen und Kulturen den *Austausch und die Entwicklung internationaler bzw. -kultureller Beziehungen* spürbar fördern kann. Die Gelegenheit zu einem Kennenlernen und intensiveren Dialog unter vielen Akteuren (Fans, Athleten, Mitarbeiter des Turniers etc.) in kurzer Zeit ist bei solchen Anlässen sehr günstig und eine positive Gesamtstimmung während des Turniers fördert potenziell die Qualität derartiger Begegnungen (Conchas, 2013). In weitergefasster Sicht kann der Sport über derartige Ereignisse zur Verständigung zwischen sozialen Gruppen und der Entwicklung transnationaler Gesellschaften beitragen (Giulianotti & Brownell, 2012). In der Erhebung wird untersucht, inwieweit Fans mit der EURO 2024 und den begleitenden Ereignissen den Anspruch verbinden, einen Beitrag zu internationalem Dialog und Verständigung zu leisten[17] und diese Beiträge tatsächlich erwarten.

Die Durchführung einer Fußball-Europameisterschaft ist in der Regel mit dem *Neubau von Stadien oder der Modernisierung bestehender Stadien* verbunden. Für die EURO 2024 wurden die Stadien in Berlin, Dortmund, Düsseldorf, Frankfurt/Main, Gelsenkirchen, Hamburg, Köln, Leipzig, München und Stuttgart (aus einem Bewerberkreis von 14 Spielstätten) ausgewählt.[18] Die meisten Stadien waren erst zur Fußball-Weltmeisterschaft 2006 neu gebaut oder umfassend modernisiert worden. Die aktuellen Modernisierungen für die EURO 2024 sind bereits weitgehend abgeschlossen und die Spielstätten genügen qualitativ und bezüglich des Fassungsvermögens hohen Ansprüchen. Damit bestehen günstige Voraussetzungen für positive Beurteilungen von Spielerlebnissen durch Fans. Bei Qualitäts- und Zufriedenheitsbeurteilungen werden verschiedenartige *Event- und Servicemerkmale* einbezogen, die in der Regel in

---

17 Im Nachhaltigkeitskonzept, das der DFB für die EURO 2024 entwickelt hat (hierauf wird später noch eingegangen), wird jedenfalls die verbindende Rolle des Fußballs betont, die auch die Förderung der Nachhaltigkeit unterstützen kann (DFB, o. D.).

18 An allen Standorten sind Bundesligaclubs oder Clubs der 2. Bundesliga beheimatet. Bis auf die Arena in Düsseldorf waren alle Stadien auch bereits Schauplätze der Fußball-Weltmeisterschaft 2006.

unterschiedlichem Maße zum Gesamturteil beitragen (Kelley & Turley, 2001). Die folgende Betrachtung von Serviceleistungen konzentriert sich auf digitale Services.

Im professionellen Fußball werden Stadionbesuchern zunehmend *digitale Services* mit Bezug zum Aufenthalt im Stadion und zu An- und Abreisen angeboten.[19] Die Services können z. B. Mobile Ticketing, die Navigation im Stadion, Informationen zu Verpflegungsmöglichkeiten, Unterhaltungsangebote, Informationen zum Spiel, zu An- und Abreiseoptionen (mit ÖPNV, PKW, Charterbussen etc.) und zum Parken zum Gegenstand haben. Eine Erhebung unter Fans mit Interesse an Profifußball oder Eishockey erbringt, dass insbesondere Services, die den Besucherkomfort erhöhen (z. B. Hinweise auf geeignete Parkmöglichkeiten) und die das Spielgeschehen transparent machen, geschätzt werden (Facit Digital, 2018). Vor diesem Hintergrund wird untersucht, welche Serviceangebote Besucher der Spiele der EURO 2024 erwarten.

Die Akteure im Fußballsport sind auf den verschiedenen Ebenen (professioneller Ligabetrieb, Amateur-/Breitensport, internationale Wettbewerbe etc.) grundsätzlich dem Anspruch ausgesetzt, das gesamtgesellschaftlich bedeutsame Gebot der *Nachhaltigkeit* zu berücksichtigen und sich im Sinne der *Corporate Social Responsibility* zu engagieren.[20] Hierfür sind die starke Kommerzialisierung des Sports (mit der erzeugten Aufmerksamkeit für ihre „Nebeneffekte"), der hohe Einfluss seiner Stakeholder (Fans etc.) und die Exponiertheit von Fußball-Organisationen und Clubs mitverantwortlich (Zeimers et al., 2019). Wesentliche inhaltliche CSR-Dimensionen betreffen die ökologische, soziale und wirtschaftliche Nachhaltigkeit der einschlägigen Aktivitäten. Die Anforderungen an die Nachhaltigkeit/CSR variieren im internationalen Maßstab, auch aufgrund kulturgebundener Werte (Breitbarth et al., 2015). Für den Profifußball in Deutschland hat die DFL als Bestandteil des Lizenzierungsverfahrens unlängst verpflichtende Nachhaltigkeitskriterien in der Lizenzierungsordnung verankert.

In Bezug auf SME existieren Beispiele für erhebliche negative Effekte, z. B. durch unzureichende Nachnutzungen von Stadien (Fußball-Welt-

---

19 Dabei treffen verschiedene Services in der Regel auf unterschiedliche Nachfrageintensitäten und Preisbereitschaften, die u. a. vom Alter und Typ der Besucher abhängen können (Caulfield & Kumar Jha, 2022).

20 „Nachhaltigkeit" heißt grundsätzlich, dass Akteure bei gegenwärtigen Handlungen deren Konsequenzen für künftige Perioden und Generationen in ihre Kalküle einbeziehen und bei übermäßiger Beanspruchung von Ressourcen zugunsten langfristiger Möglichkeiten auf kurzfristige Vorteile verzichten. Ihrer Berücksichtigung entspricht auf Unternehmensebene die Umsetzung einer Corporate Social Responsibility (CSR) als Übernahme gesellschaftlicher Verantwortung durch Unternehmen (Faix, 2022). Im Weiteren werden „Nachhaltigkeit" und „CSR" gleichgesetzt.

meisterschaft 2010 in Südafrika, Fußball-Weltmeisterschaft 2014 in Brasilien) oder den massiven CO_2-Ausstoß, der der Fußball-Weltmeisterschaft 2022 in Katar zugerechnet wird. Angesichts der hohen Kosten, die gastgebenden Städten und Ländern für die Ausrichtung dieser Ereignisse entstehen, werden für SME zunehmend nachhaltige „Vermächtnisse" angestrebt.[21] Die UEFA setzt zur Erfüllung der Ansprüche im Bereich der Nachhaltigkeit in der Regel auf kooperative Ansätze mit Partnern, z. B. Mitgliedsverbänden, Clubs, Regierungen (Zeimers et al., 2019; UEFA, 2022). Auch der DFB hat zur EURO 2024 ein Nachhaltigkeitskonzept unter Beteiligung von Akteuren aus diversen gesellschaftlichen Bereichen erarbeitet (z. B. Sportverbände/-vereine, NGOs, Kommunen, Bundesministerien, Unternehmen, Stiftungen, Wissenschaft). Im Diskurs wurden acht Handlungsfelder (Jugend, Fans, digitale Innovation, Vielfalt, Menschenrechte, Umwelt, Gesundheit und Fairplay) identifiziert, in denen Fußball und Gesellschaft dauerhaft von diesem Turnier profitieren sollen. Dazu sowie zur Erreichung der Nachhaltigkeitsziele der Vereinten Nationen (Sustainable Development Goals, SDG), sollen 24 Leuchtturmprojekte beitragen. Zudem sollen für jeden der zehn Spielorte im Dialog mit den örtlichen Akteuren eigene lokale Nachhaltigkeitskonzepte entwickelt werden (DFB, o. D.). Für die EURO 2024 wird vom Veranstalter der Anspruch formuliert, mit diesem Turnier einen neuen Standard für Großveranstaltungen zu setzen (Sportschau, 2021). In der Erhebung wird zunächst untersucht, welche Bedeutung das *Erreichen eines neuen Standards* aus Sicht der Fans einnimmt. Da sich derartig ambitionierte Ziele nicht immer erreichen lassen,[22] interessiert, inwieweit Fans von der Erreichung dieses Ziels überzeugt sind.

5.1.3 Fanerwartungen an den sportlichen Erfolg und das Auftreten der Nationalmannschaft

Erfahrungen mit früheren Turnieren legen den Schluss nahe, dass für Fans grundsätzlich das sportliche Abschneiden des eigenen Teams im Mittelpunkt der Erwartungen an Fußball-Europa- oder -Weltmeisterschaften steht. Aus deutscher Sicht bildet folglich die *sportliche Leistung des DFB-Teams* den Kern der Fanerwartungen zur EURO 2024. Allerdings ist eine diesbezügliche Frage als Teil einer Erhebung im März 2023 noch recht spekulativ, da weder der DFB-Kader noch dessen Gegner feststehen, geschweige denn Einschätzungen zur Form von Spielern und Mannschaft möglich sind. Aktuell ist das Trainerteam um Hansi Flick mit der Aufarbei-

---

21 Für deren Gestaltung werden Frameworks entwickelt, die potenziell bereits die Bewerbungsphase fundieren (Jones, 2018; Preuss, 2019).

22 Vgl. die Erkenntnisse zu möglichen Gründen aus der Case study bei Mallen et al. (2010).

tung der sportlichen Leistungen des DFB-Teams in jüngerer Zeit und der Entwicklung und Umsetzung von Schlussfolgerungen für verbesserte Bedingungen für sportliche Erfolge beschäftigt. Am 1.2.2023 nahm Rudi Völler als Sportchef des DFB mit Zuständigkeit für die Nationalmannschaft die Arbeit mit entsprechender Zielsetzung auf. Trotz der bestehenden Unsicherheiten wird in der Erhebung die Frage gestellt: „Wie weit kommt Deutschland bei der EURO 2024?" (Optionen: Gruppenphase, Achtelfinale, Viertelfinale, Halbfinale, Finale und Gewinn der Europameisterschaft).

Im sportlichen Kontext wird mit verschiedenen Bezügen unterstellt, dass Fans grundsätzlich eine Verhaltenstendenz aufweisen, *konsistent auf Erfolge und Misserfolge ihrer Teams* (Clubs etc.) zu reagieren. Hiernach besteht die Neigung, sich an erfolgreiche Teams zu binden (BIRG) und von weniger erfolgreichen zu distanzieren („Cutting of Reflected Failure", CORF).[23] Mit Blick auf die deutsche Nationalmannschaft ist nach den letzten drei eher erfolglosen Turnieren (Fußball-Weltmeisterschaft 2018, Fußball-Europameisterschaft 2021, Fußball-Weltmeisterschaft 2022) zu überprüfen, ob bzw. inwieweit Fans zur Abgrenzung vom DFB-Team neigen und demnach CORF als Motiv für Fans der Nationalelf bedeutsam ist. Allerdings stellt sich ebenso die Frage, ob bzw. inwieweit Fans abweichend von der angeführten Tendenz dem DFB-Team, das bei Europa- und Weltmeisterschaften in der weiter zurückliegenden Vergangenheit häufig große Erfolge erzielte (die ihr den Ruf einer „Turniermannschaft" einbrachten), die Treue halten, obwohl dieses sportlich zuletzt enttäuschte. Im Sinne eines „Basking in Reflected Failure" (BIRF/BIRFing) neigen Fans unter Umständen dazu, sich zu verhalten "in such a way as to trumpet their relationships despite a team s failures" (Campbell et al., 2004, S. 153).[24]

Neben den sportlichen Leistungen sind Fans potenziell am *Auftreten ihrer Mannschaft* „neben dem Platz" interessiert, z. B. als Akteure im Kampf gegen Rassismus und Diskriminierung. Profifußballer und insbesondere Nationalspieler haben eine exponierte Stellung in der Gesellschaft und gerade bei großen Turnieren wie Welt- und Europameisterschaften richtet sich die Aufmerksamkeit auf ihre Verhaltensweisen und Aussagen. Die national und international stark beachtete Auseinandersetzung während der Fußball-Weltmeisterschaft 2022 in Katar um das Tragen der „One Love"-Kapitänsbinde, die auch politische Kreise betraf, unterstreicht diese Dimension. In der Erhebung wird der Frage nachgegangen, ob die deut-

---

23 Vgl. zu BIRG und CORF bereits Kap. 5.1.1 dieses Beitrags. Madrigal (1995, S. 206 f.) erfasst BIRG als „ego-enhancement technique" und CORF als „ego-protection technique".

24 Vgl. die ausführliche Diskussion hierzu bei Jensen et al. (2018).

schen Nationalspieler im Rahmen der EURO 2024 ihre Stimme an die Öffentlichkeit gerichtet im Kampf gegen Rassismus und Diskriminierung erheben sollten. Die Übernahme einer solchen Rolle kann als Ausdruck von Ethical Leadership verstanden werden, deren Wahrnehmung in ihrem Bezugsumfeld die Förderung ethischen Verhaltens begünstigen kann.[25] Die Einschätzungen zur Rolle der Spieler sind einzubetten in Überlegungen, die *alle Akteure mit Bezug zur EURO 2024* und ihre Beiträge gegen Rassismus und Diskriminierung betreffen: Fans, Spieler, Trainer und Trainerteam, DFB, UEFA. Es wird zunächst untersucht, wie hoch generell die Einflussstärke der genannten Akteure in der Wahrnehmung der Befragten ist. Zudem werden die Ansprüche erhoben, die an die genannten Akteure tatsächlich gerichtet werden.

5.2 Empirische Ergebnisse

5.2.1 Merkmale der Erhebung und Charakterisierung der Teilnehmer

Die Schlüsselergebnisse dieses Beitrags basieren auf einer *Online-Befragung* (CAWI) zu den Fanerwartungen an die EURO 2024, die im März 2023 mittels der App FanQ (und parallel in der FanQ-Web-Community) mit insgesamt 2035 Personen durchgeführt wurde. Sie umfasste insgesamt 25 – teilweise als Statements formulierte – Fragen (die im Weiteren aber nicht alle aufgegriffen werden). Die Erhebung beinhaltete einmal Fragen, die von den Teilnehmern mit „Ja" oder „Nein" oder unter Rückgriff auf weitergehend umschriebene Antwortoptionen zu beantworten waren. Zudem wurden Fragen mit einer intensitätsmäßigen Bewertungskomponente gestellt, bei der die Auskunftspersonen bis zu fünf Sterne vergeben konnten.[26] Die Entwicklung des Fragensets erfolgte in einem mehrstufigen Prozess.[27]

Zur *Charakterisierung der Teilnehmer* dienen zunächst *soziodemografische Merkmale*: Die Auskunftspersonen sind überwiegend männlich (84,8 % der Befragten), der Anteil der Teilnehmerinnen fällt deutlich kleiner aus (10,8 %). Die Angabe „divers" wählen 1,1 % der Befragten und 3,3 % geben ihr Geschlecht nicht an. Bezüglich des Alters ergibt sich die

---

25 Vgl. hierzu näher mit Blick auf das Verhältnis von Fans und Clubs Constandt et al. (2020).

26 Ein Stern bedeutet eine außerordentlich hohe Ablehnung, während fünf Sterne eine besonders hohe Zustimmung darstellen. In der folgenden Erörterung werden Wertungen mit vier oder fünf Sternen zusammenfassend als „Zustimmung" und solche mit einem oder zwei Sternen als „Ablehnung" einer Position interpretiert.

27 Hierbei leisteten Prof. Dr. Harald Lange (Universität Würzburg, Institut für Sportwissenschaft) und Dr. Jochen Lammert (FanQ) wertvolle Beiträge.

Zuordnung: 16–19 Jahre: 21,9 %; 20–29: 13,9 %; 30–39: 6,5 %; 40–49: 7,5 %; 50–59: 17,5 %; 60 und älter: 26,8 % („Keine Angabe" wählen: 5,8 %).

Unter *psychografischen Aspekten* ist das Verhältnis zwischen den Auskunftspersonen und dem DFB-Team bedeutsam. Die Ergebnisse zur Frage nach dem persönlichen Stellenwert von Erfolgen des DFB-Teams („Für mich persönlich ist wichtig, dass die DFB-Elf erfolgreich spielt. Wie stark trifft das auf dich zu?") liefern Anhaltspunkte zur Stärke der *Identifikation* mit der Nationalmannschaft. Für 39,6 % der Befragten haben die sportlichen Leistungen des DFB-Teams hohen persönlichen Stellenwert (Zuordnung von fünf Sternen). Allerdings wählen 19,4 % von ihnen die niedrigste Ausprägung. Im Zusammenspiel mit den weiteren Häufigkeiten (zwei Sterne: 6,9 %, drei Sterne: 14,5 %, vier Sterne: 19,7 %) ergibt sich ein U-förmiges Muster, das bezüglich der Identifikation der Fans auf eine Polarisierung deutet.

Ein großer Teil der Befragten ist mit den sportlichen Resultaten der Nationalmannschaft in den letzten Jahren unzufrieden. Dies wundert insbesondere nicht angesichts der Ergebnisse, die bei den letzten beiden Weltmeisterschaften erreicht wurden. Zur Aussage „Ich bin mit dem sportlichen Abschneiden der deutschen Nationalmannschaft in den letzten Jahren zufrieden" äußern nur 7,0 % der Befragten Zustimmung, während 84,8 % *Unzufriedenheit* ausdrücken. Das Statement „Nach den schlechten Leistungen bei den letzten Turnieren soll niemand mehr wissen, dass ich Nationalmannschaftsfan bin" lehnen gleichwohl 72,1 % der Befragten ab, während nur 13,9 % zustimmen. Folglich ist nach wie vor von einer weitgehend engen Bindung der Fans an das DFB-Team auszugehen – die Erhebung bietet keinen Hinweis auf ein nachdrückliches *Cutting of Reflected Failure*. Indes lehnt mit 44,2 % ein größerer Teil der Befragten das Statement „Wenn die Nationalmannschaft verliert, lasse ich trotzdem jeden wissen, dass ich ihr Fan bin" ab, sodass nicht ohne Weiteres auf ein verbreitetes *Basking in Reflected Failure* geschlossen werden kann (immerhin stimmen dieser Aussage aber auch 37,7 % der Befragten zu).

5.2.2 Ergebnisse zu den Fanerwartungen an die Bedingungen und Durchführung der EURO 2024

Für ein erfolgreiches Turnier ist die Stimmung unter den Fans in den Stadien und bei den weiteren Events von hoher Bedeutung. Die in der Erhebung geäußerte *Vorfreude* kann als Vorbote der Stimmungslage betrachtet werden (vgl. Abb. 5.1).

Die relativ große Häufigkeit, mit der die niedrigste Ausprägung gewählt wird (28,4 % der Fälle), ist womöglich dem „Nachhall" der Fußball-Weltmeisterschaft in Katar und den im März 2023 erst in Ansätzen erkennbaren Bemühungen der sportlichen Leitung des DFB-Teams zur Verbesse-

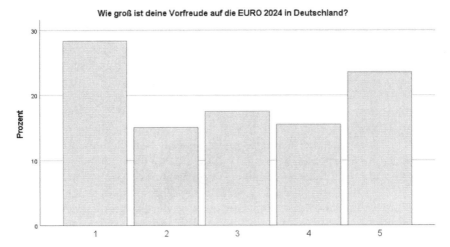

Abb. 5.1: Vorfreude auf die EURO 2024 (Antworthäufigkeiten/Zuordnung von bis zu fünf Sternen; siehe auch die Ergebnisse in Tab. 5.1, rechte Spalte) (eigene Darstellung)

rung der Lage geschuldet. Eine *Kontingenzanalyse* zum Einfluss des Alters auf die geäußerte Vorfreude zeigt, dass diese tendenziell umso geringer ausfällt, je älter die Auskunftsperson ist (Kontingenzkoeffizient: 0,490; p < 0,001). Ein Einfluss, der aus einem Erleben des „Sommermärchens" der Fußball-Weltmeisterschaft 2006 durch ältere Personen herrührt, kann anhand dieses Befundes nicht belegt werden.

Die Ergebnisse zur Vorfreude auf die EURO 2024 können mit den Resultaten verglichen werden, die Erhebungen mit gleichlautenden Fragen zur *Fußball-Weltmeisterschaft in Katar* erbrachten. Im Laufe des Jahres 2022 wurden unter Fußballfans in Deutschland über FanQ drei Erhebungen zu dieser Fußball-Weltmeisterschaft durchgeführt, die sich mit den generellen Erwartungen an das Turnier (Erhebungszeitraum 04.02.2022–18.02.2022; 4190 Teilnehmer), der Rolle von Sponsoren und Verbänden (05.05.2022–17.05.2022; 3429) und der Situation kurz vor Beginn der Fußball-Weltmeisterschaft (24.10.2022–06.11.2022; 5.748) befassten (Lammert et al., 2022a; Lammert et al., 2022b; Lammert et al., 2022c). Tabelle 5.1 zeigt die erzielten Antworthäufigkeiten in den drei Erhebungen zur Frage nach der Vorfreude auf das Turnier in Katar und die Vergleichswerte zur EURO 2024 (rechte Spalte).

Die Befragten bekundeten während des Jahres 2022 kaum Vorfreude auf die Fußball-Weltmeisterschaft in Katar. Die Spitze der recht starken Ablehnung wurde im Mai erreicht (89,3 %). Die nur geringe Vorfreude auf die Fußball-Weltmeisterschaft korrespondierte in allen drei Studien mit dem Befund, dass ein großer Teil der Befragten die Spiele weder im TV noch vor

Sterne	Fußball-Weltmeisterschaft 2022			EURO 2024
	Februar 2022	Mai 2022	Okt./Nov. 2022	März 2023
1	71,0 %	78,0 %	74,8 %	28,4 %
2	11,4 %	11,3 %	10,1 %	15,0 %
3	7,3 %	5,5 %	6,7 %	17,5 %
4	3,8 %	2,6 %	4,0 %	15,5 %
5	6,5 %	2,6 %	4,3 %	23,6 %

Tab. 5.1: Vorfreude auf die Fußball-Weltmeisterschaft 2022 in Katar und die EURO 2024 (Antworthäufigkeiten/Zuordnung von bis zu fünf Sternen) (eigene Darstellung nach Angaben zur Fußball-Weltmeisterschaft 2022: Lammert et al. (2022a); Lammert et al. (2022b); Lammert et al. (2022c))

Ort live verfolgen wolle.[28] Wie die rechte Spalte in Tabelle 5.1 zeigt, liegt die Vorfreude auf die EURO 2024 deutlich oberhalb der Vergleichswerte.

Allerdings zeigen die Ergebnisse zur unmittelbar auf die *erwartete Stimmung* bei der EURO 2024 gerichteten Frage, dass in dieser Hinsicht gegenwärtig (noch) eine recht „verhaltene" Einschätzung vorliegt. Die meisten Befragten (28,4 %) wählen mit drei Sternen die mittlere Antwortstufe (vgl. Abb. 5.2).

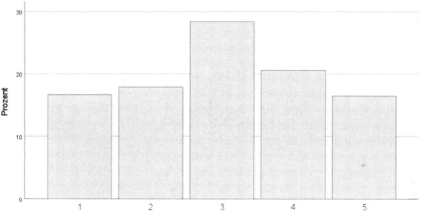

Wie gut wird deiner Meinung nach die Stimmung unter den Fans in Deutschland während der EURO 2024 sein?

Abb. 5.2: Erwartete Stimmung während der EURO 2024 (Antworthäufigkeiten/Zuordnung von bis zu fünf Sternen) (eigene Darstellung)

---

28 Diese Ergebnisse wiederum sind mit dem tatsächlichen Rückgang der TV-Zuschauerzahlen zur Fußball-Weltmeisterschaft in Katar gegenüber den letzten Weltmeisterschaften kompatibel.

Die Einschätzungen zur Stimmung korrelieren positiv mit der berichteten persönlichen Bedeutung von sportlichen Erfolgen des DFB-Teams: Ist diese hoch, wird eine positive Stimmung erwartet und vice versa (Korrelationskoeffizient r = 0,506; p < 0,001). Ein noch stärkerer Zusammenhang ergibt sich zwischen der Stimmungseinschätzung und der Bereitschaft, die Zugehörigkeit zur Nationalmannschaft auch bei Niederlagen zu bekunden (r = 0,587; p < 0,001). Identifikation und Loyalität der Fans können vor diesem Hintergrund als wichtige Bedingungen für eine günstigen Stimmung erfasst werden.[29]

Im Blick auf die *begleitenden Events* stimmt der größte Teil der Auskunftspersonen (61,9 %) der Aussage „Ohne gut besuchte Fanmeilen und ein attraktives Rahmenprogramm kann es keine „richtige" Europameisterschaft geben" zu, lediglich 20,4 % lehnen diese ab. Die Einschätzungen zur Rolle von Fanmeilen und zur Stimmung während des Turniers sind positiv verbunden (r = 0,377; p < 0,001). Fanmeilen und begleitende Veranstaltungen als mittlerweile etablierte Elemente von Großveranstaltungen im Fußball spielen für Jüngere (16 bis 29-Jährige) eine stärkere Rolle als für ältere Befragte (Kontingenzkoeffizient: 0,236; p < 0,001). Auf die unter dem Aspekt der *Grundausrichtung der EURO 2024* gestellten Frage „Erwartest du, dass die EURO 2024 an den Interessen der Fans oder an den Interessen der Sponsoren ausgerichtet wird?" antwortet fast die Hälfte der Befragten (47,9 %): „vollständig" oder „überwiegend" an Sponsoreninteressen, während 19,8 % von einer entsprechenden Ausrichtung an Faninteressen ausgehen. Die Einschätzung einer Ausrichtung auf Sponsoreninteressen steigt mit dem Alter an (Kontingenzkoeffizient: 0,307; p < 0,001). Dass die erwartete Orientierung an Sponsoren *negativ mit der geäußerten Vorfreude* auf das Turnier korrespondiert (Kontingenzkoeffizient: 0,344; p < 0,001), ist als Hinweis auf das „Wirken" einschlägiger Kommerzialisierungsaktivitäten zu werten.

Großveranstaltungen wie die EURO 2024 können durch das Zusammentreffen von Angehörigen vieler Nationen und Kulturen den *Austausch und die Entwicklung internationaler bzw. -kultureller Beziehungen* fördern. Bezüglich der Frage „Sollte ein Großevent wie eine EM einen Beitrag zu internationalem Dialog und Verständigung leisten?" ergibt sich eine breitere Streuung der Antworten: Während 42,6 % der Befragten diesem Anspruch zustimmen, vertreten 38,8 % eine ablehnende Position; 23,5 % positionieren sich im mittleren Bereich. Der tatsächlich erwartete Einfluss („Wie groß wird der Beitrag zu internationalem Dialog und Verständigung durch die EURO 2024 deiner Meinung nach?") wird – womöglich als Aus-

---

29 Auch bezüglich der erwarteten Stimmung vermittelt eine Kontingenzanalyse, das zum Alter der Befragten tendenziell eine gegenläufige Beziehung vorliegt (Kontingenzkoeffizient: 0,362; p < 0,001).

druck der nicht vorhandenen *interkontinentalen Dimension* der EURO 2024 – eher gering beurteilt: 47,2 % der Befragten vergeben höchstens zwei Sterne, 19,6 % drücken ihr Urteil durch Zuordnung von mindestens vier Sternen aus. Sowohl die normative Aussage als auch die Vorhersage der Auswirkungen der Auskunftspersonen sind positiv mit der geäußerten Vorfreude verbunden (Kontingenzkoeffizienten: 0,380 und 0,513 mit jeweils p < 0,001).

Die Erhebung berücksichtigte, ob bzw. inwieweit Stadionbesucher der EURO 2024 *digitale Services* im Hinblick auf den Aufenthalt im Stadion und die An- und Abfahrt schätzen. Die Antworten auf die Frage „Welche digitalen Services wünschst du dir während der EURO 2024 bei Stadionbesuchen?" (Auswahl aus zehn vorgegebenen Optionen) zeigt Tabelle 5.2.

Mobile Ticketing	31,9 %	Infos zum Spiel	34,8 %
Mobile Payment	21,1 %	Live-Bewertungen (z. B. von Spielern)	20,0 %
Navigation im Stadion	21,5 %	Infos zu An- und Abreise	23,4 %
Infos zu Verpflegung	22,6 %	Infos zum Parken	23,6 %
Unterhaltung	21,9 %	Infos zu Sicherheitsfragen	12,2 %

Tab. 5.2: Erwünschte digitale Services (Antworthäufigkeiten/Mehrfachnennungen)[30] (eigene Darstellung)

Die stärksten Präferenzen der Auskunftspersonen richten sich auf Informationen zum Spiel, Mobile Ticketing sowie Informationen zu An-/Abreise, zum Parken und zu Verpflegung. In erster Linie werden somit Services bezüglich der Transparenz des Geschehens auf dem Platz und des Besuchskomforts adressiert. Es überrascht nicht, dass alle Services von den Auskunftspersonen im Alter zwischen 16 und 29 signifikant häufiger (alle Irrtumswahrscheinlichkeiten < 0,001) gewünscht werden.

Sportliche Großveranstaltungen sind zunehmend *Nachhaltigkeitsansprüchen* ausgesetzt, wobei z. B. Nachnutzungen von geschaffenen Infrastrukturen zu berücksichtigen sind. In der Erhebung wurde zunächst der selbstgestellte Anspruch thematisiert: „Die EURO 2024 soll ‚neue Standards' bei den Themen Nachhaltigkeit, Umweltschutz und Gemeinwohl setzen." Ein Anteil von 38,2 % der Befragten unterstützt diese Aussage und stimmt ihr zu. Aber 42,4 % von ihnen ordnen ihr lediglich einen oder zwei Sterne zu. Die Anforderung wird insbesondere von jüngeren Befragten (16–29 Jahre)

---

30 Zudem wurden angegeben: Keinen der genannten Services: 6,7 %; Einen anderen Service: 1,8 %; Keine Meinung: 18,3 %.

signifikant häufiger befürwortet (Kontingenzkoeffizient: 0,207; p < 0,001). Die Untersuchung der Einschätzung der Fans, ob der Anspruch, neue Standards im Nachhaltigkeitskontext zu setzen, auch erfüllt wird („ ‚Neue Standards' bei den Themen Nachhaltigkeit, Umweltschutz und Gemeinwohl – glaubst du, dass dies gelingen wird?"), erbringt, dass nur 15,1 % der Befragten (Zuordnung von vier oder fünf Sternen) davon ausgehen, dass die EURO 2024 die fragliche Messlatte auf eine neue Höhe legen wird; 55,3 % der Befragten sind in dieser Hinsicht skeptisch. Unter Altersaspekten zeigen sich jüngere Auskunftspersonen (16–29 Jahre) signifikant optimistischer als Ältere (Kontingenzkoeffizient: 0,266; p < 0,001).[31]

5.2.3 Ergebnisse zu den Fanerwartungen an den sportlichen Erfolg und das Auftreten der Nationalmannschaft

Einschätzungen über das *sportliche Abschneiden der Nationalmannschaft* sind mehr als ein Jahr vor der EURO 2024 – wie in Kap. 5.1.3 ausgeführt – mit größeren Unwägbarkeiten verbunden. Die Aussagen der Befragten zur gleichwohl gestellten Frage: „Wie weit kommt Deutschland bei der EURO 2024?" sind daher eher als Ausdruck einer grundlegenden, womöglich vom Abschneiden des Teams bei der Fußball-Weltmeisterschaft in Katar geprägten Stimmung, denn als konkrete Vorhersagen zu interpretieren. Der größte Teil der Befragten (26,9 %) traut der Mannschaft nicht mehr als die Spiele der Gruppenphase zu. Das Erreichen des Achtelfinales sehen 21,4 % und die Teilnahme am Viertelfinale 21,0 % der Auskunftspersonen voraus. Mit einem Einzug ins Halbfinale rechnen 13,3 %, ein Erreichen des Finales vermuten 4,5 % der Fans. Den Titel trauen ihr 10,2 % zu.[32] Auskunftspersonen, für die der sportliche Erfolg persönlich hohe Bedeutung hat, neigen eher zu einer erfolgsorientierten Prognose (Titelgewinn, Finale) als Personen, die in diesem Sinne schwächer verbunden sind (Kontingenzkoeffizient: 0,474; p < 0,001). Analog korrespondieren auch die geäußerte (Un-)Zufriedenheit mit dem Abschneiden in den letzten Jahren mit der Einschätzung des sportlichen Erfolges bei der EURO 2024 (Kontingenzkoeffizient: 0,360; p < 0,001) sowie jeweils auch BIRF (Kontingenzkoeffizient: 0,533; p < 0,001) und CORF (Kontingenzkoeffizient: 0,277; p < 0,001).

Das generelle Auftreten der Mannschaft und ihr mögliches *Eintreten für die Lösung gesellschaftlicher Probleme* ist seit Längerem Gegenstand viel-

---

31 Nachhaltigkeitsbezogene Anforderungen und Ansprüche zur Stärkung von internationalem Dialog und Verständigung durch die EURO 2024 werden von den befragten Fans korrespondierend vorgetragen (Kontingenzkoeffizient: 0,548; p < 0,001). Das Vertrauen in das tatsächliche Erfüllen des Nachhaltigkeitsanspruchs und das Leisten eines Beitrags zu internationaler Verständigung sind noch enger verbunden (Kontingenzkoeffizient: 0,639; p < 0,001).

32 „Keine Meinung" zu dieser Frage äußern 2,8 % der Auskunftspersonen.

fältiger Erörterungen. Bezüglich der Frage: „Sollten die deutschen Nationalspieler im Rahmen der EURO 2024 ihre Stimme öffentlich im Kampf gegen Rassismus und Diskriminierung erheben?" zeigen sich recht unterschiedliche Positionen: Während 32,6 % der Befragten mit „Ja" antworten, vertreten mehr als die Hälfte (54,3 %) die gegenteilige Auffassung; 13,2 % äußern dazu keine Meinung. Diese Ergebnisse dürften den breiten Diskurs im Spektrum zwischen *Befürwortung eines Eintretens* aufgrund einer potenziell starken Einflussmöglichkeit durch die exponierte Stellung von Nationalspielern und *Ablehnung eines entsprechenden Agierens* aufgrund möglicher Gefährdungen der sportlichen Zielerreichung bei Überlagerung des „Kerngeschäfts" durch Aktivitäten im politischen Kontext abbilden. Hierbei zeigen jüngere Befragte (16–39 Jahre) eine stärker bejahende Tendenz, während Ältere eher „Nein" angeben (Kontingenzkoeffizient: 0,244; p < 0,001). Befragte mit hoher Identifikation zur Nationalmannschaft äußern überproportional häufig „Keine Meinung" oder „Ja" (Kontingenzkoeffizient: 0,161; p < 0,001).

Die Befragten schätzen die gesellschaftsbezogenen *Einflussmöglichkeiten von Personen und Institutionen* im EURO 2024-Kontext unterschiedlich ein. Auf die Frage: „Welche Akteure mit Bezug zur EURO 2024 können den größten Einfluss im Kampf gegen Rassismus und Diskriminierung ausüben?" weisen 27,2 % der Auskunftspersonen den Fans die stärksten Möglichkeiten zu, gefolgt von der UEFA (16,3 %) und den Spielern (12,6 %); der DFB wird von 7,4 % und Trainer/Trainerteam von 1,1 % der Auskunftspersonen genannt. Zu beachten ist allerdings, dass 24,3 % angeben: „Keiner kann wirklichen Einfluss in dieser Sache ausüben". Befragte, die eine hohen Identifikation mit der Nationalmannschaft aufweisen, verorten starke Einflusspotenziale überproportional häufiger bei der UEFA und beim DFB und weniger bei den Spielern (Kontingenzkoeffizient: 0,266; p < 0,001).

Auf die Frage: „Von welchen Akteuren mit Bezug zur EURO 2024 erwartest du den größten Beitrag im Kampf gegen Rassismus und Diskriminierung?" äußern – entsprechend zur obigen Reihung – 24,7 %, dass dieser von Fans geleistet würde, die UEFA erreicht den zweiten (20,3 %) und die Spieler den dritten Platz (11,2 %). Der DFB erzielt Nennungen von 9,6 % und Trainer/Trainerteam von 1,0 % der Auskunftspersonen. Befragte mit einer hohen Identifikation zur Nationalmannschaft erwarten hohe Beiträge in erster Linie vom DFB, der UEFA und den Spielern (Kontingenzkoeffizient: 0,253; p < 0,001). UEFA und DFB werden insbesondere von jüngeren Fans (im Alter von 16–39 Jahren) in diesem Sinne stärker in die Pflicht genommen (Kontingenzkoeffizient: 0,224; p < 0,001).

5.3   Fazit

Der vorliegende Beitrag erörtert auf Basis der Informationen einer Online-Befragung von Fußballfans in Deutschland Fanerwartungen an die EURO 2024 in Deutschland. Die Ergebnisse können zur differenzierten, passgenauen Ausrichtung der Veranstaltung auf die Präferenzen von Fans beitragen und ihre Erfolgsbedingungen verbessern. Dabei zeigen etwa die Befunde zur Nachhaltigkeit des Turniers und zu den Erwartungen an das Auftreten der Nationalmannschaft „neben dem Platz", dass die Einschätzungen der Fans (bei aller inneren Konsistenz ihrer Bewertungen) keineswegs einmütig erfolgen – die erfassten Streuungstendenzen ihrer Positionen stellen an ein geeignetes Vorgehen der relevanten Akteure in Bezug auf diese wichtigen Stakeholder des Fußballs hohe Anforderungen.

Literatur

Batarilo, P. (2018): *„Ein positiver Riss im Deutschlandbild weltweit", Interview, geführt mit Wolfram Eilenberger.* https://www.goethe.de/ins/ar/de/kul/mag/21302607.html

Bauer, H. H., Stokburger-Sauer, N. E., & Exler, S. (2008). Brand Image and Fan Loyalty in Professional Team Sport: A Refined Model and Empirical Assessment. *Journal of Sport Management, 22,* 205–226.

Becker, R., & Daschmann, G. (2022). *Das Fan-Prinzip* (3. Aufl.). Springer-Gabler.

Bodet, G. (2015). The Spectator´s Perspective. In M. M. Parent & J.-L. Chappelet (Hrsg.), *Handbook of Sports Event Management* (S. 163–180). Routledge.

Bouchet, P., Bodet, G., Bernache-Assollant, I., & Kada, F. (2011). Segmenting sport spectators: Construction and preliminary validation of the Sporting Event Experience Search (SEES) scale. *Sport Management Review, 14,* 42–53.

Breitbarth, T., Walzel, S., Anagnostopoulos, C., & Eekeren, F. V. (2015). Corporate social responsibility and governance in sport: „Oh, the things you can find, if you don´t stay behind!" *Corporate Governance, 15*(2), 254–273.

Campbell, R. M., Aiken, D., & Kent, A. (2004). Beyond BIRGing and CORFing: Continuing the Exploration of Fan Behavior. *Sport Marketing Quarterly, 13,* 151–157.

Caulfield, J., & Kumar Jha, A. (2022). Stadiums and Digitalization: An Exploratory Study of Digitalization in Sports Stadiums. *Journal of Deci-*

sion Systems, *31*(1), 331–340. https://doi.org/10.1080/12460125.2022.207 3629

Cialdini, R. B., Borden, R. J., Thorne, A., Walker, M. R., Freeman, S., & Sloan, L. R. (1976). Basking in reflected glory: Three (football) field studies. *Journal of Personality and Social Psychology*, *34*(3), 366–375.

Conchas, M. (2013). Research possibilities for the 2014 FIFA World Cup in Brazil. *Soccer & Society*, *15*(1), 167–174. https://doi.org/10.1080/1466097 0.2013.828600

Constandt, B., Parent, M. M., & Willem, A. (2020). Does it really matter? A study on soccer fans' perceptions of ethical leadership and their role as "stakeowners". *Sport Management Review*, *23*, 374–386. https://doi. org/10.1016/j.smr.2019.04.003

Da Silva, E. C., & Las Casas, A. L. (2017). Sport Fans as Consumers: An Approach to Sport Marketing. *British Journal of Marketing Studies*, *5*(4), 36–48.

DFB. (o. D.). *United by Football. In the Heart of Europe. Sustainability Concept UEFA EURO 2024 Germany.* https://www.dfb.de/fileadmin/_dfb dam/178855-EURO_2024_Nachhaltigkeitskonzept.pdf

Facit Digital. (2018). *Digitales Stadionerlebnis.* https://www.facit-group. com/content/dam/facit/facit-digital-com/studien/Report_Digitales%20 Stadionerlebnis.pdf

Faix, A. (2022). *Wie nachhaltig ist der deutsche Profifußball? Fanbewertungen der wirtschaftlichen, sozialen und ökologischen Nachhaltigkeit von Profifußballclubs.* Auswertungen und Analysen zu einer FanQ-Datenerhebung. https://doi.org/10.13140/RG.2.2.30794.03523

Fillis, I., & Mackay, C. (2014). Moving beyond fan typologies: The impact of social integration on team loyalty in football. *Journal of Marketing Management*, *30*(3–4), 334–363. https://doi.org/10.1080/0267257X.2013. 813575.

Frew, M., & McGillivray, D. (2008). Exploring Hyper-experiences: Performing the Fan at Germany 2006. *Journal of Sport & Tourism*, *13*(3), 181–198.

Funk, D. C., Mahony, D. F., Nakazawa, M., & Hirakawa, S. (2001). Development of the Sport Interest Inventory (SII): Implications for Measuring Unique Consumer Motives at Team Sporting Events. *International Journal of Sports Marketing and Sponsorship*, *3*(3), 38–63.

Gau, L.-S. (2013). Identifying Core, Exciting, and Hybrid Attributes in Fans' Assessments of Major (World Cup) Spectator Sports Events. *Psychological Reports: Employment Psychology & Marketing*, *113*(3), 786–803.

Giulianotti, R. (2002). Followers, fans, and flaneurs: A taxonomy of spectator identities in football. *Journal of Sport & Social Issues, 26*(1), 25–46.

Giulianotti, R. (2015). The Beijing 2008 Olympics: Examining the Interrelations of China, Globalization, and Soft Power. *European Review, 23*(2), 286–296. https://doi.org/10.1017/S1062798714000684

Giulianotti, R., & Brownell, S. (2012). Olympic and World Sport: Making Transnational Society? *British Journal of Sociology, 63*(2), 199–215.

Gnoth, J. (2020). Extending the Sport Value Framework for Spectator Experience Design. In S. Roth, C. Horbel, & B. Popp (Hrsg.), *Perspektiven des Dienstleistungsmanagements* (S. 33–50). SpringerGabler.

Horbel, C., Popp, B., Woratschek, H., & Wilson, B. (2016). How context shapes value co-creation: spectator experience of sport events. *The Service Industries Journal, 36*(11–12), 510–531. http://dx.doi.org/10.1080/02642069.2016.1255730

Hunt, K. A., Bristol, T., & Bashaw, R. E. (1999). A conceptual approach to classifying sports fans. *Journal of Services Marketing, 13*(6), 439–452.

Jensen, J. A., Greenwell, T. C., Coleman, C., Stitsinger, M., & Andrew, D. (2018). From BIRFing to BIRGing: A 10-year study of the psychology of Cubs fans. *Sport Marketing Quarterly, 27*(4), 237–250. https://ssrn.com/abstract=3357022

Jones, M. (2018). *Sustainable Event Management* (3. Aufl.). Routledge.

Kelley, S. W., & Turley, L. W. (2001). Consumer perceptions of service quality attributes at sporting events. *Journal of Business Research, 54*, 161–166.

Kersting, N. (2007). Sport and National Identity: A Comparison of the 2006 and 2010 FIFA World Cups™. *Politikon: South African Journal of Political Studies, 34*(3), 277–293. http://dx.doi.org/10.1080/02589340801962551

Koenigstorfer, J., Groeppel-Klein, A., & Schmitt, M. (2010). You'll Never Walk Alone" — How Loyal Are Soccer Fans to Their Clubs When They Are Struggling Against Relegation? *Journal of Sport Management, 24*, 649–675.

Lammert, J., Faix, A., Lange, H., & Kopfer, L. (2022a). *Erwartungen an die WM 2022 in Katar. Eine Studie aus Perspektive der Fans.* https://fanq.com/wp-content/uploads/2022/05/fanq-studie-erwartungen-wm-katar-endversion-1.pdf

Lammert, J., Faix, A., Lange, H., & Kopfer, L. (2022b). *WM 2022 – Erwartungen an Fußballverbände und Sponsoren. Eine Studie aus Perspektive der Fans.* https://fanq.com/wp-content/uploads/2022/07/fanq-studie-erwartungen-an-fussballverbaende-und-sponsoren-zu-der-wm-2022.pdf

Lammert, J., Faix, A., Lange, H., & Kopfer, L. (2022c). *WM in Katar – Der Countdown läuft. Eine Studie aus Perspektive der Fans.* https://fanq.com/wp-content/uploads/2022/11/fanq-studie-katar-der-countdown-laeuft.pdf

Lammert, J., Faix, A., Schröer, J., & Schneider, J. (2019). *Identifikation von Fans mit Clubs und Spielern, Auswertung einer FanQ-Datenerhebung.* https://doi.org/10.13140/RG.2.2.15129.57448

Ludvigsen, J. A. L. (2019). Between security and festivity: The case of fan zones. *International Review for the Sociology of Sport, 56*(2), 233–251. https://doi.org/10.1177/1012690219894888

Mackellar, J. (2013): *Event Audiences and Expectations*, Routledge.

Madrigal, R. (1995). Cognitive and Affective Determinants of Fan Satisfaction with Sporting Event Attendance. *Journal of Leisure Research, 27*(3), 205–227.

Mallen, C., Stevens, J., Adams, L., & Roberts, S. (2010). The Assessment of the Environmental Performance of an International Multi-Sport Event. *European Sport Management Quarterly, 10*(1), 97–122. https://doi.org/10.1080/16184740903460488

Meier, H. E., Utesch, T., Raue, C., Uhlenbrock, C., Chababi, N., & Strauss, B. (2019). Fan identification and national identity. *Sport in Society, 22*(3), 476–498. https://doi.org/10.1080/17430437.2018.1504771

Mutz, M. (2019): Life Satisfaction and the UEFA EURO 2016: Findings from a Nation-Wide Longitudinal Study in Germany. *Applied Research Quality Life, 14*, 375–391. https://link.springer.com/article/10.1007/s11482-018-9599-y

Maennig, W., & Porsche, M. (2008). *The Feel-Good Effect at Mega Sport Events – Recommendations for Public and Private Administration Informed by the Experience of the FIFA World Cup 2006* [Hamburg Contemporary Economic Discussion Paper No. 18] https://www.econstor.eu/bitstream/10419/25366/1/59145193X.PDF

Preuss, H. (2019). Event legacy framework and measurement. *International Journal of Sport Policy and Politics, 11*(1), 103–118. https://doi.org/10.1080/19406940.2018.1490336

Rookwood, J. (2021): Diversifying the fan experience and securitising crowd management: A longitudinal analysis of fan park facilities at 15 football mega events between 2002 and 2019. *Managing Sport and Leisure*, 2021, 1–9. https://doi.org/10.1080/23750472.2021.1985596

Roose, J., Schäfer, M. S., & Schmidt-Lux, T. (2017). Einleitung. Fans als Gegenstand soziologischer Forschung. In J. Roose, M. S. Schäfer, & T. Schmidt-Lux (Hrsg.), *Fans: Soziologische Perspektiven* (2. Aufl., S. 1–18). SpringerVS.

Snyder, C. R., Lassegard, M., & Ford, C. E. (1986). Distancing after group success and failure: Basking in reflected glory and cutting off reflected failure. *Journal of Personality and Social Psychology*, *51*(2), 382–388.

Sportschau. (2021, 6. Oktober). *EM 2024 soll neuen Standard setzen.* https://www.sportschau.de/newsticker/dpa-philipp-lahm-em-soll-neuen-standard-setzen-story-sp-100.html

Stevens, S., & Rosenberger III, P. J. (2012). The Influence of Involvement, Following Sport and Fan Identification on Fan Loyalty: An Australian Perspective. *International Journal of Sports Marketing & Sponsorship*, *13*(3), 220–234.

Stieger, S., Götz, F. M., & Gehrig, F. (2015). Soccer results affect subjective well-being, but only briefly: A smartphone study during the 2014 FIFA world cup. *Frontiers in Psychology*, *6*. https://doi.org/10.3389/fpsyg.2015.00497

Tamir, I. (2019). Choosing to stay away: Soccer fans' purposeful avoidance of soccer events. *Time & society*, *28*(1), 231–246. https://doi.org/10.1177/0961463X16678256

Trail, G. T., Fink, J. S., & Andersen, D. F. (2003). Sport Spectator Consumption Behavior. *Sport Marketing Quarterly*, *12*(1), 8–17.

UEFA. (2022). *Strengths Through Unity. UEFA Football Sustainability Strategy 2030.* https://editorial.uefa.com/resources/0270-13f888ffa3e5-931c597968cb-1000/uefa_football_sustainability_strategy.pdf

Unanue, W., Oriol, X., Gómez, M., Cortez, D., & Bravo, D. (2022). Feel the Copa América final: Immediate and medium-term effects of major sport events and national football team identification on different components of subjective well-being. *Current Psychology*, 41, 727–745. https://link.springer.com/article/10.1007/s12144-019-00545-x

Wann, D. L. (1995): Preliminary validation of the sport fan motivation scale. *Journal of Sport and Social Issues*, *19*(4), 377–396. https://doi.org/10.1177/019372395019004004

Zeimers, G., Anagnostopoulos, C., Zintz, T., & Willem, A. (2019). Corporate social responsibility (CSR) in football. Exploring modes of CSR implementation. In S. Chadwick, D. Parnell, P. Widdop, & C. Anagnostopoulos (Hrsg.), *Routledge Handbook of Football Business and Management* (S. 114–130). Routledge.

6 Die EURO 2024 – Eine Digital Media Challenge

Christoph Rasche & Andrea Braun von Reinersdorff

Die Medienwirtschaft ist wie kaum ein anderer Wirtschaftssektor von digitalen Disruptionen bis hin zur Entwertung ganzer Geschäftsmodelle betroffen. Printmedien befinden sich dabei ebenso in einer Existenzkrise wie der Fernseh-, Rundfunk und Videobereich. Streaming-Portale, Social Media und digitale Kommunikationsplattformen bis hin zum proklamierten Metaverse lassen sich als starke Signale eines veränderten Mediennutzungs- und Kommunikationsverhaltens interpretieren. Die „Neue Normalität" im Zuschauersport ist gleichermaßen hybrid: analog und digital. Während auf der einen Seite, jenseits des E-Sports, Präsenzformate nie an Reiz verlieren werden, so werden diese heutzutage immer von einem digitalen Zwilling im Live- oder Asynchron-Format begleitet. Sportveranstaltungen verlagern sich zunehmend in digitale Räume, sind Bezugsobjekte für digitale Mediengeschäftsmodelle und Bedrohungsszenarien für arrivierte Sportmedien. Die EURO 2024 avanciert damit zur Digital Media Challenge.

6.1 Prolog: Digitale Disruption im Mediensektor

Angefangen beim Wort, den Rauchzeichen und den Hieroglyphen, unterlagen Medien und Kommunikation immer radikalen Innovationsprozessen wie der Erfindung der Druckmaschine, die sich als kryptische Form der medialen Serienproduktion werten lässt. Ein Blick in die Medienhistorie lässt ein konsistentes Muster der innovatorischen Evolution und Revolution entstehen. Zwischenzeitlich veränderten Fotoapparate, Schreibmaschinen, Radios und Bewegtbilder den Medienalltag der Menschen mehr oder weniger dramatisch. Spätestens mit der ubiquitären Verbreitung des Fernsehers war eine Massenkommunikation im Bewegtbildformat möglich – wenn auch nur in der One-2-Many-Variante. Die öffentlich-rechtlichen Rundfunk- und Fernsehanstalten übernahmen in der post-national-sozialistischen Propaganda-Ära einen wichtigen Bildungs-, Kultur- und Unterhaltungsauftrag im Rahmen der medialen Daseinsfürsorge. Das verheerende Propagandamonopol des Dritten Reichs sollte auf Weisung der alliierten Besatzer in ein mediales Demokratiemonopol transformiert werden, um das politische Kardinalziel einer liberalen Bürger- und Zivilgesellschaft in der noch jungen Bundesrepublik Deutschland zu erreichen. Fortan machten es sich ARD und ZDF zur Aufgabe, in ihrer Funktion als Anstalten des Öffentlichen Rechts einen gebührenfinanzierten Grundversorgungsauftrag zu übernehmen. Während der öffentlich-rechtliche Rundfunk bis zur Teil-Privatisierung vom Privileg eines „Quasi-Monopols" ebenso profitierte wie zahlreiche andere Staatsindustrien (z. B. Post, Eisenbahn, Telekommunikation), war der Printmediensektor weniger stark reguliert und erfreute sich pluralistischer Konkurrenz (z. B. Burda, Bertelsmann, Springer). Mit der Privatisierung und Liberalisierung des Rundfunk- und Telekommunikationssektors emergierten im Eiltempo innovative Geschäftsmodelle in Gestalt des Privatfernsehens (z. B. RTL, SAT, Lokalsender) und gewinnorientierter Telekommunikationsunternehmen (Müller & Rasche, 2013). Mediale Verwertungsrechte an Sportveranstaltungen oszillierten zwischen öffentlichen und privaten Anbietern – einhergehend mit einer korrespondierenden Bieterkonkurrenz. Mit dem Bezahlfernsehen (Pay-TV) entstand eine zusätzliche Dynamik mit Verwertungsmarkt für Sportevents, weil einzelne Rechtepakete nunmehr an Medieninvestoren verkauft wurden. Damit verbunden stellt sich für öffentlich-rechtliche Medienanstalten die Frage nach der Moral und Monetarisierung des Profisports, der zwischenzeitlich zu einem veritablen Geschäftsmodell mutiert ist (Nicholson et al., 2015). In kondensierter Form stellt sich die Frage, ob die Übertragung des Zuschauersports aus einer Pane-et-Circenses-Perspektive überhaupt noch Aufgabe des öffentlich-rechtlichen-Rundfunks sei und ab welcher Grenzschwelle die aktive Beteilung am medialen Bieterwettbewerb finanziell und moralisch zu rechtfertigen ist (Bockrath, 2011; Rasche, 2015). Bisweilen wird ein Ausverkauf der Grundwerte des Sports konstatiert, wenn sich dieser Investoren, Halbdemokratien und Mediengiganten anbiedert. Letztere sind künftig die Protagonisten der digitalen Zukunft in Gestalt kapitalstarker Social Media-Tycoons, die über den analogen Echtsport hinausgehend noch ein großes Interesse am E-Sport und dessen Verwertungsmöglichkeiten zeigen. So ließe sich für jede attraktive

Sportart (z. B. Soccer, Football, Basketball, Baseball) ein digitaler Zwilling in Form eines E-Games mit entsprechenden Lizenzeinnahmen generieren (Sloane & Quan-Haase, 2017). Mit Blick auf die Zielgruppe der Digital Natives lassen sich netzaffine Kunden gewinnen, deren erstes „Spielzeug" im Smartphone bestand. Damit verbunden erfolgte eine unwillkürliche „Teilsozialisierung" durch das Internet, das bis heute nicht nur lebens- und verhaltensprägend ist, sondern in den nächsten Jahren wohlmöglich im Metaverse einen Kulminationspunkt erreichen wird. Erstmals möglich ist eine individualisierte und personalisierte Many-2-Many-Kommunikation auf und durch Social Media Platforms. Nutzer lassen sich dank Algorithmen und KI-Anwendungen nicht nur hochpräzise ohne Streuverluste ansprechen (Precision Communication), sondern diese haben umgekehrt die Möglichkeit, nutzergenerierte Inhalte (User Generated Content) unter Echtzeitbedingungen auf sozialen Plattformen zu teilen (z. B. Facebook, Instagram, TikTok, LinkedIn) (Rasche & Margaria, 2013). Die Sharing Economy und Platform Economy (Rasche & Raab, 2023) bilden das Fundament der aktuell wertvollsten Unternehmen der Welt, die allesamt über ein mediales Gravitationszentrum verfügen. Davon tangiert wird automatisch der Zuschauersport in seiner Funktion als emotional hoch aufgeladenes Unterhaltungs- und Mediengut.

6.2 Der Zuschauersport im Fadenkreuz der Digitalisierung

6.2.1 Die EURO 2024 als mediales Mega-Event

Bei Zugrundelegung einer weiten und nutzerzentrierten Marktabgrenzung ist Sport seinem lateinischen Ursprung (disportare: zerstreuen) nach eine Säule der „Zerstreuungswirtschaft", die Entertainment- und Freizeitbedürfnisse adressiert (Rasche & Braun von Reinersdorff, 2003; Rasche, 2015). Die EURO 24 muss aus Anbieter-, Investoren- und Zuschauersicht diese Funktion erfüllen, wobei die multiplen Medienkanäle als Vehikel einer „Kapitalisierung durch Kommunikation" zu verstehen sind. Im Duett des Managements und der Monetarisierung der Sportmedien bleibt dabei aus Sicht der Fans und der kritischen Öffentlichkeit wohlmöglich die Moral auf der Strecke (Rasche, 2009). Nach der Fußball-Weltmeisterschaft 2022 in Katar bringt sich bereits Saudi-Arabien als potenter Ausrichter von Mega-Events in Stellung, um sich durch ein medial unterstütztes Sport Washing den benötigten Imagevorteil auf weltpolitischer Bühne zu verschaffen (UEFA, 2021). Fakt ist, dass die EURO 2024 unter der Ägide digitaler Medien stehen wird, die Teil einer kommunikativen Mega-Architektur sein werden (Ess, 2020). Wenn im IT-Kontext von Digital Landscapes gesprochen wird, dann sind damit vernetzte Informationslandschaften gemeint, die übertragen auf den Sport Omni-Media-Frameworks darstellen. Diese rahmen Sport-Mega-Events ein und unterstützen deren professionelle Orchestrierung in einem affektiven Ambiente. Die EURO 2024 erfährt in mehrfacher Hinsicht eine omni-mediale Arrondierung und Veredelung: und zwar sowohl in den Stadien als auch im digitalen Raum. Die Tatsache, dass heutzutage alle Zuschauer mit digitalen Endgeräten ausgestattet sind, legt die Vermutung nahe, dass rund um die EURO 2024 im großen Stil User Generated Content generiert und gepostet wird. Advanced Digital Gadgets erlauben zudem völlig neuartige Formen der Spielanalyse, Trainings- und Belastungssteuerung sowie taktischer Entscheidungsoptimierung. Ganz abgesehen von Torbildkameras und Remote Opinions zur Validierung kritischer Referee-Entscheidungen verkörpern Stadien Unterhaltungsarenen mit einem immensen Potenzial für den Einsatz digitaler Medien bis hin zur Optimierung stadionlogistischer Prozesse und der Gewährleistung der Stadionsicherheit durch digitale Observation und Intervention. Besteht einerseits die Medienherausforderung der EURO 2024 in ihrer Vermarktung im digitalen Raum entlang der zur Verfügung stehenden Kanaloptionen, so sollte andererseits die Relevanz nutzerzentrierter Medienaktivitäten nicht unterschätzt werden. Neben ihrer passiven Konsumentenrolle sind die Zuschauer im Gegensatz zu früher jederzeit imstande, eine aktive Medienstrategie im Kontext der EURO 2024 zu verfolgen. Posts in Gestalt von Likes, Dislikes, Kommentaren oder Movie-Content auf Plattformen wie YouTube, Facebook, Instagram oder neuerdings TikTok lassen die EURO 2024 zu einem individualisierten, personalisierten und lokalisierten User-Event werden, das wiederum für eine maßgeschneiderte Werbung höchst attraktiv ist. Das TTTPPP-Framework steht dabei für eine ausdifferenzierte Logik einer prädikativen Zielgruppenbearbeitung im Mikroformat, indem Daten- und Netzspuren zunächst identifiziert (**Tracing**) und verfolgt werden (**Tracking**), um diese dann zu einem konsistenten Verhaltensmuster zu kondensieren (**Tapping**) (Rasche & Margaria, 2013; Rasche, 2022). Dieses so erfasste Verhaltensmuster wiederum lässt sich KI-basiert profilieren (**Profiling**), sodass durch algorithmische Vernetzung mehrerer user-valider Vektoren „treffsichere" Prognosen (**Predicting**) über das künftig wahrscheinliche Konsumentenverhalten abgegeben werden können. Das einst analog durch Warenkorbanalysen beobachtbare Konsumentenverhalten erhält durch KI-induzierte Optionen der Data Analytics eine Veredelung durch die Generierung prognosesicherer Kundenprofile (Rasche & Margaria, 2013). Durch „Hochpräzisionsmarketing" wird nicht nur eine effektivere und effizientere Zielgruppenansprache unterstützt, sondern auch die Aussendung passgenauer „Mehrwertangebote", die das Lebensmuster des (Sport-)Konsumenten arrondieren (z. B. Fußballartikel, Pay-TV-Angebote, Wettoptionen). Sobald die digitale Blase des Kunden bekannt und beschrieben ist, lässt sich diese bewirtschaften und so der Gewinn (**Profit**) erhöhen. An dieser Stelle erreicht die TTTPPP-Kaskade ihren Endpunkt, verbunden mit dem Ziel, im Rahmen der Customer Journey sog. Pain Points zu entschärfen und Joy Points zu verstärken. Auf den Punkt gebracht, verhalten sich zufriedene Sportkunden nicht nur marken- und anbietertreu, sondern konsumieren auch hochfrequenter und hochwertiger. Aus einer medienökonomischen Perspektive ist die EURO 2024 mit einen Lifecycle-Accounting-Modell vergleichbar, das durch digitalen Medieneinsatz vor, während und auch nach der Veranstaltung vielfältige Umsatz- und Gewinnoptionen bietet (weiterführend Pfannstiel & Rasche, 2017; Tiberius & Rasche, 2017; Rasche et al., 2017).

6.2.2 Die EURO 2024: Dreistufiges Medien- und Vermarktungsmodell

Die analoge Wertkette in Form real stattfindender Events und Merchandising-Aktivitäten lässt sich dabei um einen digitalen Zwilling arrondieren, der Reflexionspunkt aller digitalen Optionen im engen und erweiterten Sinne ist. Konkret gilt es, die EURO 2024 auch als Realoption auf digitale Geschäftsmodelle und deren Monetarisierung durch professionelles Management zu verstehen. Aus Vereinfachungsgründen wird im Folgenden auf ein dreistufiges Digital-Media-Modell der EURO 2024 rekurriert, das sowohl Elemente eines kurzfristigen Transaktionsmarketings als auch Elemente eines nachhaltigen Beziehungsmarketings beinhaltet. Differenziert werden sollte zudem zwischen Business-2-Business- und Business-2-Customer-Konstellationen. Zudem spielen auch User-2-User- oder Customer-2-Customer-Beziehungen eine wichtige Rolle, wie die Vernetzung vieler Personen über Social Media-Plattformen zeigt (Rasche & Raab, 2023). Diese bieten in Abhängigkeit von der Plattform-Governance (Architecture) unterschiedlichste Kommunikationsoptionen jenseits kruder Chat-Foren.

Digital Media Pre-Marketing: Digitale Medien können helfen, im Vorfeld der EURO 2024 einen hohen Nachfragesog zu erzeugen, indem ein hoher Spannungsbogen durch emotionale Eventaufladung erreicht wird. In diesem Kontext sollten UEFA, FIFA und DFB versuchen, aus den Fehlern rund um den FIFA World Cup in Katar zu lernen, der als Veranstaltung gemeinhin als ökologisch, ökonomisch und sozial nicht nachhaltig eingestuft worden ist. Digital Media Ambassadorship steht hierbei für das Bemühen um die Herstellung einer positiven Anspruchsgruppenöffentlichkeit durch ein gezieltes Political Impact Marketing. Um das Markt-System zu „ölen" gilt es, innerhalb der definierten Compliance-Regeln das Nicht-Markt-System zu gestalten, anstatt dieses lediglich defensiv zu verwalten (Rasche, 2020). Die Nolympics-Bewegung zeigt, dass eine zunehmend kritische Öffentlichkeit in den westlichen Bürger- und Zivilgesellschaften Sport-Mega-Events als „Spielzeuge" egomanischer Funktionäre, Potentaten und Wirtschaftsmagnaten sieht. Aus diesem Grund wird die ESG-Compliance der EURO 2024 zum strategischen Handlungsimperativ entlang der Dimensionen „**e**cologicial, **s**ocial, **g**overnance", um den Kritikern im Vorfeld den Wind aus den Segeln zu nehmen. Mit anderen Worten ist die Erzielung einer hohen ESG-Compliance eine notwendige Vorbedingung für die ökonomische Verwertung der EURO 2024 in einem eventfreundlichen Ambiente globaler Nachhaltigkeit (Rasche, 2014). Ist dieses Ziel erreicht, dann lassen sich auf der Makro-, Meso- und Mikro-Ebene die vielfältigen Optionen eines digitalen Omni-Media-Frameworks „ohne Störgeräusche" und „soziopolitische Eintrübungen" verwirklichen. Voraussetzung hierfür ist ein enger Schulterschluss zwischen UEFA, Orchestratoren, Sponsoren, Plattformgiganten und Medienöffentlichkeit. Auf der Mikroebene werden die involvierten Akteure und Institutionen versuchen, digitale Medienöffentlichkeit für ihre Interessen zu gewinnen. Zu erwarten ist ebenfalls ein starkes Interesse sportkritischer Nicht-Regierungsorganisationen (Non-governmental organizations), die ebenfalls die große Hebelwirkung digitaler Medien zu instrumentalisieren versuchen. Sponsoren und kommerzielle Medien haben dabei ein großes Interesse an einem positiven Prä-EURO-2024-Klima, um berechtigte wirtschaftliche Interessen frei von Shitstorms und negativer Berichterstattung verfolgen zu können.

Digital Media Onstage-Marketing: Kardinalfehler des Event-Designs, der Event-Governance und der Event-Vorbereitung lassen sich während der Event-Orchestrierung nur eingeschränkt und bestenfalls ad hoc korrigieren, wenn durch agiles Projektmanagement aus dem „laufenden Betrieb" medial nachjustiert werden muss. Media Agility umschreibt die Fähigkeit, im Kontext hochfrequenter Kommunikationsprozesse, die eigenen Interessen professionell und versiert durchzusetzen. Im Gegensatz zu früheren analog dominierten Sportevents, verlagert sich die Medienaufmerksamkeit zunehmend in den digitalen Raum. Das eigentliche Live-Event stellt demzufolge die Bühne für digitale Zweit- und Drittverwertungsoptionen dar, über die sich hohe Finanzströme generieren lassen. Spielten früher die Zuschauereinnahmen und der Event-Tourismus die entscheidende Rolle, so treten künftig neben Sponsoren verstärkt Medienvermarkter und Wettanbieter auf die Agenda. Das einst analoge Medien-Involvement ist zu einem digitalen Medien-Involvement geworden, weshalb die arrivierten Übertragungsmodelle der öffentlich-rechtlichen Rundfunk- und Fernsehanstalten zu erodieren drohen. Neben dem frei zugänglichen Fernsehen hat sich das Bezahlfernsehen als feste Bestandsgröße etabliert, um vor, während oder nach einem Sport-Mega-Event das damit verbundene Marktpotenzial vollumfänglich auszuschöpfen. Zuschauersport und Medien begründen ein ökosymbiotisches System, das insbesondere den Fußball zu einem spannungsgeladenen Event der Freude und Frustration werden lässt. Aus diesem Grund sind UEFA und FIFA bemüht, Veranstaltungsformate zu kreieren, die für Sponsoren, Investoren und zahlende Zielgruppen von hohem Interesse sind. Bisweilen auf der Strecke bleibt dabei der Fan alter Prägung, den es als Stimmungsmacher im Stadion eine Sonderstellung einzuräumen gilt. Während auf der einen Seite aus sicherheitsstrategischen Gründen Fanausschreitungen und potenziell gefährliche Feuerwerke vermieden werden sollen, so ist auf der anderen Seite eine sichere, aber aseptische Stadionatmosphäre auch nicht im Interesse der involvierten Akteure. Der designierte Exklusivvermarkter Deutsche Telekom möchte in besonderer Weise vom positiven Imagetransfer der EURO 2024 profitieren. Die Mediengruppe RTL Deutschland hat wiederum von der Deutschen Telekom die exklusiven Rechte an 17 Spielen der UEFA EURO 2024 erworben, wobei Free-TV und TV Now im Livestream-Format in das Vermarktungskonzept eingebunden sind. Zudem darf die Mediengruppe RTL plattformübergreifend über alle 51 Partien exklusiv berichten. Ein derartiger Deal unter Ausschluss von ARD und ZDF wäre vor Jahren noch undenkbar gewesen und ist heute die gelebte Realität einer pluralistischen Medienlandschaft. Zudem besteht mit der EURO 2024 sowohl für den DFB als auch die Bundesrepublik Deutschland sowie die ausrichtenden Veranstaltungsorte die einmalige Möglichkeit, durch professionellen Medieneinsatz und flankierende Kommunikationsstrategien in das Blickfeld der Weltöffentlichkeit zu rücken. Nach diversen Mega-Events in Ländern mit bisweilen krudem Demokratie- und Menschenrechtsverständnis kann Deutschland einen starken Akzent pro Toleranz, Menschenrechte und die Einhaltung von ESG-Standards setzen (UEFA, 2021). Im übertragenen Sinne lässt sich die EURO 2024, ohne diese weltpolitisch überladen zu wollen – als Demokratieforum verstehen, auf dem Sport für Ewigkeitswerte wie Fairness, Meinungsvielfalt und Diversität einsteht (Rasche, 2015).

Digital Media After-Marketing: Die EURO 2024 ist eine mediale Visitenkarte für DFB, Sponsoren und die Bundesreplik Deutschland samt positiver Zuschreibungen. Damit ein nachhaltiger Reputationsgewinn für die involvierten Akteure entstehen kann, sollten Post-Media-Konzepte entwickelt werden. Diese sorgen unter Umständen im Nachgang der EURO 2024 für einen positiven Image-Transfer-Effekt in Richtung Ausrichter und Sponsoren einschließlich des DFB, der in den letzten Jahren eine substanzielle Führungskrise zu meistern hatte. Zwar ist diese gegenwärtig nicht mehr akut, doch leiden viele Dach- und Spitzenverbände des organisierten Sports unter gravierenden Governance-Problemen bis hin zu unlauterem Geschäftsgebaren oder Korruption. Davon betroffen war insbesondere das Organisationskomitee der Fußball-Weltmeisterschaft 2006, das im Nachgang eine bisweilen fatale mediale Berichterstattung provoziert hat. Die verantwortlichen Personen wurden durch die Medien schnell zu „Personae non gratae" erklärt, abberufen oder Gegenstand strafrechtlicher Ermittlungen, die allerdings durch das Landgericht Frankfurt zwischenzeitlich eingestellt worden sind. Vor diesem Hintergrund sollte insbesondere für den DFB die einmalige Chance gesehen werden, durch den versierten Umgang mit digitalen Medien ein Klima der Professionalität, Transparenz und Nachhaltigkeit zu schaffen. In einer Event-Lebenszyklus-Diktion ist die EURO 2024 immer auch ein Marktplatz für Spielertransfers, nachlaufende Merchandising-Aktivitäten und eventuell digitale Spielformate. DFB, UEFA und FIFA können zudem die EURO 2024 dazu nutzen, den Fußball in direkter Konkurrenz zu anderen Zuschauersportarten omnimedial zu vermarkten (Rasche, 2022). Afrika und vor allem Asien empfehlen sich geradezu als Zielregionen für den weltweiten Fußballzirkus – und zwar als Ausrichter, Zuschauermärkte, Talentreservoirs und Rechtekäufer. Der internationale Ligasport und der Wettbewerb der Nationalmannschaften können gleichermaßen von medialen Spill-over-Effekten der EURO 2024 profitieren, indem diese den Fußball in seinen unterschiedlichen Facetten als Weltsportart Nr. 1 markiert, positioniert und proklamiert.

Eine EURO 2024, die für Grundwerte des Fußballsports steht, muss dabei zwischen Macht, Moral, Management, Monetarisierung und Medien vermitteln. In dieser Diktion lässt sich die Herausforderung der EURO 2024 als 5-M-Pentagon verstehen, das zwangsläufig Diplomatie, Kompromisse und Konsens erfordert. Digitale Medien spielen im Rahmen der politischen Meinungsbildung und Verhaltenslenkung eine entscheidende Rolle, weshalb der Erfolg der EURO 2024 immer auch eine Funktion des Medienmanagements ist (Rasche, 2021).

6.2.3   5-M-Pentagon der EURO 2024

Das 5-M-Pentagon steht für ein holistisches Konzept einer nachhaltigen Event-Navigation, das fünf zentrale Säulen beinhaltet: Macht, Moral, Management, Monetarisierung und Medien. Jede der Dimensionen kann veranstaltungsprägend sein und sollte im Konnex der anderen Dimensionen reflektiert werden, um Unwuchten und Übersteuerungstendenzen vorzubeugen.

Macht: Hierbei handelt es sich um diejenige Dimension des organisierten Sports, die bisweilen als machiavellistischer Dämon negiert wird, aber in Verbänden, Vereinen und Veranstaltungsinstitutionen omnipräsent ist – entweder ostentativ als Ausdruck einer charismatisch-symbolischen Führung oder subtil als augmentierendes Element filigraner Geheimdiplomatie hinter den Kulissen. Wahlkämpfe, Kampagnen und Interessendurchsetzung basieren immer auf formaler und informeller Macht, die sich durch digitale Medienstrategien verstärken lässt. Schon heute wird die Rolle der Sozialen Medien im Rahmen von politischen Debatten, Parlamentswahlen oder Abstimmungen sehr kritisch gesehen, weil diese sich gezielt zur Meinungsmanipulation einsetzen lassen. Elon Musk steht stellvertretend für ein Meinungs- und Medienmonopol, das Macht generiert, distribuiert oder auch durch Blockierung des Nutzerprofils entzieht. Zumeist ist Macht im Sport negativ konnotiert, weil damit automatisch Machtmissbrauch in Verbindung gebracht wird. Dabei ist autorisierte und legitimierte Macht Ausdruck demokratischer Entscheidungsprozesse. Sie ist auch im Sport eine Grundvoraussetzung für die Orchestrierung kapitalstarker Mega-Events, sofern sich aus ihr Kompetenz, Kreativität, Kontrolle und Kommunikationsstärke ableiten. Auch die EURO 2024 ist das Ergebnis machtpolitischer Prozesse, die allerdings im Einklang mit den ESG-Anforderungen nachhaltiger Unternehmenspolitik stehen müssen. Korruption, Nepotismus und Intransparenz sollten demnach in die Bad Bank eines negativ besetzten Funktionssports verbannt werden und einer Ära der ESG-Nachhaltigkeit weichen (Rasche, 2014).

Moral: Wie bereits unterschwellig angeklungen, droht die Moral des Zuschauersports mit Blick auf dessen Omni-Kanalvermarktung in den (digitalen) Medien auf der Strecke zu bleiben. Schon heute wird dem Zuschauersport der Vorwurf gemacht, dass sich dieser den Medien anbiedere und sogar das Regelwerk des Sports deren Wünschen angepasst werde. So wurden über fast alle Sportarten hinweg medial induzierte Initiativen gestartet, durch „innovative Event-Formate" (z. B. Mixed Staffeln, Ski-Cross, neue internationale Fußballwettbewerbe) eine maximale Zuschauer- und Sponsorenresonanz zu erhalten. VIP-Lounges in Stadien sowie deren Nutzung als Werbe- und Kommunikationsraum sind aus sportökonomischer Sicht Maßnahmen zur Kapitalisierung von Fixed Assets, die Renditen erwirtschaften müssen. Fans, kritische Sportsoziologen und die breite Öffentlichkeit kritisieren insbesondere die Werte- und Moralerosion im internationalen Fußballsport, der sich in einer realitätsfernen Parallelwelt abzuspielen scheint. Trotz der immer wieder beschworenen Eintracht zwischen Amateur- und Profifußball evolviert letzterer zu einem „entrückten" Mediengut im Fadenkreuz ökonomischer und machtpolitischer Interessen. Der FIFA-Boss Gianni Infantino wird dabei oft als Symbolfigur eines Ausverkaufs der moralischen Interessen des Fußballsports an Politik und Wirtschaft gesehen, ohne dabei die Narrative eines nachhaltigen und ESG-geleiteten Spitzensports zu respektieren (Rasche, 2015).

Management: Wurde in der Vergangenheit der Sport oft durch Funktionäre alter Provenienz verwaltet, so verpflichten sich die Führungseliten des Profifußballs verstärkt einer Managementdoktrin. Vormals ehrenamtliche Führungskader des Sports werden durch hauptamtliche Sportmanager ersetzt, die vorsteuernd planen, entscheiden, durchsetzen und kontrollieren. Einhergehend mit der Kommerzialisierung und Ökonomisierung des

Fußballsports wurde dieser schrittweise mit Professionalisierungsimperativen konfrontiert, denen durch Installierung hauptamtlicher Sportmanager entsprochen wurden – sowohl auf der Klub- als auch auf der Verbandsebene. Auf der akademischen Ebene wurde dieser Entwicklung durch die Etablierung einer Vielzahl sportökonomischer Studiengänge im Vollzeit- und Weiterbildungsformat entsprochen. Die AMLEG-Navigation im internationalen Fußballsport steht dabei als Akronym für Administration, Management, Leadership, Entrepreneurship und Governance im Sinne eines Kanons der wahrzunehmenden Aufgaben. Landläufig werden diese fünf Aufgabenfelder der Sportnavigation unter ein holistisches Management subsumiert, das neben der Verwaltung auch Führung, Business Development sowie Compliance und Unternehmenskontrolle beinhaltet. Die EURO 2024 inkorporiert sowohl strategische als auch operative AMLEG-Aufgaben, die in Händen eines Projektmanagements in Gestalt als eines professionellen Organisationskomitees liegen (FIFA-Strategie, 2021). Mit Blick auf die Imponderabilien relevanten Makro- und Mikroumwelten sollte dieses agil und resilient in Erscheinung treten, um insbesondere durch versierten Medieneinsatz auf Störvariablen flexibel reagieren zu können.

Monetarisierung: Die Monetarisierung der EURO 2024 erfolgt durch und mit den Medien, die sich als Vehikel der ökonomischen Interessendurchsetzung verstehen lassen. Ohne mediale Plattformen ist die Orchestrierung von Mega-Events kaum vorstellbar, weshalb die EURO 2024 zum Gegenstand multipler Medienformate wird, die einer systemischen Integration bedürfen. Andernfalls droht eine Kakophonie der Medienflüsse, Kommunikationsstränge und Berichterstattungen, verbunden mit der latenten Gefahr einer multimedialen Verwässerung der Kommunikationsziele. Aus der Perspektive der Eigentums- und Verfügungsrechte erzeugen digitale Medien eine hohe Komplexität, weil die Rechtswissenschaft Besitz-, Eigentums- und Nutzungsverhältnisse neu würdigen muss. Mit der schrittweisen Migration von der analogen zur digital-plattform-basierten Medienwelt entstehen völlig neue Herausforderungen. Exemplarisch zu nennen ist das Kryptorecht im Rahmen digitaler Kunstwerke (NFTs), die das Urheberrecht herausfordern. Analog dazu wird nicht nur die Verwertung digitaler Sportrechte nicht nur an Relevanz gewinnen, sondern auch die Anbieter und Nutzer werden vor komplexe Vertragsverhandlungen gestellt. Aus sportpsychologischer Sicht monetarisiert die EURO 2024 Emotionen, die durch einen Spannungsbogen des Veranstaltungsformats und einzelner Matches erzeugt werden. Dieser definiert sich über einen potenziell unsicheren Spielausgang und die überbordenden Emotionen vor, während und nach dem jeweiligen Match. Eine Herausforderung besteht dabei in der „Emotionslogistik" in Richtung digitaler Medienraum und dessen affektiver Aufladung.

Medien: Auf den Punkt gebracht, sind die (digitalen) Medien der Trigger und Katalysator der Monetarisierung, weil diese eine Many-2-Many-Kommunikation in personalisierter, individualisierter und lokalisierter Form unterstützen. Ohne mediale Bühne von hoher qualitativer und quantitativer Zielgruppenerreichbarkeit verlieren Sportevents aus Sicht der Investoren und Sponsoren an Attraktivität, weil der intendierte positive und globale Imagetransfer dann kaum möglich wäre. Während die Medieneinnahmen auf der einen Seite den globalen Fußballsport finanzieren, sind diese auf der anderen Seite auch geeignet, diesen zu unterminieren und korrumpieren. Medien sind nicht nur das Salz in der Suppe des Profifußballs, sondern auch die Plattform für dessen Selbstinszenierung, damit sich dieser gegenüber der Wirtschaftswelt als lukratives Investment empfehlen kann. Analog zum Return on Investment basiert der Return on Sports neben einem attraktiven Event-Format-Design auf seiner omnimedialen Vermarktbarkeit. Die Red Bull Corporation und die Anschutz Entertainment Group haben frühzeitig die Brücke von der Medien- zur Sport- und Eventwirtschaft geschlagen, indem sie gezielt aus Emotionen Kapital schlagen und den Imagetransfer monetarisieren. Beide Organisationen haben ein Kreislaufmodell des Entertainments geschaffen, deren Antriebsenergie sie aus den Medien beziehen (Rasche, 2014). Die Marketingstrategien von UEFA und FIFA zielen dabei in eine ähnliche Richtung, weil aus der privilegierten Position des Anbietermonopols durch die Verfügbarkeit medialer Plattformen und digitaler Tools völlig neue Optionen der Erst-, Zweit- und Drittverwertung des Fußballsports zu Verfügung stehen. Im Gegensatz zu analogen Präsenz- und Eventformaten entstehen durch digitale Formatzwillinge vielfältige Möglichkeiten einer maximierten Zielgruppenerreichbarkeit. Neben der Digitalisierung des Stadions als Werbe- und Kommunikationsraum wird nunmehr das Event selbst in multiple Online-Kanäle projiziert (Rasche, 2022). Fußball im 24-/7-Modus wird damit zur gelebten Medienrealität, die im E-Sport ihre fast zwangsläufige Wertkettenverlängerung erfährt (Rasche, 2015).

Das 5-M-Pentagon illustriert die Herausforderungen der EURO 2024 im Speziellen und des Profifußballs im Allgemeinen, die sich nicht aus einer nostalgischen 11-Freunde-Perspektive negieren lassen. Vielmehr gilt es, diese in ein nachhaltiges Omni-Media-Framework zu überführen, um medialen Dilettantismus zu vermeiden. Letzter besteht neben unreflektiertem Übereifer und selektiven Einzelmaßnahmen vor allem in einer Überreizung der medialen Optionen.

Das 5-M-Pentagon synthetisiert die zentralen Gestaltungsfelder der EURO 2024, indem dieses eine Balance zwischen wirtschaftlichen und ideellen Aspekten im Profisport herstellt. Gefolgt wird damit implizit der Konzeption der UEFA (2021), die prospektiv die Ausrichtung konsequent nachhaltiger Fußballevents zum Gegenstand hat. Im günstigsten Fall verstärken

Abb. 6.1: 5-M-Pentagon der EURO 2024 (eigene Darstellung)

sich alle fünf Dimensionen, da zwischen ihnen nicht notwendigerweise Konfliktpositionen bestehen müssen, wie der Creating-Shared-Value-Ansatz postuliert. Shareholder Value und Stakeholder Value bedingen sich im günstigsten Fall und sind die Grundlage nachhaltiger Sportgeschäftsmodelle (Porter & Kramer, 2022). Porter und Kramer als Protagonisten dieser Logik argumentieren, dass im philanthropischen Organisationsverhalten die Quelle substanzieller Wettbewerbsvorteile liegen kann, weil dieses von vielen Marktteilnehmern honoriert werde. Der DFB, die UEFA und die EURO 2024 hätten die Chance, den in der Vergangenheit negativ konnotierten Profi- und Eventfußball in einem sympathischen und menschenzugewandten Ambiente zum Wohl eines weltweit interessierten Sportkollektivs zu positionieren.

6.3 Digitales Mediengeschäftsmodell EURO 2024: Omni-Media-Framework

Nachfolgend soll eine Chronologie der Sportmedienmodelle vorgestellt werden, die immer auch den telekommunikativen Innovationsfortschritt abbilden. War der Fußballsport in seiner Entstehung ein analoges Präsenz- und Zuschauermodell mit arrondierender Berichterstattung, so ist daraus zwischenzeitlich ein Omni-Media-Geschäftsmodell mit enger Kopplung an den überformenden Entertainment-Markt geworden. Deutlich wird dabei, dass die medialen Vermarktungsoptionen des Zuschauersports immer auch eine Funktion des technischen Fortschritts sind, wie die Verbreitung des Internets und der sozialen Medien zeigen. Letztere stellen Anbietern und Nutzern digitale Plattformen (Rasche & Raab, 2023) zur Verfügung, auf denen unter Echtzeitbedingungen Schrift-, Bild und Filminhalte als digitale Ware ausgetauscht werden können. Digitale Plattformen erzeugen Digital Traffic, der wiederum Adressierung passgenauer Werbebotschaften und Informationen unterstützt – und dies bei Vermeidung jedweder Streuverluste. Trotzdem werden im Sport analoge Präsenz- und Zuschauermodelle nie ihren Reiz verlieren, weil es kaum möglich ist, den realen Spannungsbogen des Stadionerlebnisses in den digitalen Raum zu schlagen. Gleiches gilt für Fanmeilen und die damit verbundenen Emotionen (Rasche, 2015).

Analoges Präsenz- und Zuschauermodell: Hiermit gemeint sind klassische Live-Veranstaltungen, die von Fans und Zuschauern als zahlende Gäste besucht werden. Begleitet wurden diese in der Vergangenheit durch Stadionreporter und Presseartikel. In der Prä-Rundfunk-Ära spielten demzufolge auch Printmedien eine wichtige Rolle bei der asynchronen Berichterstattung. Erst mit der flächendeckenden Verbreitung des Rundfunks waren Live-Übertragungen möglich, die tausende von Bürgern in ihren Bann schlugen. Zu denken ist hierbei nur an die legendäre Fußball-Weltmeisterschaft 1954 und die emotionale Berichterstattung über das deutsche Siegerteam.

Öffentlich-rechtliches Sportmedienmodell: Mit der Dominanz des Fernsehens, das bis Anfang der 1980er-Jahre von ARD und ZDF beherrscht wurde, verlagerte sich die Sportberichterstattung in den Bewegtbildraum. Live-Übertragungen im Radio und asynchrone Spielzusammenfassungen in der Sportschau und im ZDF-Sportstudio waren mediale Anker einer involvierten Fußballgemeinde. Länderspiele und Europapokalspiele wurden zumeist als Live-Sendungen ausgestrahlt. Die öffentlich-rechtlichen Anbieter erfreuten sich ihrer Medienmonopolstellung, die sie aus ihrer Daseinsfürsorge ableiteten. Demensprechend eingeschränkt waren die Vermarktungsoptionen aus Sicht von DFB, UEFA oder FIFA – existierte aufgrund der Medienregulierung noch kein Markt für Privat- oder Bezahlfernsehen. Dieses läuft zunehmend ARD und ZDF den Rang ab, bei denen der Zuschauer künftig vielleicht nicht immer „in der ersten Reihe" sitzt und zum sportmedialen „Hinterbänkler" mutiert.

Pluralistisches Sportmedienmodell: Mit der Deregulierung und Privatisierung der Telekommunikations- und Rundfunkbranche erkannten Privatsender ihre Chance, im attraktiven Sportsegment zu punkten. RTL und SAT.1 traten als Konkurrenten der öffentlich-rechtlichen Anbieter in Erscheinung, indem sie im Kampf um Übertragungsrechte die Preise in die

Höhe trieben. Kritiker warnten vor Bietereskalationen und Preisschlachten, von denen der Fußballsport nur profitieren konnte angesichts einer Verschiebung der Verhandlungspositionen (Rasche, 2002). Damit verbunden ist auch immer die trügerische Gefahr, den knappen und begehrten Fußballsport als Medienware zu „verramschen" und damit langfristig in seiner Grundwertearchitektur zu beschädigen (Rasche, 2015). Das pluralistische Sportmedienmodell ist durch eine Ko-Existenz zwischen privaten und öffentlichen Anbietern gekennzeichnet, die bisweilen von Animositäten und Konkurrenz geprägt ist. Zudem wechseln die Gallionsfiguren oftmals situationsopportunistisch die Lager – sind sie es doch, die die Gesichter des Fernsehsports verkörpern. Aus der Perspektive der öffentlich-rechtlichen Anbieter stellt sich die Frage, bis zu welchem Ausmaß diese ihr gebührenfinanziertes Budget für „Brot und Spiele" ausgeben dürfen. Mit dem Bezahlfernsehen ist eine weitere Dimension hinzugetreten, weil nunmehr bislang frei zugängliche Mediengüter zu exklusiven Mediengütern erklärt werden, die einzeln oder als Medienpaket „bepreist" werden. Mediale Kollektivgüter werden damit zu Exklusivgütern.

Digital dominantes Sportmedienmodell: Einhergehend mit einer leistungsfähigen Digitalinfrastruktur, lassen sich überall und immer auf unterschiedlichen Endgeräten Bewegtbilder des Sports samt Tonspur in hoher Qualität empfangen. Die Zielgruppe der Digital Natives betrachtet digitale Endgeräte als mediale Wegbegleiter (Digital Companions), über die sie einen Teil ihrer Persönlichkeit definieren, wie ihr Social Media-Verhalten zeigt. Apps und Bots avancieren von Assistenzsystemen zu lebensbereichernden Wegbegleitern von hohem Vertrautheitsgrad. Bisweilen generieren – der Second-Life-Logik folgend – Mediennutzer ein zweites „Ich" im digitalen Raum, wie dies der Meta-Konzern mit seinem Metaverse-Modell beschwört. Für den Zuschauersport bedeutet dies konkret, dass sich das Mediennutzungsverhalten in digitale Plattformräume verlagert hat. Das Print-, Radio- und Fernseh-Involvement muss dem Digital-Involvement den Vortritt lassen, wie der Vormarsch der Streaming-Plattformen zeigt. Kinos, Videotheken und klassische Medien müssen teilweise um ihre Existenz fürchten bzw. ihre pfadabhängigen Geschäftsmodelle auf ein neues Fundament stellen. Zu erwarten ist, dass sich die Sportberichterstattung samt User Generated Content in digitale Räume verlagern wird, weil diese ein 24/7-Entertainment ermöglichen. Die EURO 2024 lässt die Netzgemeinde diskutieren und debattieren. Selbstgenerierte Posts können jederzeit hochgeladen werden, sodass aus einem passiven Zuschauer ein medienaktiver Influencer rund um den Fußball wird. Klassische Analogmedien der Massenkommunikation sehen derartige Optionen der Content-Teilhabe nicht vor.

Digital dominantes Entertainment-Modell: Unter Zugrundelegung einer weiten Marktabgrenzung ist der Zuschauersport Teil der Unterhaltungswirtschaft, die aus Freizeitbedürfnissen Kapital schlagen möchte (Rasche, 2015). In diesem Kontext möchte der Sport kein Lückenbüßer, sondern ein Ankermedium sein. Dies gilt besonders für den Fußballsport, der sich globalen Expansionszielen im Frauen- und Männerbereich verschreibt. Der Fußballsport ist ein zentrales Element eines Omni-Media-Modells, das gleichermaßen analoge und digitale Medienformate integriert und aufeinander bezieht. Der Unterschied zum Multi-Media-Modell besteht in der systemischen Integration der einzelnen Medien zu einem konsistenten Framework der kohärenten Kommunikation (Rasche, 2022). Übertragen auf die EURO 2024, verlangt dies von allen involvierten Anspruchsgruppen, systemische Medienstrategien mit Hybridcharakter abzuleiten. Pressekonferenzen, Interviews, Celebrity-Events sowie die einzelnen Matches samt Auftakt- und Abschussfeier sind ebenso Teil des Omni-Media-Modells wie die Vermarktung des analogen Präsenzformats im digitalen Raum. Dieser wiederum bietet ein Portfolio an plattformbasierten Streaming- und Social Media-Optionen, die den Kunden unentgeltlich werbeuntersetzt oder entgeltlich-exklusiv angeboten werden können. So bietet der digitale Raum ein breites Spektrum an Verwertungsmöglichkeiten, wobei die Kunden selbst bei freiem Medienzugang mit persönlichen Daten oder Werbeperzeption „bezahlen". Freier Medienzugang gegen Preisgabe der Privatsphäre lautet der Deal der digitalen Medien.

Ein Omni-Media-Modell für die EURO 2024 macht insofern Sinn, als sich auf diese Weise mediale Synergien, Selbstverstärkungseffekte und eine konsistente Zielgruppenansprache aus einem Guss erreichen lassen. Mediale Streuverluste werden vermieden und ein professioneller Organisationsrahmen befördert. Das Omni-Media-Modell verkörpert den Gegenentwurf zum bisweilen ungelenken Kommunikationsmodell der vergangenen Dekaden, das von Reklame, Bandenwerbung und rastlosen Reportern geprägt war. Entscheidend ist die Flankierung professioneller Media-Tech-Geschäftsmodelle im Sport durch eine Touch-and-Feel-Atmosphäre, die im Analog- und Digitalformat transportiert werden muss. Der zwar hochprofessionelle Organisations- und Medienrahmen des FIFA World Cups 2022 in Katar hat ein bisweilen ostentatives Sicherheits- und Kontrollambiente entstehen lassen, das die Emotionen rund um den Fußball stark kanalisiert hat – zum Leidwesen der Fans, die sich überwacht, kontrolliert und sanktioniert gefühlt haben. So darf bei der EURO 2024 nicht der Eindruck einer Europameisterschaft der Politiker, Bosse und Funktionäre entstehen. Vielmehr besteht in der Post-Pandemie-Ära ein ausgeprägtes Interesse an persönlicher Begegnung, Fanmeilen oder einer Renaissance des Sommermärchens von 2006. Der Kraft der Medien fällt hierbei eine zentrale Rolle zu.

6.4 Digitale Media-Optionen für die EURO 2024

6.4.1 Medienbrüche, Medienherausforderungen, Medienkonzepte

Mehr denn je stellen digitale Medien Herausforderungen, aber auch Chancen für Sport-Mega-Events dar. Zwar werden die klassischen Medien- und Kommunikationsformate nicht gänzlich obsolet, doch erfahren diese eine Arrondierung um ein breites Portfolio an digitalen Medien. Unter dem Schlagwort der Plattformökonomie (Rasche & Raab, 2023) lassen sich alle Online-Formate subsumieren, die eine netzbasierte Many-2-Many-Kommunikation unterstützen, indem sie den Nutzer zum Redakteur seiner eigenen Inhalte machen. Dieser ist nicht nur direkt digital in profilierter Form ansteuerbar, sondern es besteht im Rahmen der Social Media (z. B. Facebook, Snapchat, Instagram, TikTok, Twitter, LinkedIn) immer die Option, User Generated Content zu posten. Die EURO 2024 kann davon im Rahmen eines positiv viralen Marketing einerseits stark profitieren, indem sie zum Gegenstand einer wohlmeinenden Netzkommunikation wird. Andererseits lassen sich etwaige Shitstorms in Gestalt einer massiv negativen Berichterstattung nur schwer kontrollieren. Zwar lässt sich auf juristischem Wege gegen Üble Nachrede, Verleumdung, Fake News oder Hetzkampagnen vorgehen, doch ist dieser Weg langwierig und dornig. Gleiches gilt für Falschmeldungen, die von professionellen Troll-Fabriken im Ausland lanciert werden, um die EURO 2024 und deren Ausrichter, Austragungsorte oder Protagonisten zu diskreditieren. Im Ergebnis ist festzuhalten, dass die digitalen Medien qua ubiquitärer Hochfrequenzkommunikation eine extreme Hebelwirkung entfalten, die stark positive bzw. stark negative Effekte auf einzelne Anspruchsgruppen haben kann. Analog zum Hochfrequenzhandel im Bereich des algorithmen-unterstützten Wertpapierhandels können digitale Medien eine hohe Grundaggressivität entfalten (Tiberius & Rasche, 2017), weil sie schnell, agil und responsiv sind. Netzreaktionen auf Posts, Kommentare oder Ereignisse erfolgen unter Echtzeitbedingungen mit großer Vehemenz bis hin zur Manipulation der öffentlichen Meinung durch aggressive Netzakteure. Dementsprechend hohe Kompetenzanforderungen werden an die professionelle Netzkommunikation gestellt, weil diese oft unter VUKA-Bedingungen stattfindet (Knape et al., 2021). Mit Blick auf die EURO 2024 ist im Vergleich zur medienträgen Vergangenheit von einer hohen Volatilität, Unsicherheit, Komplexität und Ambiguität der Neuen Digitalen Mediennormalität auszugehen. Während die Vertreter der alten Medienordnung über Dekaden hinweg die Kommunikationsmärkte dominierten, sind die Digital Tycoons (z. B. Google, Meta, Apple, Amazon, TikTok, Spotify) im Rekordtempo zu dominanten Media- und Info-Tech-Giganten einer neuen Medienordnung aufgestiegen. Streaming-Plattformen, Online-Sportwetten oder E-Games vervollständigen das neue Medienszenario eines inszenierten Unterhaltungssports, der über einzelne Formate hinausgehend seine arrivierten Governance-Modelle reflektieren sollte, um nicht institutionell zu versteinern. Hiermit gemeint ist das Systemgeflecht aus Verbänden, Ausrichtern, Vermarktern, Sponsoren, Werbeträgern und Sportpolitik. Besteht die Mikro-Ebene in einer intra- und intermedialen Suche nach vorteilschaffenden Medien im Sinne eines optimalen Media-Mix, so wird die Makro-Ebene durch den Ordnungs- und Verfassungsrahmen der Sportmedien definiert. Dieser weist neben rechtlichen, politischen, ökonomischen und technologischen Bezügen immer auch sozial-gesellschaftliche und moralisch-normative Gestaltungsimperative auf. Eine der Herausforderungen der EURO 2024 wird darin bestehen, in den digitalen Medien eine Chance zu positiver Berichterstattung und Resonanz zu sehen, anstatt diese als potenzielle Bedrohung einer alten Medienordnung wahrzunehmen. Mit Blick auf die Relevanz der digitalen Medien wird im Folgenden aus didaktischen Gründen zwischen der alten und der neuen Mediennormalität differenziert, wenngleich die Realität von Hybridformaten geprägt ist.

6.4.2 Alte Mediennormalität des Fußballsports

Die alte Mediennormalität ist das Abbild der etablierten Bestandsgrößen in Gestalt der öffentlich-rechtlichen und privaten Anbieter samt begleitender Printmedien, die über Jahre hinweg mit den Orchestratoren des Zuschauersports (z. B. DFL, DFB, UEFA, FIFA) ein mediales Ökosystem begründeten, das einer mehr oder weniger friedvollen Ko-Existenz entsprach. Zwar besteht eine Dauerrivalität zwischen öffentlichen und privaten Medienanbietern, doch nahm diese in der jüngsten Vergangenheit aggressive Formen eines Hyperwettbewerbs an (Rasche, 2002). Die einschlägigen Ankerfiguren der Sportmedien sind wohlbekannt und scheuen sich nicht vor einem Lagerwechsel. Zwar wechselten die Übertragungsrechte regelmäßig die Besitzer, doch spielten sich die Media-Deals innerhalb eines definierten Transaktionssystems ab. Wie bereits angeklungen, stellt sich für den gebührenfinanzierten Anbieter im Rahmen des Sports immer die Frage nach der Interpretation der medialen Grundversorgung und den moralischen Obergrenzen bei Sportrechteverhandlungen. Kurz: Sollen und dürfen sich ARD und ZDF an „Bieterschlachten" beteiligen und dabei limitierte Budgets für vermeintlich triviale Sportunterhaltung „vergeuden"? Sind Sportübertragungen Teil der Grundversorgung? Wenn ja, welche Geldmittel dürfen hierfür eingesetzt werden, um nicht die Ressourcen anderer Bildungsformate zu absorbieren? Die alte Mediennormalität ist Ausdruck einer relativ stabilen Ordnung, die zwar von Wettbewerb, Rivalität und Profilierungsstreben geprägt ist, doch war diese lange Zeit kalkulierbar, prognostizierbar und definierbar. Diese änderte sich schleichend mit der Emergenz der Online-Medien, die schrittweise eine neue

Mediennormalität der Dynamik, Diskontinuität und Disruption einleiteten. Anfang der 1990er-Jahre wurden die mobile Telefonie und das Internet noch als „Freakshow for Nerds" kleingeredet und nur wenige hätten erwartet, dass Smart Gadgets (Watches, Phones, Tablets), Social Media und 24/7-Hochfrequenzkommunikation unsere Lebenswirklichkeiten bestimmen würden. Diese neue Mediennormalität erzwingt den Aufbau und Erwerb korrespondierender Kernkompetenzen im Umgang mit digitalen Medien auf der Mikro-, Meso- und Makro-Ebene – und zwar aus der Perspektive aller im Zuschauersport involvierten Fußballakteure.

6.4.3   Neue Mediennormalität des Fußballsports: Thesen, Trends, Themen

Die neue Mediennormalität des Fußballsports und der EURO 2024 soll nachfolgend mittels zehn Thesen illustriert werden, um darauf basierend Handlungsimplikationen ableiten zu können. Diese könnten Gegenstand einer **Digital Media Magna Carta 4 Sports** sein. Die neue Mediennormalität impliziert einen Transformationsprozess auf personeller, institutioneller und fachlich-funktionaler Ebene, wenn es gilt, pfadabhängige Mediendoktrinen aufzulösen und in eine neue Mediennormalität zu überführen. Der Medienwandel wird zumeist von einem Kulturwandel begleitet, weil Routinen, Prinzipien und Usancen entweder aufgegeben oder zumindest re-adjustiert werden müssen.

These 1: Synchrone und asynchrone Sportformate im Convenience-Modus: Content on Demand umschreibt einen Zustand der Immer-und-überall-Verfügbarkeit digitaler Sportinhalte. Diese werden entweder live oder in konservierter Form auf Plattformen entgeltlich oder zumeist unentgeltlich werbefinanziert angeboten. Das Bezahlfernsehen spielt für den Fußballsport eine zunehmend wichtigere Rolle zum Leidwesen der öffentlichen Anbieter. Diese monieren den Exklusivcharakter von Fußballübertragungen im Pay-TV-Format, weil dadurch der Zuschauersport der Grundversorgung entzogen wird.

These 2: Vormarsch der Streaming-Plattformen: Hierbei handelt es sich um eine Säule der Plattformökonomie und der Option auf ubiquitäre Netzverfügbarkeit digitaler Inhalte. Streaming-Plattformen stellen nicht nur eine reale Gefahr für das klassische Fernsehen dar, sondern auch für Kinos oder Videotheken. Die Filmindustrie hat zwischenzeitlich ihr Geschäftsmodell weg von der Kinoproduktion in Richtung Netflix & Co. verlagert. Der Vormarsch der digitalen Endgeräte unterstützt einen ortsunabhängigen Medienkonsum bis hin zum digitalen Nomadentum. Ort und Zeit verlieren in diesem Kontext bisweilen an Bedeutung, weil digitale Zwillinge omnipräsent sind.

These 3: Dominanz der Social Media-Plattformen: Die weltweit am schnellsten wachsenden Geschäftsmodelle sind plattform-basiert, indem sie die digitale, globale und personalisierte Many-2-Many-Kommunikation forcieren. Je nach Plattformarchitektur sind B2B-, B2C- oder C2C-Konstellationen denkbar, wobei die Nutzer selbst Inhalte generieren, posten oder kommentieren können. Waren digitale Plattformen und Social Media anfangs eine Domäne der jüngeren Generation, so haben diese zwischenzeitlich alle soziodemografischen Schichten vollumfänglich durchdrungen. Für EURO 2024 bedeutet dieses einen Zwang zur Plattformpräsenz, die aktiver Natur sein sollte und nicht lediglich auf ein Hochladen zielgruppenrelevanter Inhalte reduziert werden sollte. Im Gegenteil, DFB, UEFA und FIFA sind selbst gefordert, proaktiv im Plattform-Design eine Chance des Zielgruppendialogs zu sehen. So bietet eine EURO 2024 die Chance zur Realisierung einer eigenen proprietären Plattform mit multiplen Außenschnittstellen in Richtung Anspruchsgruppen.

These 4: Hyper-mobile Echtzeitkommunikation: Standgeräte müssen verstärkt mobilen Endgeräten weichen bzw. in jedem Fall digital sein und durch eine digitale Speiche die Drehscheibe des Internets nutzen können. In den vergangenen Dekaden ließ sich ein Trend hin zu mobilen Endgeräten erkennen, der bereits in den 1980er-Jahren mit der Einführung der legendären Sony-Walkmen einen Ursprung nahm, um diesen später durch den Discman oder MP3-Player zu ersetzen. Letzter ist zwischenzeitlich integratives Element eines jeden Smartphones, das für weite Teile der Bevölkerung zum digitalen Begleiter geworden ist. Auf diese Weise wird eine orts- und teilweise zeitunabhängige Kommunikation im Hand-held-Format unterstützt. Sportwetten lassen sich auf diese Weise ebenso realisieren wie ein Echtzeiteinstieg in digitale Sportforen. Sportrelevante Apps und Bots arrondieren das hyper-mobile Leistungsbündel aus Hardware und Software (Rasche & Margaria, 2013).

These 5: Tracing, Tracking, Tapping, Profiling, Prediction, Profit (TTTPPP): Durch digitale Mediennutzung entstehen vielfältige Datenspuren (Traces), die sich nachverfolgen (Tracking) und zu verhaltenskonsistenten Mustern (Tapping) verdichten lassen. Dementsprechend einfach ist die KI-unterstützte Profilierung (Profiling) der Mediennutzer anhand klassifizierender Vektoren (Rasche & Margaria, 2013). Die so angelegten Nutzerprofile erlauben prospektive Verhaltensprognosen (Prediction), um final attraktive Zielgruppen in personalisierter, individualisierter und lokalisierter Form anzusprechen. Durch Vermeidung störender Streuverluste lassen sich auf diese Weise die Unternehmensgewinne maximieren, weil dem Kunden exakt solche Angebote unterbreitet werden, die eine hohe Kongruenz zu seiner sozialen Medienblase aufweisen. Besonders interessant ist der TTT-PPP-Ansatz für die werbetreibende Wirtschaft im Rahmen der EURO 2024, weil sich auf diese Weise fußballaffine Produkte und Dienstleistungen im engen und weiteren Sinne „pushen" lassen.

These 6: Metaverse als Fortschreibung der Second-Life-Idee: Der Meta-Konzern rund um seinen Gründer Mark Zuckerberg möchte die Second-Life-Idee aufgreifen und in Gestalt des Metaverse vervollkommen. Die gewagte Prämisse: Die Menschheit erzeugt ein zweites „Ich" im digitalen Raum und begibt sich auf diese Weise in eine Parallelwelt mit Echtheitsanspruch. VR-Brillen und Augmented Reality können als Vorboten dieser Sichtweise interpretiert werden, in deren Rahmen reale und virtuelle Welt verschmelzen. Avatare als Reflexionen unserer Gestalt und Persönlichkeit lassen uns in der Net Community zum digitalen Zwilling mit lebensechten Anmutungen werden. Zwar befindet sich das Metaverse noch in einer embryonalen Phase, doch lassen sich daraus strategische Implikationen für den E-Sports-Bereich ableiten, der dadurch eine neue Dimension erhalten könnte.

These 7: Omni-Channel-Framework als Gestaltungsimperativ: Eindimensionale Analogmedien wie der Brief drohen zu Nischenfeldern einer Kommunikation zu werden, die zunehmend vom Omni-Channel-Framework beherrscht wird. Die Ausrichter der EURO 2024 sind gefordert, ein diversifiziertes Medienportfolio in systemischer Weise zu managen, um etwaige Medienbrüche zu vermeiden. Besonders wichtig dabei ist die inter- und intramediale Koordination zum Ziel eines holistischen Medienauftritts. Im Gegensatz zum Multi-Channel-Model bilden beim Omni-Channel-Model alle Kommunikationskanäle eine systemische Einheit von selbstverstärkender Wirkung.

These 8: Vernetzte Analog-Digital-Formate: Analoge und digitale Formate sind zentrale Elemente des Omni-Channel-Frameworks, dass sich als House of Media verstehen lässt und die integrative Klammer über alle Medientypen herstellt. Im Einzelfall wichtig ist eine Priorisierung einzelner Medien, um der Gefahr einer kommunikativen Verzettelung vorzubeugen. Analoge Formate wie Stadion-Events profitieren selbst von digitalisierten Prozessketten wie Ticketing, Online-Überwachung oder Digital Screens and Tubes. Einhergehend mit der Gebäude- und Infrastrukturdigitalisierung verkörpern auch Sportstadien Referenzpunkte der Digitalisierung bis hin zu Predictive-Maintenance-Maßnahmen.

These 9: Digital Sports, Entertainment, Leisure, Label & Lifestyle: Bei der Digitalisierung handelt es sich um ein Plattformparadigma, das fast alle Lebensbereiche, Branchen und Märkte durchdrungen hat. Entertainment, Freizeit, Sport und Labels bilden eine sachlogische Wertschöpfungssymbiose ab, die durch digitalen Medieneinsatz ihren Impetus erhält. Sportkonsum und Sportaktivität finden im digitalen Raum (z. B. Peloton) ebenso statt wie E-Sports oder die Schaffung starker Marken durch digitalen Support (z. B. Influencer, Social Media, E-Tailing). Die EURO 2024 ließe sich im E-Sports-Format emulieren, Fans könnten in Übertragungsformate als

Experten ko-integriert werden oder die EURO 2024 als Dachmarke durch die digitalen Medien als sportives Flaggschiff positioniert werden.

These 10: Generierung genuiner Emotionen in digitalen Räumen: Der digitale Medienraum mutet oftmals steril und aseptisch an, weshalb viele Menschen in der post-pandemischen Ära eine große Sehnsucht nach persönlicher Begegnung haben. Bits and Bytes sollen durch echte Emotionen ersetzt werden, wie diese im Stadion, auf der Fanmeile oder Zuhause im Freundeskreis beim TV-Spektakel samt EURO 2024-Party erlebbar sind. Für die Zukunft stellt sich die Frage, ob, wie und mit welchen Technologien sich das „echte Leben" im digitalen Raum emulieren lässt, wie dies durch das Metaverse angestrebt wird. Gegenwärtig existieren kaum emotionale Alternativen zum Stadion oder zur Fanmeile und ihrer „Derivate" in Form medialen Live-Konsums im Freundeskreis.

Die hier diskutierten Thesen, Trends und Themen können keinen Anspruch auf Vollständigkeit erheben. Vielmehr repräsentieren sie ein Potpourri kreativer Impulse für die EURO 2024 im Sinne eines Design-Thinking-Prozesses. Trotzdem können sie als Absprungbasis für die Transformation in Richtung neuer Mediennormalität im Fußballsport dienen.

6.5 Digital Media Challenge: Harmonisierung von Macht, Moral und Monetarisierung

Für Fußball-Nostalgiker mögen die bisherigen Ausführungen nicht betörend, sondern eher verstörend anmuten, wenn eine Traditionssportart der Macht von Medien, Macht und Monetarisierung unterworfen wird. Zwangsläufig stellt sich die Frage nach der Moral und Ethik eines Fußballsports, der in das Visier von Investoren, Sponsoren und Machern gerät (Grupe & Mieth, 2001). Eine große Gefahr der EURO 2024 könnte in einer Hyper-Kommerzialisierung durch den diskutierten Omni-Channel-Ansatz stehen, der den Fußball zum exklusiven Deal oder Transaktionsgut werden lässt. Mit Blick auf die soziale Teilhabe im und durch den Fußballsport ist medial darauf zu achten, dass dieser sein inklusives Element nicht verliert. Digitale Medien, die selektieren, diskriminieren und profilieren, mögen zwar einen ökonomischen Zweck erfüllen, doch drohen diese die Grundfesten des Fußballsports zu gefährden. Das leicht verstaubte 11-Freunde-Bild stellt hier das Kontrastszenario eines omni-medialen Fußballsports dar, der nicht mehr „old school" sein will und die DNA der Digitalisierung assimiliert. Digitale Medien haben weder Moral noch Macht, weil sie im weiteren Sinne Technologien verkörpern, die von realen Personen kreiert, angewandt und ökonomisch verwertet werden. Das technokratische Digital Management bedarf einer Ergänzung um Digital Leadership und Digital Governance im Sport. Für die digitalen Versuchungen im globalen Zuschauersport gilt es, ein normatives Fundament zu schaffen, dass den ESG-Standards entspricht. Zusammengefasst müssen digitale Medien im Sport den auch in anderen Wirtschaftssektoren diskutierten Nachhaltigkeitsimperativen genügen: ökologiefreundlich, menschenfreundlich-sozial und ökonomisch-fair. DFB, UEFA und Austragungsstädte verpflichten sich zu einer nachhaltigen EURO 2024. Aktionsfelder sind der Umweltschutz, Vielfalt und Inklusion, Solidarität, Good Governance sowie Gesundheit und Wohlbefinden. Insbesondere die digitalen Medien erfüllen bei der Erreichung dieser Kardinalziele eine wichtige informationslogistische Aufgabe aus der Perspektive aller relevanten Anspruchsgruppen. In der Diktion von UEFA und DFB verkörpern diese ein omni-mediales Ökosystem, das allerdings korrespondierender Governance-Strukturen bedarf. Diese Führungsrolle liegt neben dem DFB und der UEFA in dezentraler Form auch bei den ausrichtenden Städten. Für die EURO 2024 ist eine mediale Schaltzentrale mit Drehscheibenfunktion geplant, von der Kommunikationsspeichen in Richtung aller wichtigen Anspruchsgruppen abgehen. Wie kaum ein anderes Sportevent wird die EURO 2024 im Fokus der unterschiedlichen Medien stehen, die nach Integration, Zielgruppenorientierung und Harmonisierung verlangen, um eine Kakophonie der Kommunikation zu vermeiden. Diese sollte effizient, effektiv, smart und nachhaltig im Sinne des Kollektiv- und Kulturguts „Fußball" sein, der künftig mehr repräsentieren möchte als ein omni-mediales Kommerzgut.

Literatur

Bockrath, F. (2011). Moral der Gesellschaft – Moral des Sports? In E. Franke (Hrsg.), *Ethik im Sport* (S. 165–175). Hofmann.

Ess, C. (2020). *Digital Media Ethics* (3. Aufl.), Polity Press.

UEFA. (2021). *UEFA EURO 2024 Deutschland: Strategie für eine nachhaltige Veranstaltung*, Nyon.

Grupe, O. & Mieth, D. (Hrsg.) (2001). *Lexikon der Ethik im Sport*. Hofmann.

Knape, T., Hufnagl, P., & Rasche, C. (2020). Innovationsmanagement unter VUKA- Bedingungen: Gesundheit im Fokus von Digitalisierung, Datenanalytik, Diskontinuität und Disruption. In M. A. Pfannstiel, K. Kassel & C. Rasche (Hrsg.), *Innovationen und Innovationsmanagement im Gesundheitswesen: Technologien, Produkte und Dienstleistungen voranbringen* (S. 1–24). Springer Fachmedien.

Müller, H.-E. & Rasche, C. (2013). Innovative Geschäftsmodelle. *WISU, 42*(6), 805–809.

Nicholson, M., Kerr, A. & Sherwood, M. (2015). *Sport and the Media: Managing the Nexus*. Routledge.

Porter, M. & Kramer, M. (2002). The Competitive Advantage of Corporate Philanthropy. *Harvard Business Review, 80*(12), 56–69.

Porter, M. & Kramer, M. (2011). Creating Shared Value – How to reinvent capitalism – and unleash a wave of innovation and growth. *Harvard Business Review, 89*(1/2), 62–77.

Rasche, C. (2014). *The Red Bull Case – Exploring the sports industry by means of business model innovation (Case Study)*. The Open School of Management.

Rasche, C. (2009). Der Lizenzsportverein als Hybridorganisation: Fußball-sport im Spannungsfeld zwischen Markt- und Fankultur, in H. Dietl, E. Franck & H. Kempf (Hrsg.), *Fußball – Ökonomie einer Leidenschaft, Sportökonomie 10* (S. 13–37).

Rasche, C. (2017). Digitaler Gesundheitswettbewerb – Strategien, Geschäftsmodelle, Kompetenzanforderungen. In M. A. Pfannstiel, P. Da-Cruz & H. Mehlich (Hrsg*.), Digitale Transformation von Dienstleistungen im Gesundheitswesen I – Impulse für die Versorgung* (S. 1–29).

Rasche, C. (2020). Nicht-Markt-Strategien im Gesundheitswesen – Wettbewerbsvorteile durch indirektes Management. *FOR-MED, Zeitschrift für das Management im Gesundheitswesen*, 04/2020, 9–19.

Rasche, C. (2021). Medizin, Management, Monetik, Macht, Moral, In C. Rasche (Hrsg.), *MANAGEMENT, MEDIZIN, MÖGLICHKEITEN* (10/21, S. 10–11). Kompakt Sonderheft Management & Krankenhaus.

Rasche, C. (2022). Disruptive Retailing: Die Zukunft des Handels. *WISU*, 8–9/22, 51. Jahrgang, 907–915.

Rasche, C. & Braun von Reinersdorff, A. (2003). Trends in der Sport-, Freizeit- und Healthcare-branche: Gestaltungsoptionen für „undermanaged industries". In C. Rasche & D. Wagner (Hrsg.), *Professional Services – „Mismanaged industries – Chancen und Risiken"* (S. 3–30). Mering.

Rasche, C. & Margaria, T. (2013). Value on Data (VoD): Big Data als Chance zur Entscheidungsoptimierung in Kliniken. *WISU, 45*(2), 182–190.

Rasche, C. & Raab, E. (2023). Digitale Gesundheitsplattformen. Strategien – Ge-schäftsmodelle – Entwicklungslinien. In C. Stummeyer, A. Raab & M. E. Behm (Hrsg.), *Plattformökonomie im Gesundheitswese Health-as-a-Service – Digitale Geschäftsmodelle für bessere Behandlungsqualität und Patient Experience* (S. 73–97). Springer-Verlag.

Rasche, C., Margaria, T. & Floyd, B. D. (2017). Service Model Innovation in Hospitals: Beyond Ex-pert Organizations. In M. Pfannstiel & C.

Rasche (Hrsg.), *Service Business Model Innovation in Healthcare and Hospital Management – Models, Strategies Tools* (S. 1–19).

Sloane, L. & Quan-Haase, A. (Hrsg.). (2017). *SAGE Handbook of Social Media Research Methods*. Sage-Verlag.

Tiberius, V. & Rasche, C. (2017). Disruptive Geschäftsmodelle von Fin-Techs: Grundlagen, Trends und Strategieüberlegungen. In V. Tiberius & C. Rasche (Hrsg.), *FinTechs: Digitale Disruptionen im Finanzsektor* (S. 1–25).

7 E-Sport – Zukünftige Optionen für eine EURO

Markus Breuer

Egal wie man dem elektronischen Sport, dem E-Sport, gegenübersteht, lässt sich eine Aussage nicht verneinen: E-Sport ist in den letzten Jahren ein Thema der öffentlichen (Sport-)Berichterstattung und der Auseinandersetzung mit Sport im Allgemeinen geworden. Sinnbildlich lässt sich das an einigen, zugegeben anekdotisch ausgewählten Fakten darstellen:

- Der DOSB hat sich 2018 explizit zum E-Sport geäußert (damals noch in der Notation des „eSports"; eine Aufnahme des Begriffs in den Duden in der Form „E-Sport" erfolgte im Jahr 2020). Die Bedeutung elektronischer Sportartensimulationen wird anerkannt. Gleichzeitig sieht der DOSB die zentralen Aufnahmekriterien als nicht erfüllt an (vgl. DOSB, 2018).

- Der E-Sport findet in den beiden letzten Koalitionsverträgen jeweils Erwähnung; sowohl die große Koalition als auch die seit 2021 regierende Ampelkoalition wollen den E-Sport stärken und im Falle der Ampel explizit „gemeinnützig machen" (vgl. CDU et al., 2018; SPD et al., 2021, S. 97).

- Der kicker führt in seinem Online-Auftritt seit einigen Jahren die Kategorie „ESPORT" formal gleichberechtigt neben Fußball, Eishockey, Wintersport etc. und auch unter dem Online-Auftritt der Sportschau wird zum E-Sport berichtet (allerdings nur in Form von Agenturmeldungen).

- Nachdem E-Sport bei den Asien Spielen 2018 als Demonstrationssportart vertreten war, werden bei den Spielen 2022 (Durchführung 2023) erstmals auch Medaillen in verschiedenen Disziplinen vergeben werden (vgl. Merz, 2021).

Vor diesem Hintergrund wird klar, warum der elektronische Sport auch für Fußballclubs und -verbände ein immer wichtigeres Thema wird. Um den Anfang dieser Entwicklung zu erfassen, ist allerdings ein Blick in die frühen 2000er-Jahre notwendig, auch wenn dies aktuell häufig übersehen wird: Bereits 2006 verpflichtete Hertha BSC Berlin einen FIFA-Spieler (vgl. Reindl, 2006). Das Engagement war damals aber offenbar wenig mehr als eine Episode, die noch nicht in die Zeit passte.

Ziel des nachfolgenden Kapitels ist es, die Bedeutung des E-Sports für Fußballclubs und -verbände zu skizzieren, darzustellen, in welcher Form E-Sport aktuell bereits in die Angebotspalette integriert ist und abzuleiten, welche Bedeutung der elektronische Fußballsport in der Zukunft haben könnte. Im Fokus stehen dabei neben der UEFA auch die DFL-Clubs.

Zu diesem Zweck ist der Beitrag wie folgt aufgebaut: Im Abschnitt 7.1 wird der Begriff des E-Sports definiert und das Ökosystem des elektronischen Sports wird vorgestellt. Abschnitt 7.2 befasst sich mit Stellenwert und Besonderheiten von Fußball-Simulationen, die im E-Sport nur eine verhältnismäßig kleine Rolle einnehmen. Die Kapitel 7.3 und 7.4 untersuchen, welche Bedeutung und welche Umsetzungsformen der elektronische Sport in der DFL erfährt und welche Formate bei der UEFA im Zusammenhang mit der EURO 2024 denkbar sind. Der Beitrag endet mit einem kurzen Ausblick (7.5).

7.1 Begriffsabgrenzung E-Sport und das E-Sport-Ökosystem

7.1.1 Terminologische Grundlagen

Wenn schon die Frage danach, was Sport sei und wie dieser abzugrenzen sei, nicht einfach ist (vgl. Breuer, 2011 sowie die dort angegebenen Quellen), wird klar, warum die Definition des elektronischen Sports schwerfällt. Das erstmalige Erscheinen des Begriffes E-Sport lässt sich nach Wagner (2006) auf die 1990er-Jahre datieren und tritt damit erst rund 20 Jahre nach der Entwicklung der ersten Multiplayer-Games in Erscheinung. Eine populäre, wenn auch schon einige Jahre alte Definition bezeichnet E-Sport als „das wettbewerbsmäßige Spielen von Computer- oder Videospielen im Einzel- oder Mehrspielermodus" (Müller-Lietzkow, 2006, S. 102). Diese Abgrenzung soll auch im vorliegenden Kontext genutzt werden. Hier sind vor allem die folgenden Punkte zu beachten:

- Die Betonung des Wettbewerbs führt dazu, dass sog. Casual Gamer, die digitale Spiele nur in geringem Maße und nur zum individuellen Zeitvertreib nutzen, unberücksichtigt bleiben. Der Wettbewerbscharakter offenbart sich in der Regel durch den Leistungsvergleich mit anderen, menschlichen Spielern. Daneben kann bspw. ein Training im Sinne eines gezielten Spielens, um die eigenen Fähigkeiten zu verbessern, als typisch für den E-Sport angesehen werden.

• Das Einfordern von Kompetitivität impliziert, dass bestimmte Spiele nicht E-Sport sein können, offensichtlich bspw. dann, wenn die Spieler nicht im Wettbewerb zueinanderstehen. Daneben sind insbesondere Online-Rollenspiele (MMORPGs) zu hinterfragen: Weil bei ihnen weniger klar definierte Zielstellungen anzutreffen sind, sind bspw. Turniere dort nur schwer umsetzbar.

• Berücksichtigt werden explizit Computer- und Videospiele. Seit einigen Jahren müssen weiterhin Mobile Games berücksichtigt werden, die vor allem auf dem Handy gespielt werden.

• Der Einbezug von Einzel- und Mehrspielermodi bedeutet, dass sowohl solche Spiele erfasst werden, bei denen Spieler einzeln gegeneinander antreten, als auch solche, bei denen mehrere Spieler direkt miteinander oder sogar Mannschaften im Wettbewerb zueinanderstehen.

Zusammengefasst kann Folgendes zur Abgrenzung zwischen E-Sport und der allgemeinen Nutzung von digitalen Spielen festgehalten werden: Jede Art von E-Sport setzt, wie oben aufgelistet, die Nutzung digitaler Spiele voraus. Umgekehrt stellt bei Weitem nicht jede Nutzung dieser Medien eine Form des E-Sports dar.

Ergänzend zu dieser wissenschaftlichen Definition führte der DOSB 2018 mit den elektronischen Sportartensimulationen einen neuen Terminus in die Diskussion ein. Diese verstehen sich als intermediär zwischen dem klassischen Sport, wie er durch den DOSB vertreten wird, und dem eGaming, bei dem bspw. Strategiespiele wettkampfmäßig genutzt werden. Virtuelle Sportarten sind digitale Simulationen echter Sportarten wie bspw. im Falle der Fußballsimulation FIFA (DOSB, 2018).

Im Jahr 2021 wurde der Begriff der virtuellen Sportarten durch den DOSB erneut aufgegriffen und binnendifferenziert: Digitale Spiele mit Sportartenbezug, die diese Sportarten nur virtuell abbilden (also ohne sportartspezifische Bewegungsmuster), sind demnach als nicht-physische virtuelle Sportarten zu verstehen. Demgegenüber stehen digital gestützte sportliche Aktivitäten, „die durch eine sportartbestimmende motorische Aktivität bestimmt sind", wie bspw. Radfahr-Simulationen. Diese seien als physische virtuelle Sportarten zu bezeichnen (DOSB, 2021, S. 6). Im weiteren Verlauf dieses Beitrags spielt diese Unterkategorie allerdings keine Rolle, da es aktuell keine Fußballsimulation gibt, die den Anforderungen der physischen virtuellen Sportarten entsprechen.

7.1.2 Das Ökosystem des E-Sports

Bevor auf das Ökosystem des E-Sports im Ganzen eingegangen werden kann, ist es sinnvoll, zuerst einige der zentralen Akteure zu nennen und ihre Rolle zu erläutern. Die Marktteilnehmer im E-Sport unterscheiden sich teilweise stark von den Akteuren im klassischen Sport. Insbesondere Verbände spielen bislang eine untergeordnete Rolle. Eine pyramidale Organisationsstruktur existierte in der Vergangenheit nicht (Holzhäuser et al., 2016, S. 95) und hat sich seit der Publikation des Beitrags von Holzhäuser, Bagger & Schenk (2016) auch nicht etablieren können. Nichtsdestotrotz agieren seit vielen Jahren Verbände. Auf nationaler Ebene ist dies vor allem der **ESBD**, der sich im November 2017 gegründet hat. Zu den Mitgliedern gehören derzeit (Anfang 2023) 67 Institutionen, darunter E-Sport-Teams (teilweise als eingetragene Vereine organisiert), aber auch klassische Sportvereine und mit Eintracht Frankfurt auch ein Verein, der im Profisport aktiv ist. Der ESBD ist nach eigener Aussage „für Politik und Verwaltung als auch für Sport- und Dachverbände der zentrale Ansprechpartner für die sportliche Ausgestaltung von eSport und die Belange der Athleten in dem Bereich" (vgl. ESBD, o. D.).

Neben Verbänden bzw. dem ESBD in Deutschland sind vor allem die folgenden Akteure/Akteursgruppen zu nennen:

Spieler: Spieler treten im elektronischen Sport in vielfacher Hinsicht in Erscheinung. Zum einen agieren sie als Nachfrager der Angebote der Ligen und Turniere. Gleichzeitig sind sie als Anbieter zu klassifizieren, wenn sie bspw. ihr eigenes Spiel streamen. Im Sinne der o. g. Definition des E-Sports gelten nur die Akteure als Spieler/E-Sportler, die ihr eigenes Spielen wettbewerbsorientiert betreiben. Wie im klassischen Sport kann zwischen Amateuren und Profis unterschieden werden. Letztere werden in der Regel als Pro-Gamer bezeichnet.

Ligen: Analog zum klassischen Sport werden Wettkämpfe im E-Sport oftmals in Form einer Liga ausgetragen. Diese wird allerdings in der Regel durch ein gewinnorientiertes Unternehmen und nicht durch einen Verband organisiert. Populäres Beispiel ist die ESL Gaming aus Köln, die im April 2022 für einen Preis von knapp einer Milliarde USD an eine Tochtergesellschaft des saudi-arabischen Staatsfonds PIF verkauft wurde (vgl. Gameswirtschaft, 2022).

Teams: Teams bzw. Clans stellen das Pendant zu Mannschaften im klassischen Sport dar und agieren als Nachfrager nach den Dienstleistungen der Ligen. Sie sind Zusammenschluss einzelner Spieler und können entweder ein oder auch mehrere Spiele (bzw. Disziplinen) abdecken. Hinsichtlich der Professionalität reicht das Spektrum von informellen Zusammenschlüssen einzelner Sportler bis hin zu professionellen Clans, die professionelle Spieler als Arbeitnehmer anstellen und sie entsprechend ihres Niveaus entlohnen.

Publisher: Auch wenn gemeinhin von dem E-Sport gesprochen wird, unterteilt dieser sich in verschiedene Sub-Märkte bzw. Disziplinen, die durch die einzelnen, genutzten Spiele bestimmt werden. Publisher entwickeln diese Titel in der Regel nicht selbst, übernehmen aber die Vermarktung. In dieser Funktion nehmen sie bedeutenden Einfluss auf den E-Sport, wenn bspw. Updates veröffentlicht werden, die bisherige technische Fehler beheben oder auch vollständig neue Versionen eines Titels veröffentlicht werden, die das Spiel als solches verändern. In diesem Fall wird das sportartspezifische Humankapital des Spielers ggf. entwertet. Anders als im klassischen Sport stellen die Publisher damit eine Stakeholdergruppe dar, die neben den Verbänden und/oder Ligen einen erheblichen Einfluss auf die Struktur der Spiele (Regelwerk etc.) haben.

Industrieunternehmen: Einnahmen aus Sponsoring stellen im (professionellen) E-Sport nach wie vor die wichtigste Einnahmequelle der Veranstalter dar. McKinsey (2020) schätzte für das Jahr 2018, dass 58 % der gesamten Einnahmen im E-Sport aus Sponsorengeldern stammen. Hinsichtlich der engagierten Sponsoren kann eine Dreiteilung vorgenommen werden: Dies sind zum einen Unternehmen, deren Produkte einen direkten Zusammenhang mit dem E-Sport aufweisen, wie bspw. die Hersteller von Hardware. Eine zweite Gruppe wird durch solche Unternehmen repräsentiert, deren Angebote zumindest eine indirekte Beziehung zum elektronischen Sport zeigen. Hersteller von Unterhaltungselektronik wären hier exemplarisch zu nennen. Die Produkte und Dienstleistungen der dritten Gruppe haben schließlich keine Beziehung mehr zum E-Sport. Für die letztgenannte Gruppe hat sich in der Vergangenheit der Begriff der nicht-endemischen Sponsoren etabliert (vgl. exemplarisch Schwind, 2022).

Onlinemedien: Die Vermarktung des E-Sports erfolgt zu großen Teilen unter Zuhilfenahme von Onlinemedien. Generell ist die Trennung zwischen Konsumenten und Produzenten in diesem Bereich weniger trennscharf als im klassischen Sport, da auch Amateurspieler mit begrenzten technischen Möglichkeiten in der Lage sind, ihr eigenes Spiel(en) zu vermarkten.

Das Ökosystems des E-Sports unterscheidet sich wie bereits erwähnt an verschiedenen Stellen signifikant von dem des klassischen Sports. Als wichtigstes Unterscheidungsmerkmal sind vermutlich die Publisher, also die Eigentümer der einzelnen Spiele, zu nennen (siehe oben). Hinsichtlich der Abhängigkeiten der einzelnen Marktteilnehmer untereinander sind in der Vergangenheit verschiedene Entwürfe angefertigt worden. Zwei aktuelle und verbreitete wurden von Beratungsgesellschaften publiziert:

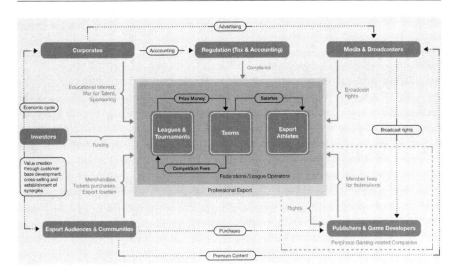

Abb. 7.1: Das E-Sport Ecosystem (PwC, 2020)

PwC (2020) sieht den professionellen E-Sport und hier konkret die Ligen bzw. Turniere, die Teams und die (professionellen) E-Sportler im Zentrum des Systems. Darum angeordnet sind u. a. Zuschauer, Publisher und Entwicklungsstudios, Unternehmen, die als Sponsoren agieren, oder auch Medien.

Eine weitere Darstellung von Nielsen ist generell einfacher gestaltet, weist aber die Besonderheit auf, dass hier unter den „Event Organizers" zwischen den Publishern und anderen „Third-Party Event Operators" unterschieden wird (vgl. Nielsen, 2020). Damit wird bereits bei der Beschreibung auf den Trend hingewiesen, dass Publisher vermehrt als Ligenbetreiber agieren und somit eine Vorwärtsintegration innerhalb der Wertschöpfungskette betreiben.

7.2 Stellenwert und Besonderheiten von Fußballsimulationen im E-Sport

7.2.1 Disziplinen im E-Sport

Wie in der Leichtathletik zwischen verschiedenen Disziplinen unterschieden werden kann und im Fußball noch die Unterscheidung von Fußball, Futsal etc. vorgenommen wird, sind auch im elektronischen Sport unterschiedliche Spiele zu berücksichtigen. Statt einzelner Titel soll der Schwerpunkt im Folgenden auf einzelnen Genres liegen, zu denen jeweils verschiedene Titel gehören. Selbstverständlich kann eine derartige Auflistung immer nur eine Momentaufnahme sein, da in einer Umgebung, die durch die technologische Entwicklung getrieben wird, neue Modi bzw. komplett neue Genres entstehen können.

- Sportsimulationen (virtuelle Sportarten im Sinne des DOSB) gehören zu den frühesten Vertretern des E-Sports. Zu den wichtigsten Titeln gehören dabei Madden NFL (ab 1988, Sportart: American Football), FIFA (ab 1993, Fußball) und NBA 2K (ab 1999, Basketball). Diese Spiele werden regelmäßig, meist jährlich, aktualisiert, um die aktuellen Ligen, Tabellen, Vereine, Spieler, Spielregeln etc. der real existierenden Vorbilder wirklichkeitsgetreu widerzuspiegeln.

- Zu den Sportsimulationen kann man im weiteren Sinne auch Autorennspiele bzw. Autorennsimulationen wie zum Beispiel Formel 1 oder kurz F1 (ab 1996) zählen. Allerdings sind Rennspiele nicht immer Sportsimulationen. Rennspiele bilden ein eigenständiges Computerspiel-Genre, das sich nicht an realen Vorbildern orientieren muss. Hierzu gehören insbesondere Need for Speed (ab 1994) und Gran Turismo (ab 1997).

- Echtzeit-Strategiespiele werden als RTS abgekürzt: Real-Time Strategy. Im Gegensatz zu rundenbasierten Strategiespielen müssen zwei oder mehr Spieler ihr strategisches Geschick unter Beweis stellen.

- Multiplayer Online Battle Arenas (MOBAs) sind Action-RTS, in denen Spieler einzelne Charaktere steuern, aber meist Mitglieder eines Teams sind, das wiederum gegen typischerweise ein anderes Team antritt. Ziel jedes Teams ist es, die gegnerische Basis einzunehmen oder zu zerstören. Beliebte Vertreter und im E-Sport von großer Bedeutung sind zurzeit League of Legends (seit 2009, kurz LoL oder League) und Defense of the Ancients (2003, kurz DotA).

- In Ego- oder First-Person-Shootern (kurz: FPS) erleben Spieler die virtuelle Welt durch die Augen ihrer Charaktere bzw. Avatare, die menschlich oder zumindest menschenähnlich sind.

- MMORPGs sind Massive(ly) Multiplayer Online Role-Playing Games, also ausschließlich über das Internet spielbare Rollenspiele. Die Spieler spielen – teilweise mit mehreren Charakteren – in einer persistenten, virtuellen Welt, die also auch dann weiterexistiert und weitersimuliert wird, wenn die Spieler nicht online sind.

- Battle Royale ist ein relatives junges Genre, in dem eine hohe, aber überschaubare Anzahl Spieler – z. B. bis zu 100 – gegeneinander antreten. Der Spielbereich wird im Verlauf des Spiels immer kleiner, sodass es ultimativ darum geht, als letzter Spieler zu überleben

7.2.2 Ökonomische Bewertung der Disziplinen

Die Beliebtheit einzelner E-Sport-Titel oder ganzer Genres kann anhand verschiedener Parameter gemessen werden. Sicherlich sind die nachfolgend genutzten Indikatoren nicht in der Lage, Beliebtheit und/oder das Marktvolumen vollständig abzubilden. In der Summe ergibt sich allerdings ein Bild, das eine seriöse Abschätzung durchaus zulässt.

Die Plattform Statista (2022) hat eine Übersicht erstellt, auf der die höchstdotierten E-Sport-Turniere bis zum November 2022 erfasst werden. Bereits auf den ersten Überblick fällt auf, dass der Titel Dota 2 hier eine dominierende Rolle einnimmt: Die ersten sieben Plätze der Rangliste werden ausnahmslos durch den MOBA-Titel eingenommen. Den Spitzenplatz nimmt „The International 2021" ein, bei dem ein Preisgeld in Höhe von 40,02 Millionen USD ausgeschüttet wurde. Zum Ende des Jahres umfasst die Auflistung insgesamt 25 Einträge. Neben der Dominanz von Dota 2 ist ersichtlich, dass kein einziger Eintrag auf eine Sportsimulation hinweist.

Eine andere Sicht könnte sich ergeben, wenn statt auf einzelne Turniere die Preisgelder betrachtet werden, die innerhalb eines definierten Zeitraums in einem bestimmen Spiel ausgeschüttet wurden. Für das Jahr 2021 liegt Dota 2 auch hier deutlich auf dem ersten Platz – die weltweit ausgeschütteten Preisgelder liegen mehr als doppelt so hoch wie beim auf Platz zwei liegenden Titel Counter Strike Global Offense. Auch in der dieser Kategorie findet sich keine Sportsimulation unter den Topplätzen (vgl. Wutz, 2021).

Wie bereits erwähnt findet die mediale Vermarktung des E-Sports vor allem über Streaming-Plattformen statt. Ein Blick auf die Plattform Twitch ist geeignet, um zu erkennen, welche Bedeutung Sportspiele im Bereich des passiven Konsums einnehmen. Anders als im Bereich klassischer TV-Reichweiten werden im Streaming keine Einschaltquoten angegeben. Für Twitch finden sich stattdessen gleich drei alternative Kennzahlen:

- Die Anzahl der durchschnittlichen Zuschauer zeigt an, wie viele Personen einen bestimmten Kanal oder ein bestimmtes Spiel im Durchschnitt zur gleichen Zeit angeschaut haben.
- Die Anzahl der durchschnittlichen Kanäle zählt, auf wie vielen Kanälen das jeweilige Spiel übertragen wurde.
- Schließlich wird die Übertragungsdauer in Stunden angegeben, die den gesamten Konsum abbildet.

Die Website twitchtracker.com veröffentlicht taggenaue Statistiken zur Rezeption einzelner Spiele auf Twitch. Für einen Zeitraum im Dezember 2022 zeigt sich, dass mit FIFA 23 das erste Sportspiel in den einzelnen Kategorien zwischen Platz 15 und Platz 20 liegt (Zuschauer: Platz 16, Kanäle: Platz 19, Übertragungsdauer: Platz 16). Der nächste Vertreter einer virtuellen Sportart (NBA2K23) liegt teilweise knapp dahinter (Kanäle: Platz 24), teilweise deutlich (Übertragungsdauer: Platz 64).

Auch wenn diese Auswertung nur einen kurzen und möglicherweise nicht repräsentativen Zeitraum abdeckt, zeigt sich deutlich, dass Sportsimulationen (virtuelle Sportarten) innerhalb des E-Sports nur eine untergeordnete Rolle einnehmen. Die vielfältige Berichterstattung über Sportsimulationen in den klassischen Medien (Zeitungen, Zeitschriften etc.), insbesondere über die Fußballsimulation FIFA, spiegelt die Bedeutung innerhalb des Marktes nicht angemessen wider (vgl. Grotz & Breuer, 2022).

7.3 E-Sport im nationalen Fußball

Wie bereits angesprochen gehen die Engagements von Bundesligaclubs im E-Sport bis in das Jahr 2006 zurück. Die DFL setzt sich seit einigen Jahren intensiv mit dem elektronischen Sport auseinander und konzentriert sich dabei auf die Fußballsimulation FIFA des US-amerikanischen Publishers Electronic Arts (EA) (vgl. Dombrowski et al., 2022, S. 202). Als zentrales Datum kann das Jahr 2012 gelten, in dem die DFL in Kooperation mit EA Sports die Virtual Bundesliga (VBL) gründete. Zur Saison 2018/19 folgte die Weiterentwicklung zur VBL Club Championship: In der ersten Phase der regulären Spielzeit treten die teilnehmenden Clubs in zwei geographisch getrennten Divisionen gegeneinander an. In einem anschließenden Finalturnier wird der deutsche Meister im eFootball ermittelt (vgl. DFL, 2022a). Neben den DFL-Clubs bietet die Struktur der VBL auch das Format der VBL Open, bei dem Einzelspieler gegeneinander antreten. VBL Championship und Open werden im Rahmen des Grand Finals zusammengeführt (vgl. DFL, 2022b).

Die mediale Vermarktung der VBL erfolgt vor allem online: Livestreams sind auf der Website der Bundesliga und bei Twitch abrufbar. Daneben sind alle Spiele auch live bei MagentaTV anzuschauen (vgl. DFL, 2022b).

Den vorläufig letzten Schritt zur Professionalisierung der VBL unternahm die DFL im Mai 2022: Ab der Saison 2023/24 ist die Teilnahme der 36 DFL-Clubs an der VBL verpflichtend (vgl. DFL 2022c).

Tabelle 7.1 gibt einen Überblick über die aktuellen E-Sport-Engagements der 18 Bundesligisten (Stand: Saison 2022/23).

Club	E-Sport-Disziplinen	Anmerkungen
Bayern München	eFootball	
Borussia Dortmund	FIFA	
Bayer 04 Leverkusen	FIFA	
RB Leipzig	FIFA	
1. FC Union Berlin	keine	
SC Freiburg	keine	
1. FC Köln	FIFA	Kooperation mit SK Gaming
1. FSV Mainz 05	FIFA	
TSG Hoffenheim	FIFA	
Borussia Mönchengladbach	FIFA	
Eintracht Frankfurt	FIFA, League of Legends	Club bietet eigene Mitgliedschaft für die E-Sport-Sparte an
VfL Wolfsburg	FIFA	
VfL Bochum	FIFA	gründete als erster Zweitligist 2017 ein eigenes Team
FC Augsburg	FIFA	
VfB Stuttgart	FIFA	Wiedereinstieg 2022 nach zwei Jahren Pause
Hertha BSC Berlin	FIFA	ehemals auch League of Legends
Schalke 04	FIFA, League of Legends	
Werder Bremen	FIFA	

Tab. 7.1: E-Sport Engagement der Clubs der Fußball Bundesliga (eigene Darstellung)

Offensichtlich gehören E-Sport-Engagements für die allermeisten Bundesliga-Clubs inzwischen zum Standard. Lediglich Union Berlin und der SC Freiburg sind in der Saison 2022/23 nicht in irgendeiner Form aktiv. Gleichzeitig beschränkt sich das Angebot der Bundesligisten praktisch ausschließlich auf die Fußballsimulation FIFA. Lediglich Frankfurt und Schalke haben mit dem Echtzeit-Strategiespiel League of Legends einen zweiten Titel im Portfolio.

Eine besondere Situation liegt beim FC Bayern vor: Im Gegensatz zu allen anderen Clubs spielen die Münchener nicht FIFA, sondern eFootball des Publishers Konami. Der Grund dafür ist aber offensichtlich nicht sportlicher Natur und lässt sich auch nicht aus den Eigenschaften der Titel ableiten. Vielmehr ist Konami seit vielen Jahren Sponsor des FC Bayern; die letzte Verlängerung des Vertrags datiert aus dem Sommer 2022. Nach Aussage des Publishers wird der FC Bayern „im Rahmen dieser Partnerschaft" auch in Zukunft ein eFootball-Team stellen (vgl. Konami, 2022); das Engagement ist demnach fester Bestandteil des Sponsoring-Vertrags.

Mehrere Untersuchungen haben sich in den letzten Jahren mit den Wirkungen der E-Sport-Engagements deutscher Fußballclubs auseinandergesetzt:

- Hebbel-Seeger und Siemers (2018) untersuchten im Rahmen einer explorativen Studie, inwieweit sich das E-Sport-Engagement von Proficlubs auf das Image auswirkt. Die Verantwortlichen bei den Clubs schreiben dem E-Sport ein großes Potenzial zu: Der elektronische Sport soll als Kommunikationsgegenstand auf die Bindung der existierenden Fans einzahlen und gleichzeitig neue Zielgruppen erschließen. Schließlich soll eine Verjüngung der Marke erreicht werden.
- Dazu passend haben Ehnold et al. (2018) knapp 1.800 aktive Spieler und Zuschauer aus Deutschland, Österreich und der Schweiz befragt, um herauszufinden, inwieweit ein Transfer der Fanzugehörigkeit von einem E-Sport-Team auf einen Fußballclub möglich ist. Im Zuge einer Clusterbildung kommen sie zu dem Ergebnis, dass die vermeintlich attraktivsten Zielgruppen entweder schon an einen Fußballclub gebunden sind oder aber eine geringe Affinität zum Fußball aufweisen. Ergänzend weisen die Autoren darauf hin, dass die geringe Reichweite (siehe dazu Kapitel 7.2.2) der Fußballsimulation FIFA die Transferwirkung weiter erschwert.

Die o. g. Ergebnisse stellen bisher nur den Beginn der Forschung in diesem Bereich dar. Allerdings zeigt sich bereits hier, dass ein Engagement im elektronischen Sport durchdacht und langfristig angelegt sein muss, um positive Ergebnisse zu erzielen. Die Realität, in der Clubs wie der VfB Stuttgart ihr Engagement im Falle sportlichen Misserfolgs ruhen lassen oder wie im Fall Schalke 04s deutlich reduzieren, zeigen hingegen, dass der E-Sport offensichtlich als Bereich gilt, bei dem Budgetkürzungen ohne große Hindernisse zu vertreten sind.

7.4 E-Sport in der UEFA und im Zusammenhang mit der EURO 2024

7.4.1 E-Sport-Wettbewerbe im Zusammenhang mit der UEFA

Das Engagement der UEFA im Bereich des E-Sports ist bislang als gering zu bezeichnen. Das einzige Angebot ist die sog. eChampions League, ein internationaler Wettbewerb unter Zuhilfenahme der Fußballsimulation FIFA:

- Gespielt wird das Spiel FIFA auf der Playstation. Playstation ist gleichzeitig Partner des Formats („eChampions League präsentiert von Playstation").

- Qualifiziert sind die jeweils 256 besten Spieler der EA Sports FIFA Global Series aus vier unterschiedlichen Regionen Europas (Westen, Iberia & Benelux, Deutschland & Österreich, Nordisch & Osten).

- Das Finale wird offline in zeitlicher Nähe zum Finale der Fußball Champions League gespielt. Die Vorrundenspiele sind online organisiert.

- Die 24 besten Spieler der Play Offs qualifizieren sich für den FIFA eWorld Cup.

- In der Kommunikation wird das offizielle Logo der Champions League verwendet. Auch die Schriftart entspricht der aus dem Fußball mit der einzigen Besonderheit, dass ein „e" vorangestellt wird.

- Die mediale Verbreitung der Spiele erfolgt über die Youtube- und Twitch-Kanäle des Publishers EA Sports und über den Youtube-Kanal der UEFA.

- Die Preisgelder liegen bei knapp 300.000 Euro, von denen 100.000 Euro auf den Sieger des Turniers entfallen (vgl. EA Sports, 2022a; EA Sports, 2022b).

Offensichtlich wurde EA Sports als Publisher das Recht gegeben, ein FIFA-Turnier umzusetzen, das die Marke „Champions League" nutzt. Abgesehen von dieser Lizenz ist nicht erkennbar, dass sich die UEFA selbst in dem Turnier engagiert. Zu dieser Situation passt auch, dass es seitens der UEFA keine offizielle Stellung zum E-Sport in Form eines Positionspapiers o.Ä. gibt. Über Pläne der Einbindung des E-Sports in die EURO 2024 ist bis zum Beginn des Jahres 2023 nichts bekannt gegeben worden, sodass vermutet werden kann, dass es keine offiziellen Angebote geben wird. Und als ob es darum ginge, den geringen Stellenwert der eChampions League und des E-Sports für die UEFA zu unterstreichen, waren die entsprechenden Websites der UEFA Ende 2022 mehrere Tage offline.

Über die Gründe der bisherigen Zurückhaltung der UEFA kann nur spekuliert werden. Allerdings existieren verschiedene Argumente, die angeführt werden können. Zum einen findet sich der europäische Fußballverband in einer schwierigen Position wieder: E-Sport-Engagements gehen bislang in der Regel von Clubs aus, nicht jedoch von Verbänden. Während der DFB bzw. die DFL die Möglichkeit hat, direkt auf die Clubs zuzugehen, stehen der UEFA als Mitglieder nur die nationalen Verbände selbst zu Verfügung.

Zum anderen ist die UEFA als Fußballverband quasi per Definition ausschließlich auf Fußballsimulationen beschränkt. Die Organisation von Wettbewerben in anderen Spielen (bspw. League of Legends) würde zwangsläufig wenig authentisch wirken. Sofern Fußballsimulationen genutzt werden sollen, ist ein Engagement ohne die FIFA-Serie des Publishers EA Sports kaum denkbar. Die Analyse der Virtual Bundesliga im vorigen Kapitel hat die Dominanz dieses Titels klar zeigen können. Sofern die Wahl auf FIFA fällt, befindet sich die UEFA in der seltsamen Situation wieder, dass sie zumindest aktuell noch Wettbewerbe unter dem Namen eines anderen Verbandes organisieren würde. Diese Konstellation wird sich allerdings bis 2024 ändern: Die bisherige Lizenzvereinbarung zwischen der FIFA und EA Sports läuft mit dem Erscheinen des Titels FIFA 23 aus; EA wird die Simulation im Anschluss unter dem Namen EA Sports FC vermarkten (vgl. Diedrich, 2022). Dies könnte für die UEFA einen Anreiz darstellen, über neue Formate nachzudenken, die ohne einen Markenkonflikt umsetzbar wären.

7.4.2 Mögliche Szenarien

Sollte sich die UEFA entscheiden, die EURO 2024 durch ein E-Sport-Engagement zu begleiten, stehen dazu prinzipiell mehrere Möglichkeiten offen, die im Folgenden kurz skizziert werden sollen:

- Nationencup: Organisation eines virtuellen Fußballturniers, bei dem die teilnehmenden Landesverbände jeweils ein Team stellen und analog zum Fußballturnier auch einen virtuellen Fußballeuropameister küren.
- Offene Europameisterschaft: Statt die an der EURO 2024 teilnehmenden Verbände einzuladen, wäre es ebenfalls möglich, Spielern aus ganz Europa die Möglichkeit zu geben, sich über Ranglisten und/oder Qualifikationsturniere für die Teilnahme an einer „Europameisterschaft der Einzelspieler" zu qualifizieren.
- Organisation eines weltweiten Turniers: Statt eines Turniers, an dem nur Spieler aus Europa teilnehmen dürfen, könnten ebenfalls Personen aus anderen Ländern in der Qualifikation berücksichtigt werden. Dem internationalen Charakter des E-Sports entspräche dies sicherlich, würde aber gleichzeitig im Konflikt mit der Marke der „EURO" liegen.

Ein Nationencup hätte wahrscheinlich die größte Außenwirkung, könnte er doch als digitale Europameisterschaft sehr ähnlich der EURO 24 vermarktet werden. Dieser Option stehen jedoch zwei zentrale Hindernisse im Weg, von denen nur das erste durch die UEFA selbst ausgeräumt werden kann: Zum einen müssten die UEFA-Mitgliedsverbände von dem Projekt überzeugt werden und müssten sich verpflichten, eine Mannschaft aufstellen. Hier wäre der entsprechende Druck vermutlich so notwendig wie erfolgreich. Die größere Herausforderung würde bei den nationalen Verbänden liegen, die es schaffen müssten, dass sich die besten FIFA Spieler des jeweiligen Landes auch an dem Turnier beteiligen und eine Nationalmannschaft bilden. Da es anders als im klassischen Sport im E-Sport keine pyramidale Struktur gibt, könnten DFB und andere Verbände nicht einfach die besten Athleten nominieren. Vielmehr müssten sie gebeten werden, an dem Turnier teilzunehmen. Abhängig vom Gesamtkonzept müssten vermutlich erhebliche Preisgelder aufgerufen werden, um gegenüber anderen Formaten attraktiv zu sein.

Eine offene Europameisterschaft und auch ein weltweites Turnier, was allen Mannschaften und/oder Einzelspielern offensteht, würde dieses Problem umgehen, wäre allerdings gleichzeitig deutlich weiter von einer „echten Europameisterschaft im Sinne der UEFA" entfernt. Die Tatsache, dass bis zum Redaktionsschluss dieses Beitrags kein Engagement der UEFA angekündigt worden ist, mag mit den hier skizzierten, wenig attraktiven Optionen zu tun haben.

Neben den genannten Varianten käme weiterhin noch eine Erweiterung des FIFA-Spiels von EA Sports infrage. Pünktlich vor dem Anpfiff des FIFA World Cups in Katar wurde hier der sog. WM-Modus freigegeben. Im Live-Modus war es hier bspw. möglich, die Fußball-Weltmeisterschaft nachzuspielen, wobei die Ergebnisse der realen Spiele in den virtuellen Turnierverlauf einbezogen wurden (vgl. Kicker, 2022). Eine solche Option ist allerdings weniger von der Aktivität der UEFA abhängig. Stattdessen handelt es sich um eine Zusatzfunktion, die für bestehende Nutzer des Spiels interessant sein kann und die so die Kundenbindung zwischen EA Sports und seinen Kunden steigern kann. Ob und inwieweit Abstrahleffekte auf die UEFA zu erwarten wären, sollte hingegen in Frage gestellt werden.

Der Vollständigkeit halber soll noch auf AI League hingewiesen werden (https://fifaworldcupaileague.com/), das unter dem offiziellen Logo der FIFA Fußball-Weltmeisterschaft 2022 angeboten wurde. Dabei handelte es sich um eine Art Manager-Simulation, die ausschließlich während der Fußball-Weltmeisterschaft angeboten wurde, aber dem E-Sport nicht zugeordnet werden kann. Der geringe Erfolg dieses Angebotes lässt sich u. a. am zugehörigen Instagram-Account ablesen: Zum Ende des Turniers hatte dieser nur wenig mehr als 1.000 Follower.

7.5   Ausblick

Der E-Sport und der (professionelle) Fußball konnten die großen Erwartungen, die an eine Verbindung der beiden Bereiche gestellt wurden, bislang kaum erfüllen. Zwar zeigt die überwiegende Mehrzahl der Bundesliga-Clubs ein Engagement und die DFL forciert nicht nur durch die Veränderung der DFL-Statuten die Virtual Bundesliga. Aber auf der anderen Seite sind die E-Sport-Aktivitäten in weiten Teilen als relativ gering anzusehen und Beispiele aus der Vergangenheit (Schalke 04, VfB Stuttgart) haben gezeigt, dass E-Sport-Aktivitäten als Erstes auf dem Prüfstand stehen, wenn der sportliche Erfolg der Profimannschaft ausbleibt. Es scheint, als wenn die meisten Clubs zerrissen wären zwischen Skepsis auf der einen Seite, der gefühlten Notwendigkeit, sich zu engagieren, auf der anderen Seite und schließlich der zentralen Frage, in welcher Form und mit welchen Disziplinen ein Engagement sinnvoll ist. Fußballsimulationen und insbesondere FIFA liegen hier nahe, stehen aber im E-Sport-Markt klar im Schatten anderer Titel, die eine deutlich größere Öffentlichkeit erreichen und folglich ein größeres Vermarktungspotential implizieren.

Diese Unsicherheit zeigt sich in gleicher Form auch bei der UEFA. Die eChampions League ist kaum mehr als die Lizenzierung der Marke Champions League an den Publisher Electronic Arts. Selbst wenn im Rahmen der EURO 2024 ein Angebot geschaffen wird, wird dies kaum mehr sein als ein Alibi.

Nun dürfen Fußballverbände aber keineswegs als Ausnahme im Sport gesehen werden. Vielmehr findet sich eine ganz ähnliche Unsicherheit bei anderen Sportorganisationen und nicht zuletzt auch beim IOC bzw. dem DOSB. Die beschriebenen strukturellen, aber auch die kulturellen Unterschiede zwischen klassischem Profisport und E-Sport sind offensichtlich so groß, dass es nur schwer möglich ist, die beiden Geschäftsmodelle miteinander zu verbinden. Die Zukunft wird zeigen, ob eine solche Verbindung doch noch möglich ist, oder ob beide Phänomene (bzw. Märkte) nicht einfach nebeneinander bestehen werden.

Literatur

Breuer, M. (2011). *eSport – eine Markt- und ordnungsökonomische Analyse*. Boitzenburg.

CDU, CSU & SPD. (2018). *Ein neuer Aufbruch für Europa. Eine neue Dynamik für Deutschland. Ein neuer Zusammenhalt für unser Land*. Koalitionsvertrag, 19. Legislaturperiode, Berlin.

DFL. (2022a). *Informationen zur Virtual Bundesliga*. https://www.dfl.de/de/hintergrund/efootball/informationen-zur-virtual-bundesliga/

DFL. (2022b). *Virtual Bundesliga: Die Details zur Saison 2022/23*. https://www.dfl.de/de/efootball/virtual-bundesliga-die-details-zur-saison-2022-23/

DFL. (2022c). *Virtual Bundesliga wird als zusätzlicher Wettbewerb in DFL-Staturen verankert*. https://www.dfl.de/de/aktuelles/virtual-bundesliga-wird-als-zusaetzlicher-wettbewerb-in-dfl-statuten-verankert/

Diedrich, S. (2022). *FIFA23 ist das letzte FIFA: EAs Lizenz-Verlust bringt zwei neue Spiele hervor*. https://www.gamestar.de/artikel/ea-sports-fc-fifa,3380509.html

Dombrowski, M., Wendeborn, T., Wohlfart, O. & Hodeck, A. (2022). E-Sport im deutschen Profifußball. In M. Breuer & D. Görlich (Hrsg.), *E-Sport. Status quo und Entwicklungspotentiale* (2. Aufl., S. 199–220). Wiesbaden.

DOSB. (2018). *DOSB und „ESPORT"*. https://www.dosb.de/ueber-uns/esport

DOSB. (2021). *Überarbeitete Position Elektronische Sportartensimulationen, EGaming und „ESport"*. Frankfurt.

EA Sports. (2022a). *Alle wichtigen Infos zur eChampions League*. https://www.ea.com/de-de/games/fifa/news/fifa-19-global-series-echampions-league-overview

EA Sports. (2022b, November 04). *Ankündigung der FGS23 eChampions League [Pressemitteilung]*. https://www.ea.com/de-de/games/fifa/news/echampions-league-announcement

Ehnold, P., Gohritz, A. & Lichtenschwimmer, D. (2018). Playstation und Fußballplatz. Vom eSport-Zuschauer zum Fußballfan? In *Sciamus Sport und Management*, 9(2), 1–20.

ESBD. (o. D.). *Über den ESBD*. https://esportbund.de/verband/ueber-den-esbd/

Gameswirtschaft. (2022, April 21). ESL Gaming: Saudi-Arabien ist neuer Eigentümer [Pressemitteilung]. https://www.gameswirtschaft.de/wirtschaft/esl-gaming-mtg-esports-saudi-arabien/

Grotz, M. & Breuer, M. (2022). Die mediale Rezeption des E-Sports. In M. Breuer & D. Görlich (Hrsg.), *E-Sport. Status quo und Entwicklungspotentiale* (2. Aufl., S. 127–146). Wiesbaden.

Hebbel-Seeger, A. & Siemers, L. (2018). eSport im Profi-Fußball der DFL: zu Erwartungen, Zielen und Markeneinfluss. In *Sciamus Sport und Management*, 9(2), 42–58.

Holzhäuser, F., Bagger, T. & Schenk, M. (2016). Ist E-Sport „echter" Sport? In: *Sport und Recht*, 3/2016, 94–98.

Kicker. (2022, November 03). FIFA23: Katar auf der Couch – Das bringt der WM-Modus [Pressemitteilung]. https://www.kicker.de/fifa-23-katar-auf-der-couch-das-bringt-der-wm-modus-923999/artikel

Konami. (2022, Juni 29). *Konami verlängert seine Partnerschaft mit dem deutschen Meister FC Bayern München*, [Pressemitteilung]. https://www.konami.com/games/eu/de/topics/16502/

McKinsey. (2020, Juli 20). E-Sport Sponsoring gewinnt in Deutschland durch Corona an Attraktivität [Pressemitteilung]. https://www.mckinsey.de/~/media/mckinsey/locations/europe%20and%20middle%20east/deutschland/news/presse/2020/2020-07-17%20-%20e-sport%20sponso

ring%20in%20deutschland/pressemeldung_mckinsey_e-sport_report.
pdf

Merz, F. (2021). *eSports Olympisch bei den Asian Games 2022.* https://
www.sport1.de/news/esports/2021/09/asian-games-2022-esports-wird-
olympisch

Müller-Lietzkow, J. (2006). Sport im Jahr 2050: E-Sport! Oder: Ist E-Sport
Sport? In Merz (Hrsg.), *Medien und Erziehung. Zeitschrift für Medien-
pädagogik,* 6, 102–112.

Nielsen. (2020). *Esports Playbook for Brands.* https://nielsensports.com/
esports-playbook-for-brands/2020

PwC. (2020). *Digital Trend Outlook 2020.* https://www.pwc.de/en/techno
logy-media-and-telecommunication/digital-trend-outlook-esport-2020.
html

Reindl, W. (2006, September 18). Fifa 2006 – Hertha BSC steigt in den
Esport ein [Pressemitteilung]. https://www.gamestar.de/artikel/fifa-
2006-hertha-bsc-steigt-in-den-esport-ein,1464773.html

Schwind, J. (2022). Sponsoring im E-Sport am Beispiel der ESL One. In:
M. Breuer & D. Görlich (Hrsg.), *E-Sport. Status quo und Entwicklungspotentiale* (2. Aufl., S. 87–106). Wiesbaden.

SPD, Bündnis 90/Die Grünen & FDP (2021). *Mehr Fortschritt wagen.* Bündnis für Freiheit Gerechtigkeit und Nachhaltigkeit. Berlin.

Statista. (2022). *Gesamtpreisgelder der höchstdotierten eSports-Turniere
weltweit bis November 2022.* https://de.statista.com/statistik/daten/stu
die/261931/umfrage/preisgelder-der-hoechstdotierten-esports-turniere/

Wagner, M. G. (2006). On the Scientific Relevance of eSports. In *International Conference on Internet Computing* (S. 437–442). CSREA Press.

Wutz, M. (2021). *eSports: Die sieben größten Titel nach Preisgeld 2021.*
https://www.computerbild.de/artikel/cb-eSports-Top-7-Games-Preis-
geld-2021-31226833.html

Ausrichterstädte und Rechte

8 Das Rechteschutzprogramm der UEFA – Herausforderungen und Chancen für Host Cities

Anne Jakob

Einen wesentlichen Einfluss auf die Struktur, Gestaltung, Organisation und Ausführung der UEFA EURO 2024 haben die kommerziellen Themen und Interessen der UEFA bzw. deren Sponsoren („kommerzielle Partner"), deren Anliegen es ist, das Event möglichst umfassend zur Gewinnerzielung zu nutzen. Doch auch die Host Cities wollen die EURO 2024 dazu nutzen, sich durch eigene Werbemaßnahmen wenigstens ansatzweise zu refinanzieren. Das folgende Kapitel nennt die Rechtsgrundlagen und beschreibt Inhalt und Umfang des Rechteschutzprogramms sowie die daraus resultierenden Maßnahmen.

8.1 Rechtsgrundlagen[1]

Bereits in der Bewerbungsphase des DFB um die Ausrichtung der UEFA EURO 2024 haben die potenziellen Ausrichterstädte verschiedene Garan-

---

[1] Sämtliche Angaben in diesem Artikel sind den hier genannten Rechtsgrundlagen entnommen, die nur teilweise veröffentlicht sind.

tieerklärungen abgeben müssen. Grundlage hierfür waren die *Tournament Requirements* der UEFA für die UEFA EURO 2024 (Tournament Requirements). Dieses Werk umfasst 190 Seiten und beschreibt sämtliche Vorgaben der UEFA für die Ausrichtung des Turniers. Mit Abgabe der Garantien und der Unterzeichnung des individuellen Host City Contracts haben die Ausrichterstädte der UEFA ihre volle Unterstützung u. a. in rechtlichen und kommerziellen Angelegenheiten zugesichert. Dieses Vorgehen ist bei der Bewerbung und Vergabe von Sportgroßereignissen üblich. Es darf davon ausgegangen werden, dass ohne die Abgabe der geforderten Garantien die Bewerbung des DFB nicht erfolgreich gewesen wäre.

Auf Grundlage der Garantien profitieren die UEFA und ihre kommerziellen Partner von uneingeschränkten Rechten zur Registrierung und Nutzung eigener Marken sowie architektonischer Elemente, öffentlicher Denkmäler und bekannter Gebäude im Rahmen der EURO 2024-Marken, sofern die Host City im Besitz der entsprechenden Rechte ist. Die Host Cities verpflichten sich zur Ergreifung aller angemessenen Maßnahmen zur Durchsetzung der Gesetze betreffend das geistige Eigentum inkl. der Rechte der UEFA sowie zur Verhinderung von Ambush Marketing, Fälschungsaktivitäten, nicht autorisierten kommerziellen Handels in der Umgebung der *official sites* und nicht autorisierter Public Viewing Events. Die Host Cities müssen entsprechende Präsenz der zuständigen Behörden, insbesondere Staatsanwaltschaft, Polizei und Zoll, in der Host City mindestens am Spieltag sicherstellen, damit sie angemessene und notwendige Maßnahmen durchführen können.

Die Ausgestaltung dieser einzelnen Zusagen erfolgt im Detail durch den Abschluss sog. *Side Letter.* Diese werden zwischen der EURO 2024 GmbH und den Host Cities gemeinsam ausgearbeitet und anschließend von jeder Host City unterzeichnet.[2] Für die kommerziellen Themen sind der *Side Letter Fan Zonen* und der *Side Letter Host City Rechte* von wesentlicher Bedeutung.

Zur Umsetzung der gegebenen Garantien und darauf basierender Maßnahmen bedarf es eines durchdachten, breit angelegten und in der frühen Phase der Organisation des Events aufgelegten Rechteschutzprogramms.

---

2   Die EURO 2024 GmbH ist ein Joint Venture aus DFB und UEFA. Auch wenn die rechtlichen Beziehungen auf den Side Lettern zwischen der EURO 2024 GmbH und den Ausrichterstädten beruhen, wird im Folgenden ausschließlich von der UEFA gesprochen.

8.2 Das Rechteschutzprogramm

8.2.1 Überblick

Die kommerziellen UEFA-Partner zahlen einen (nicht unerheblichen) finanziellen Beitrag für die Verwertung der ihnen durch die UEFA eingeräumten Rechte. Das Rechteschutzprogramm soll die, den kommerziellen UEFA-Partnern durch die UEFA zugesicherte Exklusivität, sichern. Gleichzeitig sichert das Rechteschutzprogramm aber auch die Rechte der Host Cities und deren lokalen Förderer und trägt so dazu bei, eigene Refinanzierungsmöglichkeiten zu erschließen. Kurz: Das Rechteschutzprogramm dient der Umsetzung vertraglicher Garantien der Host Cities gegenüber der UEFA sowie der rechtskonformen (Aus)Nutzung eigener Werberechte.

Das Rechteschutzprogramm (RSP)[3] umfasst alle Regelungen und Maßnahmen, die notwendig sind, um Verstößen gegen die Rechte der UEFA, der kommerziellen UEFA-Partner und der Host City anlässlich der EURO 2024 vorzubeugen. Es regelt den Umgang und Schutz von Markennamen, Markenzeichen und Designs, die von der UEFA entwickelt und rechtlich geschützt wurden[4], sowie den Umgang mit Urheberrechten und Werbeaktivitäten mit direktem und indirektem Bezug auf die EURO 2024.

Die im RSP beschriebenen Maßnahmen sollen also insbesondere:

- den Ticketschwarzmarkt unterbinden;
- vermeiden, dass gefälschte Markenware (z. B. Merchandisingware EURO 2024) verkauft wird;
- verhindern, dass Unternehmen oder Sponsoren, die keine Werberechte an der EURO 2024 haben, dennoch Werbung mit oder im Kontext der EURO 2024 betreiben (Ambush-Marketing);
- nicht genehmigtes Public Viewing unterbinden.

Natürlich können derartige Vorkommnisse nicht zu 100 % ausgeschlossen werden. Das RSP soll diese allerdings so effektiv wie möglich verringern. Damit sind das RSP und die Umsetzung der darin beschriebenen Maßnahmen auch auf die Vermeidung von Rechtsstreitigkeiten gerichtet, die sich nach Beendigung der EURO 2024 fortsetzen würden.

Das RSP sieht neben den Präventions- zugleich Durchsetzungsmaßnahmen vor für den Fall, dass es zu Verstößen kommt. Gleichzeitig definiert es konkrete Unterstützungsmöglichkeiten jeder Ausrichterstadt und deren

---

3   Im Englischen: Rights Protection Programme – RPP.
4   Etwa durch internationale Registrierung beim Amt der Europäischen Union für geistiges Eigentum und/ oder bei der Weltorganisation für geistiges Eigentum.

Behörden im jeweiligen Zuständigkeitsbereich.[5] Ein wesentlicher Punkt des RSP ist die Einrichtung eines sog. Rechteschutzkomitees. Die Aufgabe des Rechteschutzkomitees ist es, die Einhaltung des RSP während der Spiele und der Dauer des gesamten Events in der Ausrichterstadt sicherzustellen.

Geographisch gilt das RSP für alle Veranstaltungsstätten und deren Umfeld, die von den Host Cities für die EURO 2024 eingerichtet und betrieben werden.[6] Das RSP gilt weiterhin für den städtischen Bereich[7] und das unmittelbare Umfeld des Stadions, in dem die Spiele der UEFA EURO 2024 ausgetragen werden. Die Stadien selbst unterliegen der ausschließlichen Zuständigkeit der UEFA.

8.2.2 Grundlagen des RSP

Der Kern des RSP ist der Schutz der Exklusivität der kommerziellen UEFA-Partner. Dabei ist immer zu beachten, das auf erster Ebene die Rechte der kommerziellen UEFA-Partner und Lizenznehmer stehen und erst auf zweiter Ebene die Rechte der lokalen Förderer der jeweiligen Host City.

Die Schutzmaßnahmen selbst beruhen auf einem sog. Drei-Säulen-Modell, zu deren konsequenten Einhaltung sich jede Host City vertraglich verpflichtet hat: Werbeinventarverzeichnis, Host City Dressing und Durchsetzung des Clean Site Prinzips.

8.2.2.1 Werbeinventarverzeichnis

Die Ausrichterstadt muss ein Inventar der Werbeflächen in der Stadt erstellen, die sich am Stadium Commercial Perimeter an öffentlichen Veranstaltungsflächen, am Flughafen, an den Hauptbahnhöfen und wichtigsten Knotenpunkten des öffentlichen Nahverkehrs Richtung Stadion, die wesentlichen Zubringerstraßen zum Stadion außerhalb des Stadium Commercial Perimeters und die Hauptverbindungsstraßen zwischen Flughafen, Stadion und Stadtzentrum befinden. Ein „angemessener und sinnvoller Prozentsatz" dieser Flächen ist der UEFA unentgeltlich zur Nutzung anzubieten. Die verbleibenden Werbeflächen kann die Ausrichterstadt den kommerziellen UEFA-Partnern zu marktüblichen Preisen anbieten. Dadurch soll verhindert werden, dass sich Wettbewerber der kommerziel-

---

5   Z. B. Polizeikräfte einschließlich städtischer oder gleichwertiger Stellen, Zoll, Staatsanwälte und Verwaltungsbeamte der Stadt, die für Werbung, Planung, Parken/ Verkehr, Verkauf/Vertrieb, Genehmigung/ Fragen sowie Gesundheit und Sicherheit zuständig sind.

6   Football Village, Fan Zone, Public Viewings, Fan Meeting Points usw.

7   Flughafen, Bahnhöfe, Hauptverkehrswege, Zugangswege zu den Veranstaltungsstätten.

len UEFA-Partner frühzeitig Werbeflächen für den Zeitraum der EURO 2024 sichern und dadurch mit dem Event in Verbindung gebracht werden.

8.2.2.2 Host City Dressing

Die Host City muss ab zwei Wochen vor dem Eröffnungsspiel bis zwei Tage nach dem letzten Spiel kostenlos Flächen und Orte für „Installationen" der UEFA zur Verfügung stellen. Dies können Gebäude oder Einrichtungen entlang wichtiger Straßen, Gebiete, der Fan Zone, der Flughafen, Bahnhöfe, im öffentlichen Nahverkehr, Haltestellen usw. sein. Mit Installationen sind etwa Flaggen, Banner, Lichtkunst, Countdown-Uhren, Laserprojektionen, Gebäudehüllen usw. gemeint.

8.2.2.3 Clean Site Prinzip

Die Fan Zone, offizielle Veranstaltungsstätten für die EURO 2024, sonstige von der UEFA benannten Orte und Host City Events müssen – abgesehen von den kommerziellen UEFA-Partnern – werbefrei bleiben. Den Host Cities ist es nicht gestattet, ihrerseits Dritten Werbemöglichkeiten einzuräumen, die die Rechte der UEFA oder ihrer kommerziellen Partner beeinträchtigen würden. Das Vorhalten von Werbeflächen ist damit eine elementare Schutzmaßnahme zur Wahrung der Exklusivitätsrechte.

8.2.3 Maßnahmen zur Wahrung der Exklusivität der kommerziellen UEFA-Partner

Die Maßnahmen zum Schutz der Exklusivität der kommerziellen UEFA-Partner können präventiver und repressiver Natur sein. Sie sind umfassend zu planen. Dabei ist beispielsweise auch an das Catering, die Beschaffung von offiziellen Lizenzprodukten, die Bewerbung der Host City Events, das Branding der Veranstaltungsorte usw. zu denken.

8.2.3.1 Zwingende Vorgaben der UEFA

Für die Wahrung der Exklusivität der kommerziellen UEFA-Partner gibt die UEFA zahlreiche Pflichten vor. Wesentlich für jede Host City ist, diese einzuhalten bzw. umzusetzen. Anderenfalls kann sie sich Schadenersatzansprüchen ausgesetzt sehen.

Die UEFA entwickelt etwa ein Fan Zone Branding Konzept, ein Beschilderungskonzept und ein Branding für das Host City Ticketing, welche von der jeweiligen Ausrichterstadt auf eigene Kosten umzusetzen sind. Die UEFA hat Vorgaben für die Beschaffung offizieller Lizenzprodukte erstellt, die zwingend beachtet werden müssen. Während der Übertragung der Spiele im Rahmen des Public Viewings haben die kommerziellen UEFA-

Partner exklusive Werbemöglichkeiten unter Nutzung der Bühne und der Zuweisung von Flächen für gebrandete Unterhaltungsaktionen.

Die Host Cities müssen für kommerzielle UEFA-Partner oder für den Verkauf offizieller Lizenzprodukte geeignete und angemessene Flächen für Shops (offizielle Sport-Retailer) zur Verfügung stellen. Sollte eine Ausrichterstadt die Konzession für den Verkauf von Speisen und Getränken erhalten, sind das Branding von Produkten und Dienstleistungen des Caterers vertraglich zu unterbinden. Auch Medienunternehmen dürfen in der Fan Zone oder anderen offiziellen Veranstaltungsstätten der Stadt anlässlich der EURO 2024 nicht gebrandet oder beworben werden. Sämtliche Vorgaben ergeben sich aus den bereits oben genannten Vertragsgrundlagen sowie aus weiteren von der UEFA während der Planungsphase erstellten Dokumenten und zusätzlichen mit den Host Cities zu treffenden Vereinbarungen.

8.2.3.2 Schutzmaßnahmen seitens der Host Cities

Abgesehen von den zwingend einzuhaltenden und umzusetzenden Vorgaben der UEFA müssen die Ausrichterstätte eigene Maßnahmen zum Schutz der Exklusivität der kommerziellen UEFA-Partner planen.

Ambush-Marketing

Maßnahmen gegen konkurrierende Werbung von Unternehmen oder Personen, die keine kommerziellen UEFA-Partner sind,[8] müssen bereits in der Konzeptionierungs- und Planungsphase der Veranstaltung beginnen, denn sie betreffen auch Bereiche der Veranstaltungslogistik, der Mobilität und Sicherheit, des Marketings, der Fan Zone sowie die Bereitstellung aller notwendigen Flächen und Grundstücke. Relevante Orte für mögliche Ambush-Marketing-Aktivitäten sind zu identifizieren. Sie unterliegen möglicherweise dem Clean-Site-Prinzip, was mit der UEFA abzustimmen ist. Werbeaktivitäten an den identifizierten Orten ist zu unterbinden. Sind bestimmte Unternehmungen an risikoreichen Orten für Ambush-Marketing genehmigungspflichtig, müssen die Behörden frühzeitig eingebunden werden, um diese Genehmigungen ggfls. nicht zu erteilen. Vertragsgestaltungen der Host City mit anderen Vertragspartnern, die inhaltlich, örtlich oder zeitlich in Konkurrenz zur Durchführung der EURO 2024 treten könnten, sind vor Vertragsabschluss juristisch zu prüfen.

---

8   Zu Definition und Erscheinungsformen von Ambush-Marketing siehe Jedlitschka (2007, S. 184) und Risch-Kerst (2015, S. 11 ff.).

Unerwünschte Außenwerbung

In der Vergangenheit hat sich als beliebte Ambush-Marketing-Methode Außenwerbung in der Ausrichterstadt etabliert.[9] Dagegen kann eine Host City aufgrund baurechtlicher und denkmalschutzrechtlicher Vorschriften vorgehen. Grundsätzlich ist es nach dem Bauordnungsrecht verboten, genehmigungsfreie Werbeanlagen zu errichten, die das Straßen-, Orts- oder Landschaftsbild oder andere bauliche Anlagen verunstalten oder die Sicherheit und Leichtigkeit des Verkehrs gefährden. Die störende Häufung von Werbeanlagen ist unzulässig (Jedlitschka & SpuRt, 2007, S. 186). In solchen Fällen darf die zuständige Behörde nach Prüfung des Einzelfalles Einschränkungen vornehmen.

Handelt es sich um eine genehmigungspflichtige Werbeanlage[10], muss eine Baugenehmigung beantragt werden. Durch Verweigerung der Baugenehmigung können temporäre oder dauerhafte großflächige Werbeanlagen auf Privatgrundstücken verhindert werden, da diese als verunstaltend und mit dem Denkmalschutz unvereinbar oder ortsbildstörend eingeordnet werden können.

Unerwünschte Werbung bei und in der Umgebung von Host City Events

Maßnahmen gegen Ambush-Marketing müssen nicht nur im städtischen Raum unterbunden werden, sondern und vor allem im Bereich der Host City Events und deren unmittelbaren Umgebung. Hier stehen insbesondere das Public Viewing, das Football Village, die Fan Meeting Points und alle weiteren Veranstaltungen im Zusammenhang mit der EURO 2024 im Fokus. Doch nicht nur das – auch für private Veranstaltungen (etwa nicht-lizenzierte Public Viewings) gilt: Logos, Designs und Marken der UEFA und ihrer kommerziellen Partner, speziell die für die EURO 2024 registrierten, dürfen nicht verwendet werden.[11] Unter dieses Verbot fallen auch UEFA-Namen, Musik, Medaillen, Slogans, Plakate und Trophäen, die im Zusammenhang mit der EURO 2024 verwendet werden. Dieses grundsätzliche Verwendungsverbot soll den Eindruck vermeiden, dass es sich bei anderen Veranstaltungen um eine solche der UEFA oder eine offizielle Veranstaltung im Rahmen der EURO 2024 handelt. Zudem sollen kommerzielle UEFA-Partner nicht mit anderen Sponsoren verwechselt werden.

---

9   Bspw. Großwerbung an Hauswänden, Baugerüsten, auf Bussen und Bahnen, Autos und Autoanhängern.

10 Alle ortsfesten Einrichtungen, die der Ankündigung oder Anpreisung oder als Hinweis auf Gewerbe oder Beruf dienen, z. B. Schilder, Beschriftungen, Bemalungen, Lichtwerbungen, Schaukästen sowie für Zettelanschläge und Bogenanschläge oder Lichtwerbung bestimmte Säulen, Tafeln und Flächen ab einer bestimmten Größe oder in einem bestimmten Gebiet.

11 Siehe den folgenden Abschnitt.

Anbieten gefälschter Produkte oder sonstiger Waren

Die UEFA hat sich im Zusammenhang mit allen Fußball-Europameisterschaften jeweils umfassende Rechte an Logos, Maskottchen und Schriftzügen eintragen lassen und damit für diese Schutz erlangt. Als Inhaber der geschützten Marken hat die UEFA die alleinigen Nutzungs- und Verwertungsrechte an diesen, jedenfalls nach dem Deutschen Markengesetz. Nicht-lizenzierte Anbieter von Waren, die diese Marken enthalten oder Marken, die den UEFA-Marken ähnlich sehen, verstoßen gegen das Markengesetz (Risch-Kerst, 2015, 105 ff.).

Im Zusammenhang mit dem nicht-autorisierten Anbieten von Produkten steht daneben die Verletzung des Urheberrechts im Raum.[12] Der Urheberrechtsschutz entsteht bereits automatisch mit der Schaffung und Fertigstellung des Werkes (§ 1 UrhG). Eine Anmeldung oder Registrierung muss der Urheber nicht vornehmen lassen. Nur der Urheber darf darüber entscheiden, was mit seinem Werk passiert und in welcher Form es verwertet bzw. verwendet wird (§ 12 UrhG). Bereits bei Bearbeitung oder Umgestaltung eines urheberrechtlich geschützten Werkes oder dem Werk selber durch Vervielfältigung, Verbreitung oder öffentliche Wiedergabe liegt ein Verstoß gegen das UrhG vor.

Auch Straftaten nach dem Strafgesetzbuch können durch das Anbieten gefälschter oder veränderter Lizenzware in Betracht kommen, etwa Betrug oder Urkundenfälschung.[13]

Derartige Aktivitäten zu erkennen und zu beseitigen ist Inhalt des RSP. Für die Host Cities kann es allein um das Erkennen und Beseitigen des jeweils aktuellen Verstoßes gehen. Denn die rechtliche Verfolgung (rechtliche Beseitigung der Wiederholungsgefahr, Forderung von Schadenersatz) steht allein der UEFA als Marken- oder Urheberrechtsinhaber zu. Kann der Verstoß gleichzeitig einen Straftatbestand erfüllen (§ 143 MarkG), sehen die Gesetze Maßnahmen vor, die vor Ort ergriffen werden können (§ 146 MarkG). Dazu zählen die Sicherstellung der Deliktsgegenstände bereits im Ermittlungsverfahren, die Durchsuchung von Privat- und Firmenräumen oder die Beschlagnahme von Beweismitteln. Das RSP muss für diesen (nicht unwahrscheinlichen) Fall vorsehen, dass Vollzugsbehörden (Polizei, Zoll) vor Ort oder zumindest schnell erreichbar sind und Zugang zum Ort des Verstoßes erhalten.

Werden Waren, die nicht gegen das MarkenG oder das UrhG verstoßen, angeboten und/oder verkauft, kann dies durch die Host City aktiv unterbunden werden. Der Straßenverkauf ist ein erlaubnispflichtiges Reisege-

---

12 Bspw. an Maskottchen, Logos, Fotos, Bildern, Graphiken, Musik usw.
13 Bspw. Veränderung/Entfernung von Etiketten.

werbe. Grundsätzlich ist für den fliegenden Verkauf von Waren eine Reisegewerbekarte oder Handelserlaubnis notwendig. Liegt diese nicht vor, kann der Straßenverkauf untersagt und unterbunden werden (Jedlitschka, 2007, S. 185–186). Der unerlaubte Handel kann auch teilweise über das Ladenschlussgesetz und das jeweils anwendbare Landesgesetz untersagt werden. Die entsprechenden Maßnahmen unterliegen der Planung und Umsetzung durch die Host City und müssen im RSP vorgesehen sein.

Handel mit Tickets

Ein häufiges Phänomen bei Sportgroßveranstaltungen ist der Handel mit Tickets. Dabei kommt es vor, dass sowohl gefälschte Tickets als auch echte Tickets zu überhöhten Preisen zum Kauf angeboten werden.[14]

Grundsätzlich gilt, dass der gewerbsmäßige Handel mit Eintrittskarten verboten ist (LG Hamburg, Urt. v. 2.10.2014, Az. 327 O 251/14). Ein solcher Handel im Internet wird von der UEFA überwacht – er unterliegt regelmäßig nicht der Kompetenz der Host Cities. Sollte eine Ausrichterstatt jedoch Kenntnis von Internethandel mit Tickets der EURO 2024 erlangen, sollte sie die UEFA darauf hinweisen.

Da die Eintrittskarten für die Spiele der EURO 2024 personalisiert sind, ist auch ein privater Weiterverkauf von Tickets nicht gestattet (BGH, Urt. v. 11.9.2008, Az. I ZR 74/06). Das ist den Ticketkäufern durch die beim Kauf durch die UEFA bekannt gemachten Geschäftsbedingungen auch bekannt. Dennoch werden häufig vor Ort, etwa im Rahmen von Host City Events, an Fan Meeting Points oder im Umfeld des Stadions durch Einzelpersonen Tickets angeboten. Hier gilt das für den Verkauf sonstiger Waren Gesagte: Wegen regelmäßig mangelnder Reisegewerbekarte oder Handelserlaubnis kann der Verkauf durch die Host City unterbunden und untersagt werden. Zudem verweigert die UEFA Inhabern von falschen personalisierten Tickets den Zugang zum Stadion (LG Hamburg, Urt. v. 2.10.2014, Az. 327 O 251/14).

Unerwünschte (mobile) Marketingaktivitäten

Weil die Kreativität der Werbe- und Marketingagenturen kaum Grenzen kennt, treten sowohl im städtischen Bereich als auch im Stadion vermehrt vorübergehende mobile Marketing- und Werbeaktivitäten von Dritten auf, die nichts mit der EURO 2024 zu tun haben. Das RSP muss Maßnahmen vorsehen, wie diese im städtischen Bereich und der Umgebung von Veranstaltungsorten unterbunden werden können. Neben der rechtlichen Frage stellt sich hier vor allem die nach der tatsächlichen Umsetzbarkeit.

---

14 Ticketschwarzmarkt.

Eine Host City kann auf Grundlage verkehrs- und straßenrechtlicher Vorschriften gegen mobile Marketing- und Werbeaktivitäten im Straßenverkehr und auf öffentlichen Wegen vorgehen. Ein staatliches Eingreifen ist grundsätzlich jedoch nur möglich, wenn der Verkehr aufgehalten, behindert oder vereitelt wird (Jedlitschka, 2007, 186–187). Wird eine Straße nicht vorrangig für Verkehrszwecke genutzt, wie dies im Fall eines Straßenverkaufs der Fall wäre, kann nach den straßenrechtlichen Vorschriften eine Sondernutzungserlaubnis erforderlich sein. Dies gilt insbesondere für alle mobilen Marketingaktivitäten.

Jede Host City sollte prüfen, ob nach ihren Gesetzen der Gebrauch der öffentlichen Straßen, welcher über den Gemeingebrauch hinausgeht, einer Sondernutzung und unbeschadet sonstiger Vorschriften der Erlaubnis der Straßenbaubehörde bedarf. Derartige Erlaubnisse sollten für den Zeitraum der EURO 2024 nicht erteilt werden. Werden dann Werbeanlagen auf Straßen ohne Genehmigung errichtet, könnte die Host City ungeachtet ihrer Größe dagegen vorgehen. Das gilt auch für abgestellte Anhänger und dergleichen.

Luftverkehrsgesetz und Luftverkehrsordnung versetzen die Host Cities in die Lage, mobile Werbung in der Luft durch ein Flugverbot über bestimmten Bereichen (etwa dem Stadion) zu unterbinden. Gleiches gilt für die Nicht-Genehmigung von Schlepp- und Reklameflügen. Besteht eine lokale oder regionale Verordnung nicht, verbleibt der Host City ausreichend Zeit, für den Zeitraum der EURO 2024 eine entsprechende eventuell zeitlich begrenzte Verordnung zu erlassen. Wichtig ist, dass die Rechtslage frühzeitig erkannt wird und die notwendigen Maßnahmen im RSP definiert und umgesetzt werden.

Nicht-genehmigtes Public Viewing

Die UEFA verlangt von den Host Cities die Einrichtung einer Fan Zone und/oder eines Football Villages, in denen die Spiele der EURO 2024 öffentlich übertragen werden (Public Viewing). Sie definiert hierfür genaue Vorgaben und stellt dafür den Host Cities das TV-Signal nebst Übertragungstechnik kostenfrei zur Verfügung.

Die UEFA beschränkt den Begriff „öffentlich" jedoch nicht auf diese Bereiche. Nach Auffassung der UEFA fallen auch TV-Übertragungen in Bars, Restaurants, Stadien, auf öffentlichen Plätzen, in Büros, auf Baustellen, Schiffen, in Bussen und Zügen, Schulen und Universitäten sowie Krankenhäusern unter „öffentlich". Demnach läge schon ein Public Viewing vor, wenn das private Übertragungsgerät (Laptop, Tablet, Smartphone) bei einem Straßen-, Nachbarschaftsfest oder im Park öffentlich aufgestellt wird. Das gilt jedenfalls dann, wenn das Public Viewing kommerziell genutzt wird. Daran bestehen keine Zweifel, wenn beispielsweise ein Gastronomiebetrieb betrieben oder der Zugang nur gegen Bezahlung gewährleistet wird.

Öffentlichen Veranstaltern könnte die UEFA eine Lizenz erteilen zur Verwertung des Fernsehsignals. Bei Fußball-Weltmeisterschaften hat die FIFA beispielsweise Gastronomiebetrieben solche Lizenzen erteilt, um Übertragungen im Betrieb zu ermöglichen und damit Umsatz zu generieren. Derzeit sind ähnliche Überlegungen für die EURO 2024 (noch) nicht bekannt.

Allerdings ist die UEFA als Hersteller des TV-Signals und Lizenzgeber der Fernsehübertragungsrechte kein Sendeunternehmen im Sinne des Urhebergesetzes. Zwar hat der Urheber einer Rundfunksendung[15] Urheber- und Leistungsschutzrechte. Übertragen wird aber eine Sportveranstaltung. Nach der Rechtsprechung begründen Fußballspiele keine Urheber-Leistungsschutzrechte, weil es ihnen an der geistigen Schöpfung fehlt (EuGH, Urt. v. 4. 10. 2011, Az. C-403, 429/08 Football Association Premier League Ltd. u.a./QC Leisure u.a. u. Karen Murphy/Media Protection Services Ltd., Football Association Premier League u. Murphy, GRUR 2012, 156, 160, Rn. 96–99). Die UEFA könnte nach dem UrhG rechtlich lediglich Lizenzzahlungen für die kommerzielle Verwertung des Fernsehsignals verlangen, also bei Veranstaltungen und Streams gegen Entgelt. Einen Anspruch auf Lizenzzahlungen für kostenfreie Veranstaltungen gewährt das UrhG nicht, selbst wenn diese einen sonstigen kommerziellen Hintergrund aufweisen, wie beispielsweise die Umsatzsteigerung eines Gastwirts, die Kundenwerbung eines Unternehmens und insbesondere die Einbindung von Sponsoren. Die UEFA – und damit die Host Cities – haben keine rechtliche Handhabe, derartige „Public Viewings" zu untersagen. Liegen keine anderen genehmigungsrechtlichen Tatbestände vor[16], kann die Host City dagegen nichts unternehmen.

8.2.4 Rechteschutzkomitee

Zur Überwachung und Sicherstellung der Exklusivität der kommerziellen Partner verlangt die UEFA die Einrichtung eines Rechteschutzkomitees. Dessen Zusammensetzung bestimmt die Host City. Im Rechteschutzkomitee sollten jedoch möglichst alle Behörden und Interessengruppen vertreten sein. Dazu zählen Staatsanwaltschaft, Polizei, Stadtmarketing, Ordnungsbehörden, Stadtbezirksämter, Betreiber des ÖPNV, der Bahn, des Flughafens, der wichtigsten überregionalen und lokalen Bahnhöfe, Interessenverbände von Gaststättenbetreibern, Hotels, Wettanbietern, Automatenaufstellern usw. Auch aus dem Organisationskomitee selbst sollten Vertreter Mitglied im

---

15   Welches ein Werk i. S. d. UrhG ist.
16   Nutzung öffentlicher Plätze und Anlagen o. ä.

Rechteschutzkomitee sein, so etwa der Verantwortliche für die Volunteers, für das City Dressing oder die Fan Zone (bzw. der Fan Zone-Betreiber).

Das Rechteschutzkomitee muss sich eng abstimmen, idealerweise in regelmäßigen Treffen in kurzen Abständen. Während des Turnierzeitraums ist es die Aufgabe des Komitees, eventuelle Rechtsverstöße zu erkennen und zu unterbinden. Dies geschieht durch Patrouillen und einen möglichst gut abgestimmten Einsatzplan mit klaren Zuständigkeiten und Kommunikationslinien.

8.3 Anforderungen an die Host Cities

Aus Sicht der UEFA ist das RSP eine der wichtigsten Maßnahmen des gesamten Turniers. Entsprechend ernst sollten die Host Cities es nehmen. Denn das Erstellen des RSP stellt an die Host Cities hohe Anforderungen. Ausgehend von den rechtlich bindenden Vorgaben der UEFA müssen klare Schutzziele definiert und entsprechende Schutzmaßnahmen im präventiven und repressiven Bereich festgelegt werden.

Hierfür müssen zunächst die rechtlichen Zuständigkeiten und Verpflichtungen der UEFA einerseits und der Host City andererseits deutlich voneinander abgegrenzt werden. Anschließend bedarf es einer vertieften Auseinandersetzung mit den Regelungen des gewerblichen Rechtsschutzes, den bestehenden Lizenzrechten, den Vorgaben des Sicherheits- und Kommunalrechts, dem Strafrecht, dem Zivilrecht sowie den Pflichten aus den zwischen der UEFA und der Host City geschlossenen Verträgen bzw. den von der Host City abgegebenen Garantieerklärungen. Denn das RSP ist individuell, also an den konkreten geographisch-räumlichen, landes-/kommunalrechtlichen und gesellschaftlichen Besonderheiten der jeweiligen Host City auszurichten.

Weiterhin müssen mögliche Rechtsverstöße herausgearbeitet und typische Fallgruppen oder Probleme dargestellt werden. Hierfür müssen relevante Orte oder Gebiete festgelegt werden, die ein hohes Risiko für etwa Ambush-Marketing, unerwünschte Außenwerbung oder nicht-genehmigtes Public Viewing besitzen.[17] Es muss eine Abstimmung mit der UEFA vorgenommen werden, inwieweit diese Orte dem Clean Site Prinzip unterliegen.

Grundsätzlich sind daneben auch alle übrigen Vertragsgestaltungen der Host City mit Dritten, die inhaltlich, örtlich oder zeitlich in Konkurrenz zur Durchführung der EURO 2024 treten könnten, vor Vertragsabschluss juris-

---

17 Wie Stadionumfeld, Fan Zone und Umfeld, Bahnhöfe (Auswahl relevanter Bahnhöfe), Flughafen und weitere Orte (Fan Meeting Points, Public Viewing oder gesamtes Stadtgebiet).

tisch daraufhin prüfen, ob sie den Zusagen der Host City gegenüber der UEFA zuwiderlaufen.

Im Rahmen des RSP ist ein Rechteschutzkomitee einzurichten. Über Art und Zusammensetzung sowie die Häufigkeit der Treffen entscheidet die Host City. Es muss jedenfalls so eingerichtet sein, dass das Rechteschutzkomitee seine Aufgabe – Überwachung und Durchsetzung des RSP – effizient erfüllen kann. Das RSP muss also auch Ansprechpartner und Kommunikationswege definieren, um auftretende Verstöße schnell und effizient beseitigen zu können.

Schlussendlich muss die UEFA dem RSP vorab zustimmen. In der Regel ist das RSP ein „lebendes" Dokument, dass der fortlaufenden Abstimmung zum einen mit der UEFA, zum anderen mit den Mitgliedern des Rechteschutzkomitees bedarf.

Die Kosten für das RSP einschließlich Rechteschutzkomitee sind von der Host City zu tragen.

8.4   Herausforderungen für die Host Cities

Die von der UEFA für das RSP vorgegebenen Maßnahmen klingen zunächst weniger dramatisch, als sie in der Umsetzung für die Host Cities tatsächlich sind. Genau genommen stellen sie die Host Cities vor große, wenn nicht unlösbare Aufgaben. In diesem Kapitel seien nur einige davon genannt.

8.4.1   Werbeinventar

Die Host Cities sind verpflichtet, zwei Jahre vor Beginn des Turniers ein Werbeinventar zu erstellen. Dieses Werbeinventar muss alle Werbeflächen beinhalten, die sich am Stadium Commercial Perimeter an öffentlichen Veranstaltungsflächen, am Flughafen, an den Hauptbahnhöfen und wichtigsten Knotenpunkten des öffentlichen Nahverkehrs Richtung Stadion, die wesentlichen Zubringerstraßen zum Stadion außerhalb des Stadium Commercial Perimeters und die Hauptverbindungsstraßen zwischen Flughafen, Stadion und Stadtzentrum befinden. Hintergrund ist, dass die UEFA – entweder für sich oder ihre kommerziellen Partner – diese Flächen, Medien oder Teile davon exklusiv während des Turnierzeitraums für eigene Werbung sichern, in jedem Fall aber von Werbung Dritter und Wettbewerbern freihalten will, und das für die UEFA kostenfrei.

Die UEFA bestimmt, welche der Flächen und Medien des Verzeichnisses sie für sich oder ihre kommerziellen Partner kostenfrei beansprucht. Das können bis zu 20 % der Gesamtfläche sein. Den Rest darf die Ausrichterstadt kommerziellen UEFA-Partnern zu marktüblichen Preisen anbieten.

Was nicht für UEFA und ihre kommerziellen Partner genutzt wird, hat die Host City auf eigene Kosten von Werbung Dritter freizuhalten.

Die Erstellung des Verzeichnisses mag einfach sein, wenn die Stadt oder eine städtische Gesellschaft Inhaberin der Werbeflächen ist. Je größer aber die Stadt, und je zahlreicher die Inhaber/Betreiber der Werbeflächen, desto schwieriger und langwieriger gestaltet sich dieser Prozess. Mit der Erstellung des Verzeichnisses ungefähr zwei Jahre vor Turnierbeginn ist der Prozess nicht beendet. Es wird neue Werbeflächen geben, andere verschwinden. Es kann technische Änderungen der Art und Weise des Werbens geben. Die Host City muss das während des gesamten Prozesses bis zum Turnierbeginn im Auge behalten.

Mangels direkten Zugriffs müssen die Ausrichterstädte über die Anmietung von nicht in ihrem Besitz befindlichen Werbeflächen und -medien verhandeln. Das geschieht bereits zwei Jahre vor dem Turniertermin. Teilweise sind die Flächen dann jedoch noch nicht buchbar oder bepreist, teilweise sind Werbeflächen langfristig, und damit auch für den Turniertermin, verkauft. Die Einhaltung der der UEFA gegebenen Garantien kann dann schnell ins Wanken geraten.

Nicht zuletzt können die Kosten für das Freihalten der Werbeflächen enorm hoch sein.[18] Die kommerziellen Anbieter der Werbeflächen in der Stadt werden der Host City kaum Sonderkonditionen einräumen, wenn ihnen gleichzeitig Umsatz verloren geht.

8.4.2 Ambush Marketing

Die Herausforderungen in Bezug auf Ambush-Marketing oder andere Außenwerbung bestehen vor allem der Identifikation der Risikopunkte oder -anlagen. Auch hier kann es bis zum Turnier Änderungen tatsächlicher Art geben, neue, große Flächen können sich auftun. Genehmigungsbehörden müssen frühzeitig eingebunden und auf allen Ebenen sensibilisiert werden, um Fehler zu vermeiden.

Eine weitere Herausforderung sind die Bestandsgeschäfte im Umfeld von Stadion oder Host City Events. Sie müssen nicht nur zum 1. Januar 2024 identifiziert werden, sondern es muss auch festgestellt werden, welchen Umfang das sichtbare Außengeschäft hat, mit welchen Sonnenschirmen oder anderen Werbeträgern es ausgestattet ist. Abweichungen von diesen Feststellungen während des Turniers sind nicht gestattet. Es darf also keine temporären Outdoor-Stände, Zelt oder Kioske geben (auch nicht an den relevanten Bahnhöfen). Auf dem Außenbetriebsgelände dürfen keine Werbeaktivitäten stattfinden, keine zusätzlichen Sonnenschirme aufge-

---

18 Beispiel Berlin: im zweistelligen Millionenbereich.

stellt, keine Fenster, Türen usw. mit Werbung versehen werden. Die Nutzung der UEFA-Marken ist verboten. Auch hier gilt es, Veränderungen und ggfls. Pächterwechsel stetig im Blick zu behalten, vor allem vor dem Hintergrund, dass am 1. Januar in der Regel kein Außengeschäft betrieben wird, kein Biergarten geöffnet ist usw. Hier muss die Host City daher besser feststellen, welche Bestandsgeschäfte im Sommer bestehen, da anderenfalls ein Betrieb von Außengastronomie des Bestandsgeschäftes während des Turniers überhaupt nicht möglich wäre.

8.4.3 Lange Freihaltefristen

Den Host Cities werden mit dem *Side Letter Host City Rechte* einige Möglichkeiten eingeräumt, ihren Status als Ausrichterstadt der EURO 2024 zu bewerben, lokale Förderer zu ernennen oder für das Catering bei den Host City Events selbst zu sorgen.[19] Allerdings erhalten die kommerziellen UEFA Partner vor Dritten das Recht, Branding- und Vermarktungsmöglichkeiten bei den Host City Events gegen eine angemessene finanzielle Vergütung von der Host City zu erwerben. Entsprechende, den kommerziellen UEFA-Partnern angebotene Branding- und Vermarktungsmöglichkeiten können erst nach Nichtausübung des First Option-Rechts den lokalen Förderern der Host City gewährt werden.

Die UEFA hält sich mit Fristen in diesem Zusammenhang sehr bedeckt. Nur wenige Daten, ab denen den Host Cities Rechte zustehen, sind bekannt. So sind etwa Werbe- und Verkaufsflächen für kommerzielle UEFA-Partner in der Fan Zone bis 30.09.2023, weitere festgelegte Flächen gar bis 31.12.2023 vorzuhalten. Hospitality Rechte waren bis 30.06.2023 freizuhalten, die Rechte für die Belieferung mit Cateringprodukten durch kommerzielle UEFA Partner bis 31.12.2023. Das ist weniger als sechs Monate vor Turnierbeginn.

Ansonsten hält es die UEFA grundsätzlich so, dass die konkrete Ausgestaltung der Rechte für ein Host City Event, die den kommerziellen UEFA-Partnern und den lokalen Förderern angeboten werden sollen, sowie die Umsetzung und Gestaltung der First Option-Rechte (einschließlich der Fristen für die Ausübung des Rechts) jeweils im Einzelfall mit der Host City abgestimmt werden, wobei den kommerziellen UEFA-Partnern nach Angebotsübermittlung im Grundsatz jeweils ein Zeitraum von mindestens acht Wochen gegeben werden soll, die Ausübung des First Option-Rechts in Bezug auf die angebotenen Rechte und Möglichkeiten im Zusammenhang mit dem Host City Event zu bestätigen. Die konkrete Umsetzung der First Option-Rechte werden zu einem späteren Zeitpunkt separat festgelegt (Informationsbereitstellung, Fristen, Bestätigungsform usw.).

---

19 Bzw. es gegen Zahlung einer Lizenzsumme an Dritte zu vergeben.

Dabei hat die UEFA das grundsätzliche Interesse, möglichst lange Rechte für ihre kommerziellen Partner freizuhalten, um Sponsoren zu finden und Kategorien ihrerseits zu besetzen. Den Host Cities verbleibt damit für die Vergabe von Rechten an Dritte nur recht wenig Zeit, weil ihr lange nicht bekannt ist, welche Kategorien noch frei sind. Für den Dritten verringert sich dadurch auch der Wert seines Sponsorings, weil er nur entsprechend kurz vorher in die Werbung als Förderer der Host City einsteigen kann.

Eine weitere Herausforderung im Zusammenhang mit den kurzen Fristen ist die Notwendigkeit der öffentlichen Ausschreibung von Dienstleistungen, etwa das Catering. Eine längere Vorlaufzeit wäre hier aus Sicht der Ausrichterstädte auch aus diesem Grund notwendig.

8.4.4 Personal

Nicht zuletzt stellt die Organisation und Durchführung der EURO 2024 jede Ausrichterstadt auch vor personelle Herausforderungen. Es muss ein Organisationskomitee eingerichtet werden – in welcher rechtlichen Form auch immer. In den meisten Host Cities wurden für die EURO 2024 eigene Abteilungen gegründet. Diese müssen mit fachkundigem Personal ausgestattet werden – mit allem, was damit einhergeht. Zur Schaffung bestimmter Stellen haben sich die Host Cities gegenüber der UEFA verpflichtet.[20]

Abgesehen von eigenem oder für die Vorbereitung des Events zuständigem Personal müssen die zuständigen Stellen und Personen in anderen Behörden frühzeitig eingebunden werden.[21] Dazu zählen das Ordnungsamt, das Bauamt, das Grünflächenamt, die Polizei, der Zoll usw. Ebenfalls einzubeziehen sind die Betreiber des öffentlichen Personennahverkehrs, des Fernverkehrs, des Flughafens, von Hotels und Krankenhäusern. Hier müssen die zuständigen Personen identifiziert werden. Über den Zeitraum der Vorbereitung können sich Zuständigkeiten oder Personen ändern, Personal rar sein oder gänzlich ausfallen, ohne dass die Host City darauf einen Einfluss hat. Entsprechende Listen der Ansprechpartner müssen daher jederzeit aktuell gehalten werden – bis zum Ende des Turnierzeitraums. Eine enge Kommunikation und auch regelmäßige Schulungen sind unabdingbar.

8.4.5 Andere Großveranstaltungen während des Turnierzeitraums

Rein praktisch steht die Host City auch vor der Herausforderung, dass während der EURO 2024 andere Großveranstaltungen stattfinden könnten. Soweit die Stadt die Möglichkeit hat, diese genehmigungsrechtlich zu verhindern, sollte sie das tun. Das geht jedoch nicht mit jeder Veranstal-

---

20 Bspw. Host City Volunteer Manager.
21 So schon allein für das Rechteschutzkomitee.

tung, etwa mit Messen. Kritische Punkte könnten hier Verkehr und Hotel-kapazitäten werden. In jedem Fall muss die Ausrichterstadt eine mögliche Parallelität prüfen und zwingend in ihre Planung einbeziehen.

8.5   Chancen für Host Cities

Natürlich bietet die EURO 2024 auch Chancen für die Ausrichterstädte, nicht ohne Grund gab es mehr Bewerberstädte, als die letztendlich ausge-wählten Host Cities. In diesem Abschnitt soll es jedoch nicht darum gehen, dass die Hotel- und Tourismusbranche der Host City profitieren wird, ebenso die Gaststätten usw., sondern um die Möglichkeiten der Refinan-zierung der zweifelsohne hohen Organisationskosten durch die EURO 2024. Hierfür räumt die UEFA den Ausrichterstädten verschieden Rechte und Möglichkeiten ein.

So ist die Ausrichterstadt berechtigt, das Host City Logo und die Bezeich-nung „Host City" zu verwenden. Unter Wahrung des unabdingbaren Zustimmungsvorbehalts der UEFA können die Host Cities eigene Events im Zusammenhang mit der EURO 2024 durchführen.

Die Ausrichterstädte können eigene Werbemittel produzieren, die sie jedoch teilweise nur kostenlos verteilen dürfen. Social Media-Kampagnen der Host Cities und eine digitale Kommunikationsform als Werbekampagne sind unter Wahrung des Zustimmungserfordernisses der UEFA zugelassen, wie auch die Herstellung und Nutzung von Host City Postern und Host City Guides für die EURO 2024. Die Ausrichterstädte sind darüber hinaus berechtigt, unter Wahrung der UEFA Guidelines und der allgemeinen Bedingungen der UEFA einen eigenen Host City Werbefilm zu produzieren.

Diese Rechte ermöglichen es den Ausrichterstädten, auf die Spiele der EURO 2024 hinzuweisen und ihre Eigenschaft als Host City zu bewerben. Dazu zählen auch das Recht zur Darstellung des Städtenamens bei den Spielen der EURO 2024 in der Host City, bei bestimmten Veranstaltungen im Vorfeld der EURO 2024 und in von der UEFA produzierten Werbefilmen über die Host City. Mit der UEFA können gemeinsame Werbeaktivitäten durchgeführt werden. Hierzu zählt das Host City Dressing, für dessen Kos-ten allerdings die Ausrichterstädte aufzukommen haben.

Ebenfalls zur Bewerbung des Status als Ausrichterstadt haben die Host Cities jeweils eigene lokale Botschafter oder Botschafterinnen ernannt. Sie entstammen nicht immer dem Fußball-Milieu.[22] Die lokalen Botschafter

---

22 Düsseldorf: Sandra Mikolaschek, Selin Oruz; Frankfurt: Deborah Levi; Hamburg: Patrick Esume; Leipzig: Prof. Dr. Jörg Junhold; Stuttgart: Niko Kappel, Elisabeth Seitz.

oder Botschafterinnen haben die Aufgabe, die jeweilige Ausrichterstadt zu repräsentieren, auf hinführenden UEFA-Veranstaltungen zu vertreten und die Veranstaltungen in der Host City auf ihren eigenen Social Media-Kanälen zu bewerben. Selbstredend ist es den lokalen Botschaftern oder Botschafterinnen nicht gestattet, bei solchen Anlässen Kleidung mit sichtbarer Werbung zu tragen oder auf andere Art für Unternehmen zu werben. Für die Host Cities sind diese Personen aber eine gute Möglichkeit, besondere Zielgruppen zu erreichen und so die EURO 2024 zu einem gesamtstädtischen Ereignis zu machen.

In der Fan Zone und bei Host City Events dürften die meisten Chancen auf Einnahmen der Ausrichterstädte liegen. Für das Public Viewing in der Fan Zone oder dem Football Village[23] können die Host Cities die Spiele kostenfrei live übertragen. Die UEFA stellt hierfür das Signal, Videomaterial zur Ausspielung auf den Videowänden und technische Ausrüstung kostenfrei zur Verfügung. Da die Host Cities Zweitzugriffsrechte im Verhältnis zu den kommerziellen UEFA-Partnern erhalten, können sie den kommerziellen UEFA-Partnern in der Fan Zone und bei Host City Events zusätzliche (kostenpflichtige) Werbemöglichkeiten anbieten. Neben den Basispaketen, die die Host Cities den kommerziellen UEFA-Partnern kostenfrei anbieten müssen, sind in der Fan Zone eigene kostenpflichtige Hospitality-Programme möglich. So können die Städte beispielsweise interaktive Fan-Unterhaltungsaktivitäten an kommerzielle UEFA-Partner verkaufen. Ein eigenes Ticketing während der Spieltage ist für bestimmte Bereiche, wie z. B. VIP-Zelte, Hospitality, ebenso möglich wie der Verkauf von Host City-Produkten.[24]

An spielfreien Tagen hat jede Host City nach Abstimmung mit der UEFA das Recht, Tickets für Konzerte und andere Events zu verkaufen. In Abstimmung mit der UEFA kann jede Host City ein eigenes Host City Spectator Experience-Programm aufzusetzen und verwerten.

Nach Ablauf der dafür vorgesehenen Frist erhalten die Host Cities das Zugriffsrecht auf den Verkauf von Speisen und Getränken in der Fan Zone. Dieses Recht kann die Stadt selbst wahrnehmen oder aber an einen Dritten auslizenzieren (Caterer). Die Einnahmen daraus stehen der Host City zu. Dasselbe gilt für den Kauf und Verkauf von offiziell UEFA-lizenzierten Produkten.

Die Host Cities können eigene lokale Sponsoren (sog. Förderer der Host City) suchen. Wie oben bereits beschrieben, sind die Voraussetzungen hierfür sehr eng. Die Kategorien sind vorgegeben (max. ein City-Medien-

---

23   Je nach individueller Organisationsform der jeweiligen Host City.

24   Jeweils vorausgesetzt, dass der Zustimmungsvorbehalt und die von der UEFA vorgegebenenn Richtlinien eingehalten werden.

Förderer, max. eine lokale Tourismusorganisation und max. zwei weitere lokale Organisationen). Die Werbemöglichkeiten der lokalen Förderer sind sehr begrenzt. So dürfen sie beispielsweise während des Public Viewings nachrangig bis zu 20 Sekunden genannt werden, jedoch ohne Branding. Ihre Bewerbung darf immer nur im Zusammenhang mit der Host City, nicht aber mit der EURO 2024 erfolgen. Der lokale Förderer soll als eine Gesellschaft wahrgenommen werden, die eine natürliche Rolle bei der Förderung der Host City oder der Host City Region als Geschäfts- oder Tourismusziel spielt. Die UEFA will so verhindern, dass der Anschein erweckt wird, der lokale Förderer sei ein Sponsor der UEFA oder der EURO 2024. Für die Ausrichterstädte ist es unter diesen engen Voraussetzungen sicher schwierig, in den genannten Kategorien Unternehmen zu finden, die Sponsorengelder zahlen. Erfahrungsgemäß geht es in diesem Bereich eher um Sachleistungen.

Die UEFA bietet den Host Cities für Spiele in der jeweiligen Stadt garantierten Zugang zu einer bestimmten Anzahl von kostenfreien und kostenpflichtigen Tickets an. Manche Städte stellt das vor die Herausforderung, dafür einen Verteilungsmechanismus zu finden, den sie rechtfertigen können. In der Praxis hat das bereits zu Überlegungen geführt, von diesem Angebot keinen Gebrauch zu machen.

8.6   Zusammenfassung

Die UEFA verkauft Rechte an der EURO 2024 an kommerzielle Partner. Die Umsetzung der Pflichten in Bezug auf die Darstellung der Sponsoren und die Wahrung von deren Exklusivität wälzt die UEFA auf die Ausrichterstädte ab. Sie müssen im Rahmen des sog. Rechteschutzprogramms sicherstellen, dass im Zusammenhang mit der EURO 2024 keine unautorisierte Werbung, kein Ambush Marketing, keine unautorisierten Public Viewings, kein Verkauf von gefälschter UEFA-Markenware, kein Ticketschwarzmarkt und keine Verletzung der UEFA-Marken- und Urheberrechte stattfindet. Ein Rechteschutzkomitee muss eingerichtet werden, das die Umsetzung des RSP sicherstellt und gegen Verstöße vorgeht. Grundlage des RSP ist der Grundsatz, dass den kommerziellen Partner der UEFA das Erstzugriffsrecht, den Host Cities das Zweitzugriffsrecht zusteht. Zudem verpflichten sich die Ausrichterstädte zur Erstellung eines Werbeinventarverzeichnisses einschließlich des kostenlosen Freihaltens von Werbeflächen, zum Host City Dressing und zur Durchsetzung Clean Site Prinzips.

Die Ausrichterstädte stellt das vor enorme Herausforderungen personeller und finanzieller Art. Eine frühzeitige Planung ist ebenso unabdingbar wie die stetige Anpassung des Programms bis zum Abpfiff des letzten Spiels.

Im Gegenzug erhalten die Host Cities von der UEFA Rechte übertragen, die ihnen die Bewerbung ihres Status als Host City und in eingeschränktem Umfang die Ernennung lokaler Förderer ermöglichen soll. Wie gut die Host Cities davon Gebrauch machen, wird auch darüber entscheiden, in welchem Umfang sie die Organisation der EURO 2024 in ihrer Stadt refinanzieren können.

Literatur

Jedlitschka, T. (2007). Verhinderung von Ambush-Marketing im örtlichen Umfeld von Sportveranstaltungen. Zeitschrift für Sport und Recht (SpuRt), 184.

Risch-Kerst, M. (2015). *Ambush Marketing und Markenschutz – Die Eventmarke als Abwehrmittel gegen Nicht-Sponsoren sportlicher Großereignisse*. Springer Gabler

UEFA. (2017). *Tournament Requirements der UEFA*. https://www.uefa.com/multimediafiles/download/officialdocument/uefaorg/regulations/02/46/30/61/2463061_download.pdf

9 Regionalökonomische Auswirkungen der EURO 2024 – Erwartungen in Frankfurt und Umgebung

Gerhard Trosien & Georg Kemper

Fußball ist in der Metropolregion FrankfurtRheinMain die bedeutendste Sportart: Aufmerksamkeit und Emotionen, Mitgliedschaften, Aktivenstatus, unternehmerische Akteure, internationale Reichweiten – alles bietet diese Sportart von der Basis bis zur Spitze. Das größte Stadion steht in Frankfurt – am Rande zwar, aber eindeutig auf dem Gebiet der Stadt Frankfurt. Damit sind die beiden wichtigsten Akteure der UEFA EURO 2024 genannt: Das Stadion und die Stadt. Nun ist bereits bekannt, dass fünf Fußballspiele in diesem Frankfurter Stadion stattfinden werden. Das Stadion gehört zu 100 % der Stadt Frankfurt, also müsste der Aufsatz allein oder zumindest überwiegend von der wahrscheinlichen Durchführung, der potenziellen Aufwände sowie den erhofften Erträgen handeln. Diese Ex-ante-Analyse wird auch den Schwerpunkt der Abhandlung bilden, aber nicht nur. Im Folgenden sollen auch jene Auswirkungen berücksichtigt werden, die die Region um Frankfurt betreffen. Das ist zwar unspezifischer in der Abgrenzung und offener, gleichwohl soll vor allem mit dem offiziellen Begriff **Metropolregion FrankfurtRheinMain** gearbeitet werden. Das hat mehrfache Hintergründe: Zum einen gibt es diese und sie ist eindeutig in ihren Grenzziehungen, zum anderen werden diese möglichen Auswirkungen selten quantifiziert oder angesprochen. Das wiederum ist in doppelter Hinsicht ein Versäumnis: Einerseits werden quantifizierbare Sportleistungen unterschlagen, anderseits finden in den umliegenden kommunalen Mitgliedern der Metropolregion erhebliche Eigenanstrengungen statt, die unter Kosten- und Nutzen-Gesichtspunkten erhoben und interpretiert werden sollen.

Die Vergangenheit mit internationalen Sport- und insbesondere Fußball-Großveranstaltungen hat zu differenzierten Erfahrungen geführt. Als ein Beispiel können vorab die Fußballspiele während der Fußball-Weltmeisterschaft 2006 in Deutschland – und hier in Frankfurt –, angesprochen werden. Einen eindeutigen Mehrwert nahmen die beiden Quartiere in der Metropolregion (in Königstein und in Bad Nauheim) ein, die die Nationalmannschaften von Brasilien und Saudi-Arabien wählten. Auch wenn aktuell noch nicht feststeht, ob und welche Quartiere von potenziellen Teilnehmer-Mannschaften an der EURO 2024 in der Metropolregion Frankfurt RheinMain gebucht werden, so liegen doch bereits mehrere Angebote (siehe u.a. erneut aus Bad Nauheim) vor.

Unsere Betrachtungsweise ist dementsprechend nicht nur auf Fußballspiele im (jeweils erwartbar vollen) Stadion ausgerichtet, sondern auf vielfältige Aspekte und Themen, die auch regionale Zusammenhänge benennen. Zusammenfassend geht es in diesem Aufsatz also nicht nur um die fünf bereits beschlossenen Spiele, die das Stadion in Frankfurt 2024 erlebt, sondern vor allem um deren Auswirkungen für

- das Stadion
- die Stadt Frankfurt
- die Metropolregion FrankfurtRheinMain.

Hierfür liegen die Erfahrungen aus früheren Fußball-Europa- und -Weltmeisterschaften vor; ebenso werden Hochrechnungen einfließen auf der Basis der Größenordnungen der quantitativen Zuschauerströme. Entsprechende Erwartungen werden unter den drei genannten Bezügen abgefragt. Des Weiteren liegen insgesamt sowie pro einzelnes Stadion Grundlagen-Richtlinien der UEFA und des DFB vor.

9.1 Zurückliegende Fußball-Europa- und -Weltmeisterschaften in Frankfurt

Wir wollen mit einem kurzen Blick in die Vergangenheit beginnen und die Beteiligung der Metropolregion FrankfurtRheinMain bei den zurückliegenden Europameisterschaften und Weltmeisterschaften im Fußball skizzieren. Dabei gehen wir chronologisch vor.

Fußball-Weltmeisterschaft 1974 (mit 16 Teilnehmern)

Das erste größere internationale Fußballevent in Deutschland war die Fußball-Weltmeisterschaft 1974. Am 13. Juni 1974 begann dieses Turnier mit dem Eröffnungsspiel zwischen Brasilien und Jugoslawien. Des Weiteren wurden in Frankfurt zwei weitere Spiele der ersten Finalrunde und zwei

Spiele der zweiten Finalrunde ausgetragen. Dabei hat die Stadt Frankfurt tief in die Tasche gegriffen. Mit einer Investition von 27 Millionen DM wurde das Stadion auf 62.200 Plätze (bei 29.200 Sitzplätzen) erweitert. Das Resultat konnte sich sehen lassen. Insgesamt kamen 300.000 Zuschauer zu den Spielen, was bei fünf Spielen einem Schnitt von 60.000 Besuchern entspricht. Damit konnte Frankfurt den durchschnittlichen Stadionbesuch der Weltmeisterschaft von ca. 49.100 Zuschauern deutlich übertreffen. Dreimal waren sogar 62.000 Zuschauer im Stadion: Bei dem oben erwähnten Eröffnungsspiel, bei dem Spiel Schottland gegen Brasilien und bei der sog. „Wasserschlacht von Frankfurt" (Deutschland gegen Polen)" (Ahrens, 2015; Weltfußball, 2023).

Fußball-Europameisterschaft 1988 (mit acht Teilnehmern)

Die Fußball-Europameisterschaften zu dieser Zeit (siehe Kap. 1.1) waren noch eher kleinere Veranstaltungen. Es fanden bei acht Teilnehmern und 15 Spielen nur zwei Spiele in Frankfurt statt. In der Gruppe 1 spielten am 14. Juni 1988 Italien gegen Spanien (1:0) und in der Gruppe 2 am 18. Juni England gegen die UdSSR (1:3). Durchschnittlich sollen es bei diesem Turnier ca. 56.700 Zuschauer pro Spiel gewesen sein. Und angesichts der genannten, attraktiven Nationalmannschaften dürfte auch eine immense Anzahl von Freunden und Familienmitgliedern zusätzlich in der Stadt bzw. in der Region unterwegs gewesen sein. Allerdings gab es auch rund um das Spiel England gegen die Sowjetunion Ausschreitungen in Frankfurt und 170 Festnahmen.

Confederation Cup 2005 (mit 8 Teilnehmern)

Mit großen Schritten nähern wir uns bei der Darstellung der Bedeutung Frankfurts während der internationalen fußballerischen Großveranstaltungen in Deutschland, dem Sommermärchen, dem ein Jahr zuvor das „Testturnier", der sog. Confederations Cup vorgeschaltet wurde. Bei 8 Mannschaften, die ein Jahr später alle auch am FIFA World Cup Hauptturnier teilnahmen, fanden im Juni 2005 vier Spiele im Frankfurter Stadion statt. Darunter war mit Deutschland gegen Australien, Griechenland gegen Japan und Griechenland gegen Mexiko auch das attraktive Finale Brasilien gegen Argentinien (Confed Cup, 2017; Kicker, 2005).

FIFA World Cup 2006 (mit 32 Teilnehmern)

Und schließlich fanden beim FIFA World Cup 2006 fünf Spiele in Frankfurt statt. Vier davon waren Gruppenspiele, und zwar England gegen Paraguay (Gruppe B; 1:0), Niederlande gegen Argentinien (Gruppe C; 0:0), Portugal gegen Iran (Gruppe D, 2:0) und in der Gruppe G Südkorea versus Togo (2:1). Darüber hinaus fand am 1. Juli 2006 im Viertelfinale die attraktive Paarung Brasilien gegen Frankreich statt (0:1). Insgesamt waren in Frankfurt ca. 240.000 Zuschauer im Stadion, was einem Schnitt von 48.000 Zuschauern entspricht. Der Durchschnitt aller Spiele des Turniers lag bei ca. 52.500 (Ehlert, 2007).

Im Gegensatz zu früheren Turnieren hatte 2006 die Bedeutung des Programms neben dem Rasen deutlich an Stellenwert gewonnen. Mit einem 6,5 Millionen Euro teuren, weltweit einzigartigen Rahmenprogramm hatte die Stadt Frankfurt die Fußball-Weltmeisterschaft 2006 begleitet (Euler, 2004). Die Fassaden von elf Hochhäusern im Bankenviertel dienten als Projektionsfläche für gigantische Fotos und abstrakte Kunst, auf einer im Main (zwischen Obermainbrücke und Alter Brücke) verankerten Großleinwand wurden so viele Spiele wie möglich live und für die Zuschauer unentgeltlich übertragen, zudem war an den Flussufern ein umfangreiches Kulturangebot. „So etwas hat es noch nie gegeben", sagte der Frankfurter Sportdezernent Joachim Vandreike (SPD). Oberbürgermeisterin Petra Roth (CDU) führte aus, dass Frankfurt während des vierwöchigen Fußball-Weltmeisterschaft-Turniers mit der größten Open-Air-Arena in Deutschland glänzte. Bereits an Pfingsten 2006, dem Wochenende vor dem Beginn der Weltmeisterschaft, wurden von Samstag bis Montag nach Einbruch der Dunkelheit für eine Stunde – untermalt von Musik – die Konterfeis von Sportlern sowie Licht-, Laser- und Video-Objekte auf die mit Folien versehenen Hochhauswände projiziert. Die Stadt erhoffte sich von diesem frühzeitigen Start des Fußball-Weltmeisterschaft-Spektakels ein maximales Interesse bei nationalen und internationalen Fernsehsendern. Sylvia von Metzler, Vorsitzende des von der Stadt gegründeten Kuratoriums zur Vorbereitung des Fußball-Weltmeisterschaft-Rahmenprogramms, freute sich auf „ein Fest aus Fußball, Kunst, Licht und Bewegung" (Quelle: Interviews und eigene Recherche).

Am letzten Wochenende des Turniers fand dann parallel zum Fußball-Weltmeisterschaft-Spektakel in Frankfurt das Museumsuferfest statt. Am Abend des Finales am 9. Juli wurden die besten Fotos aus den vorangegangenen Spielen an den Hochhäusern gezeigt und ein großes Feuerwerk gezündet. Die Stadt hoffte, dass Sponsoren aus der Region bis zu 3,5 Millionen Euro aufbrächten, in etwa die Summe, welche die Illumination der Hochhäuser kostete. Sportdezernent Vandreike meinte, dass sich in der Wirtschaft „elf Freunde" finden würden, die bereit sein würden, im Schnitt jeweils 300.000 Euro bereitzustellen. Die Sponsoren würden gebraucht, um die Regisseure, Komponisten und Künstler zu engagieren. Weitere drei Millionen Euro für das kulturelle Rahmenprogramm, die Verbesserung des Stadtbildes zur Fußball-Weltmeisterschaft sowie für Kommunikation und Werbung waren nach den Worten der Oberbürgermeisterin im städtischen

Doppelhaushalt 2005/2006 eingeplant. Frankfurt hat die Weltmeisterschaft so gut wie möglich genutzt, um für sich und den Wirtschaftsstandort Rhein-Main zu werben, so Roth. Vandreike wies darauf hin, dass die Fußball-Weltmeisterschaft von mehr Menschen am Fernseher verfolgt werde als die Olympischen Spiele, dass während des Turniers rund eine Million ausländische Besucher sowie allein etwa 20.000 Journalisten in Deutschland erwartet und dass rund drei Millionen Zuschauer die Spiele in den Stadien verfolgen würden. Frankfurt hat sich bei dieser Gelegenheit unter dem Motto „Die Welt zu Gast in dieser Stadt" als weltoffene, internationale und interkulturelle Metropole präsentiert.

Joachim von Harbou, damals Präsident der Industrie- und Handelskammer Frankfurt und neben Metzler an der Spitze des Kuratoriums, bestätigte, dass die Weltmeisterschaft „die ganz große Chance war, unsere Region als sympathisch und weltoffen darzustellen" (Quelle: Interviews und eigene Recherche). Dies diene dem Rhein-Main-Gebiet und damit auch der regionalen Wirtschaft, die mit der Fußball-Weltmeisterschaft natürlich auch auf zusätzliche Aufträge hoffte. Bei Sitzungen des Fußball-Weltmeisterschaft-Kuratoriums, an denen rund 20 Vertreter großer Unternehmen aus der Region teilnahmen – von den Großbanken über den Flughafenbetreiber Fraport bis hin zu ZDF und Hessischem Rundfunk –, war die Bereitschaft, sich finanziell zu engagieren, vorhanden.

Auch zur Eröffnung des neuen Frankfurter Waldstadions plante die Stadt ein kurzes, im Fernsehen übertragenes Fest. Zum Auftakt des Confederations Cups, bei dem sich am 15. Juni 2005 in Frankfurt die Mannschaften von Deutschland und Australien gegenüberstanden, wurde die neue Arena mit einer Mischung aus Oper und Artistik der Öffentlichkeit vorgestellt. Sänger der Frankfurter Oper waren bei der medienwirksamen Eröffnungsfeier ebenso dabei wie ein Hochseilläufer, der auf einem über das Spielfeld gespannten Kabel spazierte. Die Finanzierung dieses kurzen Programms war frühzeitig sichergestellt (Deutsche Welle, 2005; Euler, 2005).

„Wenn die Hooligans kommen" überschrieb die „Frankfurter Rundschau" am 31. März 2006 einen Artikel, in dem es um die Sicherheitsaspekte während der Spiele ging. Insbesondere unter den im Beitrag erwarteten 30.000 englischen Fans sowie den holländischen Besuchern wurden „Hooligans" befürchtet – zwar nicht im Stadion, aber in den Fanmeilen an markanten Orten in den Städten. Organisatorisch wurde im Januar 2006 bereits vermutet: „Vermutlich werden viele englische Fans schon ein oder zwei Tage vor dem Spiel anreisen – viele per Bahn, aber auch der Flughafen in Hahn als Zielort der Billig-Fluglinien wird voraussichtlich stark frequentiert werden. Für ein Quartier wollen nach den Informationen aus England die meisten möglichst wenig ausgeben und stellen dementsprechend geringe Ansprüche. Eine Nacht im Zelt oder schlicht mit dem Schlafsack im Park gehört für sie zum Abenteuer. Schulturnhallen können nicht angeboten werden, weil noch keine Ferien sind. Die Stadt erwägt, den Campingplatz in Niederrad und Rasenflächen in der Nähe der Messe zur Verfügung zu stellen. Die Niederländer werden wohl auch mit eigener Armada anrücken, die Schätzungen im Römer lauten derzeit, es sei mit 4000 Wohnwagen zu rechnen" (Schwan, 2006). Am Tag vor dem Spiel am 10. Juni 2006 wurde die Zahl der Besucher aus England auf 40.000 geschätzt; einige hundert Anhänger waren schon am Donnerstag in die Stadt gekommen. Wie erwartet zeigten sie sich „trinkfest und sangesfreudig" (Quelle: Interviews und eigene Recherche).

Während hier zunächst noch offen bleiben muss, wie die jeweiligen Besucherströme bewältigt wurden, wurde u. a. veröffentlicht, was in zahlreichen benachbarten Kommunen so oder ähnlich ablief: „LIVEFUSSBALL und Mini-WM 2006 auf dem Marktplatz in Hanau vom 09.06. bis 09.07." in Verbindung mit Aktionen: „FUSSBALL ERLEBEN", „FUSSBALL SPIELEN", „FUSSBALL FEIERN", „FUSSBALL HÖREN" und „WELTMEISTERLICH EINKAUFEN" – alles unter dem Motto „Hanau Summer in the City" (Quelle: Interviews und eigene Recherche).

Aus Frankfurt wurde berichtet: „Das Bier floss in Strömen – die Polizei erlebte dagegen eine ruhige Nacht. Die englischen Fußballfans feierten nach der Partie ihrer Mannschaft gegen Paraguay in Frankfurt weitgehend friedlich bis in den frühen Sonntagmorgen. In den Kneipen rund um den Hauptbahnhof, im Vergnügungsviertel Sachsenhausen sowie am Mainufer und auf vielen Plätzen in der Innenstadt bejubelten die rund 65.000 angereisten Engländer bei milden Temperaturen den knappen 1:0-Auftaktsieg der „Three Lions". Auch die Polizei hatte Grund zur Freude: „Es war alles total friedlich", sagte ein Polizeisprecher am Sonntag. „Gegen 5.00 Uhr sind auch die letzten müde geworden", so der Sprecher. Andere machten die Nacht durch: Vor dem Pub am Hauptbahnhof spielten gegen 7.00 Uhr einige Engländer Fußball und warteten darauf, dass ab 10.00 Uhr wieder Bier ausgeschenkt wurde" (Quelle: Interviews und eigene Recherche).

Ziehen wir zur Schlussbewertung der Fußball-Weltmeisterschaft 2006 erneut einen Zeitungsartikel heran, so heißt es: „Ein Sommer im schönsten Fan-Park der Republik. Frankfurt und die Region erleben eine beschwingte Fußball-Weltmeisterschaft" (Quelle: Interviews und eigene Recherche). Während im Artikel kein weiterer Hinweis zur Sportregion FrankfurtRheinMain einfließt, sollen „am Ufer, auf den Mainbrücken, auf den Straßen am Fluss, auf den Balkonen und Hausdächern" bis zu „80.000 Menschen" gestanden haben (beim Sieg der deutschen Mannschaft gegen Argentinien). Tatsächlich kamen vor der Fußball-Weltmeisterschaft – am 3. Juni 2006 – „Hunderttausende zur Sky-Arena, einem Hochhausfestival, [...] Günter Hampel, der Chef der städtischen Tourismus- und Congress

Gesellschaft organisiert(e) nicht nur die Sky-, sondern auch die Main-Arena […]". Im Artikel stand die Angabe, dass „60.000 englische Fans […] am 10. Juni zum ersten Spiel ihrer Mannschaft in Frankfurt erwartet (würden) – selbst Monate später wurde keine exaktere Schätzung veröffentlicht; „[…] dann prägte das holländische Oranje die Plätze in der City […]" – in beiden Fällen blieben trotz Überschrift die Beteiligungen der bzw. die Auswirkungen auf die regionalen Kommunen leider unerwähnt. Ein grandioses Zitat dieses Artikels soll gleichwohl auch den Abschluss der Fußball-Weltmeisterschaft 2006-Auswirkungen bilden: „Die schönste Party seit der Kaiserkrönung" (Quelle: Interviews und eigene Recherche).

Wichtige Akteure der FIFA, des DFB, des Stadions, der Stadt und der Metropolregion waren:

- die Fraport
- die Messe
- die Hotels
- die Gastronomie
- kulturelle Events (Museen, Theater, Musik usw.) bzw. Entertainment
- Natur-Ausflüge (Taunus, Main, andere Städte usw.)

Begleitend zur Fußball-Weltmeisterschaft boten in Frankfurt am Main sämtliche städtische Museen fußballthematische Ausstellungen. Zu den verschiedenen Aufenthalten der ausländischen Gäste liegen zahlreiche Veröffentlichungen vor.

Und im Nachgang zur Mittelverteilung des FIFA World Cups 2006 liest man im Abschlussbericht des DFB: „Weitere 21,6 Millionen für Städte und Stadien. Für die zwölf beteiligten Städte und Stadien bringt die WM auch noch einmal positive wirtschaftliche Effekte. Das Organisationskomitee überweist jedem Stadionbetreiber 1,5 Millionen Euro – insgesamt 18 Millionen Euro – sowie jeder Stadt 300.000 Euro für die erfolgreiche Durchführung der Public Viewing-Veranstaltungen, also weitere 3,6 Millionen Euro. Diese Zuwendungen kommen nicht aus dem Gewinn der WM, sondern waren im Budget eingesetzt" (DFB, 2006). „Eine großzügige Beteiligung der Städte und Stadien war unser Wunschziel und daher auch Bestandteil unseres Budgets. Zunächst jedoch blieb abzuwarten, ob die Einnahmen und Ausgaben dies auch ermöglichen würden. Nun können wir uns noch einmal bedanken für das großartige Engagement unserer Städte und Stadien, die gewaltige Anstrengungen unternommen haben. Insofern ist diese zusätzliche Zahlung absolut gerechtfertigt", sagte Dr. Theo Zwanziger (DFB, 2006).

Zuvor bereits erhalten haben die Stadionbetreiber auf Basis der Stadionmietverträge Mietzahlungen in Höhe von 15 Prozent der jeweiligen Netto-Einnahmen aus dem Verkauf der Eintrittskarten – insgesamt 33 Millionen

Euro Stadionmiete. Die einzelnen Beträge für jeden Spielort errechnen sich aus der Anzahl der Spiele, der Stadion-Kapazität sowie der Ticketpreise in Abhängigkeit von der Turnierphase. „Ich kann mich an keine Welt- oder Europameisterschaft erinnern, bei der die Stadien in ähnlicher Weise finanziell beteiligt wurden", sagte Horst R. Schmidt, 1. OK-Vizepräsident (DFB, 2006). Das heißt ja auch, dass die Stadt Frankfurt und ihr Stadion materiell von den Überschüssen des DFB partizipierten.

Kernerkenntnis aus der Studie von Preuß et al. (2009) und positive Überraschung aus wirtschaftlicher Sicht ist die Tatsache, dass Fußball-Weltmeisterschaft-Touristen mehr konsumieren als Einwohner und auch deutlich mehr als „normale" Touristen.

FIFA Women's World Cup 2011 (mit 16 Teilnehmern)

Auch bei der Fußball-Weltmeisterschaft der Frauen 2011 fanden vier Spiele in Frankfurt statt: 2 Vorrundenspiele, ein Halbfinale und schließlich auch das Finale. Im Gegensatz zum FIFA World Cup der Männer, bei denen alle Mannschaften 2006 ein (bzw. Brasilien zwei) festes Quartier hatten, reisten die Frauenteams von Spielort zu Spielort und übernachteten in Hotels am oder in der Nähe des Spielortes. Dabei übernachteten gelegentlich beide Mannschaften im selben Hotel (DFB, 2008). Das heißt, dass in bzw. um Frankfurt bei vier Spielen auch acht kurzzeitige Übernachtungen stattfanden.

Diese Fußball-Großveranstaltungen im Frankfurter Stadion sowie die vorliegenden und langjährigen Erfahrungen führen zu der Frage: Wie waren die damaligen Steuerungsprozesse, die übernommen werden können und aus denen die Führungskräfte von Stadion, der Stadt und der Metropolregion für 2024 lernen können? In einer vorläufigen Zusammenfassung haben die Autoren den Eindruck gewonnen, dass die Welt- und -Europameisterschaften im Frankfurter Stadion vor allem auch in der Öffentlichkeit als Frankfurter Leistung und Ereignis betrachtet wurden, während regional-spezifische Auswirkungen kaum aufgegriffen wurden. Allerdings kommen in den Printmedien immerhin und durchaus Hinweise zu mehr Berichten aus Frankfurt und der Region zur Fußball-Weltmeisterschaft. Es stellt sich die Frage, wie die Einschätzung ein Jahr vor der EURO 2024 ausfällt: Kooperieren Stadt Frankfurt und die Metropolregion Frankfurt RheinMain offiziell im Rahmen der EURO 2024 zum Zwecke einer optimalen und nachhaltigen Sportveranstaltung für alle? Oder werden metropolregionale EURO 2024-Themen eher medial hinterfragt?

9.2 Aktuelle Rahmenbedingen für die EURO 2024, bezogen auf Stadion, Stadt Frankfurt sowie die Metropolregion FrankfurtRheinMain

In diesem Abschnitt soll nur ein kurzer Überblick gegeben werden, welche Eckdaten das Turnier bzw. den Austragungsort Frankfurt charakterisieren.

Die EURO 2024 wird mit 24 Teilnehmern ausgetragen. In Frankfurt sind dabei vier Gruppenspiele geplant:

Gruppe A 23.06.	A4 vs. A1
Gruppe C 20.06.	C2 vs. C4
Gruppe E 17.06.	E1 vs. E2
Gruppe E 26.06.	E2 vs. E3

Abb. 9.1: Auflistung der geplanten Gruppenspiele mit Datum
(Stadt Frankfurt am Main, 2023)

Darüber hinaus wird am 1. Juli 2024 ein Achtelfinale in Frankfurt ausgespielt. Bei der angenommenen vollen Auslastung für Gruppenspiele und Achtelfinale von 46.000 Zuschauern werden insgesamt 230.000 Stadionbesucher in Frankfurt erwartet. Das Stadion wird den Werberegeln der UEFA folgend nicht Deutsche Bank Park, sondern Frankfurt Arena heißen.

9.3 Erwartungen zu Auswirkungen der EURO 2024 für Stadion, Stadt Frankfurt sowie die Metropolregion FrankfurtRheinMain

9.3.1 Empirische Untersuchung

Zur Erhebung der Erwartungen der jeweiligen Stakeholder wurde ein Interview-Leitfaden erarbeitet, der die Perspektive der einzelnen Institutionen bzw. Organisationen, aber auch das Zusammenspiel der Akteure abfragt. Ziel war es, mit den Erfahrungen von 2006 (Trosien & Dinkel, 2007) und 2011 auf die Erwartungen bzw. Auswirkungen der EURO 2024 schließen zu können. In den Interviews mit Vertretern der folgenden Institutionen, die persönlich oder schriftlich befragt wurden, standen vor allem vermuteter Aufwand und Ertrag der EURO 2024, Simulationen von Besucherströmen und das Zusammenspiel zwischen Stadiongesellschaft, Stadt Frankfurt und der Metropolregion im Mittelpunkt. Außerdem wurden Annahmen hinsichtlich der Umsetzung der Sustainable Development Goals der UN, also Nachhaltigkeitsthemen, diskutiert. Mit Vertretern folgender Institutionen wurde dabei gesprochen:

- Frankfurter Flughafen (Interviewpartner zuständig für 2006)
- Frankfurter Stadion (Interviewpartner zuständig für 2006)
- Sportamt Frankfurt (Interviewpartner zuständig für 2006, 2011 und 2024)
- Metropolregion FrankfurtRheinMain (Interviewpartnerin zuständig für 2024)
- IHKs der Metropolregion (Interviewpartner zuständig für 2006, 2011 und 2024)
- Tourismus-Einrichtungen der Region (Interviewpartner zuständig für 2006, 2011 und 2024)
- Kultur-Einrichtungen der Region (Interviewpartner zuständig für 2006, 2011 und 2024)
- ausgewählte Kommunen der Region (Interviewpartner zuständig für 2006, 2011 und 2024)
- ausgewählte Hotel- und gastronomische Betriebe (Interviewpartner zuständig für 2006, 2011 und 2024)

Erwartungen des Stadion-Managements: Das UEFA-Exekutivkomitee hat den Spielplan für die EURO 2024 veröffentlicht: 24 Mannschaften tragen insgesamt 51 Spiele aus. Frankfurt mit seinem Stadion hat vier Gruppenspiele, darunter eines mit Beteilung des Gastgebers Deutschland, sowie ein Achtelfinale erhalten.

Werbung im Waldstadion | EURO 2024 Logo Host City Frankfurt | Straßenbahn EURO 2024 am 8.2.2022 an der Station Waldstadion

Abb. 9.2: Werbung für EURO 2024 in Frankfurt
(Links: Varnhorn, 2022; Mitte: Stadt Frankfurt am Main, 2022; Rechts: Varnhorn, 2022)

Es darf mit fünf ausverkauften Spielen im Stadion gerechnet werden. Bei der Fußball-Weltmeisterschaft 2006 war das Frankfurter Stadion auch immer ausverkauft (Naß, 2006). Also: 230.000 Zuschauer, darüber hinaus allerdings eine Vielzahl quantitativ nur schwer prognostizierbarer Personen, die keine Eintrittskarten haben oder z. B. Familienangehörige offizieller Zuschauer sind. Man rechnet daher mit bis zu 300.000 Personen, die im Laufe der EURO 2024 die Stadt Frankfurt bzw. die Metropolregion besuchen werden. Diese Annahmen führen zu verschiedenen Konzepten in der Mobilität, in der Sicherheit sowie bzgl. der Nachhaltigkeit.

Erwartungen der Stadt Frankfurt: Die Stadt freut sich darauf, zahlreiche Gäste aus verschiedenen Ländern in Frankfurt zu empfangen und gemeinsam mit ihnen ein riesiges Fan- und Fußballfest zu feiern. Auf der Fanzone – wieder direkt am Main – wird das sportliche Top-Event viele tausende Gäste und Fußballfans aus ganz Europa in seinen Bann ziehen und sich insbesondere für die Fans, die kein Ticket für die Spiele im Stadion erwerben konnten, zu einem besonderen gesellschaftlichen Anziehungspunkt entwickeln. Das ist eine ausgezeichnete Gelegenheit, internationale Präsenz zu zeigen und deutlich zu machen, wie tolerant, weltoffen und sportbegeistert die Menschen in der Mainmetropole sind, getreu dem Turnier-Motto: United by football. Vereint im Herzen von Europa.

Die Investitionen in die EURO 2024 sind aus Sicht der Stadt Frankfurt Investitionen in die Zukunft. Der Fußball-Europameisterschaft-Zuschlag ist für Deutschland eines der wichtigsten Sportprojekte der nächsten Jahre. Die Stadt Frankfurt am Main profitiert von ihrer Rolle als Gastgeberin dieses international beachteten Sportevents. Ein solches Heimturnier bedeutet nicht nur Rückenwind für den Sport im Allgemeinen und für den Fußball im Besonderen, sondern setzt viele integrative und verbindende Kräfte frei, um positive Impulse zu setzen. Davon partizipiert die ganze Stadtgesellschaft, sei es in sportlicher, wirtschaftlicher, kultureller oder sozialer Hinsicht. Noch heute ist die Begeisterung der Frankfurterinnen und Frankfurter wahrzunehmen, wenn sie sich an die FIFA Fußball-Weltmeisterschaft 2006 und FIFA Fußball-Weltmeisterschaft der Frauen 2011 in der eigenen Stadt erinnern.

Sportereignisse dieser Größenordnung erzielen in ihrer gesellschaftlichen und ökonomischen Dimension für große Teile der Bevölkerung, Vereine, Infrastruktur, Unternehmen, Kultureinrichtungen und Tourismusbranche bedeutende Effekte, die direkt und indirekt wirken (UEFA, 2021). Einen unmittelbaren Nutzen sieht die Stadt durch Erlöse und Fan-Konsum sowie positive Auswirkungen für das Stadtmarketing, die Hotellerie und den Sport. Der mittelbare Nutzen für Frankfurt am Main und seine Bevölkerung geht weit über monetäre Faktoren hinaus und ist in einem gesamtgesellschaftlichen Kontext zu verorten.

Gerade unter dem Blickwinkel Identität und Emotionalität gewinnt die Ausrichtung der drittgrößten Sportveranstaltung der Welt für das demokratiebewusste Frankfurt am Main besonderen Charme, denn nach 1988 wird das europäische Fußballturnier hier zwar bereits das zweite Mal stattfinden, jedoch erstmalig im wiedervereinten Deutschland. Seitdem konnte die Stadt Frankfurt am Main ihr Profil als Sportstadt durch Weiterentwicklung des Vereinswesens und durch den Ausbau der Sportinfrastruktur erheblich schärfen. Sie erstarkte zum Sportveranstaltungsmagneten zahlreicher renommierter Wettbewerbe und entwickelte ihr hervorragendes Angebot im Breitensport für die Bevölkerung weiter. Die Stadt hofft, die EURO 2024 als Triebfeder nutzen zu können, um auf diesen Errungenschaften aufzubauen.

Die von dem Sport-Highlight ausgehende Faszination liefert wichtige Impulse für den Breitensport und motiviert zu aktiver sportlicher Betätigung, und zwar vor, während und nach der Veranstaltung. Bereits die Aussicht und Vorfreude auf ein derart hochkarätiges Sportfest bietet für die Stadt Frankfurt am Main die Chance, geplante und neue Projekte im Innen- und Außenverhältnis mit zusätzlichem Schwung zu realisieren bzw. zu forcieren. Inspiriert vom gemeinsamen Ziel können für die Stadt weitere großartige Akzente gesetzt und die (sportliche) Infrastruktur ausgebaut werden. Die hierdurch fokussierte Stärkung der Sportstadt Frankfurt steht im Einklang mit anderen strategischen Zielen der Stadt, den Standort national und international bestmöglich zu präsentieren und zu platzieren. Neben harten Standortvorteilen wie der zentralen Lage, dem internationalen Drehkreuz und der wirtschaftlichen Stabilität kann Frankfurt am Main im Rahmen der EURO 2024 ihre weichen Standortvorteile herausstellen und durch Erfahrung, Toleranz, Weltoffenheit und Ressourcenverantwortung überzeugen.

Die mediale Aufmerksamkeit und Präsenz vor und während der EURO 2024 ist exorbitant. Das internationale Medieninteresse und die weltweite Berichterstattung sind für die Gastgeberstadt Frankfurt am Main von unschätzbarem Wert und bieten ihr herausragende Präsentations- und Profilierungschancen. Die UEFA schätzt den Wert der Rechte, die eine Ausrichterstadt mit fünf Fußball-Europameisterschaft-Spieltagen in 2024 erhält (Werberechte, UEFA-Beiträge zur Fan-Zone etc.) anhand von Erfahrungswerten aus früheren Fußball-Europameisterschaften auf bis zu 15 Millionen Euro.

Das Frankfurter Sportamt, 1920 als eines der ersten auf kommunaler Ebene gegründet, ist in vielerlei Hinsicht für die zentralen und operativen Aufgaben für die Fußballspiele im Stadion im Rahmen der EURO 2024 zuständig. Über mehrere Jahre bestand eine ausgelagerte Geschäftsstelle unter der Bezeichnung „Stabsstelle Fußball-Europameisterschaft 2024 (Host City)" mit dem Leitenden Magistratsdirektor Georg Kemper an der Spitze (heute als Leiter der Stabsstelle „Sportberatung und -repräsentation" dem Büro des Oberbürgermeisters angegliedert).

Ist, wie zur Weltmeisterschaft 2006, ein Sommermärchen 2024 zu erwarten? Ganz Frankfurt freut sich auf das Fußballfest. Die Auslosung der Qualifikationsgruppen hat am 9. Oktober 2022 in der Frankfurter Festhalle stattgefunden. Hier wurde ermittelt, in welchen Qualifikationsgruppen die

Abb. 9.3: Logos der Stadt Frankfurt, des Sportamts Frankfurt
und des Regionalverbands FrankfurtRheinMain
(Links: Stadt Frankfurt am Main, 2023; Mitte: Sportamt Frankfurt, 2017;
Rechts: Regionalverband FrankfurtRheinMain, 2023)

55 Mitgliedsverbände der Europäischen Fußball-Union in 2023 um die Teilnahme an der Endrunde 2024 in Deutschland spielen. Die „Frankfurter Festhalle als Ort der Qualifikationsauslosung ist ein weiteres Highlight auf unserem Weg zur EURO 2024", sagte Sportdezernent Mike Josef hierzu (Sportamt Frankfurt, 2021; Stadt Frankfurt am Main, 2023). Schon einmal fand die Qualifikations-Auslosung in der Frankfurter Festhalle statt: am 5. Dezember 2003 im Vorfeld der Fußball-Weltmeisterschaft 2006.

„Frankfurt investiert 30 Millionen Euro in EM 2024" (Angermund, 2022). Neben den fünf Spielen im Stadtwald plant die Stadt eine Fanmeile am Mainufer mit Public Viewing und weiteren Attraktionen. Dafür heißt es, will Frankfurt rund 30,2 Millionen Euro investieren. Die Stadtverordnetenversammlung hat die Ausgaben bereits bewilligt. Vor einigen Jahren war man noch von 17 Millionen Euro ausgegangen.

„Sportdezernent Mike Josef (SPD) erklärte, die Kosten seien bei der Bewerbung 2016 zu niedrig geschätzt worden. Rund die Hälfe des Geldes, 16 Millionen Euro, sollen für die Modernisierung des 2005 eröffneten Stadions, die Sicherheit und die Mobilität ausgegeben werden. Gemäß den Vorgaben der UEFA, des europäischen Fußballverbands, muss es im Stadion mehr Plätze für Berichterstatter und Rollstuhlfahrer geben. Außerdem werden weitere Drehkreuze am Eingang errichtet. Die andere Hälfte der absehbaren Ausgaben, 14 Millionen Euro, ist für die Fanmeile zwischen Friedensbrücke und Eisernem Steg veranschlagt. Sie soll während der gesamten EM vom 14. Juni bis 14. Juli täglich geöffnet haben. Die UEFA habe zugesagt, für die besten Leinwände für das dortige Public Viewing aufzukommen, wenn die Stadt Frankfurt im Gegenzug bis Oktober belege, dass sie in die EURO 2024 investiere, berichtete Sportdezernent Josef. Um diese Frist einhalten zu können, war der Antrag kurzfristig auf die Tagesordnung der Stadtverordnetenversammlung gesetzt worden" (Angermund, 2022).

Wenn für 2024 von 300.000 Gästen ausgegangen wird, muss die Stadt vorbereitet sein. Ebenfalls mit Mobilitäts-, Gastronomie-, Hotellerie- und Natur- sowie Kultur-Konzepten – in enger Kooperation mit den regionalen Anbietern. Sicherheitsüberlegungen sind ein zentrales Anliegen geworden, sie stehen deutlich stärker als 2006 im Fokus. Die Nachhaltigkeitsmaßnahmen sind in Umsetzung der Vorgaben der EURO 2024 GmbH ebenfalls breit vorbereitet und kommuniziert.

Die Daten der Studie von Preuß et al. (2009) sind zwar von 2006, doch zugleich bieten sie interessante Einblicke in die ökonomischen Dimensionen der Zuschauer der Spiele und von Fan-Festen: „Ein deutscher Besucher des Fan-Festes konsumierte für 81,80 Euro. Im Falle einer gebuchten Übernachtung steigt der Betrag auf 143,70 Euro. Die Vergleichswerte für einen europäischen WM-Touristen mit einem ‚hohen‘ Einkommen: 149,60 Euro und 239,10 Euro. Für Stadionbesucher lauten die Tageswerte bei einem deutschen Besucher 186,80 Euro und 250,20 Euro, bei einem Europäer dagegen 215,70 Euro und 374,80 Euro. Bei den Ticketverkäufen lag England auf Platz eins der Nationenwertung: rund 83.000 Karten gingen auf die Insel. 70.000 Karten wurden aus den USA, 62.000 aus Japan und 59.000 aus der Schweiz erworben. Sieben Prozent der ausländischen Besucher blieben nur ein bis zwei Tage, immerhin 26 Prozent verbrachten zwischen acht bis 14 Tagen in Deutschland. Für die Studie wurden 9456 Personen im Zeitraum zwischen 9. Juni und 5. Juli 2006 mittels eines in fünf Sprachen aufgelegten Fragebogens befragt. In die Berechnung des Primärimpulses flossen nur die Zahlen von 33,3 Prozent der Stadionbesucher und 26,5 Prozent der Fan-Fest-Besucher, da die restlichen Zuschauer entweder Einheimische waren, die ihr Geld auch an anderer Stelle ausgegeben hätten, oder sog. ‚Casuals‘, womit ausländische Besucher gemeint sind, deren Reise nicht durch die WM motiviert wurde. Die Studie zu den wirtschaftlichen Auswirkungen der WM […] bestätigt die schon 1998 vom DFB in Auftrag gegebene Ausgangsstudie ‚Sozio-ökonomische Analyse zur WM 2006‘ (Rahmann et al., 1998). Darin war in einem Simulationsmodell errechnet worden, dass der Steuerzahler unter realistischen Annahmen keine Kosten tragen müsse. ‚Aus ökonomischer Sicht hat sich die WM 2006 weitgehend selbst finanziert, und das ist ein wirklicher Knüller‘, sagte Professor Dr. Bernd Rahmann. […] Horst R. Schmidt zog als Fazit: „Auch unsere abschließende Beurteilung der Weltmeisterschaft belegt, dass es richtig war, mit unserem Motto die ausländischen Besucher herzlich willkommen zu heißen. Sie haben einen wesentlichen Finanzierungsbeitrag geleistet und uns, was sicher am wichtigsten ist, dank eines guten WM-Verlaufs einen nicht zu bezahlenden Imagegewinn in aller Welt beschert. Damit haben sie auch zu einer tollen Stimmung in Deutschland beigetragen. Veranstaltungen vom Umfang einer WM sind heute nur noch als ‚Public Private Partnership‘ realisierbar.‘“ (DFB, 2007).

18 Jahre später – 2024 – werden sich viele Daten im Detail verändern, aber die Tendenzen werden ähnlich sein: Ausländische Zuschauer werden kurze oder längere Zeiten in Frankfurt bzw. in der Region verbringen und verschiedenartige Interessen bei längeren Aufenthalten verfolgen. Stadion- und Fan-Fest-Besuche sind die primären Anliegen; Natur- und Kultur-Besuche dürften neben Einkäufen und gastronomischen Aufenthalten jedoch ebenfalls dazugehören. Ausflüge in den Taunus oder zum Rhein

werden bei schönem Wetter u. a. häufig genannt, Museen, Städteausflüge nach Mainz, Darmstadt oder Wiesbaden, Musik- oder andere Sportevents werden gern genutzt – alles bis zum nächsten Spiel. Abwechslung und Unterhaltung werden erneut Konjunktur haben.

Erwartungen in der Region: Auch wenn die Metropolregion FrankfurtRhein-Main keine eigenen Aktionen bzw. Aktivitäten in ihrer Gesamtheit plant, sind doch sowohl einzelne (kommunale) Mitglieder als auch einzelne (regionale) Gesellschaften bzw. Institutionen mit eigenen Konzepten in Vorbereitung. Hier wird insbesondere durch die Nachbargemeinden in Offenbach und im Landkreis Offenbach im Osten der Stadt Frankfurt, im Süden u. a. in Neu-Isenburg, im Westen z. B. in Eschborn und in Bad Homburg oder im Taunus im Norden mit erheblichen Auswirkungen gerechnet. In Arbeitskreisen werden die nachhaltigen Aspekte Umwelt, soziale und ökonomische Bedingungen, Erfordernisse und Potenziale diskutiert. Wobei die „heiße Phase" erst dann eintritt, wenn konkret wird, welche Mannschaften im Frankfurter Stadion antreten werden und ob bzw. welche Base Camps in der Region von Fußballnationalverbänden ausgewählt werden.

9.3.2 Quartierangebote

Neun Quartiervorschläge sind den Fußballnationalmannschaften für die EURO 2024 in Frankfurt zugeordnet. Zusammen mit der bereits genannten Kommune in Bad Nauheim sind es insgesamt vier Quartiervorschläge (Darmstadt, Mainz, Wiesbaden) aus der Metropolregion. Folgen wir dafür ausgewählten Informationen aus Königstein und aus Bad Nauheim und über die (wirtschaftliche) Bedeutung, die diese Quartiere einnehmen können. 2006 wurde über den „Eventtourismus an einem Quartiersort" (Beispiel Königstein im Taunus) Folgendes berichtet: „Der 16.000-Seelen-Ort Königstein hat mit der Unterbringung des WM-Favoriten Brasilien das große Los gezogen und scheinbar jeden Einwohner aus der näheren Umgebung mit dem Eventgedanken infiziert. Der Hype um den idyllischen Taunusort ist schier unglaublich: Prognosen zufolge kann Königstein mit 3.000 bis 10.000 Besuchern täglich rechnen, nur um einmal einen Blick auf die brasilianische Nationalmannschaft werfen zu können, die hier vom 4. bis 16. Juni im Hotel Kempinski Falkenstein sein Quartier bezieht. Dazu werden vor und während der Zeit der Fußball-WM hunderte von Journalisten und Medienberichterstattern vor Ort sein, um in alle Welt von hier aus berichten zu können. Bereits im Vorfeld wurde nahezu täglich in den brasilianischen Medien über Königstein informiert. Königstein wollte für die Dauer des Aufenthalts der Brasilianer mit zusätzlichen Impulsen für die regionale Wirtschaft rechnen sowie Signale für nachhaltige Außenimages setzen. Die WM-Euphorie zeigte sich schon beim Betrachten der städtischen Homepage, die sämtliche Informationen auch auf portugiesischer Sprache bereitstellt. Ein 83-seitiges Vermarktungskonzept sah z. B. eine Copacabana-Wiese mit Caipirinha-Bar, Beachsoccer und brasilianische Bühnenshows vor; Vermarktung, Kultur und Betreuung von Medien und Touristen ließ sich der kleine Taunusort über eine halbe Million Euro kosten. Einzelhandel, Gastronomie und Hotelgewerbe werden einen Ansturm erleben, wie ihn Königstein noch nicht erlebt hat und auch die umliegenden Gemeinden werden profitieren: Im Schlosshotel Kronberg beispielsweise wollen sich bis zu 40 Familienmitglieder von Superstar Ronaldinho einquartieren und auch sonst werden viele Brasilianer ihre Zelte in einer Gegend aufschlagen, die nur einen Steinwurf vom internationalen Flughafen Rhein-Main entfernt gelegen ist. In der Drogerie der kleinen Fußgängerzone des Kurorts kann man brasilianische Fähnchen für 99 Cent erwerben, im Blumengeschäft wachsen Primeln aus kunstvoll angefertigten Fußballstiefeln in den Farben der brasilianischen Nationalmannschaft. Es bleibt abzuwarten, wie der kleine Ort den Besucheransturm bewältigen wird; eine Kehrseite der Medaille zeichnet sich jetzt schon ab: Ohne massive Sicherheitsvorkehrungen und Straßensperrungen, die auch die Anwohner und den Durchgangsverkehr einschränken werden, wird es definitiv nicht von statten gehen, wenn der Weltmeister einkehrt." (Schemuth, 2007; Wiemann & Uhlenbrock, 2012).

Im April 2006 bewilligte die Stadt Königstein vorab 471.000 Euro für die Fußball-Weltmeisterschaft; die Oberurseler Agentur Ruschke & Partner sollte zur Deckung der Ausgaben zusätzlich lokale Sponsoren finden und Werbeeinnahmen generieren. Der Abschlussbericht dagegen fiel ernüchternd aus: „400.000 Euro für die WM" konnten wohl nicht ausgeglichen werden für den „[…] ebenso kostspielige(n) wie frustrierende(n) Aufenthalt der brasilianischen Nationalmannschaft […]" (Schemuth, 2007).

Neben dieser eher kritischen Ex-post-Betrachtung aus Königstein gibt es aber auch Base-Camp-Städte mit einem positiven Fazit. Bad Nauheims Bewerbung für 2024 beruht auf den guten Erfahrungen in 2006. Mit dem Hotel Dolce als Unterkunft sowie dem Waldstadion als Anlage für das Training wurde die Kurstadt Bad Nauheim von der UEFA in den Katalog möglicher Team-Base-Camps für die Europameisterschaft 2024 aufgenommen. Während der Weltmeisterschaft 2006 hatte schon einmal eine Nation hier ihr Quartier bezogen. „Bürgermeister Klaus Kreß: Während der Fußball-Weltmeisterschaft 2006 war Bad Nauheim als Basis-Camp ausgewählt worden. Die Nationalmannschaft von Saudi-Arabien war zu Gast. Das Feedback von der Bevölkerung und nicht zuletzt der Einzelhändler war positiv ausgefallen" (Nickolaus, 2022). Zu den Erwartungen und möglichen Auswirkungen durch die EURO 2024 meinte er in einem Interview am 2. Februar 2023, dass die Kurstadt gern erneut eine Fußball-Nationalmannschaft aus Europa, wenn sie die Endrunde zur EURO 2024 in Deutschland erreicht hat, beherbergen würde. Die zitierte positive Resonanz bezog sich insbesondere auf die Gesundheits- und Medizin-Versorgungen – mit nachhaltigen Effekten, denn bis zum heutigen Tag kommen Kranke mit ihren Familien aus Saudi-Arabien in die „Gesundheitsstadt", um sich in den verschiedenen Kliniken behandeln zu lassen!

Auch wenn Sicherheits- und Nachhaltigkeitsthemen wichtiger geworden sind, sieht sich Bad Nauheim bestens vorbereitet, eine Nationalmannschaft aufzunehmen, die Europameister der EURO 2024 werden möchte. Die Stadtmarketing-Tochter hat eine Arbeitsgruppe gebildet, in der alle wesentlichen Anliegen besprochen werden. Aktuelle Kosten für Planungen werden aus laufenden Budgets übernommen. Die Bevölkerung ist informiert, mit den Sportvereinen ist bereits gesprochen worden, dass – im Falle einer Gastmannschaft – das heimische Waldstadion eine gewisse Zeit nicht genutzt werden könnte, und das Hotel Dolce bietet sich erneut an, alles für deren Wohlbefinden zu tun. Nachfragen und Besichtigungen gab es schon (Stand: Februar 2023); wenn die Endrunde in Deutschland ausgelost werden kann, dann steigt die Hoffnung auf eine – attraktive – Nationalmannschaft, die möglichst lange im Turnier – und das heißt ja auch: in Bad Nauheim – bleiben kann. Es sind schließlich nur 35 km bzw. 40 Minuten zum Frankfurter Stadion (Bad Nauheim & Initiativkreis Fußball-Weltmeisterschaft 2006, 2006; Bad Nauheim & Hotel Dolce, 2022).

9.3.3   Weitere Organisationsaufgaben in Frankfurt

Bei insgesamt 16.000 Volunteers für die EURO 2024, die ab Mitte 2023 angeworben werden sollen, dürften 1.000 bis 1.500 für die fünf Spiele in Frankfurt benötigt werden. Die Anwerbung wird aber erst nach der Fertigstellung dieses Beitrags beginnen. Ansonsten sei hier auf Kapitel 3 von Ronald Wadsack dieses Sammelbandes verwiesen.

Abb. 9.4: EURO 2024 Anwerbung von Volunteers
(Links: DFB, 2023; Mitte: UEFA, 2022; Rechts: UEFA, 2021)

Darüber hinaus sind zur ganzheitlichen Abstimmung der Dienstleistungsangebote bereits Arbeitskreise zu folgenden Themen und Aufgaben gebildet worden.

- Rund um den Frankfurter Flughafen zur Steuerung der Besucherströme bei Ankunft und Abflug der EURO-Gäste – nicht nur bzgl. der in Frankfurt stattfindenden Spiele
- Die Planung und Bereitstellung von Unterkünften – sowohl inner-städtisch als auch regional und national
- Bzgl. Transportlogistik und ÖPNV inner-städtisch sowie regional
- Bzgl. Gastronomieangeboten inner-städtisch und regional
- Angebot von touristischen Programmen (Kultur mit Ausstellungen in Museen, Städte-Touren in die Region, Naturausflüge auf Main oder Rhein bzw. in den Taunus, Musikevents etc.)
- Eigens für Zuschauer und Familien inszenierte Shows oder anderweitige spektakuläre Angebote.

9.4 Zusammenfassende Bemerkungen über die Auswirkungen für Stadion, Stadt und FrankfurtRheinMain

Wir reden von 21 Spielen von Fußballnationalmannschaften bis heute bei Fußball-Europa- und -Weltmeisterschaften im Stadion von Frankfurt (vier davon waren 2011 im Rahmen der Fußball-Weltmeisterschaft der Frauen). Von den 17 Spielen deutscher Männer-Nationalmannschaften waren 7 bei Fußball-Europameisterschaften und 10 bei -Weltmeisterschaften. Es liegen mithin nicht nur enorme Erfahrungen im Umgang mit EURO- oder Fußball-Weltmeisterschaft-Spielen im Stadion vor, sondern auch mit den Besucherströmen, die zu den Spielen nach Frankfurt bzw. in die Region ein- und ausreisen. Das lässt unter den besonderen Rahmenbedingungen der Neuzeit sowie der Zukunft erwarten, dass sowohl die Fußballspiele professionell durchgeführt werden als auch dass die Stadt Frankfurt und die Metropolregion mit Frankfurt im Zentrum einer prosperierenden Region ausgezeichnete Gastgeberinnen für zahlreiche Hunderttausende Besucher sein werden – überwiegend aus Europa, aber sicherlich auch darüber hinaus. Die erwünschten Effekte sind nicht nur ökonomischer Art, sondern sollen auch nachhaltig sein: Mobilitätsstrategien müssen dem Anspruch gerecht werden, Wege zum/vom Stadion effizient zu gestalten; das gleiche Ziel muss erreicht werden für Übernachtungsmöglichkeiten und auch für kultur-touristische Attraktionen. Eine Hand-in-Hand-Kooperation und Abstimmungen zwischen den Stadion-, Frankfurter und Regional-Verantwortlichen werden eine große Bedeutung einnehmen.

Es sind aber auch die weit über die jeweiligen Spiele und Organisationsangelegenheiten hinausreichende Themen, die Frankfurt begegnen. Einmal, dass sich in Frankfurt die Geschäftsstellen des Deutschen Fußball-Bundes e.V. und der Deutschen Fußball-Liga e.V. befinden – und seit Gründung der

DFB-EURO 2024 GmbH auch diese. Insofern war Frankfurt zum anderen auch Ort des „Qualifying Draw" für die Auslosung der Qualifikations-spiele – mit Vertretungen aller Mitgliedsverbände der UEFA sowie weiterer Veranstaltungen in Hotels und eine Gala in der DFB Akademie am 9. Oktober 2022. Der permanente Austausch zwischen den fußball-spezifischen Institutionen in Frankfurt, mit den anderen Host Cities der EURO 2024 und mit der UEFA stellt die Stadt gewissermaßen zusätzlich in den organisatorischen Mittelpunkt der Vorbereitung und Durchführung der Europameisterschaft. Die Nähe der Fußballinstitutionen zum Frankfurter Flughafen (Fraport) stellt einen weiteren Vorteil dar – auch für die An-, Weiter- und Abreise vieler Teilnehmer-Mannschaften im Jahr 2024.

Gleichwohl – als „Sportstadt" ist Frankfurt „gehobenes Mittelmaß", überschrieb die „Frankfurter Allgemeine" einen Artikel, mit dem Zusatz „[...] die Großereignisse lenken von Schwächen in der Infrastruktur ab" (Quelle: Interviews und eigene Recherche). Das war am 19. April 2009! Es geht dabei nicht nur um die seit Jahrzehnten (!) geführte öffentliche Diskussion um eine moderne Multifunktionsarena, sondern auch um das grundsätzliche Versäumnis der Region, die Zusammenarbeit im Sport in der Metropolregion FrankfurtRheinMain systematisch zu verankern. Ein „SportsCluster" ist im Aufbau begriffen, wird jedoch nicht aktiv vorangetrieben. Den Ergebnissen unserer Befragungen nach muss man skeptisch sein und den künftigen Abläufen bleibt es überlassen, ob sich daran etwas ändert. Dabei befinden sich Städte (und Regionen) seit Jahren in einem weltweiten Wettbewerb um Aufmerksamkeit, Talente und Wachstum – sowie um globale Sportevents.

Literatur

Ahrens, P. (2015, September 03). *Deutschland gegen Polen 1974*. Spiegel Sport. https://www.spiegel.de/sport/fussball/deutschland-gegen-polen-1974-die-wasserschlacht-von-frankfurt-a-1051017.html

Angermund, F. (2022, September 23). 30 Millionen Euro: Frankfurt greift für EM 2024 tief in die Tasche. *Hessenschau*. https://www.hessenschau.de/sport/fussball/30-millionen-euro-frankfurt-greift-fuer-fussball-em-2024-tief-in-die-tasche,frankfurt-em-2024-100.html

Bad Nauheim & Hotel Dolce (Hrsg.). (2022). *„You are looking for a competent partner to host your football team ..."*. Bad Nauheim.

Bad Nauheim & Initiativkreis Fußball-Weltmeisterschaft 2006 (Hrsg.). (2006). *„Vom Traum zur Wirklichkeit"*. Bad Nauheim.

Confed Cup. (2017). *FIFA Confederations Cup 2005*. https://www.confed-cup.de/confed-cup-2005/

Deutsche Welle. (2005, Juni 15). *Klinsmann-Elf eröffnet „Mini-WM".* https://www.dw.com/de/klinsmann-elf-er%C3%B6ffnet-mini-wm/a-1616947

DFB. (2006). *FIFA WM 2006 AUCH WIRTSCHAFTLICH EIN GROSSER ERFOLG.* https://www.dfb.de/news/detail/fifa-wm-2006-auch-wirtschaftlich-ein-grosser-erfolg-4838/

DFB. (2007). *Euro-Milliarden, Mitgliederboom, Imagegewinn – DFB zieht ein Jahr danach die letzte WM-Bilanz.* Frankfurt. https://www.bisp-surf.de/Record/PU201001001165

DFB. (2008). *FIFA FRAUEN-WM 2011 WIRD IN NEUN STÄDTEN AUS-GETRAGEN.* https://www.dfb.de/news/detail/fifa-frauen-wm-2011-wird-in-neun-staedten-ausgetragen-15895/

DFB. (2023). *EURO 2024 – Broschüre.* https://www.dfb.de/fileadmin/_dfbdam/162754-EM_2024_Brosch%C3%BCre_WEB.pdf

Ehlert, K. (2005). *Regionalökonomische Auswirkungen der Fußball-Weltmeisterschaft 2006 in Deutschland: Eine Kosten-Nutzen-Analyse für die Stadt.* Diplomica Verlag.

Euler, R. (2004, November 16). Spektakuläres, 6,5 Millionen Euro teures WM-Programm in Frankfurt. *FAZ.* https://www.faz.net/aktuell/rhein-main/fussball-spektakulaeres-6-5-millionen-euro-teures-wm-programm-in-frankfurt-1189735.html

Euler, R. (2005, April 06). Voll überdacht: Spaß am neuen Frankfurter Waldstadion. *FAZ.* https://www.faz.net/aktuell/sport/rhein-main-sport/sport-voll-ueberdacht-spass-am-neuen-frankfurter-waldstadion-1230700.html

Kicker. (2005, Juni 28). *Der Weltmeister macht kurzen Prozess.* https://www.kicker.de/brasilien-gegen-argentinien-2005-confederations-cup-705922/analyse

Naß, W. (2006). *Die Fußballweltmeisterschaft 2006 – in unserem WM-Stadion Frankfurt am Main.* C:\Users\valen\AppData\Local\Temp\Microsoft EdgeDownloads\41594cb7-7f87-41a4-8da4-0206423766be\Fussball WM 2006 Spielort Stadion Frankfurt (2006).pdf

Nickolaus, M. (2022, Juli 22). EM 2024: DFB und UEFA empfehlen dieses Quartier in der Region. *FNP.* https://www.fnp.de/sport/lokalsport/em-2024-dfb-uefa-bad-nauheim-quartier-hessen-deutschland-91680776.html

Preuß, H., Kurscheidt, M. & Schütte, N. (2009). *Ökonomie des Tourismus durch Sportgroßveranstaltungen. Eine empirische Analyse zur Fußball-Weltmeisterschaft 2006.* Springer.

Rahmann, B., Weber, W., Groening, Y., Kurscheidt, M., Napp, H.-G. & Pauli, M. (1998). *Sozio-ökonomische Analyse der Fußball-Weltmeisterschaft 2006 in Deutschland: Gesellschaftliche Wirkungen, Kosten-Nutzen-Analyse und Finanzierungsmodelle einer Sportgroßveranstaltung.* Sport u Buch Strauß.

Regionalverband FrankfurtRheinMain. (2023). *Logo des Regionalverbandes.* https://www.region-frankfurt.de/Services/Presseportal/Downloads/index.php?&object=tx,3255.3&ModID=6&FID=3255.126.1&kat=&kuo=1&call=0&k_sub=0&La=1&NavID=3255.83&La=1

Schemuth, E. (2007). Königsteiner WM-Marketing. In G. Trosien & M. Dinkel (Hrsg.), *Sportökonomische Beiträge zur FIFA Fußball-WM 2006* (S. 105–112). abcverlag.

Schwan, H. (2006, Januar 29). *Englands Fans wollen in Frankfurt „Party machen".* FAZ. https://www.faz.net/aktuell/rhein-main/fussball-wm-englands-fans-wollen-in-frankfurt-party-machen-1304974.html

Sportamt Frankfurt. (2017). *Sportförderrichtlinien der Stadt Frankfurt am Main.* https://frankfurt.de/themen/sport/sportstadt-frankfurt/sportfoerderung-richtlinien

Sportamt Frankfurt. (2021). *100 Jahre Sportamt.* Frankfurt.

Stadt Frankfurt am Main. (2023). *Sportveranstaltungen: UEFA EURO 2024.* https://frankfurt.de/themen/sport/sportevents/uefa-euro-2024

Trosien, G. & Dinkel, M. (Hrsg.). (2007). *Sportökonomische Beiträge zur FIFA Fußball-WM 2006*, abcverlag.

UEFA. (2021). *UEFA EURO 2024 Deutschland: Strategie für eine Nachhaltige Veranstaltung.* https://editorial.uefa.com/resources/027a-1643cd65ece0-3804ff6dd4ce-1000/euro_2024_strategy_de_spreads.pdf

UEFA. (2022). *Volunteer-Logo für die UEFA EURO 2024 in Deutschland enthüllt.* https://de.uefa.com/euro2024/news/027c-16c0ead3823d-661019015c1c-1000--volunteer-logo-fur-die-uefa-euro-2024-in-deutschland-ent/

Weltfußball (2023). *WM 1974 in Deutschland – Spielplan.* https://www.weltfussball.de/alle_spiele/wm-1974-in-deutschland/

Wiemann, N. & Uhlenbrock, K. (2012). Infoblatt Fußball WM 2006 – Eventtourismus. *Klett.* https://www2.klett.de/sixcms/list.php?page=infothek_artikel&extra=TERRA%20Geschichte%20Erdkunde%20Politik-Online&artikel_id=130376&inhalt=klett71prod_1.c.179527.de

10 Stakeholderanalyse zur EURO 2024 – Eine Fallstudie zur Host City München

Florian Kainz, Fabio Wagner, Christian Werner & Thomas Könecke

Am 14. Juni 2024 wird in München die EURO 2024 eröffnet. Damit ist die Landeshauptstadt Bayerns eine von zehn Gastgeberstädten in Deutschland und zum zweiten Mal in Folge Spielort einer Fußball-Europameisterschaft. Das drittgrößte Sportevent der Welt wird Millionen Fans in seinen Bann ziehen. Hunderttausende werden sich aufmachen und mit unterschiedlich ausgeprägten Motiven nach Deutschland reisen (Wagner & Wilsch, in Druck). Für die Eventorganisatoren entstehen nicht nur deshalb komplexe Herausforderungen auf dem Weg zu einer erfolgreichen Europameisterschaft in Deutschland. Im gesamten Verlauf spielen dabei die Stakeholder (SH) (u. a. die Bevölkerung vor Ort oder anreisende Fußballfans) des Projekts EURO 2024 eine wesentliche Rolle. Vor allem die Ablehnung von Olympischen Spielen in westlich demokratischen Staaten hat die Relevanz der SH in den vergangenen Jahrzehnten deutlich gemacht (Könecke & de Nooij, 2022; Könecke et al., 2016). Außerdem ist anzunehmen, dass die Fußball-Weltmeisterschaft 2022 in Katar neue Aufgaben in das Hausaufgabenheft von Eventorganisatoren gebracht hat (Stenger, 2022).

Dieser Beitrag betrachtet nun speziell die Host City München und deren Umgang mit SH im Rahmen der EURO 2024. Es soll beleuchtet werden, welche SH von besonderer Relevanz sind und wie diese gemanagt werden. Für diese Fallstudie wurden zwei Experteninterviews mit dem Geschäftsführer der EURO 2024 GmbH und dem Gesamtprojektleiter der Host City München geführt.

Der Beitrag wird in der Folge zunächst eine theoretische Grundlage zum Stakeholder-Management geben, um anschließend die Fallstudie darzulegen. In den theoretischen Grundlagen wird einleitend der fünfphasige SH-Managementprozess eingeführt (Kap. 10.1.1). Im weiteren Verlauf werden dann in Kapitel 10.1.2 die ersten beiden Phasen des Prozesses näher beleuchtet. Diesen kommt eine zentrale Rolle in jedem Projekt zu, da sie die Basis für sämtliche konkreten Schritte der folgenden Phasen sind und bereits zum jetzigen Zeitpunkt für die EURO 2024 zielführend betrachtet werden können. In Kapitel 10.2 wird die Fallstudie in verschiedenen Unterkapiteln dargelegt. Den Abschluss des Textes bildet ein kurzes Fazit (Kap. 10.3).

10.1 Grundlagen des Stakeholdermanagements

In diesem Kapitel sollen einige geeignete Management-Tools zur SH-Analyse vorgestellt werden. Dazu wird zuerst der SH-Managementprozess überblickshaft beschrieben. Im Anschluss werden die Umfeldanalyse, das SH-Portfolio und die SH-Maßnahmenmatrix prägnant dargestellt.

10.1.1 Stakeholder-Managementprozess

Im Jahr 1996 wurde der Leitfaden zum Projektmanagement (PMBOK® Guide) erstmals veröffentlicht. In seiner fünften Auflage kam 2013 ein zehntes Fachgebiet für erfolgreiches Projektmanagement hinzu. Es war das Management von Stakeholdern (Chung, 2017).

> **Stakeholder definiert nach Künkel et al. (2019, S. 155):**
>
> „Stakeholder sind Personen oder Institutionen, die ein Interesse an einem bestimmten Entwicklungsverlauf oder einer bestimmten Entscheidung haben. Sie können entweder als Einzelpersonen oder als Vertreter einer Gruppe auftreten. Dazu gehören Personen, die eine Entscheidung beeinflussen, die Schlüsselfiguren bei der Umsetzung oder die von der Entwicklung betroffen sind."

Das SH-Management (SHM) soll die Betroffenheit von relevanten SH zu einem möglichst frühen Zeitpunkt im Projekt identifizieren, damit diese im Projektverlauf berücksichtigt werden können. Dies ist von besonderer Bedeutung, da SH erheblichen Einfluss auf die grundsätzliche Durchführbarkeit des Projekts und dessen Erfolg haben können. Entsprechend wird das SHM oft als „eine der wichtigsten Aufgaben, die Sie als Projektleiter haben" (Bohinc, 2010, S. 128), betrachtet.

Mittels SHM sollen die positiven Einflüsse der SH auf das Projekt gesteigert und ihre negativen Einflüsse abgemildert werden. Dabei ist es wichtig zu beachten, dass neue SH im Projektverlauf hinzukommen können und eine stetige Prüfung und ggf. Anpassung der Planungen und Maßnahmen vorgenommen werden muss (Peipe, 2015). Verschiedene Methoden des SHM sollten daher für eine strukturierte Analyse der SH und der zur Verfügung stehenden Handlungsoptionen genutzt werden, damit gezielt auf die verschiedenen Anspruchsgruppen eingegangen werden kann. Außerdem wird bei diesem Prozess die Machbarkeit eines Projekts auf den Prüfstand gestellt. Wie jegliche andere Managementprozesse ist das SHM ebenfalls in Phasen gegliedert.

Die fünf Phasen des SH-Managementprozesses sind:

I.   SH-Identifikation

II. SH-Analyse

III. SH-Maßnahmen-Planung

IV. SH-Maßnahmen-Durchführung

V.   Prozessevaluierung

In Phase I müssen möglichst alle relevanten SH aus dem Projektumfeld ermittelt/identifiziert werden. Die Umfeldanalyse (Kap. 10.2.2.1) ist ein hierfür gut geeignetes Werkzeug.

In der Phase II werden die in Phase I ermittelten SH in zwei weiteren analytischen Schritten vertiefend betrachtet. Zuerst werden sie im SH-Portfolio (Kap. 10.2.2.2) bzgl. ihrer Relevanz für das geplante Projekt geclustert. Dabei werden die Bewertung ihrer Einstellung (positiv/negativ) zum konkreten Projekt sowie die Einschätzung ihres Einflusses (niedrig/hoch) auf das Projekt antizipiert. Hier fließen alle vorhandenen wesentlichen Informationen (z. B. auch aus Vorgesprächen) und sonstige Überlegungen mit ein. Anschließend erfolgt in der SH-Matrix (Kap. 10.2.2.3) eine umfassendere Betrachtung der verschiedenen bedeutenden SH.

Phase III umfasst die konkrete Maßnahmenplanung bzgl. des Umgangs mit den verschiedenen SH in Hinblick auf eine erfolgreiche Umsetzung des Projekts. Aus Phase II resultieren Erkenntnisse über die jeweilige Haltung und Interessenlage der beteiligten SH zum Projekt. Diese Erkenntnisse müssen in einen Gesamtzusammenhang gebracht werden, um den weiteren Prozess im Sinne des Projekterfolgs zu gestalten. Eine möglichst breit angelegte Basis zur Zusammenarbeit mit und zwischen den SH sollte dabei im Fokus stehen. Charakteristisch für das gesamte SHM ist der „Faktor Mensch". Die involvierten Personen haben unterschiedliche Rollen und damit verbunden auch Anforderungen bzw. Erwartungen. Es gibt etwa Personen, die eine Tätigkeit ausführen, während eine andere Person dafür die Verantwortung trägt. Außerdem gibt es Personen, die rein beratend fungieren, und jene, die Informationen erhalten/erhalten müssen (Bohinc, 2015). Die Kommunikation unter den internen SH und die mit den externen SH ist folglich der entscheidende Faktor für ein erfolgreiches SHM. Das SHM sollte deshalb auch von den Personen angeleitet werden, die im Projektverlauf den SH-Dialog konzeptionieren (Künkel et al., 2019). Der Einsatz von SH-Dialogen wird dadurch als elementares Management-Tool betrachtet.

> **Stakeholder-Dialoge definiert nach Künkel et al. (2019, S. 155–156):**
>
> „Stakeholder-Dialoge sind ein methodischer Ansatz, […], deren Erfolg die Einbeziehung unterschiedlicher Interessengruppen erfordert. Gut aufgesetzte Stakeholder-Dialoge sichern eine Identifizierung mit den Ergebnissen und ein hohes Engagement aller Beteiligten bei der Umsetzung. Unterschiedliche gesellschaftliche Akteure engagieren sich in dieser Zusammenarbeit, um Lösungs- und Handlungsoptionen für bestehende Herausforderungen gemeinsam zu erörtern und/oder an der Umsetzung mitzuwirken. […]."

Die Ausführungen machen deutlich, dass es sich beim SH-Dialog um eine komplexe und zeitintensive Aufgabe handelt. Bereits zu Projektbeginn gilt es daher, die benötigten Ressourcen (monetär, personell, zeitlich, sachlich) hierfür vorzusehen.

In Phase IV erfolgt die konkrete Durchführung der geplanten Maßnahmen, wie beispielsweise die Initiierung eines SH-Dialoges. Diese Phase dient auch dem Austausch zwischen den beteiligten SH über die erreichten Zwischenziele, den Projektstatus sowie auftretenden Problemen etc. Daraus ergibt sich für die verantwortlichen Personen eine Steuerungsfunktion, da Erkenntnisse bewertet werden und in der Folge nachgesteuert oder sogar ein Strategiewechsel angestoßen werden kann.

In Phase V erfolgt die gesamtheitliche Evaluierung, also die sach- und fachgerechte Bewertung des SH-Managementprozesses, wobei anzumerken ist, dass diese nicht erst nach Projektende vorgenommen wird. Denn der gesamte Prozess unterliegt einer stetig wiederkehrenden Evaluation innerhalb der Phasen. Daher sollte nicht nur bei Nicht-Erreichen des Projektziels oder im Fall eines Projektstopps beispielsweise kritisch betrachtet werden, welche Entwicklungen besonders bedenklich sind oder waren, welche Probleme außerplanmäßig aufgetreten sind, welches Verbesserungspotenzial sich aufgezeigt hat und wie sich z. B. die Einstellung der beteiligten SH im Verlauf des geführten SH-Dialogs entwickelt hat. Die aus der Evaluation abzuleitenden Hinweise, Erkenntnisse und Maßnahmen können in die weitere Steuerung des Projekts einfließen und auch anderen Projekten zu einem erfolgreichen Ergebnis verhelfen.

10.1.2   Stakeholder-Identifikation und -analyse

Nachfolgend werden die Phasen I und II des SH-Managementprozesses vertiefend betrachtet. Im Fokus stehen drei Analyse-Tools, die prägnant dargestellt werden, um dann in Kapitel 10.2 auf das Fallbeispiel Host City München angewandt zu werden.

10.1.2.1 Umfeldanalyse

Im ersten Schritt des SH-Managements müssen alle SH identifiziert werden, die im Umfeld des Projekts auftreten. Hierzu kann unabhängig vom Projektinhalt eine Umfeldanalyse durchgeführt werden. Häufig wird dabei zwischen internen und externen sowie sozialen und sachlichen „Faktoren" unterschieden. Im sozialen Bereich finden sich interne, direkt am Projekt beteiligte SH (z. B. Mitarbeiterinnen und Mitarbeiter) und externe SH wieder. Überdies werden projektbezogene Rahmenbedingungen unter sachlich intern/extern festgehalten (z. B. rechtliche und politische Gegebenheiten). Mit den Personen/-gruppen aus dem sozialen Bereich wird im SH-Managementprozess weitergearbeitet (vgl. Tab. 10.1).

	sozial	**sachlich**
intern	Personen(gruppen) mit direkten Mitsprachrechten/Mitwirkungs- und Gestaltungsmöglichkeiten: Mitarbeiter des Projektteams, Investoren etc.	Nicht-soziale Faktoren, die dem Projekt direkt zur Verfügung stehen: Ressourcen (Büros, Arbeitsmittel etc.), Ziele, Pläne, Ideen, verfügbare Flächen, etc.
extern	Personen(gruppen), die das Projekt von extern beeinflussen: Politiker, Lobbyisten, Anwohner etc.	Nicht-soziale Faktoren, die nicht (oder nur sehr schlecht) beeinflusst werden können: Gesetze, Verordnungen, Richtlinien, geographische Gegebenheiten, wirtschaftliche und soziale Entwicklungen (z. B. demographische Faktoren) etc.
	Stakeholdermanagement	**Sonstiges Projektmanagement**

Tab. 10.1: Umfeldanalyse (eigene Darstellung nach Peipe, 2015)

Künkel et al. (2019) bieten für die identifizierten Akteursgruppen eine zusätzliche Einteilung in vier Bereiche (öffentlicher Sektor, Zivilgesellschaft, Privatwirtschaft und Wissenschaft) an. In der Praxis fällt die Zuordnung zwischen öffentlichem Sektor und Zivilgesellschaft allerdings häufig schwer.

10.1.2.2 Stakeholder-Portfolio

Das SH-Portfolio ist ein Tool zur Kategorisierung von SH. In einer vier oder neun Felder-Matrix findet eine Einstufung der SH nach deren Macht/ Einfluss (niedrig bis hoch) und dem Konfliktpotenzial (niedrig bis hoch) bezogen auf das Projekt statt (vgl. Abb. 10.1). In der Literatur finden sich solche Matrizen häufig wieder. Die y-Achse ist meist mit dem Einfluss und der daraus resultierenden Macht betitelt. Auf der x-Achse variieren die Schwerpunkte. So bilden Kuster et al. (2019) das Interesse (niedrig bis hoch) der SH ab, während Reichert (2019) die Einstellung (negativ bis positiv) gegenüber dem Projekt einstuft. In Abbildung 10.1 wird vorgeschlagen, darüber hinaus auch das Konfliktpotenzial zu bewerten, um „problematische" SH möglichst früh identifizieren zu können. So wird bereits bei der Erstdurchführung ersichtlich, welche SH besonders intensiv „bearbeitet" werden müssen. Es bietet sich aber grundsätzlich an, mehrere SH-Portfolios mit unterschiedlichen x-Achsenbezeichnungen anzufertigen, um einen tiefgreifenden Informationsgehalt zu erhalten.

SH, die sich in den in Abbildung 10.1 hellgrau markierten Quadranten wiederfinden, müssen i. d. R. nicht dauerhaft aktiv betreut werden und können z. B. über einen Newsletter oder regelmäßige Presseberichte informiert werden. SH in den dunkelgrauen Feldern sind offenbar bedeutsamer

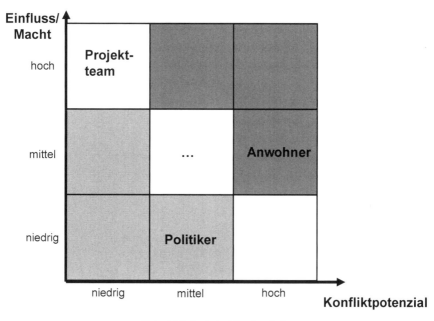

Abb. 10.1: Stakeholder-Portfolio
(eigene Darstellung in Anlehnung an Reichert, 2019 und Kuster, 2019)

für den Projektverlauf und dessen Ergebnis. Mit diesen SH muss intensiv in Kontakt getreten werden, da sie ggf. auch in der Lage sind, den Projekterfolg zu gefährden oder sogar einen Projektstopp zu erzwingen. Die SH in den weiß markierten Quadranten sind von der Betreuungsintensität zwischen den beiden anderen Gruppen anzuordnen. Konkrete Maßnahmen sollten auch hinsichtlich ihrer mittel- und langfristigen Bedeutung für das Projekt festgelegt werden, wobei hierbei eine umfassendere Betrachtung mittels der in 10.1.2.3 beschriebenen SH-Matrix sehr hilfreich ist.

Wie für fast alle Maßnahmen des Projektmanagements gilt auch für das SH-Portfolio, dass es „dynamisch" ist und sich i. d. R. im Projektverlauf verändert. Daher sollte die Analyse immer wieder aktualisiert werden, um die SH ggf. neu einzuordnen und folglich den Umgang mit ihnen anzupassen. Diese Analyse sollte vom Initiator des SH-Dialogs erstellt werden (vgl. Künkel et al., 2019).

10.1.2.3 Stakeholder-Matrix

Die SH-Matrix in Tabelle 10.2 fasst Inhalte, die über unterschiedlich ausgerichtete SH-Portfolios (vgl. Kap. 10.1.2.2) entstanden sind, zusammen und verbindet sie mit neuen Informationen. Es werden alle der aktuell und wahrscheinlich zukünftig relevanten SH aufgelistet und deren bekanntes und vermutetes Interesse festgehalten. Hier gilt es mitunter, Annahmen zu treffen, da insbesondere vermutete Interessen oft nicht oder nur sehr indirekt kommuniziert werden. Das wird an folgenden Beispielen deutlich:

- Das bekannte Interesse eines Sponsors der EURO 2024 dürfte normalerweise die Steigerung der Markenbekanntheit, ggf. eine Imageveränderung und ein positiver Einfluss auf Verkaufszahlen sein.
- Ein vermutetes Interesse könnten Vorzugsrechte für Hospitality-Tickets für Freunde und Familie der CEOs sein, die mitunter nicht oder nur nebenbei und evtl. auch nur sehr zweideutig kommuniziert werden.

Je mehr Informationen über die SH bestehen, desto einfacher lassen sich diese Spalten in Tabelle 10.2 ausfüllen.

Die Einstellung der SH lässt sich ebenfalls aus einem vorab zu erstellenden SH-Portfolio abtragen oder wird nun bspw. mittels einer 3er-Skala von negativ bis positiv klassifiziert. Die Angaben von Macht/Einfluss und dem auftretenden Konfliktpotenzialen lassen sich aus dem obigen SH-Portfolio abtragen. In einem nächsten Schritt kann diese Matrix um die Spalte „Maßnahmen" erweitert werden. Diese werden in Phase III (SH-Maßnahmen-Planung) weiter ausdifferenziert. Eine Unterteilung in präventive und akute Maßnahmen bietet sich für die Darstellung in der SH-Matrix an.

Stake-holder	Bekannte Interessen	Vermutete Interessen	Einstellung	Macht/ Einfluss	Konflikt-potenzial	Maßnahmen (Phase III)
Projekt-team	reibungs-loser Ablauf	nächster Karriere-schritt	positiv	hoch	niedrig	
Anwohner	Verhinde-rung des Neubaus	Macht-demons-tration	negativ	mittel	hoch	
Politiker	keine Strei-tigkeiten	wenig Arbeit	neutral	niedrig	mittel	
...						

Tab. 10.2: Stakeholder-Matrix (eigene Darstellung in Anlehnung an Peipe, 2015)

10.2 Fallstudie zur Host City München

Die nachfolgenden Ausführungen basieren auf den beiden leitfragenge-stützten Experteninterviews mit Markus Stenger (Geschäftsführer/Mana-ging Director DFB, EURO GmbH & EURO 2024 GmbH) und Andreas Ströbl (Gesamtprojektleitung UEFA EURO 2024 Host City München). Anhand dieser wird zunächst eine Umfeldanalyse durchgeführt und die Organisationstruktur der Host City München beschrieben. Ferner wird die Erwartungshaltung an die SH und vice versa skizziert. Der Einfluss und das Konfliktpotenzial einzelner SH stehen anschließend im Fokus. Über-dies werden Erfolgsfaktoren im SH-Umgang benannt. Zum Abschluss die-ses Kapitels wird ein Stimmungsbild der Projektteams gegeben.

10.2.1 Umfeldanalyse und Organisationsstruktur

Bei der folgenden Umfeldanalyse für die Host City München wird nur der soziale Bereich (intern und extern) und somit die SH des Austragungsorts betrachtet (vgl. Kap. 10.1.2.1). In Tabelle 10.3 finden sich sowohl im inter-nen als auch im externen Bereich eine Vielzahl von SH, was die Komple-xität eines solchen Projekts deutlich macht und die Bedeutung des SHM für die Praxis unterstreicht.

Hinsichtlich der in Tabelle 10.3 vorgenommenen Differenzierung zwi-schen intern und extern ist anzumerken, dass diese mitunter schwierig ist. Betrachtet man Polizei, Feuerwehr und Rettungsdienste, so werden schnell Schnittstellen sichtbar, die über den internen Bereich hinaus in das Aufga-bengebiet des Freistaat Bayern fallen. Damit befasste Personengruppen wären dann als „extern" zu klassifizieren. Mitunter ist allerdings nur eine einzige SH-Gruppe mit all diesen Aufgaben befasst.

Außerdem ist festzustellen, dass es zum einen klar definierbare SH gibt (z. B. FC Bayern München für die Bereitstellung des Trainingsgeländes und als Eigentümer der München Stadion GmbH oder die Olympiapark München GmbH für die Errichtung einer Fanzone). Zum anderen werden in Tabelle 10.3 große Gruppen wie Touristen/Fans oder Münchner Bürgerinnen und Bürger aufgeführt, die aller Voraussicht nach, ganz unterschiedliche Bedürfnisse haben und – zumindest zu einem geeigneten Zeitpunkt – in Untergruppen kategorisiert werden sollten. Zu den größten und wichtigsten SH-Gruppen zählen die Bürgerinnen und Bürger der Stadt. Sie können auch als „Auftraggeber" betrachtet werden, da die städtischen Steuergelder, die für die Ausrichtung des Turniers ausgegeben werden, auch ein Erbe für die Bürgerinnen und Bürger hinterlassen sollen.

	sozial
intern	Projektgruppe Stadtrat Ältestenrat Oberbürgermeister Sportbürgermeisterin Sportreferent Referentenrunde Koordinierungskreis Arbeitskreise (z. B. Sicherheit, Mobilität) 15 Referate (u. a. Mobilitätsreferat) Genehmigungsbehörde Branddirektion München
extern	Rettungsdienste Polizeibehörde Verkehrsbetrieb Münchner Bürgerinnen und Bürger Freistaat Bayern (u. a. Innenministerium, Ministerpräsident) Touristen/Fans Nationalmannschaften, Staff und Delegierte EURO 2024 GmbH UEFA (Abt. Sponsoring & Marketing) Allianz Arena München Stadion GmbH Flughafen München GmbH Olympiapark München GmbH Sicherheitsdienstleister Bundesministerium des Inneren (BMI) weitere Ministerien der Bundesrepublik Deutschland neun weitere Host Cities Deutscher Städtetag Bayrische Fußball-Verband (BFV) Vereine aus dem BFV FC Bayern München NGOs aus dem Bereich Gesellschaft und Nachhaltigkeit

Tab. 10.3: Umfeldanalyse der Host City München
(eigene Darstellung nach Stenger, 2022 und Ströbl, 2022)

Wie eine Strukturierung der bedeutendsten SH aus Tabelle 10.3 zeigt, steht die im Referat für Bildung und Sport (RBS) der Landeshauptstadt München angesiedelte Projektgruppe (PG) im Zentrum der Organisationstruktur (vgl. Abb. 10.2). Die PG wird von Andreas Ströbl geleitet, er übernimmt damit die Gesamtprojektleitung für die Host City München im Rahmen der EURO 2024. Die PG ist häufig die Schnittstelle zwischen den internen und externen SH und hat dadurch eine zentrale Koordinationsaufgabe. Sie handelt im innerstädtischen Auftrag und vertritt die Stadt nach außen. Entsprechend ist sie in Abbildung 10.2 mittig und mit Überschneidungen zu internen und externen SH platziert worden.

Innerhalb der städtischen Behörde herrscht das Top-down-Prinzip, wenn es sich um tiefgreifende Entscheidungen (u. a. Budget) handelt. Die Entscheidungsfindung erstreckt sich über den Stadtrat (häufig unter Einbezug des Ältestenrats), den Oberbürgermeister und die Sportbürgermeisterin. Darunter ist ein Gremium aller Referate, die sog. Referentenrunde bzw. der Stab für außergewöhnliche Ereignisse (SAE), positioniert. Diese Runde kann gewisse (Vor-)Entscheidungen treffen und die Ergebnisse an die operative Ebene, den Koordinierungskreis, weitergegeben. Ferner gibt es die direkte Vernetzung mit den Arbeitskreisen/Arbeitsgruppen, die sich ebenfalls um die Umsetzung kümmern. Die beschriebenen Organe sind alle der Landeshauptstadt München zuzuordnen. Wie Abbildung 10.2 zeigt, stehen sie im direkten Austausch mit der PG, beeinflussen das Projekt unmittelbar und sind daher gemäß Tabelle 10.3 als interne SH zu betrachten.

Da nicht alles unter dem Dach der Landeshauptstadt vereint werden kann, sind in Abbildung 10.2 verschiedene externe SH aufgenommen worden.

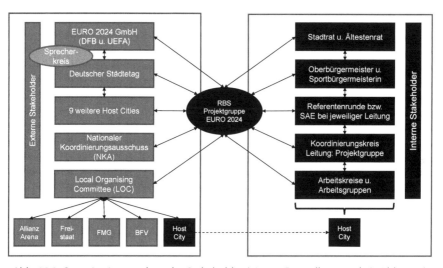

Abb. 10.2: Organisationsstruktur der Stakeholder (eigene Darstellung nach Ströbl, 2022)

So wird Anfang 2024 ein Local Organising Committee (LOC) gegründet. Dieses besteht aus Vertretern der Allianz Arena München Stadion GmbH, des Freistaat Bayern, des Flughafen München (FMG) und des Bayrischen Fußball-Verband (BFV). Zwischen LOC und PG sowie den übrigen Organen der Host City besteht eine direkte Korrespondenz. Die Themen Sicherheit, Kultur und Nachhaltigkeit werden neben den Host Cities auch vom nationalen Koordinierungsausschuss (NKA) der Bundesregierung bearbeitet.

Die Sportbürgermeisterin ist die Vertreterin der Host City im NKA und stellt somit den Austausch zur PG sicher. Außerdem arbeitet die PG eng mit den neun weiteren Host Cities zusammen, um den Wissenstransfer und Erfahrungsaustausch zu fördern. Der Deutsche Städtetag übernimmt für alle Host Cities organisatorische Aufgaben. Ein Vertreter des Deutschen Städtetags bildet mit zwei Sprechern aus dem Städtekreis (Stuttgart und Düsseldorf) den sog. Sprecherkreis, der im regelmäßigen Austausch die Interessen der Host-Cities (u. a. München) gegenüber der EURO 2024 GmbH vertritt. Die EURO 2024 GmbH mit ihrem Geschäftsführer Markus Stenger ist ein Joint Venture der DFB EURO GmbH und der UEFA Events SA. „Ein Ziel dieses Joint Venture war es, dass man nicht mehr von der UEFA oder dem DFB spricht, sondern mit der EURO 2024 GmbH einen einheitlichen Begriff hat" (Ströbl, 2022). Die EURO 2024 GmbH ist für die gesamte Abwicklung des Turniers verantwortlich und somit zentraler externer Ansprechpartner für die PG.

10.2.2 Erwartungshaltung an die Stakeholder und vice versa

Im Projektverlauf zeigt sich eine gewisse Erwartungshaltung der SH an die Turnierorganisatoren. Diese haben für sich ebenfalls Ansprüche an die SH, um möglichst gemeinsam für eine erfolgreiche Europameisterschaft und Turnierumsetzung zu sorgen. „Die Erwartungshaltung ist immer eine offene, direkte Kommunikation und ein vertrauensvolles Miteinander zu schaffen". Weiter ist die „Erwartung an die Host Cities, dass sie die Chance EURO nutzen und es zu ihrer EURO machen", so Stenger (2022).

Welche Erwartungshaltung haben die SH an die PG der Host City noch?

- Für Wissenstransfer innerhalb der Host City zu sorgen (interne SH)
- Ansprechpartner für Erklärungen und Rückfragen zu sein
- Strukturen der jeweiligen SH zu kennen
- Vermittlerrolle zwischen EURO 2024 GmbH und Behörden einzunehmen
- Meinungsvertreter gegenüber der EURO 2024 GmbH zu sein
- Rechtlichen Rahmen einzuhalten
- Vertragliche Rechte und Pflichten einzuhalten

- Diskussionsbereitschaft für Problemlösungen im vereinbarten Rechtsrahmen zu schaffen
- Mit dem föderalen System vertraut gemacht zu werden (u. a. unterschiedliche Vorschriften in den Host Cities)

Welche Erwartungshaltung hat die PG der Host City an die SH?

- Motivation und Bereitschaft der Behörden und Verwaltungen bei verschiedenen Prozessen neu zu denken[1]
- Fokus auf eine gemeinsame Zielfindung zu setzen
- Fairer Umgang miteinander
- Kompromissbereitschaft und lösungsorientierten Umgang mit Problemen
- Vertrauen und Verlässlichkeit hinsichtlich Absprachen auf allen Ebenen
- Akzeptanz für föderales System und Individualität der Host City

Viele der aufgeführten Punkte lassen sich sowohl auf den Umgang mit internen als auch externen SH beziehen.

10.2.3 Einfluss und Konfliktpotenzial im Projektverlauf

Dieses Unterkapitel nimmt Bezug auf das in 10.1.2.2 vorgestellte SH-Portfolio und beschäftigt sich mit den bisherigen Erfahrungen des Interviewpartners der Host City bzgl. Einfluss sowie Austausch (Dialog) und Reibungspunkten mit den SH. Da es sich bei dem SH-Portfolio um ein dynamisches Werkzeug handelt und hier basierend auf dem Bericht des Interviewten Abläufe über die Zeit dargestellt werden sollen, wurde kein Portfolio, sondern ein Zeitverlauf bestimmter, in den Portfolios vorkommender Elemente abgebildet.

„Es muss an dieser Stelle festgehalten werden, dass sich alle abgebildeten SH im Vorfeld für das Bestreben, eine Host City zu werden, ausgesprochen haben. Dadurch kann eine positive Grundeinstellung gegenüber dem Projekt vorausgesetzt werden" (Stenger, 2022). Auch die sog. „Tournament Requirements" waren als Rahmenbedienungen bekannt und sind öffentlich einsehbar. Die Host City und letztlich die Staatspolitik entscheidet über die zur Verfügung gestellten monetären Mittel und hat somit erheblichen Einfluss auf das Projekt. In der heutigen Zeit spielen außerdem Sicherheitsbehörden eine immer entscheidendere Rolle und sind in den kompletten Projektverlauf involviert, da z. B. viele Genehmigungen erst kurz vor Turnierstart erteilt werden (u. a. Sicherheitskonzept rund ums Sta-

---

1 Idealerweise können die Behörden durch klare und bestehende Strukturen und Prozesse bereits Lösungen vorgeben. Sollte es aber aufgrund der besonderen Gegebenheiten nicht möglich sein, trifft diese Erwartungshaltung erst zu.

dion und Fanzone). Somit können sie, ebenso wie die Stadionbetreiber, großen Einfluss nehmen.

Da trotz eines gemeinsamen Commitments unterschiedliche Interessen aufeinandertreffen, gibt es, wie bei allen Projekten, auch hier ein gewisses Konfliktpotenzial mit den SH, wenn bspw. über die Finanzierung des Host City Dressings (Branding der Ausrichterstadt u. a. durch Flaggen und Banner) diskutiert wird. Auch hier gibt es eine vertragliche Grundlage, die jedoch unterschiedlich interpretiert werden kann.

Die Einbindung von Sponsoren ist ebenfalls herausfordernd. In Deutschland hat bspw. das Themenfeld „Bier" ein hohes Konfliktpotential, da Heineken als Turniersponsor sämtliche zu schützende Rechte besitzt. Lokale und regionale Biermarken wollen allerdings auch die EURO für sich als Werbeplattform nutzen.

Gerade in Deutschland ist ebenfalls ein entscheidender Faktor, dass bei einem solchen Großereignis, obgleich es von der Bundesregierung unterstützt wird, alle Teilprojekte von den Behörden vor Ort genehmigt werden müssen. Die Genehmigungsprozesse in den Host Cities können dabei als kritischer Faktor gelten.

Aus Sicht der EURO 2024 GmbH sind vor diesem Hintergrund laut Stenger (2022) die vier wichtigsten SH in Bezug auf den Austragungsort München:

- Host City (Landeshauptstadt München)
- Sicherheitsbehörde der Host City
- Allianz Arena München Stadion GmbH
- Flughafen München (FMG)

Die drei wichtigsten SH aus Perspektive der Host City München sind nach Ströbl (2022):

- EURO 2024 GmbH
- Arbeitskreis Sicherheit und Mobilität
- Deutscher Städtetag mit den neun Projektleitern der anderen Host Cities

Von der EURO 2024 GmbH und der Host City München werden der Einfluss und das Konfliktpotenzial wesentlicher SH ähnlich eingeschätzt, sodass sich das folgende Bild ergibt:

Am bedeutendsten sind die UEFA und die EURO 2024 GmbH als Ausrichter des Sportevents. Eine relevante Rolle nimmt auch der FMG ein, da der Flugverkehr gesondert geregelt werden muss. Es müssen enge Abstimmungen getroffen werden, damit sich für Touristen, Fans, Teams usw. ein reibungsloser Ablauf gestalten lässt, ohne dabei die nicht für die EURO

2024 relevanten Fluggäste zu beeinträchtigen. Auch die Verbandsvertreter des BFV können in verschiedenen Bereichen überregional Einfluss nehmen und sind somit nicht nur für München wichtig, sondern haben auch als Sprachrohr darüber hinaus viele Abstimmungsbereiche mit der PG.

Jede getroffene Entscheidung hat Auswirkungen auf andere Bereiche in der Projektorganisation. Da das Projekt einmalig ist und so noch nie stattgefunden hat, gibt es nicht den einen richtigen Weg. Deshalb ist das Ziel, „Konflikte und Reibungen zu identifizieren und das Ganze so abzustimmen, dass alle Bereiche harmonisch funktionieren" (Ströbl, 2022). In Abbildung 10.3 ist die Einschätzung über Reibung, Einfluss und Dialog mit SH abgebildet. Es wird hierzu eine Skala von 0–10 verwendet. Die „Reibung" zwischen SH und der PG kann dabei als ein Kontinuum betrachtet werden. Daraus resultiert eine gewisse Bandbreite, die zwischen der Diskussion über offene Fragen bis hin zu diversen Meinungsverschiedenheiten oder Konflikten verschiedene mögliche Ausprägungen annehmen kann. Da die Übergänge auch bezogen auf bestimmte Themen oft fließend sind und letztendlich immer ein gangbarer Weg gefunden werden muss, wurde dieser Begriff aus den Interviews übernommen. Wie Abbildung 10.3 zeigt, wird die Reibung nahezu konstant mit drei eingeschätzt, wobei es bisher im Sommer 2021 eine Ausnahme gab. Verantwortlich dafür war die EURO 2020[2] und das Feedback zum Turnier, welches insgesamt als positiv und gewinnstiftend beschrieben wurde. Es ist davon auszugehen, dass im Frühjahr 2023 die Reibungspunkte mit SH zunehmen werden, da die Vorbereitungen in die finale Phase gehen und vor Turnierstart dann intensiviert werden.

Die Ausprägung von Einfluss und Dialog sieht Ströbl (2022) über den gesamten Projektverlauf im Einklang. Zu Beginn (2017–2018) wird er mit sieben bewertet. Grund dafür ist die Bewerbungsphase und die dann zentrale Rolle der Stadt(-verwaltung) unter Einbezug der „Tournament Requirements". Mit Zuschlag für die Austragung sinkt der Wert auf drei, steigt aufgrund der UEFA-Guidelines, der EURO 2020 danach allerdings wieder leicht an und hält dieses Niveau bis Mitte 2021. Der Einfluss steigt mit Ende der EURO 2020, da der Fokus jetzt auf die EURO 2024 rückt. Die Planung nimmt erneut Fahrt auf und neue Richtlinien und Verpflichtungen verstärken den Einfluss /Dialog mit SH. Anfang 2022 erreicht die Kurve mit Abgabe des 1. Konzeptes einen Gipfel. Anschließend sinken Einfluss und Dialog leicht, bis das Feedback für das 1. Konzept zurückkommt. Dann steigen sie im April 2023 mit Einreichung des 2. Konzeptes, das durch die erforderliche Abstimmung für einen Anstieg von Einfluss/

---

2   Die EURO 2020 wurde aufgrund der Corona-Pandemie erst im Jahr 2021 ausgetragen, behielt allerdings den Namen EURO 2020 und wird deshalb auch hier so bezeichnet.

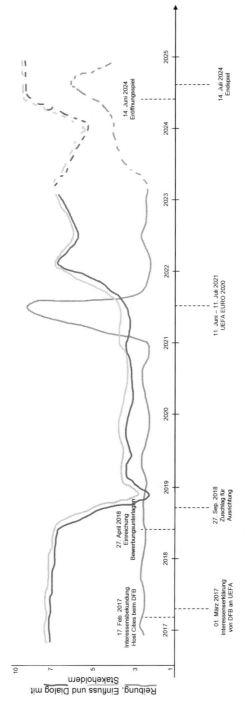

Abb. 10.3: Einschätzung zu Reibung, Einfluss und Dialog im Projektverlauf (eigene Darstellung nach Ströbl, 2022)

Dialog sorgt. Die Prognose ab Frühjahr 2023 ist ein moderater Rückgang bis wenige Monate vor Turnierstart. Ab dann ist erneut mit einem Anstieg zu rechnen, da es in die operative Umsetzung des Projekts geht. Bspw. bringt die Auslosung der Gruppenphase im Dezember 2023 viel Klarheit zu den anstehenden Partien und den zu erwartenden Mannschaften und Fans mit sich. Außerdem werden der Einfluss und Dialog mit den Sicherheitsbehörden (u. a. mit der Polizei) während des gesamten Turniers auf einem konstant hohen Level sein.

10.2.4 Erfolgsfaktoren im Umgang mit Stakeholdern

Obwohl die nachstehenden Ausführungen auf die EURO 2024 und den Spielort München bezogen sind, sind i. d. R. fast alle Erfolgsfaktoren, die zum Umgang mit SH vorgestellt werden, auf nahezu jegliche Art von Projekt übertragbar. Es handelt sich hierbei zum Großteil um Maßnahmen, die in Phase III des SH-Managementprozesses geplant und in der SH-Matrix aufgeführt werden (vgl. Kap. 10.1.2.3).

Einleitend soll darauf hingewiesen werden, dass es im Rahmen der Organisation eines sehr besonderen Events wie der EURO 2024 wichtig ist, entscheidenden SH zu verdeutlichen, welche Vorstellungen, Vorgaben und Gepflogenheiten diese Veranstaltung prägen. Vielen SH ist nämlich der „normale" Spielbetrieb von Bundesliga- oder Länderspielen in München bekannt. Die Turnierspiele der EURO 2024 erfordern jedoch ein völlig anderes Set-up, da u. a. Publikum aus der ganzen Welt vor Ort und an den Bildschirmen zu erwarten ist. Außerdem besteht die Herausforderung, eine „gemeinsame Sprache" zwischen Behörden und Organisatoren zu finden. Zum einen sind es Begrifflichkeiten und Abkürzungen eines Sportevents, die geklärt werden müssen. Zum anderen muss ein gemeinsames Verständnis über die Umsetzung der verschiedenen Teilprojekte, z. B. der Fanzone im Olympiapark, entstehen.

Diese Ausführungen zeigen, dass es eine Reihe von Erfolgsfaktoren gibt, die für den Umgang mit wichtigen SH entscheidend sind. Aus Sicht der Host City sind dies:

- Frühzeitig den Dialog suchen
- Vertrauensvoller, offener, direkter und strukturierter Dialog
- Zuhören können
- Perspektivwechsel einnehmen, um u. a. Entscheidungen besser nachvollziehen zu können
- Transparenz schaffen
- Arbeitsgruppen mit allen zehn Projektleiterinnen und Projektleitern der Host Cities
- Themenspezifische Arbeitsgruppen

- Klare Zuständigkeiten festlegen
- Gute Vor- und Nachbereitung der Meetings (z. B. vorher Agenden, danach Protokolle erstellen)
- Stellen zur Weitergabe von Wissen einrichten
- Gemeinschaftliches Commitment aller SH gegenüber dem Projekt erzeugen, sodass gemeinsam an der Zielerreichung gearbeitet werden kann

Werden die aufgeführten Punkte nicht beachtet oder kaum verfolgt, wird das SHM nicht erfolgreich sein und der Projekterfolg ist in Gefahr gebracht. Mangelnde Diskussions- und Kompromissbereitschaft sind ebenfalls Faktoren für einen Misserfolg (vgl. Kap. 10.2.2).

10.2.5 Exkurs: Stimmungsbild und Meilensteine der Projektteams

Während ein Stimmungsbild eine rein subjektive Wahrnehmung beschreibt, haben Meilensteine einen festen Bestandteil im Projektmanagement und deshalb Auswirkungen auf das SHM. Es lässt sich annehmen, dass das Erreichen von Meilensteinen einen Einfluss auf das Stimmungsbild im Projektteam nimmt und somit direkte Effekte auf die Zusammenarbeit mit SH hat. Je besser die Stimmung, desto leichter fällt die Arbeit mit den SH und umgekehrt. Abbildung 10.4 zeigt das Stimmungsbild auf einer Negativ-/Positiv-Skala und die Meilensteine im Projektverlauf. Die befragten Experten gaben hierzu persönliche Einblicke in ihren Arbeitsalltag. Hier zeigt sich, dass die Stimmung in den voneinander im Grunde unabhängigen Organisationen sehr ähnlich verlaufen ist (vor allem in negativer Hinsicht).

Die persönlichen Meilensteine von Markus Stenger (EURO 2024 GmbH) sind:

1. Einreichung der Bewerbungsunterlagen (April 2018)
2. Zuschlag für die Austragung der EURO 2024 (September 2018)
3. Gründung der DFB EURO GmbH (Juni 2019)
4. Gründung des Joint Venture mit dem DFB und der UEFA (Oktober 2020)
5. „One year to go" (Juni 2023)
6. Auslosung der Gruppenphase (Dezember 2023)

Über die Meilensteine hinaus beschreibt Stenger (2022) den Stimmungsverlauf des Projektteams mit einer Grundstimmung im positiven Bereich. Der erste Anstieg wurde nach Abgabe der Bewerbungsunterlagen verbucht (vgl. Abb. 10.4), da damit sehr viel Arbeit und Stress verbunden war. Der zweite positive Anstieg im September 2018 wird mit dem Zuschlag zur Austragung in Verbindung gebracht. Es war der emotionalste und erleichtertste Moment im bisherigen Projektverlauf. Die Euphorie klang danach etwas ab und erreichte erneut ein positives Grundniveau. Der Schock durch die Coronapandemie im Frühsommer 2020 sorgte dann für das erste Stimmungstief. Der Virus warf im Team viele Fragen bzgl. der Austragung der EURO 2020 auf. Denn bereits bei dieser Veranstaltung war München als einer der Austragungsorte vorgesehen. Das Team beschäftigte die Sorge, wie und wann die Europameisterschaft überhaupt stattfinden könnte. Durch die Verschiebung der EURO 2020 verbesserte sich auch die Stimmung. Durch eine gute Performance von der Host City München bei der EURO 2020 wurde ein weiterer Anstieg verzeichnet. Danach pendelte sich die Stimmung wieder auf das Grundniveau ein. Stengers Prognose ab Frühjahr 2023 ist ein kontinuierlicher Anstieg in Richtung EURO, da das Team trotz vieler Arbeit Spaß an der Planung hat.

Die persönlichen Meilensteine für Andreas Ströbl (PG der Host City München) sind:

1) Zuschlag für die Austragung der EURO 2024 (September 2018)
2) Ernennung zum Projektleiter der PG (Juli 2020)
3) „One year to go" (Juni 2023)
4) Auslosung der Gruppenphase (Dezember 2023)
5) „100 days to go" (März 2024)

Ströbl ist seit Mitte 2019 in das Projekt involviert und seit Sommer 2020 Projektleiter der PG. Die Stimmungskurve startete im Spätsommer 2018 durch die Vergabe der EURO an Deutschland mit einem Hochgefühl und einer positiven Stimmung, wie er sich sagen ließ. Diese Stimmungskurve hatte sich im Laufe des Jahres 2019 mit ansteigender Vorfreude auf die EURO 2020 noch weiter gesteigert. Auch im Münchner Projektteam löste die Coronapandemie, welche einige offene Fragen hinterließ, eine rasanten Stimmungssenkung aus. Die Stimmung verbesserte sich allerdings mit Bekanntgabe der Austragung im Jahr 2021. Blieb allerdings wegen vielen offenen Fragen (u. a. mit oder ohne Zuschauer) auf einem mäßigen Niveau. Die Austragung und gute Performance Münchens bei der EURO 2020 sorgten für einen starken Stimmungsaufschwung im Team. Diese gute Stimmung blieb bestehen, lediglich die Weltmeisterschaft in Katar erzeugte einen leichten Bruch, da nicht abzusehen war, welche Auswirklungen die Weltmeisterschaft für die EURO 2024 haben würde. Die Prognose ab Frühjahr 2023 zeigt einen weiteren Anstieg der Stimmung, besonders ab der „One year to go" Marke dürfte die Stimmung stetig zunehmen.

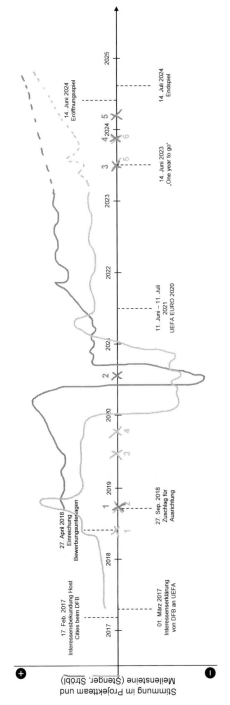

Abb. 10.4: Stimmung und Meilensteine im Projektverlauf (eigene Darstellung nach Stenger, 2022 und Ströbl, 2022)

10.3 Fazit

Durch die Einzigartigkeit des Projekts EURO 2024 macht die Umfeldanalyse rasch deutlich, dass komplexe Gegebenheiten vorzufinden sind. Im Zentrum stehen dabei in diesem Kontext die SH des Projekts. Wie sich zeigte, verstehen die Eventorganisatoren die EURO 2024 als Gemeinschaftsprojekt, in dem zusammen mit den SH der Dialog und nach Lösungen gesucht wird.

Eine wichtige Voraussetzung und unabdingbar dafür ist die Anwendung eines vollumfänglichen SHM Dies erhöht zudem auch die Wahrscheinlichkeit für eine erfolgreiche Projektumsetzung.

Die SH-Analysemethoden zeigen in der Fallstudie ihre Praxistauglichkeit. Anhand der Einschätzungen zu Reibung, Einfluss und Dialog im Projektverlauf konnte verdeutlicht werden, dass die Management-Tools zur SH-Analyse dynamisch sind und folglich regelmäßig reflektiert und aktualisiert werden müssen. Wie eingangs beschrieben, ist für die befragten Experten der SH-Dialog von besonderer Bedeutung und nimmt somit einen hohen Stellenwert ein. Ein weiterer Faktor der kurz angesprochen wurde, ist das Zusammenspiel der am Projekt beteiligten Menschen mit ihren unterschiedlichen Perspektiven.

Es stellt sich heraus, dass der SH-Dialog an vielen Stellen Anwendung findet und als übergeordneter Erfolgsfaktor für das Projekt betrachtet werden kann. Der SH-Dialog hat „auf jeden Fall eine herausragende Rolle, da es nur gemeinsam geht" (Stenger, 2022). Auch Ströbl (2022) unterstreicht dies mit seiner Aussage: „Die Kommunikation ist das A und O für solch ein Projekt."

Neben den beiden organisatorischen Einheiten EURO 2024 GmbH und PG der Host City München werden die Sicherheitsbehörden als wichtigster SH betrachtet. Aber nicht nur mit und unter den zentralen SH wird kommuniziert, auch die Bevölkerung gilt es „zu informieren, sie mitzunehmen und zu begeistern, damit eine gemeinstiftende Atmosphäre entstehen kann" (Ströbl, 2022). Abschließend ist noch anzumerken, dass in den Experteninterviews deutlich wurde, dass es den handelnden Personen auch darum geht, was nach dem Turnier bleibt. Es soll ein nachhaltiges Ergebnis der EURO 2024 für eine Vielzahl der SH geschaffen werden.

Literatur

Bohinc, T. (2022). *Grundlagen des Projektmanagements: Methoden, Techniken und Tools für Projektleiter* (Aufl. 8). Gabal.

Chung, E. (2017, 07. Juni). *A Short History of the PMBOK Guide Published by PMI*. https://edward-designer.com/web/short-history-pmbok-guide-pmi/

Könecke, T. & de Nooij, M. (2022). Politicians' Personal Legacies from Olympic Bids and Referenda — An Analysis of Individual Risks and Opportunities. *Journal of Risk and Financial Management, 15*(12), 594. https://doi.org/10.3390/jrfm15120594

Könecke, T., Schubert, M. & Preuss, H. (2016). (N)Olympia in Germany? An analysis of the referendum against Munich 2022. *German Journal of Exercise and Sport Research, 46*(1), 15–24. https://doi.org/10.1007/s12662-015-0384-x

Kuster, J., Huber, E., Lippmann, R., Schmid, A., Schneider, E., Witschi, U. & Wüst, R. (2019). *Handbuch Projektmanagement* (4. Aufl.). Springer.

Künkel, P., Gerlach, S. & Frieg, V. (2019). *Stakeholder-Dialoge erfolgreich gestalten: Kernkompetenzen für erfolgreiche Konsultations- und Kooperationsprozesse* (2. Aufl.). Springer.

Peipe, S. (2015). *Crashkurs Projektmanagement* (6. Aufl.). Haufe.

Reichert, T. (2019). *Projektmanagement. Projekte zum Erfolg führen* (4. Aufl.). Haufe.

Wagner, F. & Wilsch, J. (in Druck). Sport-Tourismus – Reisemotivation von deutschen Fußballfans bei der WM 2014 in Brasilien. In P. Gans, M. Horn & C. Zemann (Hrsg.), *Sportgeographie. Ökologische, ökonomische und soziale Perspektiven*. Springer.

11 Berlin als Host City – Von der Fan Zone bis zum Finale

Thomas Bezold & Heiko von Glahn

Im UEFA-Bewerbungsreglement ist festgelegt, dass die EURO 2024 in zehn Städten ausgerichtet wird (UEFA, 2016, S. 9). Was mit dem Eröffnungsspiel am 14. Juni 2024 in München startet, findet mit dem Finale am 14. Juli 2024 in Berlin seinen Höhepunkt. Für die Öffentlichkeit ist das der relevante Zeitraum der UEFA EURO 2024. Für alle Beteiligten und Verantwortlichen in den Host Cities erstreckt sich der Zeitraum teilweise von der Abgabe der Interessensbekundung der Host Cities an den DFB im Februar 2017 bis zum Ende der Nachbearbeitungsphase nach der EURO im Sommer 2025.

Die zehn ausrichtenden Host Cities haben eine unterschiedliche Anzahl von Spielen. Während Leipzig und Gelsenkirchen vier Spiele ausrichten dürfen, finden in Hamburg, Düsseldorf, Frankfurt, Stuttgart und Köln fünf Spiele statt. Sechs Spiele werden in Dortmund, München sowie Berlin ausgetragen. Das Finale am 14. Juli 2024 genießt eine besondere Aufmerksamkeit. Als Hauptstadt und Sportmetropole nimmt die Host City Berlin eine besondere Stellung im Rahmen der UEFA EURO 2024 ein, die mit hohen Erwartungshaltungen einhergeht. Erfahrungsgemäß liegt es im

Charakter einer bundesweiten Veranstaltung, dass die Hauptstadt das Event im besonderen Maße prägen wird. Aus Berlin, Deutschland, Europa und der ganzen Welt werden Fußballinteressierte auf Berlin schauen und die Umsetzung der EURO 2024 bewerten.

11.1 Ziele einer Host City

Um zu verstehen, wie sich eine Host City für die UEFA EURO 2024 aufstellt, muss man einen Blick auf die Ziele richten, die die Stadt mit der Ausrichtung verfolgt. Zusätzlich ist es notwendig, die Rahmenbedingungen in gesellschaftlicher, sportpolitischer und infrastruktureller Hinsicht zu berücksichtigen.

Mit der Ausrichtung von Sportgroßveranstaltungen wie der EURO 2024 kann man einen Beitrag für das Stadtmarketing leisten und sich als Marke wie z. B. „Sportmetropole Berlin" positionieren. Die Durchführung von Sportgroßveranstaltungen soll zudem positive Auswirkungen auf die sog. Stadtrendite erzielen. Unter Stadtrendite werden dabei im Falle von Berlin ökonomische Kennzahlen, Aspekte der sozialen Wertschöpfung und der ökologischen Verträglichkeit verstanden (Land Berlin, 2023). Sportgroßveranstaltungen können einer Stadt einen Imagegewinn verschaffen und sie während der Durchführung ins Rampenlicht stellen. Die positiven wirtschaftlichen Effekte im Bereich Tourismus und Gastronomie wirken sich indirekt positiv auf den Haushalt einer Stadt aus, denn Sportveranstaltungen können durch den privaten Konsum der Besucher zusätzliche Steuereinnahmen auslösen. Zudem können Sportgroßveranstaltungen ein Treiber für Sportentwicklung sein. Das gilt für den Breiten- sowie den Spitzensport gleichermaßen (Land Berlin, 2016).

11.1.1 Verwaltung und interne Organisation

Die zehn Host Cities der EURO 2024 verfügen über reichhaltige Erfahrungen im Ausrichten von Sportveranstaltungen. Berlin ist ein erprobter und sehr beliebter Ort für Sportgroßveranstaltungen. Spiele der FIFA Fußball-Weltmeisterschaften 1974 und 2006, die Leichtathletik-Weltmeisterschaft 2009, das jährliche ISTAF-Stadionsportfest oder das DFB-Pokalfinale fanden bzw. finden in Berlin statt. Dennoch sind die Rahmenbedingungen für Berlin in Bezug auf die EURO 2024 teilweise neu. Der Sport in Berlin ist in der öffentlichen Sportverwaltung – analog zu vielen anderen Bundesländern und zum Bund – beim Innenministerium angesiedelt. Während in Flächenbundesländern die Bezeichnung Ministerium verwendet wird, entsprechen im Stadtstaat Berlin die Senatsverwaltungen in Aufbau und Organisation den Ministerien in den Flächenländern. Die Senatsverwaltung für Inneres und Sport (SenInnS) ist die vom Berliner Senat beauftragte Verwaltungseinheit zur Organisation und Umsetzung der UEFA EURO 2024 in der Stadt Berlin. Die Unterstützung bei der Durchführung von Sportgroßveranstaltungen ist zwar eine Routineaufgabe in der Senatsverwaltung, doch aufgrund der neuen und bisher unbekannten Rolle als Co-Veranstalter bei der EURO 2024 und wegen der Größe des Events wurde eine eigene Projektgruppe gegründet, die direkt bei der Abteilungsleitung und somit der höchsten hauptamtlichen Stelle in der Sportabteilung von SenInnS angesiedelt ist.

Zu den organisatorischen Rahmenbedingen zählen unter anderem die Vorgaben der UEFA (UEFA, 2016; DFB, 2017) sowie die öffentlich einsehbaren Senatsbeschlüsse des Landes Berlin (einsehbar unter parlament-berlin.de). Der erste Senatsbeschluss aus dem Jahr 2017 bezieht sich auf die Bewerbung Berlins als Austragungsort. Der zweite Senatsbeschluss im Jahr 2020 regelt die finanziellen Fragen in Zusammenhang mit der Rolle als Ausrichterstadt der EURO 2024. Der zweite wurde mit dem dritten Senatsbeschluss im Jahr 2022 überarbeitet und an die EURO 2024-Konzeptentwicklung, Coronapandemie sowie den Auswirkungen des Krieges zwischen Russland und der Ukraine angepasst.

Mit diesen Beschlussfassungen hat sich das Land Berlin im Rahmen der Bewerbung als Gastgeberstadt der UEFA EURO 2024, analog zu den anderen Ausrichterstädten, in einem Vertrag mit der UEFA und dem DFB zu umfangreichen Leistungen verpflichtet (Host City Agreement), welche insbesondere in den Bewerbungsunterlagen (Bid Book) (DFB, 2018a, S. 622–641) und den umfangreichen Turnieranforderungen (UEFA, 2017) konkretisiert worden sind. Neben diesen vertraglich bindenden Vereinbarungen gibt es Hilfestellungen seitens der UEFA bzw. der EURO 2024 GmbH, die den Host Cities bei der Planung umfassende Unterstützung geben. Exemplarisch sei hier das „Host City Konzept" genannt, das jede Host City in drei Entwicklungsstufen zum 30. Juni 2022, 30. Juni 2023 und 30. April 2024 bei der EURO 2024 GmbH einreichen muss. Im Host City Konzept sollen die Host Cities ihre jeweiligen Bearbeitungsstände in den verschiedenen Teilbereichen darstellen. Das Konzept soll allen Beteiligten als „Bauanleitung" bzw. Fahrplan dienen, denn die anvisierten Projektstände sind darin skizziert und die notwendigen Schritte auf dem Weg dorthin definiert. Im Konzept sind die organisatorischen und operativen Planungen beschrieben, die bei der Ausarbeitung aller Maßnahmen Hilfestellungen geben. Für die Analyse und Bewertung aller Aktivitäten rund um die EURO 2024 dient das Konzept als Checkliste und Controllinginstrument. Das Konzept fungiert als Basis der Zusammenarbeit zwischen der Host City, der EURO 2024 GmbH, der UEFA sowie allen weiteren eingebundenen Stakeholdern.

11.1.2 EURO-Teilbereiche und Host City-Strukturen

Erster Ansprechpartner auf Arbeitsebene für alle Belange bzgl. der EURO 2024 ist das **Host City Projektteam**. Dieses Team besteht aus einer Projektleitung, einer Projektkoordination, einer Projektassistenz sowie Teilbereichsleitungen. Diese Teilbereiche wurden von der UEFA vordefiniert und gliedern sich in

- Verwaltung
- Fan Zone
- Spectator Services
- Nachhaltigkeit
- Kommerzielle Themen
- Sicherheit
- Mobilität
- Event-Promotion

Wie in allen anderen Host Cities wurden auch in Berlin diese Teilbereiche auf das Projektteam übertragen und entsprechend in die Verwaltung implementiert. Das Projektteam der Host City Berlin ist so konzipiert, dass die Teilbereichsleitungen als Schnittstellen-Manager die entsprechenden Partner, Dienstleister und Agenturen koordinieren.

Das Projektteam ist sukzessive gewachsen und wird nach Erreichen seiner geplanten Personenstärke im Projektverlauf je nach Bedarf um Honorarkräfte, Praktikanten o. ä. verstärkt. Im Idealfall findet zudem eine fachliche und personelle Verzahnung zu weiteren, bereits bestehenden relevanten Stellen bei SenInnS statt. Zur Einbindung und Mitarbeit in den einzelnen Veranstaltungsteilbereichen lädt die Projektgruppe die zuständigen Fachabteilungen der Senats- und Bezirksverwaltungen, der nachgeordneten Behörden sowie die landeseigenen Unternehmen oder externe Projektpartner zu regelmäßigen Arbeitsgruppensitzungen ein. Insbesondere die kontinuierliche Kommunikation über den Projektsachstand kann so trotz steigender Zahl an Projektpartnern sichergestellt werden.

Das der jeweiligen Host City zur Verfügung stehende Budget für die Planung und Umsetzung der EURO 2024 bietet eine ausreichende Prozess-Sicherheit hinsichtlich der Durchführung. In Berlin teilt sich das Budget in zwei Bereiche auf. Zum einen für ständige und temporäre Baumaßnahmen im Olympiastadion und Olympiapark Berlin, um ein adäquates Stadion für die EURO 2024 unter Berücksichtigung der UEFA-Anforderungen sicherzustellen (DFB, 2018, S. 114–128). Zum anderen für die Vorbereitung und Durchführung der übernommenen Pflichten aus der Bewerbung. Dazu gehören u. a. eine Sicherheits- und Mobilitätsplanung inklusive entsprechender Konzepte, die Durchführung einer Fan Zone (Football-Village, Public Viewing), der Spectator Service (Spectator Journey, Volunteering, Events), Event-Promotion, Kommerzielle Themen sowie der Bereich Nachhaltigkeit (UEFA, 2016; DFB, 2017).

Zusätzlich zu den verpflichtenden Aufgaben, die sich aus der Durchführung der Veranstaltung ergeben, hat das Land Berlin eigene Ziele definiert und diese in einem Nachhaltigkeits-Leitbild zusammengeführt. Neben der Pflicht hat sich das Land Berlin sozusagen hinsichtlich der EURO 2024 zudem noch eine zusätzliche Kür auferlegt.

Berlin gehört zu den weltweit führenden Sportmetropolen. Deshalb entwickelt der Senat das Konzept „Sport in Berlin – Perspektiven der Sportmetropole 2024" (Land Berlin, 2016) weiter. So sollen z. B. Sportgroßveranstaltungen zukünftig klimaneutral, ökonomisch sowie sozial nachhaltig umgesetzt werden. Bei der Umsetzung sind dabei Maßnahmen wie z. B. der Leitfaden der Senatsverwaltung für Umwelt, Mobilität. Verbraucher- und Klimaschutz bzgl. „Abfallarmer Großveranstaltungen" wegweisend (Berliner Stadtreinigungsbetriebe, 2023).

Das Ziel der Host City Berlin ist es, einen wichtigen Beitrag bei der Durchführung der Gesamtveranstaltung EURO 2024 mit seinen sportlichen Anteilen (Spiele) und den entsprechenden Rahmenprogrammen in der Hauptstadt zu leisten. Die Planung und Umsetzung der EURO 2024 erfolgt dabei in den Teilbereichen, die nachfolgend vorgestellt werden.

11.2   Fan Zone

Neben den Stadien ist in jeder Host City die Fan Zone das zweite zentrale Element aller Aktivitäten. Die Fan Zones beinhalten eine Reihe von Faktoren, zu deren Umsetzung und Bereitstellung jede Host City verpflichtet ist. Trotz der Vorgaben gibt es breiten Spielraum für individuelle, Ausrichterstadt bezogene Umsetzungslösungen. Die Berliner Fan Zone soll ein Ort werden, an dem die Host City ihre Verpflichtungen erfüllt und darüber hinaus die Stadt Berlin ihren Charakter zeigt sowie eine Botschaft sendet. Diese Botschaft soll lokal, regional, national sowie international sichtbar sein und entsprechend wirken.

Jede Stadt möchte sich im Rahmen der EURO 2024 entsprechend präsentieren. Dies gelingt am besten dann, wenn der Nachhaltigkeitsanspruch der EURO 2024 umgesetzt und weiterentwickelt wird (DFB, 2018b, S. 52–53). Durch partizipative Maßnahmen sollen verschiedene gesellschaftliche Gruppen im Sinne von „United by Football" eingebunden werden.

Darüber hinaus bietet sich mit der EURO 2024 eine Doppelchance für die Host Cities: Eine erfolgreiche EURO schafft Akzeptanz und Unterstützung in der Bevölkerung für weitere Sportgroßereignisse und ist die beste Werbung als Austragungsort künftiger Events. Dieser Erfolg ist nur dann möglich, wenn Teilhabe und Identifikation der Bevölkerung und der lokalen Sportorganisationen erreicht werden.

Neben den eindrucksvollen Bildern, die in jeder Host City im Verlauf der EURO 2024 in den Stadien produziert werden, bietet die EURO 2024 auch die Chance, mit einer spektakulären Umsetzung der Fan Zone imponierende Bilder und Momente zu kreieren.

Die Host City Berlin sichert sich für die Umsetzung der gesamten Fan Zone vertraglich die Dienste eines erfahrenen und kompetenten Dienstleisters: Kulturprojekte Berlin GmbH (KPB). KPB ist eine landeseigene Gesellschaft zur Förderung, Vernetzung und Vermittlung von Kultur und Geschichte. Die interdisziplinäre Anbindung einer Sportveranstaltung an einen erfahrenen Kulturveranstalter soll das Format Fan Zone mit innovativen Ideen, operativer Erfahrung und ggf. unkonventionellen Betrachtungsweisen und Ideen bereichern.

Mit einer Fan Zone sollen speziell zwei Hauptziele verfolgt werden. Zum einen soll eine attraktive Fan Zone für internationales wie lokales Publikum und kommerzielle UEFA-Partner geschaffen werden. Zum anderen soll die Fan Zone maßgeblich dazu beitragen, dass die EURO einen Rückhalt in der Bevölkerung der Host City sowie bei den Fußballfans erfährt und sich eine positive Grundstimmung in der Stadt für die Sportgroßveranstaltung entwickelt.

Als Zielgruppen werden alle Personen angesehen, die sich im Veranstaltungszeitraum in der Host City aufhalten, egal ob Einwohner oder zugereiste Gäste. Eine weitere Zielgruppe sind die Medien. Sie senden (neben der privat generierten Social Media-Reichweite) die offiziellen Bilder und sorgen für signifikante Reichweiten. Als Ankermedien sind hier die Massenmedien TV, Radio und Online vorgesehen. Für sie werden mit und in der Fan Zone attraktive Bildmotive sowie thematische Inhalte geschaffen (Spectacular, Stimmung, Emotionen, Gruppenerlebnisse). Die Fan Zone besteht dabei im Kern aus zwei Elementen – dem Football Village und dem Public Viewing. Generell geben die UEFA-Vorgaben noch die Einrichtung von kleinen Public Viewings im Stadtgebiet her. Diese laufen unter der Begrifflichkeit „Fan Village". Im Rahmen der Vorbereitungen auf die EURO 2024 konzentrieren sich die Host Cities vornehmlich auf das Football Village sowie das Public Viewing.

11.2.1   Football Village und Public Viewing

Das Football Village soll laut der UEFA das Herzstück der Fan Zone sein. Dieses Areal braucht eine hohe Aufenthaltsqualität, weshalb neben einer attraktiven Infrastruktur auch eine kontinuierliche Programm-Bespielung angeboten werden soll. Darüber hinaus gilt es, ein großes Bild zu schaffen, das medial wirksam ist und gleichzeitig die Host City, die EURO 2024 und die kommerziellen Partner präsentiert. Dafür ist die Wahl des Ortes von großer Wichtigkeit, denn er muss für 31 Tage unterhaltsam gestaltet und lebendig gehalten werden.

Im Rahmen der Planung der gesamten Fan Zone werden in Berlin für das Football Village verschiedene Örtlichkeiten evaluiert. Das Football Village soll zentral und maximal aufmerksamkeitsstark sowie in unmittelbarer Nähe zum Public Viewing errichtet werden. Mögliche Optionen wären der Platz der Republik vor dem Reichstaggebäude oder in der Verlängerung der Straße des 17. Juni, auf der auch das Public Viewing stattfinden soll.

Eine attraktive Bespielung des Football Villages ist für eine hohe Aufenthaltsqualität mindestens genauso wichtig. Neben der Übertragung aller Spiele der EURO 2024 und dem damit verbundenen Platzbedarf für 10.000 Besucher, ist der Kern der Aktivitäten der kommerziellen UEFA-Partner dort vorgesehen. Zudem sollen im Football Village innovative Orte der sportlichen Betätigung und Räume für Nachhaltigkeitsthemen geschaffen werden.

Die „Mutter aller Public Viewings" wurde im Jahr 2006 in Berlin geboren. Damals war die Straße des 17. Juni vor dem Brandenburger Tor der Ort des Geschehens. Zur EURO 2024 soll dieser Bereich wieder der Ort des Public Viewings sein. Offen bleibt, ob sich die Unbekümmertheit, mit der damals das „Sommermärchen" der FIFA Fußball-Weltmeisterschaft 2006 gefeiert wurde, in vergleichbarer Art und Weise wiedereinstellt. Wie fußballbegeisterte Menschen angesichts von aktuellen Bedrohungslagen, anderen Veranstaltungserlebnissen in Berlin sowie mit den gemachten Erfahrungen der Corona-Pandemie die EURO 2024 feiern werden, ist eine Unbekannte im gesamten Planungsprozess.

Das Interesse am Public Viewing – das zeigten schon die letzten großen Fußball-Turniere 2016 und 2018 – hat deutlich nachgelassen und ist nicht zuletzt vom sportlichen Erfolg der deutschen Nationalmannschaft und vom Wetter abhängig. Public Viewing-Veranstaltungen müssen neu gedacht werden: Eine andere Identität, ein anderes Setting sowie ein anderer Charakter der Umsetzung sind gefragt.

Im Gegensatz zum Football Village, das an allen 31 EURO-Tagen geöffnet sein wird, plant die Host City Berlin das Public Viewing vor dem Brandenburger Tor an 13–15 Tagen zu bespielen. Respektive wird diese weitläufige Fläche, die im normalen Alltag ein Verkehrsknotenpunkt der Stadt ist, an manchen Tagen „leer" sein. Eine Konzeptidee soll helfen, dass auch diese Tage auf die Ziele der Host City Berlin im Rahmen der EURO 2024 einzahlen.

11.2.2 Spectacular

Für den optischen Wow-Effekt plant die Host City Berlin das Public Viewing zusammen mit dem seitens der UEFA geforderten **Spectacular**. Ein Spectacular, das so spektakulär sein soll, dass es an spielfreien Tagen zum Anziehungspunkt für Fußballfans und Nicht-Fußballfans wird. Eine mögliche gedankliche Option ist ein überdimensioniertes Spielfeld inkl. Brandenburger Tor als Fußballtor und ein temporärer Park mitten in Berlin.

Berlin ist eine der wenigen Städte der Welt, deren Wahrzeichen ein Tor ist. Was würde da besser passen, als das Wahrzeichen Berlins, das Brandenburger Tor, zum Teil des Spectaculars der EURO 2024 zu machen? So könnte aus dem berühmtesten Tor der Welt das größte Fußball-Tor der Welt werden. Ein Fußball-Tor, das über 60 Meter breit und über 20 Meter hoch sein soll und somit die zigfache Dimension eines normalen Fußballtores hat. Die Fläche der Straße des 17. Juni vor dem Brandenburger Tor, die an normalen Tagen eine Hauptverkehrsader der Hauptstadt ist, könnte dabei in ein Spielfeld verwandelt werden.

Das Spielfeld bildet das Fundament des Public Viewings. Es soll während der Live-Übertragung der Fußballspiele alle Funktionen einer herkömmlichen Fanmeile erfüllen, dabei viel besser aussehen und die Aufenthaltsqualität eines Stadtparks bieten. Gleichzeitig ermöglicht die Anlage des Spielfelds die Integration von Werbeträgern, Toilettenhäuschen, Getränkeständen, Imbissbuden und Absperrgittern, denn diese befinden sich üblicherweise an jedem Fußball-Spielfeldrand.

So könnte ein Anziehungspunkt geschaffen werden, der Berliner mit allen Gästen der EURO 2024 verbindet. Dies fördert wiederum die Diversität: Ein Park bietet per se eine hohe Aufenthaltsqualität. Ein neuer, temporärer Park zieht Menschen an. Sie treffen sich an diesem Ort. Nicht nur Fußballfans, sondern auch Kulturinteressierte, Parkbesucher und diejenigen, die das Bild des Spectacular genießen möchten. Die Berliner Fan Zone wird somit ein Interaktionsraum, in dem Menschen miteinander ins Gespräch kommen, sich kennenlernen und sich austauschen – nicht nur über Fußball. 2024 könnte die Straße des 17. Juni in einer Doppelrolle funktionieren. Als gelerntes Massenevent an EURO 2024-Spieltagen sowie als temporärer Park an spielfreien Tagen. Eine neue Konzeption der Public Viewing-Idee!

11.3   Spectator Services

Im Rahmen der Ausrichterrolle als Host City besteht die Verpflichtung, allen Besuchern einen guten Service zukommen zu lassen (UEFA, 2017, Sector 10). Die Kernbestandteile des Spectator-Services lassen sich in drei Bereiche aufteilen. 1. Spectator Journey, 2. Volunteering und 3. Events.

Bei der **Spectator Journey** geht es von der Entscheidung eines Gastes, für die EURO 2024 nach Deutschland zu reisen, bis zu seiner Rückkehr nach Hause. Und es geht um alles, was bei Anreise, Aufenthalt und Rückreise passiert. Das **Volunteering** beschreibt die ehrenamtliche Tätigkeit von tausenden Freiwilligen in allen Bereichen der Umsetzung der EURO 2024. Bei **Events** geht es um Veranstaltungen vor und während der EURO 2024, bei denen die verschiedenen Zielgruppen unterhalten, informiert sowie hinsichtlich Imagebildung und Meinungsförderung im Sinne der Projektziele der Host City positiv beeinflusst werden sollen.

Spectator Journey

Die Spectator Journey ist in verschiedene Phasen aufgeteilt. Sie beginnt mit der Entscheidung, an der EURO 2024 teilzunehmen und die Reise zu planen. Je nachdem, aus welchem Grund die Besucher nach Deutschland kommen – als Fan, Eventtourist, Medienvertreter, Sponsor, Funktionär oder aktiver Sportler –, leitet sich die Entscheidung ab, welchen Weg man einschlagen will oder muss. In der Host City angekommen, gibt es zahlreiche Reiseziele, wie das Stadion, die Fan Zone mit dem Public Viewing sowie dem Football Village und zudem die Stadt an sich. Zu einer erfolgreichen Reise gehört weiterhin die Planung der Rückreise, damit anschließend, gut zuhause angekommen, in der letzten Phase mit Begeisterung die Erinnerungsfotos und Erlebnisse mit Familie und Freunden ausgetauscht werden können. Für die Reisenden kann ein gut strukturiertes Spectator Services-Programm das Spieltagserlebnis aufwerten und nachhaltige, langfristig positive Erinnerungen an die Host City generieren. Für die Host City kann ein gut durchgeführtes Programm sowohl für persönliche, kommerzielle als auch für kommunale Zielsetzungen von Nutzen sein.

Volunteering

Das Herzstück der Spectator Services ist dabei das Volunteer Programm, weil durch den Einsatz von Volunteers eine persönliche Servicekomponente aufgebaut werden kann. Zum Erreichen der Volunteer-Ziele werden verschiedene Stakeholder eingebunden, die von Beginn der Vorbereitungen an bei allen Planungen eingebunden werden, um bestmögliche Unterstützung leisten zu können (Künkel et al., 2019, S. 155). Beispielsweise arbeitet die Host City Berlin mit dem Berliner Fußball-Verband e. V. (BFV) zusammen. Das Ziel ist es, nachhaltige Volunteer-Konzepte im Sinne des Besucherservice zu entwickeln. Diese Konzepte sollen am Ende den Fußballvereinen in Berlin und damit den Mitgliedern des Verbandes zugutekommen. Der BFV ist seit Jahren der strategische und zuverlässige Partner des DFB, wenn es um das Volunteer-Programm beim DFB-Pokalfinale im

Olympiastadion Berlin geht. Der BFV verfügt über eine Datenbank, in der bereits jetzt 1.500 freiwillige Helfer gelistet sind. In der Zusammenarbeit mit dem BFV sollen Formate für die Fußballaktivierungsprogramme erarbeitet werden, die im Rahmen der Fan Zone mit der Unterstützung der Volunteers umgesetzt werden.

Events

Der Bereich ist ein klares Schnittmengenthema, da alle Teilbereiche einer Host City davon betroffen sein werden (Spectator Services, Fan Zone, Nachhaltigkeit, Event-Promotion). Zudem sind zahlreiche externe Stakeholder wie u. a. Stadtmarketing-Unternehmen, Sportvereine und spezialisierte Agenturen in diesen Prozess involviert. Das Ziel einer Host City muss es sein, Kräfte in diesem Bereich zu bündeln und dann zielgruppengerechte Konzepte und Ideen auszurollen.

11.4   Nachhaltigkeit

Nachhaltigkeit ist neben dem Sportlichen das Schlagwort der UEFA EURO 2024. Sowohl die EURO 2024 GmbH als auch die einzelnen Host Cities legen einen ganz besonderen Fokus auf dieses Thema. In Anlehnung an die Weiterentwicklung des Konzepts „Sportmetropole 2024" soll die UEFA EURO 2024 z. B. in Berlin ihrer ökologischen Verantwortung gerecht werden und das Thema Nachhaltigkeit als Grundprinzip für zukünftige (Sport-)Großveranstaltungen stärken.

Das Nachhaltigkeits-Leitbild der Host City Berlin illustriert nachfolgende Grafik.

Die Nachhaltigkeitsziele der Host City Berlin bzgl. der EURO 2024 in Berlin umfassen die drei Säulen Ökologie, Soziales und Ökonomie, die auch in der Grafik besonders optisch betont werden. Als Grundorientierung dienen die globalen Nachhaltigkeitsziele der Vereinten Nationen im Rahmen der Agenda 2030 und die allgemeine Erklärung der Menschenrechte. Als erweiterter Rahmen sind zudem die Event-Social-Responsibility-Strategie der EURO 2024 GmbH, die UEFA-Strategie für nachhaltigen Fußball 2030 sowie das Berliner Modell der Stadtrendite 4.0 in den Entstehungsprozess einbezogen worden (Land Berlin, 2016 & 2021).

Mit diesem Leitbild sollen sich möglichst viele Akteure in Berlin identifizieren. Diese sollen motiviert werden, die EURO 2024 als Plattform für ihre eigenen Aktivitäten zu nutzen und sich proaktiv an der Gestaltung einer nachhaltigen Europameisterschaft zu beteiligen. Es gilt relevante Synergien zu nutzen, um eine gesamtstädtische Herangehensweise an die EURO 2024 entstehen zu lassen.

Abb. 11.1: Nachhaltigkeitsbereiche der Host City Berlin (Senatsverwaltung, 2022, S. 9)

Mitte des Jahres 2021 wurde die Begleitung des Leitbildprozesses ausgeschrieben. Zum Start wurde ein Gremium von 15 Experten aus den Bereichen Sport und Nachhaltigkeit identifiziert, die den Dialogprozess aus ihren unterschiedlichen Perspektiven vorbesprochen und anschließend aktiv mitgestaltet haben. Diese Mitgestaltung erhöhte die Reichweite des Prozesses und hatte positive Auswirkungen auf dessen Glaubwürdigkeit und Akzeptanz. Die seit Beginn beteiligten Institutionen lauten wie folgt: Senatsverwaltung für Inneres, Digitalisierung und Sport, Special Olympics Deutschland e.V./LOC, Landessportbund Berlin e.V., Berliner Fußballverband e.V., #sporthandeltfair, Deutsche Umwelthilfe e.V., Brot & Spiele e.V., Berliner Netzwerk Fußball und Gesellschaft, Kompetenzstelle Faire Beschaffung Berlin, Frauenfußball-Club Berlin 2004 e.V., Fanprojekt der Sportjugend Berlin, LSVD Berlin/Brandenburg, Grüne Liga Berlin e.V.

Im Verlauf des nachgelagerten Beteiligungsprozesses wurden mehr als 200 Vertreter aus über 140 Organisationen eingebunden. Das machte diesen Prozess zum wohl größten seiner Art. Es wurden innerhalb eines Jahres insgesamt zehn Veranstaltungen durchgeführt. Fünf davon waren offene Dialogveranstaltungen zu unterschiedlichen inhaltlichen Schwerpunktbereichen, vier interne Experten-Gremiensitzungen sowie eine öffentliche Panelveranstaltung zur Veröffentlichung und Diskussion des vorläufigen Leitbildes.

Die **Vision des Leitbilds** lautet:

„BERLIN – Eine vielfältige UEFA EURO 2024, die Menschen dazu aktiviert, lokal zu handeln und global zu denken – und das Fairplay in allen Aspekten der sozialen, ökologischen und ökonomischen Nachhaltigkeit vorlebt." (Land Berlin, 2022).

Die **Mission** lautet:

„Die sich mit der UEFA EURO 2024 ergebenden Chancen und bereits vorhandene Potenziale verantwortungsvoll nutzen, um Nachhaltigkeitsstandards für (Sport-)Veranstaltungen innovativ umzusetzen und somit eine Legacy im und über den Sport hinaus zu schaffen. Die Kraft der UEFA EURO 2024 nutzen, um die Solidarität und das Engagement in der Gesellschaft zu stärken und eine langfristige Wirkung in und über Berlin hinaus zu erzielen." (Land Berlin, 2022). Diese Mission geht weit über den Teilbereich der Nachhaltigkeit hinaus und gilt als Querschnitt für die gesamte Turnierumsetzung sowie Vor- und Nachbereitung.

Das Nachhaltigkeits-Leitbild der Host City Berlin gliedert sich in drei Schwerpunktthemen:

11.4.1 Ökologie

Damit die Umsetzung dieser Ziele gelingt, sollen Ressourcen schonend und effizient eingesetzt und der Energie- und Wasserverbrauch unter Einsatz von erneuerbaren Energien minimiert werden. Neue Kreislaufwirtschaftsprozesse werden implementiert und so weit wie möglich wird auf wiederverwendbare Produkte gesetzt. Hierbei erfolgt eine enge Abstimmung mit der Senatsverwaltung für Umwelt, Mobilität, Verkehr und Klimaschutz. Dies gilt insbesondere in Bezug auf die Umsetzung des entwickelten Leitfadens für die Durchführung ressourcen- und abfallarmer Veranstaltungen (abfallarmeveranstaltungen-berlin.de). Dort sind weitere konkrete Einzelmaßnahmen explizit aufgelistet. Als wichtig wird erachtet, die kontrollierte Umsetzung sowohl im Bereich der Fan Zone, als auch an weiteren Veranstaltungsorten wie dem Stadion sicherzustellen. Es handelt sich dabei um eine verpflichtende Maßnahmenebene.

Hinzu kommt die konkrete finanzielle und strategische Unterstützung der CO_2-Einsparungspotenziale im landeseigenen Olympiastadion Berlin und Olympiapark, beispielsweise mittels verbesserter Wärmerückgewinnungsanlagen, optimierter Luftverteilung, dem Ausbau der LED-Beleuchtung sowie dem Umbau auf effiziente Energiespeicher im Bereich der USV-Anlagen.

Sportveranstaltungen dieser Dimensionen sorgen für ein erhöhtes Besucheraufkommen und damit für eine verstärkte Nutzung der öffentlichen Verkehrsmittel. Hunderttausende werden die EURO 2024 in Berlin besuchen. Daher gilt es, Mobilitätskonzepte zu entwickeln und zu implementieren, die ein klimafreundliches und ressourcenschonendes Mobilitätsverhalten fördern. Ein weiterer Schwerpunkt ist die konsequente Umsetzung einer nachhaltigen Beschaffung.

11.4.2 Soziales

Eine große Kraft kann der Sport durch die Stärkung des sozialen Zusammenhalts der Gesellschaft entfalten. Im Bereich Soziales setzt sich Berlin Ziele zur Förderung der Teilhabe, der Sportentwicklung, der Bildung für Nachhaltigkeit und Menschenrechte sowie zur Stärkung von Sozialstandards. Ein bedeutender Schwerpunkt im Rahmen der sozialen Nachhaltigkeit ist das Erzeugen einer umfangreichen Teilhabe, sodass alle Aspekte im Zusammenhang mit der EURO 2024 in die Breite der Gesellschaft getragen werden und dort wirken können. Berlin möchte allen gesellschaftlichen Gruppen und Schichten den Zugang sowie die Teilhabe an der EURO 2024 ermöglichen und dabei zu einer aktiven Mitgestaltung anregen.

Um darüber hinaus eine gleichberechtigte Teilhabe zu gewährleisten, ist es im Rahmen der EURO 2024 für alle beteiligten Akteure Pflicht, Barrieren so weit wie möglich zu minimieren, insbesondere vor dem Hintergrund der Weiterführung des gesamtgesellschaftlichen Anspruchs der Special Olympics World Games (SOWG) 2023. So ist beispielsweise geplant, erfolgreiche Inklusionsprogramme und Projekte, die durch die SOWG 2023 entstanden sind, in die EURO 2024 zu verlängern.

Das Ziel ist ein umfangreiches Antidiskriminierungs- bzw. Awareness-Konzept für die Fanbereiche, dessen Fokus auf der schnellstmöglichen Unterstützung der Betroffenen liegt. Dabei wird grundsätzlich angestrebt, Vertreter vulnerabler Gruppen umfänglich in die Maßnahmenplanung zu integrieren. Gemeinsam kann ein Klima geschaffen werden, das die Voraussetzungen schafft, ohne Scham oder Angst vor Diskriminierung an der UEFA EURO 2024 teilzuhaben.

11.4.3 Ökonomie

Im Bereich Ökonomie soll durch die EURO 2024 in Berlin eine Verbindlichkeit für die Einhaltung von Nachhaltigkeitsstandards eingeleitet werden. Mit der EURO 2024 soll zudem ein Prozess verbunden sein, der die entsprechenden Standards als festen Bestandteil für die zukünftige Ausrichtung von Veranstaltungen definiert und Anreize sowie eine niedrigschwellige Unterstützung zur Einhaltung der definierten Standards schafft.

Die Host City Berlin hat den Anspruch, im Rahmen der EURO 2024 zahlreiche divergierende Nachhaltigkeitsziele zu bedienen und das Turnier entsprechend der relevanten lokalen wie globalen Standards mittels innovativer Ansätze auszurichten. Das Turnier soll als Katalysator und Showcase für das Thema Nachhaltigkeit in Berlin und bei zukünftigen Sportgroßveranstaltungen wirken (Senatsverwaltung, 2022).

11.5 Kommerzielle Themen

Die kommerziellen UEFA-Partner haben im Zusammenhang mit der UEFA EURO 2024 eine Vereinbarung direkt mit der UEFA unterzeichnet, nach der sie Zugang zu bestimmten Rechten erhalten. Diese Rechte sind garantiert und bedürfen einer Standardausführung in den zehn Stadien und Host Cities der EURO 2024.

Es ist davon auszugehen, dass sich die kommerziellen UEFA-Partner über ihre bestehende Vereinbarung mit der UEFA und den Umfang der vertraglich eingeräumten Rechte hinaus bei den Host Cities und ggfs. insbesondere im Austragungsort des Finalspiels einbringen möchten. So könnten kommerzielle UEFA-Partner z. B. ihr vertraglich gesichertes UEFA-Paket ggfs. durch zusätzliche Aktivierungen in den Host Cities erweitern (UEFA, 2017, Sector 11).

Die Host Cities sind aufgefordert, die UEFA und die kommerziellen UEFA-Partner bzgl. der Verfügbarkeit und Nutzung von Werbeinventar in der Stadt zu unterstützen. Angemerkt sei hier z. B. das Vorkaufsrecht für UEFA-Sponsoren bzgl. interessanter Werbeflächen in den Host Cities bis zum 30.09.2023. In gemeinschaftlicher Abstimmung unter den Host Cities wird in Zusammenarbeit mit der UEFA bzw. der EURO 2024 GmbH nach einer zielführenden Lösung für diese Aufgabenstellung gesucht. Klar zu erkennen ist, dass seitens der Host Cities ein hohes Maß an „Best Effort" in diesem Zusammenhang gezeigt wird. Zur einheitlichen Darstellung der Werbeflächen für die UEFA-Sponsoren werden alle relevanten Informationen über Ansprechpartner bei den Vermarktern, Werbeflächen, Preise, Maße usw. in einer Matrix gesammelt.

Parallel zur Planung und Umsetzung einer Vermarktung ist der Aufbau eines Rechteschutzprogramms (engl.: RPP = Right Protection Program) wichtig und vertraglich verpflichtend für die Host Cities (Tournament Requirements). Das RPP umfasst alle Regelungen und Maßnahmen, die notwendig sind, um Verstößen gegen die Rechte der UEFA, ihrer Sponsoren (kommerzielle UEFA-Partner) und der Host City anlässlich der EURO 2024 vorzubeugen und aktiv gegen Verstöße vorzugehen. Das RPP beinhaltet Regelungen zum Umgang und Schutz von Markennamen, Markenzeichen und Designs, welche von der UEFA entwickelt und rechtlich geschützt wurden. Das RPP regelt zudem den Umgang mit Urheberrechten und Werbeaktivitäten mit direktem und indirektem Bezug zur EURO

2024. Das RPP bezieht Präventionsmaßnahmen mit ein, um unerlaubte kommerzielle Aktionen von Nicht-Sponsoren (Ambush-Marketing, Schwarzmarktverkäufe, Plagiate von Merchandisingprodukten) zu vermeiden. Das RPP dient der Umsetzung vertraglicher Garantien gegenüber der EURO 2024 GmbH sowie der rechtskonformen (Aus-)Nutzung der einer Host City zustehenden Werberechte (UEFA, 2017, Sector 11).

11.6 Sicherheit

Jede Veranstaltung, jede Ansammlung von Menschen trägt ein Risiko in sich. Daran ändert auch eine professionelle, auf ein Optimum zielende Vorbereitung der Verantwortlichen nichts. Es ist Teil der Lebens- und Veranstaltungserfahrung, dass ein Restrisiko nicht vollständig ausgeschlossen werden kann. Dem Besuch einer Veranstaltung haftet ein Gefährdungsgrad an, der als Teil des allgemeinen Lebensrisikos beschrieben wird. Dies bedeutet nicht, dass die Veranstalter und die Genehmigungsbehörden einschließlich der Behörden und Organisationen mit Sicherheitsaufgaben (BOS) von der Verantwortung entbunden sind.

Die Planung aller Sicherheitsmaßnahmen und die Durchführung von Veranstaltungen müssen im Sinne der Teilnehmer erfolgen. Jeder Besucher hat den grundrechtlich ableitbaren Anspruch, dass Veranstaltungen nur dann genehmigt werden dürfen, wenn im Genehmigungsverfahren alle Vorkehrungen getroffen wurden, um vor vermeidbaren Risiken zu schützen.

Wer Veranstaltungen plant und durchführt hat die Pflicht, die notwendigen und zumutbaren Vorkehrungen zu treffen, um Schäden anderer zu verhindern (Verkehrssicherungspflicht). Ziel des Veranstalters ist es, für alle Events im Kontext der EURO 2024 den höchsten Sicherheitsstandard zu gewährleisten (UEFA). Gefahren für die öffentliche Sicherheit, die den Veranstaltungen drohen oder die von ihnen ausgehen, soll frühzeitig begegnet werden. Dies umfasst sowohl die Risikoanalyse und die Verhinderung der Entstehung von Gefahren (Gefahrenvorsorge) als auch die wirksame Abwehr bereits bestehender Gefahren für die öffentliche Sicherheit und Ordnung (Gefahrenabwehr).

Trotz der hohen Sicherheitsstandards und der umfangreichen Sicherheitsmaßnahmen muss es gelingen, dass die Veranstaltungen im Zusammenhang mit der EURO 2024 ihren diversen und einladenden Charakter behalten. Die erforderlichen (Sicherheits-)Maßnahmen dürfen nicht dazu führen, dass sich die Besucher zu kontrolliert oder gar abgewiesen fühlen. Zugänglichkeit und Sicherheit dürfen nicht im Widerspruch zueinanderstehen. Dies muss insbesondere für Menschen mit dauerhafter und gravierender Beeinträchtigung der gesellschaftlichen und wirtschaftlichen Teilhabe gelten, sprich für Menschen mit Behinderungen (MmB). Den Forderungen der UN-Behindertenrechtskonvention auf die Verbesserung der Lebenswelten von MmB ist im Hinblick auf die Teilhabe an der EURO 2024 nachzukommen.

Die EURO 2024 ist für Deutschland eine Aufgabe und Herausforderung von nationaler Bedeutung. Die Strukturierung der interorganisationalen Zusammenarbeit ist für die Vorbereitung und Durchführung der EURO 2024 eine essenzielle Voraussetzung und erfordert eine gesamtgesellschaftliche Sicherheitsarchitektur.

Basierend auf der erprobten gesamtgesellschaftlichen Sicherheitsarchitektur der Bundesrepublik hat sich anlässlich der EURO 2024 sehr frühzeitig ein engmaschiges Netz an Strukturen und Gremien gegründet. Dieses deckt die Bereiche Polizeiliche Sicherheit und Gefahrenabwehr, Nicht-Polizeiliche Sicherheit und Gefahrenabwehr, veranstaltungsbezogene Sicherheit und Gefahrenabwehr auf den Ebenen des Bundes, der Länder und der Austragungsstätten ab.

Das Ziel ist die strukturierte Erfassung aller relevanten Sicherheitsaspekte aus den o. g. Perspektiven, die Analyse der Best Practices anhand der nationalen und internationalen Erfahrungswerte und die Prüfung der bewährten Konzepte auf ihre Übertragbarkeit hinsichtlich der Anforderungen der EURO 2024. Die Host Cities haben sich gegenüber der EURO 2024 GmbH verpflichtet, eine geeignete Struktur innerhalb der Host City Organisation zu schaffen, in der alle erforderlichen Maßnahmen erfasst werden, um während der gesamten Dauer der EURO 2024 die Sicherheit aller Personen zu gewährleisten, die an veranstaltungsbezogenen Events im Host-City-Gebiet teilnehmen. Ausgehend von der Vorstellung, dass Veranstaltungen nur bedingt durch standardisierte Sicherheitskonzepte zu erfassen sind, sollte jede Host City ein fundiertes und dennoch flexibles Konzept entwickeln (UEFA, 2017, Sector 5).

11.7 Mobilität

Im Sinne der UEFA und der EURO 2024 GmbH soll durch das Mobilitätskonzept der Host Cities das Zuschauererlebnis gesteigert, ein stressfreier und reibungsloser Veranstaltungsablauf und eine messbar nachhaltige Veranstaltung gewährleistet werden. Zudem soll das Konzept die Beeinflussung des Normalverkehres (z. B. Pendlerverkehre) minimieren. Im Sinne der Nachhaltigkeit soll das Mobilitätskonzept die Verkehrsmittelwahl während der Spieltage zugunsten des Umweltverbundes stärken.

Durch die Orientierung an den nachfolgenden Einzelzielen soll die Erfüllung der übergeordneten Zielstellung sichergestellt werden. Diese lauten:

1. Gewährleistung eines reibungslosen Veranstaltungsablaufs durch die Planung und Vorbereitung der operativen Durchführung. 2. Risikominimierung in Abstimmung mit dem Sicherheitsleitfaden UEFA EURO 2024. 3. An- und Abreise mit Verkehrsmitteln des Umweltverbundes. 4. Messbare Nachhaltigkeit der Veranstaltung durch Beachtung sozialer, ökologischer und ökonomischer Standards. 5. Kleinstmöglicher Einfluss auf den Normalverkehr (z. B. Pendlerverkehre) während der Veranstaltung. 6. Förderung der Spectator Journey.

Die EURO 2024 soll nicht nur die Zuschauer begeistern, sondern auch über die Veranstaltung hinaus eine Botschaft vermitteln. Der Mobilität kommt bei den Themen Nachhaltigkeit und Klimaschutz ein besonders großer Stellenwert zu. Insofern muss sich die Zielsetzung der Verkehrswende mit einer nachhaltigen Mobilität als roter Faden durch das Mobilitätskonzept ziehen. Durch ein entsprechendes Konzept kann eine Host City in Sachen Mobilität und Sportgroßevents neue Standards setzen.

Aufgrund der Komplexität der EURO 2024 sind eine Vielzahl von Akteuren in die Mobilitäts-Vorbereitungen dieser Veranstaltung eingebunden. Dazu gehören neben der Host City sowie der EURO 2024 GmbH die Mobilitätspartner in der Stadt und des Bundes, die Polizei, der Stadionbetreiber sowie die entsprechen Behörden in den Bereichen Mobilität, Umwelt und Klimaschutz (UEFA, 2017, Sector 7).

11.8 Event-Promotion

Die seitens der UEFA verwendete Terminologie „Event-Promotion" kann analog als „Marketing-Kommunikation" bezeichnet werden (UEFA, 2016, Sector 10). Darunter verstehen sich alle Prozesse, die im Zusammenhang mit dem Dialog, der Information und der Beeinflussung von Zielgruppen stehen.

Neben dem Fußball gibt es im Rahmen der EURO 2024 zahlreiche Themen, die kommunikativ begleitet werden müssen. Mittels Kommunikation soll Aufmerksamkeit erzeugt, Informationen verbreitet, Bewusstsein geschärft und Begeisterung entfacht werden. Das gilt gleichermaßen für die Spiele in den jeweiligen Stadien, die Fan Zones, den Spectator Service, das mehrwöchige Rahmenprogramm und die zahlreichen Nachhaltigkeitsthemen.

Unter diesen Bereich fällt auch das **Host City Dressing**. Beim Host City Dressing geht es um signifikante Werbeflächen an relevanten Orten in den Host Cities, die die Stadt im Look der EURO 2024 erscheinen lassen sollen. Das Ziel dabei ist es, die öffentliche Wahrnehmung zu steigern und die Akzeptanz der Bürger hinsichtlich der EURO 2024 zu erhöhen sowie eine freundliche Willkommensatmosphäre für alle Besucher zu schaffen. Das Host City Dressing wird voraussichtlich vom 31. Mai bis zum 17. Juli 2024 präsent sein und ist von den Host Cities zu organisieren und in der Umsetzung zu bezahlen. Die Layouts für das Host City Dressing liefert die UEFA.

Mit dem Host City Dressing sollen Berliner Bürger, Fans der Teams (mit oder ohne Eintrittskarte), Besucher der Stadt und Aktive (Spieler, Trainer, Staff, Offizielle, Funktionäre usw.) erreicht werden. Um alle avisierten Zielgruppen und Ziele möglichst optimal zu erreichen, sollten hauptsächlich Werbeflächen im Umfeld der offiziellen EURO 2024 Sites sowie in Bereichen mit den höchsten Besucherfrequenzen belegt werden. Die Besonderheit beim Host City Dressing ist es, das richtige Maß zwischen Willkommenskultur und Aufmerksamkeit auf der einen sowie dem Fokus auf Nachhaltigkeit auf der anderen Seite zu finden.

Die Marketing-Kommunikation hat Schnittmengen mit allen Teilbereichen einer Host City (Verwaltung, Fan Zone, Spectator Services, Nachhaltigkeit, Sicherheit und Mobilität). Dabei geht es von der einfachen Information (z. B. Wegbeschreibung) bis hin zur Krisenkommunikation im Notfall. Eine effektive Marketing-Kommunikation wird maßgeblich mitentscheidend sein, wie die EURO 2024 von den verschiedenen Bezugs- und Zielgruppen, insbesondere von den Veranstaltungsgästen, wahrgenommen wird. Jede Host City entwickelt auf ihre Bedürfnisse, Ziele und Zielgruppen maßgeschneiderte Marketing- und Kommunikations-Konzepte, die im Laufe des Jahres 2023 weiter entstehen. In sich steigernden Prozessen werden die Marketing- und Kommunikationsmaßnahmen in 2024 ihre Höhepunkte finden (UEFA, 2017, Sector 10).

11.9 Ausblick

Eine klare Konzeption und nachhaltige Zielvorstellungen bezüglich der Planung, Vorbereitung und Umsetzung der EURO 2024 kann als Schlüssel zum Erfolg einer Host City angesehen werden. Dabei kommt der Projektgruppe einer jeden Host City eine Schlüsselrolle zu. Die führende Rolle einer Projektgruppe allein kann aber eine Host City nicht zu den vorab definierten Zielen führen. Dazu ist ein Event wie eine UEFA EURO mit all ihren Dimensionen und Auswirkungen zu groß. Jeder Host City muss es gelingen, ein zielgerichtetes Stakeholdermanagement aufzubauen und über den gesamten Projektverlauf optimal umzusetzen.

Die Schnittstellen zwischen den am Prozess beteiligten Stakeholdern und der Host City an sich müssen klar analysiert und bespielt werden. Der Projektverlauf muss vorausschauend geplant und seine Umsetzung vorausschauend koordiniert werden. Zudem muss in der Planung einer Host

Cities Platz für Unvorhergesehenes und Improvisation eingeräumt werden. Die Veranstaltungsrealität kann sich weg von den geplanten Prozessabläufen entwickeln. Nicht bedachte Flexibilität sowie mangelhafte Adaptionsfähigkeiten können die Zielvorgaben gefährden. Die UEFA EURO 2024 ist für alle Beteiligten und besonders für die Host Cities etwas Außergewöhnliches und damit eine hervorgehobene Möglichkeit, die Stadt der internationalen Öffentlichkeit zu präsentieren. Diese Chance gilt es professionell vorzubereiten und gekonnt umzusetzen – nicht zuletzt, da es nach den olympischen Spielen 1972, der Fußball-Europameisterschaft 1988 und der Fußball-Weltmeisterschaft 2006 in naher Zukunft vermutlich erstmal keine weitere Sportveranstaltung dieser Größenordnung in Deutschland geben wird.

Literatur

Berliner Stadtreinigungsbetriebe (Hrsg.). (2023). *Abfallarme Großveranstaltungen*. https://abfallarmeveranstaltungen-berlin.de/

DFB. (2017). *DFB-Bewerbungsreglement für das Nationale Bewerbungsverfahren des DFB im Rahmen der Bewerbung des DFB als Ausrichter der UEFA EURO 2024 samt Anlagen I bis III*. Frankfurt. https://www.dfb.de/maenner-nationalmannschaft/em-2024/downloads/

DFB. (2018a). *Bid Book UEFA EURO 2024*. Frankfurt. https://www.dfb.de/maenner-nationalmannschaft/em-2024/downloads/

DFB. (2018b). *Sustainability Concept UEFA EURO 2024 Germany*. Frankfurt. https://www.dfb.de/maenner-nationalmannschaft/em-2024/downloads/

Künkel, P., Gerlach, S. & Frieg, V. (2019). *Stakeholder-Dialoge erfolgreich gestalten: Kernkompetenzen für erfolgreiche Konsultations- und Kooperationsprozesse* (Aufl. 2). Springer.

Land Berlin (Hrsg.). (2016). *Sport in Berlin – Perspektiven der Sportmetropole 2024*. Pdf-Dokument. https://www.berlin.de/sen/inneres/sport/sportmetropole-berlin/sportpolitik/sport-wirtschaft-und-marketing/artikel.35549.php

Land Berlin (Hrsg.). (2021). *Nachhaltige Stadtentwicklung*. https://www.stadtentwicklung.berlin.de/planen/foren_initiativen/nachhaltige_stadtentwicklung/index.shtml

Land Berlin (Hrsg.). (2022). *Leitbild der Nachhaltigkeit zur UEFA EURO 2024 veröffentlicht*. Pressemitteilung vom 21.7.2022. https://www.berlin.de/sen/inneres/presse/pressemitteilungen/2022/pressemitteilung.1228196.php

Land Berlin (Hrsg.). (2023). *Sport und „Stadtrendite" von Großveranstaltungen*. https://www.berlin.de/sen/inneres/sport/sportmetropole-berlin/sportpolitik/sport-wirtschaft-und-marketing/artikel.35549.php

Senatsverwaltung für Inneres und Sport. (2022). *Das Leitbild der Nachhaltigkeit zur UEFA EURO 2024 in Berlin*. https://www.berlin.de/sen/inneres/presse/weitere-informationen/artikel.1228192.php

UEFA. (2016). *Bewerbungsreglement für die UEFA EURO 2024*. Nyon. https://editorial.uefa.com/resources/0234-0f842c1ec251-75ece60422b5-1000/bewerbungsreglement_fur_die_uefa_euro_2024.pdf

UEFA. (2017). *UEFA EURO 2024 Tournament Requirements*. Nyon. https://www.uefa.com/multimediafiles/download/officialdocument/uefaorg/regulations/02/46/30/61/2463061_download.pdf

UEFA. (2018). *UEFA EURO 2024 Evaluationsbericht*. Nyon. https://www.uefa.com/MultimediaFiles/Download/OfficialDocument/competitions/General/02/57/28/24/2572824_DOWNLOAD.pdf

Sponsoren und Marke

12 Sponsoring der EURO 2024 – Perspektive von Sponsoren und Gesponserten

Gerd Nufer & André Bühler

Sponsoring zählt zu den nicht-klassischen Formen der Marketing-Kommunikationspolitik und spricht Menschen in nicht-kommerziellen Situationen an. Gerade durch Sponsoring können Zielgruppen erreicht werden, die z. B. Werbung gegenüber negativ eingestellt oder durch klassische Kommunikationsinstrumente nicht erreichbar sind. Auch wird ein Sponsoringengagement i. d. R. eher akzeptiert als klassische Werbung, da dem Sponsoring per se eine gewisse Förderabsicht zugrunde liegt.

In diesem Kapitel werden die wesentlichen Sponsoring-Grundlagen vorgestellt und das Kommunikationsinstrument Sportsponsoring sowohl aus der Perspektive von Sponsoren als auch aus der Sicht von Gesponserten genau beleuchtet. Zusätzlich werden die Besonderheiten des Sportevent-Sponsorings aufgezeigt und Ambush Marketing als Alternative zum Sportsponsoring präsentiert. Abschließend wird auf aktuelle Entwicklungen im Sportsponsoring im Rahmen der FIFA Fußball-Weltmeisterschaft 2022 und der bevorstehenden EURO 2024 eingegangen.

12.1 Grundlagen des Sponsorings

Das Sponsoring hat heute in den Marketingplänen von Unternehmen ebenso seinen Platz gefunden wie in der Fachliteratur zur Unternehmenskommunikation. Sponsoring ist damit zu einer geläufigen und alltäglichen Erscheinung geworden.

12.1.1 Definition und Merkmale

Eine der am häufigsten zitierten Sponsoring-Definitionen geht auf Bruhn (2018, S. 5) zurück. Er kennzeichnet und strukturiert **Sponsoring** allgemein als die:

- „Analyse, Planung, Umsetzung und Kontrolle sämtlicher Aktivitäten,
- die mit der Bereitstellung von Geld, Sachmitteln, Dienstleistungen oder Know-how durch Unternehmen und Institutionen
- zur Förderung von Personen und/oder Organisationen in den Bereichen Sport, Kultur, Soziales, Umwelt und/oder den Medien
- unter vertraglicher Regelung der Leistung des Sponsors und Gegenleistung des Gesponserten verbunden sind,
- um damit gleichzeitig Ziele der Marketing- und Unternehmenskommunikation zu erreichen."

Bruhn (2018) hebt sechs **konstitutive Merkmale** des Sponsorings hervor, die ungeachtet der unterschiedlichen Vorgehensweisen sämtlichen Sponsoringaktivitäten gemeinsam sind:

- Sponsoring basiert auf dem Prinzip von Leistung und Gegenleistung: Der Sponsor stellt seine Fördermittel in der Erwartung zur Verfügung, vom Gesponserten eine bestimmte Gegenleistung zu erhalten. Der Gesponserte möchte über die finanziellen Zuwendungen des Sponsors hinaus durch dieses „Tauschgeschäft" auch seinerseits einen Imagegewinn realisieren und das Sponsorship zum Ausbau seines Netzwerks nutzen.
- Beim Sponsoring kommt der Fördergedanke gegenüber dem Gesponserten zum Ausdruck: Sponsoring entspricht nicht dem reinen Verkauf von Werbefläche gegen Entgelt, vielmehr identifiziert sich der Sponsor inhaltlich mit seinen Aufgaben.
- Sponsoring erfüllt kommunikative Funktionen: Diese werden vom Gesponserten erbracht, durch Medien transportiert oder können auch vom Sponsor selbst geschaffen werden.

- Sponsoring verlangt einen systematischen Planungs- und Entscheidungsprozess: Die Maßnahmen sind auf Basis einer Situationsanalyse und Zielformulierung im Einzelnen zu planen, durchzuführen und zu kontrollieren.
- Ein wesentliches Ziel des Sponsorings stellt ein Imagetransfer dar. Bei der Imagebildung lassen sich im Sponsoring Botschaft und Medium nicht trennen: Das Objekt eines Sponsoringengagements (z. B. ein Sportevent) verkörpert sowohl die Botschaft als auch das Medium an sich.
- Sponsoring ist aus Unternehmenssicht ein Baustein zur Integrierten Kommunikation: Es ist nicht isoliert, sondern im Verbund mit anderen Kommunikationsinstrumenten einzusetzen.

12.1.2 Sponsoringarten

Insgesamt lassen sich folgende wesentliche **Sponsoringarten** unterscheiden (Nufer, 2018):

- Sportsponsoring,
- Kultursponsoring (oder Kunstsponsoring),
- Soziosponsoring (oder Sozialsponsoring),
- Ökosponsoring,
- Wissenschaftssponsoring und
- Programmsponsoring (oder Mediensponsoring, TV-Presenting).

Mit dem Aufkommen des Sportsponsoring in den 70er-Jahren begann die Entstehung und Entwicklung des Sponsorings als Element der Unternehmenskommunikation. Gefolgt wurde es vom Kultursponsoring in den 80er-Jahren und darauf vom Sozial- und Ökosponsoring. In den 90er-Jahren kam das Programmsponsoring dazu. Eine neuere Sponsoringart ist das Wissenschaftssponsoring (das ggf. auch dem Kultursponsoring subsummiert werden kann). Die einzelnen Sponsoringarten lassen sich folgendermaßen charakterisieren (Nufer, 2018):

- Sportsponsoring kann nach den Kriterien Sportart (z. B. Fußball, Radsport, Motorsport, Golf usw.), organisatorische Einheit (Verband, Verein, Mannschaft, Einzelsportler, Veranstaltung usw.) und Leistungsebene (Profi-, Amateur- und Freizeitsport) untergliedert werden. Da das Sportsponsoring ein gewisses Medieninteresse voraussetzt, profitieren vor allem medienpräsente Sportarten.
- Einem Unternehmen, das sich für ein Engagement im Kultursponsoring interessiert, bietet sich eine breite Auswahl unterschiedlicher Kulturfelder und Wirkungsbereiche: In den letzten Jahren hat sich der Begriff des Kultursponsoring v. a. in den Bereichen Bildende Kunst/Museum, Musik, Theater und Film, aber auch für die Unterstützung von Festivals und Aktivitäten der Denkmalpflege etabliert. Ein weltweit bekanntes

Beispiel für Kultursponsoring im Musikbereich bildet die Partnerschaft von Volkswagen und Bon Jovi.

- Soziosponsoring zielt wie das Ökosponsoring auf die Demonstration gesellschafts- und sozialpolitischer Verantwortung durch den Sponsor. Bei den Gesponserten handelt es sich zumeist um Organisationen (z. B. karitative Einrichtungen, Selbsthilfegruppen und Wohlfahrtsorganisationen und -verbände), die nicht-kommerziell soziale oder humanitäre Probleme thematisieren und zu lösen suchen. Der FC Barcelona unterstützte die UNICEF durch die kostenlose Zurverfügungstellung seines Trikotwerbeplatzes und spendet darüber hinaus jährlich 1,5 Millionen Euro an das Kinderhilfswerk der Vereinten Nationen.

- Gesponsert werden im Rahmen des Ökosponsoring Projekte und Organisationen, die sich dem Schutz der Umwelt verschrieben haben. Kritisch ist bei dieser Erscheinungsform des Sponsorings insbesondere die Glaubwürdigkeit des Sponsoringengagements. Ein Beispiel für Ökosponsoring ist die Förderung der Erhaltung des Regenwaldes durch Krombacher.

- Im Rahmen des Wissenschaftssponsoring unterstützen Sponsoren Organisationen aus Wissenschaft und Forschung durch eine umfassende Finanzierung der Forschungstätigkeit, ohne vorab definierte Ergebnisse, wie dies etwa im Rahmen der Drittmittelforschung üblich ist, einzufordern. So ist das Unternehmen Jacobs Sponsor und in diesem Zusammenhang zugleich Namensgeber der Jacobs University in Bremen.

- Oftmals wird in diesem Zusammenhang als weitere Sponsoringform das Programmsponsoring erwähnt. Beim Programmsponsoring tritt ein Unternehmen bzw. eine Marke als Präsentator einer Fernsehsendung auf. Unmittelbar vor und nach der Übertragung sowie in eventuellen Pausen wird ein kurzer Trailer eingeblendet, der auf die Verbindung von Marke und Programm hinweist (z. B. „Das nachfolgende Spiel der Fußball-Weltmeisterschaft wird Ihnen präsentiert von ZDF und Bitburger"). Bei dieser Vorgehensweise handelt es sich jedoch nicht um Sponsoring im Sinne der zuvor getroffenen Definition, da hier weder Sport, Kultur, Soziales, Umwelt noch sonstige Objekte gefördert werden, sondern vielmehr um eine Sonderwerbeform.

12.2 Sportsponsoring

Sport ist sowohl für die aktiven Sportler als auch die Besucher sportlicher Veranstaltungen mit einer Vielzahl an Emotionen verbunden. Dieses emotionale Umfeld versuchen Unternehmen zu nutzen, um über ein Engagement als Sponsor insbesondere kommunikationspolitische Zielsetzungen zu erreichen.

12.2.1 Definition und Bedeutung

Bühler/Nufer (2010) definieren professionelles **Sportsponsoring** als eine geschäftsbezogene Partnerschaft zwischen einem Sponsor und einem Gesponserten, die auf Gegenseitigkeit beruht. Der Sponsor stellt dem Gesponserten finanzielle oder nicht-finanzielle Mittel direkt zur Verfügung und erhält im Gegenzug eine vorher festgelegte Leistung, um bestimmte Sponsoringziele zu erreichen.

Gegenüber allen anderen Sponsoringarten nimmt das Sportsponsoring eine **dominante Stellung** ein. Rund zwei Drittel der Ausgaben für Sponsoring fließen in den Sportbereich, es profitieren vor allem medienpräsente Sportarten. Begründet ist dies im hohen Sportinteresse der Konsumenten und der breiten gesellschaftlichen Akzeptanz von entsprechenden Sponsoringmaßnahmen: Sport wird mit Tugenden wie Fairness, Teamgeist, Leistungsorientierung oder Leidenschaft, Attraktivität und Emotionen assoziiert, was ihn als Kommunikationsplattform attraktiv macht. Die zunehmende Verbreitung und Akzeptanz des Sportsponsoring folgt auch der generellen Tendenz, verstärkt Freizeitinteressen der Bevölkerung für Zwecke der Unternehmenskommunikation zu nutzen.

12.2.2 Erscheinungsformen

Die Erscheinungsformen des Sportsponsoring sind vielfältig. Wie ein Sponsoringengagement gegenüber der Zielgruppe in Erscheinung tritt, ist von vielfältigen Entscheidungen des Sponsors abhängig. Insbesondere drei **Entscheidungsfelder** determinieren die konkrete Ausgestaltung des Sponsorings (Drees, 2003):

1. die Wahl des Sponsoring-Objektes,
2. die Spezifikation der Maßnahmen und
3. eine Festlegung hinsichtlich des Umfangs des Sponsoringengagements.

1. Formen nach dem Sportsponsoring-Objekt:

Folgende Dimensionen legen ein Sportsponsoring-Objekt in seinem Ausmaß fest:

- Sportart (z. B. Fußball, Formel 1, Radsport, Skispringen usw.),
- Leistungsebene (Spitzen- bzw. Leistungssport, Breitensport, Nachwuchssport),
- organisatorische Einheit (sportartenübergreifende Sportorganisationen, Verbände, Vereine, Teams, Einzelsportler, Events).

2. Formen nach der Nutzung und Umsetzung des Sportsponsoring:

Grundsätzlich lassen sich folgende Kernmaßnahmen unterscheiden, die sich in unterschiedlichem Umfang und jeweils spezifischen Ausprägungen bei den verschiedenen Objekten realisieren lassen:

- Markierung von Ausrüstungsgegenständen (z. B. Trikotwerbung),
- Präsenz im Vorfeld von Sportveranstaltungen (z. B. Presseinfomationen),
- Präsenz im Umfeld von Sportveranstaltungen (z. B. Bandenwerbung),
- Nutzung von Prädikaten (z. B. „offizieller Ausrüster von …"),
- Benennung eines Sponsoring-Objekts nach dem Sponsor (z. B. Titelsponsoring),
- Markierung von Drucksachen des Gesponserten (z. B. Autogrammkarten),
- Einsatz von Sportlerpersönlichkeiten (als Testimonials),
- Ausrichtung sportiver Veranstaltungen (z. B. Volksläufe).

3. Formen nach dem Umfang des Sportsponsoringengagements:

- Full-Sponsoring (alleiniges kommunikatives Nutzungsrecht),
- Hauptsponsoring (Dominanz gegenüber Co-Sponsoren),
- Co-Sponsoring (keine exklusiven Rechte).

12.2.3 Beteiligte

Das Sportsponsoring basiert auf einer vertraglichen Vereinbarung über eine durchzuführende **Transaktion** (Geld-, Sach- oder Dienstleistungen gegen kommunikative Nutzungsrechte) zwischen mindestens zwei Beteiligten, dem Sponsor und dem Gesponserten. Bei der Umsetzung von Sponsoring-Verträgen kommen jedoch typischerweise weitere Beteiligte hinzu: die Zielgruppen der Sponsoren, das Publikum des Gesponserten, die Medien, die Mediennutzer sowie Sponsoring-Dienstleister (Hermanns & Marwitz, 2008; Freyer, 2018) (vgl. Abb. 12.1).

Klassische **Sportsponsoren** sind Profit-Unternehmen. Waren es zu Beginn der Entwicklung des Sportsponsoring eher große Unternehmen, so kann man heute feststellen, dass das Sportsponsoring unabhängig von der Unternehmensgröße seinen Platz in der Marketing-Kommunikation von Unternehmen gefunden hat.

Die **Zielgruppen des Sponsors** sind die definierten Zielgruppen des Unternehmens, welche mithilfe der Marketingkommunikation angesprochen werden sollen. Für diese Ansprache wird das Sportsponsring genutzt, um die erwünschten Wirkungen zu erzielen.

Gesponserte können Sportorganisationen, Verbände, Vereine, Teams und Einzelsportler sein. Für den Gesponserten ist das Sportsponsoring in erster

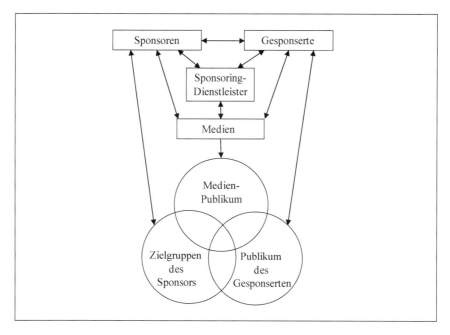

Abb. 12.1: Beziehungsgeflecht und Kommunikationsbeziehungen
im Sportsponsoring (Hermanns & Marwitz, 2008, S. 52)

Linie ein Finanzierung- und Beschaffungsinstrument. Sponsoring dient dem Gesponserten als eine zusätzliche Einnahmequelle zur Abdeckung zunehmender Aufwendungen und stellt ihm Leistungen zur Verfügung, die er für seine Aufgaben benötigt und die der Sponsor in der Form von Dienstleistungen und Sachmitteln erbringt.

Das **Publikum des Gesponserten** (z. B. die Zuschauer eines Fußballspiels) werden von den kommunikativen Maßnahmen des Sponsors (z. B. Trikot-werbung) unmittelbar erreicht.

Die **Medien** befassen sich in ihren redaktionellen Teilen mit Sport. Die kommunikativen Maßnahmen des Sponsors erreichen somit zusätzlich die **Mediennutzer**. Das TV als Transmissionsmedium zum Fernsehpublikum macht als Aufkäufer von Übertragungsrechten (z. B. der Olympischen Spiele oder Fußball-Welt- oder -Europameisterschaften) das Sponsoring sowohl für sich selbst als auch für die Sponsoren noch interessanter (oder anders formuliert: ohne den Einsatz von Massenmedien würden viele Sponsorships erst gar nicht eingegangen werden).

Zu den **Sportsponsoring-Dienstleistern** gehören Sponsoring-Berater und Sponsoring-Agenturen. Sponsoring-Berater üben beratende Tätigkeiten für Sponsoren und Gesponserte aus oder erfüllen eine Maklerrolle zwischen diesen beiden Parteien. Sponsoring-Agenturen sind wirtschaftliche Dienstleistungsorganisationen, die primär für Sponsoren, aber auch für Gesponserte tätig werden können.

12.2.4 Perspektive des Sponsors

Zunächst soll die Perspektive des Sponsors im Sportsponsoring genauer betrachtet werden. Hierzu werden die Ziele, Strategien sowie der Planungsprozess aus Sponsorensicht analysiert.

Ziele

Bei der Formulierung der Ziele des Sponsorings ist zwischen ökonomischen und psychologischen Zielen zu unterscheiden (Nufer, 2018).

Ökonomische Ziele beinhalten monetäre wirtschaftliche Größen, wie beispielsweise Gewinn, Umsatz oder Marktanteil. Der Vorteil ökonomischer Ziele besteht darin, durch monetäre Größen eindeutig mess- und quantifizierbar zu sein. Die ausschließliche Vorgabe von dieser Kategorie zuzuordnenden Zielen ist jedoch aufgrund der fehlenden Vorgabe von Handlungsimpulsen nicht ausreichend. Häufig lassen sich ökonomische Oberziele langfristig nur über die Vorgabe psychologischer Zielgrößen erreichen.

Das Spektrum der **psychologischen bzw. Kommunikationsziele**, die sich durch Sponsoring erreichen lassen, ist breit:

- Bekanntheitsgradziele (Erhöhung bzw. Stabilisierung der Unternehmens- bzw. Markenbekanntheit),
- Imageziele (Aufbau bzw. Veränderung bestimmter Imagedimensionen),
- Kontaktpflege mit geladenen Gästen (Hospitality),
- Leistungsdemonstration von Produkt und Unternehmen,
- Schaffung von Goodwill und Demonstration gesellschaftlicher Verantwortung,
- Motivationsförderung bei den eigenen Mitarbeitern.

Strategien

Sportsponsoren stehen vor der Herausforderung, ihr Sponsoringengagement strategisch-langfristig auszurichten, um kommunikative Zielsetzungen zu erreichen (Bruhn, 2018). Die Sportsponsoringstrategie eines Sponsors sollte auf einer schriftlich formulierten und verbindlich geltenden Sponsoringphilosophie basieren, die den Bezugsrahmen für die Festlegung der Inhalte der Strategie bildet. Folgende Bausteine konkretisieren eine **Sponsoringphilosophie**:

- Festlegung des Niveaus der Sportförderung,
- Bedingungen für eine Präsenz der Medien bei der Sportberichterstattung,
- Stellung des Unternehmens im Vergleich zu anderen Sponsoren,
- Bedingungen für den Einsatz von Werbemitteln,
- allgemeine Bedingungen (z.B. Laufzeit der Verträge, geografische Einzugsgebiete, interne Zuständigkeiten).

Im Rahmen einer Sportsponsoringstrategie können folgende **strategische Ausrichtungen** differenziert werden:

Bekanntmachungsstrategie: Zielt auf die Erhöhung der Bekanntheit und die Akzeptanz von Marken durch Konsumenten und Händler ab.

Zielgruppenerschließungs- und Kundenbindungsstrategie: Konzentriert sich auf die gezielte Ansprache einzelner Zielgruppen, die bisher nicht in ausreichendem Maße zu erreichen waren, sowie auf die Bindung von bestehenden Kunden.

Profilierungsstrategie: Zielt auf den Transfer bestimmter sportspezifischer Imagedimensionen ab.

Die **Strategiefindung** ist als Stufenprozess zu interpretieren. Diese findet mit der Grobauswahl der Sportarten und der Feinauswahl der Sponsoringformen auf zwei Ebenen statt.

In der Phase der **Grobauswahl von Sportarten** sind Kriterien festzulegen, auf deren Basis die Eignung verschiedener Sportarten für die kommunikative Aufgabenstellung des Unternehmens überprüft werden kann. Nach dem Affinitätenkonzept sind insbesondere folgende Verbindungslinien denkbar:

Produktaffinität: Die Sportart steht in einer Beziehung zum Produkt bzw. der Leistung des Sponsors.

Zielgruppenaffinität: Die Sportart findet das Interesse einer bestimmten Zielgruppe, die auch für den Sponsor attraktiv ist.

Imageaffinität: Das Image der Sportart ist dem Image des Unternehmens, der Dach- oder Einzelmarke(n) ähnlich oder eine Ähnlichkeit kann assoziiert werden.

Weitere mögliche Verbindungslinien könnten ein gemeinsamer **Standortbezug** von Sponsor und Gesponsertem oder ähnlich wahrgenommene „Äußerlichkeiten" bilden. Zur Entscheidungsfindung bieten sich Scoring-Modelle an.

Die anschließende Phase der **Feinauswahl der Sponsoringformen** umfasst die Analyse verschiedener Sponsoringalternativen (Einzelpersonen, Mannschaften, Organisationen oder Veranstaltungen) im Rahmen der festgelegten Sportarten. Für die konkrete Auswahl sind Kriterien zu formulieren, die einen Vergleich der alternativen Angebote ermöglichen. Hierfür eignen sich – zusätzlich zu den mit den jeweiligen Alternativen verbundenen Kosten – folgende Entscheidungskriterien:

Einzelpersonen/Mannschaften: z. B. bisherige Leistungen und Erfolge; Bekanntheit, Sympathie und Akzeptanz in der Zielgruppe; Medienpräsenz bei Sportveranstaltungen; Möglichkeit der Integration in weitere Kommunikationsmaßnahmen.

Sportorganisationen/Verbände: z. B. Managementqualifikation in der Organisation; PR-Arbeit durch die Organisation.

Sportveranstaltungen: z. B. Medienpräsenz; Teilnahme bestimmter Persönlichkeiten; Möglichkeit der Vergabe von Prädikaten, Lizenzen und Titeln; Nutzung von Werbemöglichkeiten vor, während und nach dem Event.

Ein weiteres Entscheidungskriterium sind die **Aktivitäten der Wettbewerber**. Die Zielsetzung sollte sein, eine Sportart und Organisationsform zu wählen, die es ermöglichen, sich von der Konkurrenz abzugrenzen und eigenständige Imagedimensionen durch das Sportsponsoring aufzubauen.

Planungsprozess

In Abbildung 12.2 wird der **Prozess der Planung, Integration, Realisation und Kontrolle** des Sponsorings im Überblick vorgestellt. Dieses Prozessmodell ist idealtypisch in mehrere Phasen unterteilt, in denen spezifische Informationen herangezogen werden, um Teilentscheidungen über das Sportsponsoring zu treffen (Nufer, 2018; Bruhn, 2018).

Bei diesem Prozessmodell handelt es sich um eine theoretisch-idealtypische Phasenfolge. In der Realität der Sponsoring-Praxis wird dagegen häufig ein stringent-sukzessiver Ablauf durch einen simultanen Prozess mit zahlreichen **Rückkopplungen** ersetzt. Dennoch ist es sinnvoll, sich an diesen voneinander abgegrenzten Phasen zu orientieren, um die einzelnen Teilentscheidungen zu optimieren. Die in der Vergangenheit noch häufig zu beobachtende, eher intuitive und spontane Vorgehensweise von Unternehmen bei der Planung, Integration, Realisation und Kontrolle von Sponsoringaktivitäten wird heute zunehmend durch ein geplantes, systematisches Vorgehen ersetzt (Nufer, 2018).

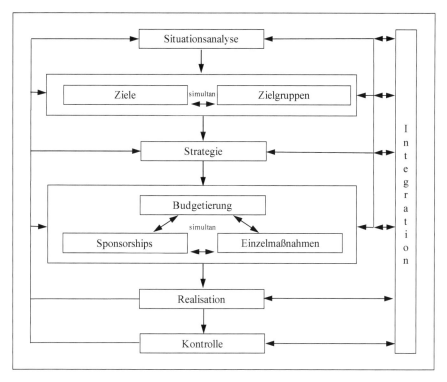

Abb. 12.2: Prozess der Planung, Integration, Realisation
und Kontrolle im Sponsoring (Nufer, 2018, S. 10)

12.2.5 Perspektive des Gesponserten

In diesem Abschnitt erfolgt ein grundlegender Wechsel in der Sicht auf die beteiligten Akteure: Wurde bislang die Perspektive von Sponsoren betrachtet, so rücken nun die Gesponserten in den Mittelpunkt der Betrachtung.

Ziele

Für Gesponserte ist das Sponsoring ein Instrument der **Finanzierung des Sports** (Walzel & Schubert, 2018; Horch et al., 2014). Das generelle Ziel seitens des Gesponserten besteht somit in der Akquisition von finanziellen Mitteln, Sachmitteln oder Dienstleistungen, um die sportliche Leistungsfähigkeit des Gesponserten aufrecht zu erhalten bzw. zu verbessern (Nufer & Bühler, 2013).

Die **Sponsoringrechte** bilden den Kern des Sponsoringgeschäftes. Von ihrem Umfang und ihrer Marktgeltung hängen die zu erwartenden Gegenleistungen des Sponsors ab. Als klassische Kategorien gelten in diesem Zusammenhang Werberechte, Ausrüster- und Servicerechte, Teilnahme-

255

rechte (einschließlich Hospitality), Verkaufs- und Bewirtschaftungsrechte, Identifikationsrechte und Rechte zur Nutzung von Förderprädikaten. In der jüngeren Vergangenheit wurden zusätzlich innovative Rechteverwertungen realisiert, z. B. die Vergabe von Namensrechten für Stadien. Neue, ergänzende Möglichkeiten bieten die Internetauftritte- bzw. Social Media-Kanäle der Gesponserten.

Für die Vermarktung der Sponsoringrechte und der damit verbundenen Kommunikationswirkungen erhält der Gesponserte adäquate **Gegenleistungen** in Form von monetären Mitteln, Sach- und Dienstleistungen. Für klassische Sponsorships (wie z. B. Trikotsponsoring) lassen sich die Preiserwartungen anhand der zu erwartenden Medienleistung über den Tausenderkontaktpreis abschätzen. Korrigiert werden muss dieser Wert jedoch um den Wettbewerbsfaktor (ist die Nachfrage nach einem bestimmten Gesponserten hoch, so steigt der Wert und umgekehrt). Üblicherweise besteht in diesem Zusammenhang eine Korrelation zwischen der sportlichen Leistung und der zu erlösenden Gegenleistung.

Um das Einnahmepotenzial des Sponsorings umfassend auszuschöpfen, bieten Gesponserte in der Regel mehreren Unternehmen an, sich parallel als Sponsoren zu engagieren. Das herfür gängige Verfahren ist eine hierarchisch gestufte, **pyramidal aufgebaute Sponsorenstruktur**, die in verschiedene Ebenen untergliedert ist. Von oben nach unten nimmt dabei die Zahl der Unternehmen pro Ebene zu und der Umfang der Sponsoringrechte parallel ab (sowie damit auch deren Preis). Aktuell sind im Sportsponsoring zwei Entwicklungen zu beobachten: Zum einen wird der Begriff des Sponsors zunehmend durch den Begriff „Partner" ersetzt, zum andern findet zum Teil eine sehr intensive Differenzierung der Sponsoren statt (z. B. Hauptsponsor, Ausrüster, Premium Partner, Classic Partner etc.), die es ermöglicht, die Sponsoringpotenziale des Gesponserten besser auszunutzen und die Wertigkeiten unterschiedlicher Sponsoren besser zum Ausdruck zu bringen.

Grundsätze

Um für die beim Sportsponsoring notwendige Kontinuität zu sorgen, empfiehlt sich die Festschreibung von **Sportsponsoringgrundsätzen**, die einen Orientierungsrahmen für die Sponsoringarbeit schaffen. Diese Grundsätze können Aussagen über folgende Aspekte des Sportsponsoring beinhalten (Hermanns, 2008):

- Rolle des Sponsorings bei der Finanzierung und Beschaffung (z. B. dominant/akzidentell),
- Verhaltensrichtlinien für die Zusammenarbeit mit dem Sponsor,
- kommunikative Begrenzungen,

- Branchen- oder Produktausschluss (z. B. für Tabak- und/oder Alkohol-produkte).

Zu den Sponsoringgrundsätzen gehört somit die Klärung der Frage, ob es bestimmte Sponsoringformen oder Unternehmen gibt, die als „unpassend" zu deklarieren sind, weil mit **negativen Reaktionen** von verschiedenen Stakeholdern gerechnet werden muss. Dabei kann es sich etwa um Unternehmen handeln, die sich z. B. aufgrund von Skandalen, Verstößen gegen Umweltschutzauflagen und Verbraucherinteressen einen schlechten Ruf erworben haben – und nun versuchen, diesen gerade durch ein Sponsoringengagement im Sport wieder aufzubessern. Eine als problematisch empfundene Wahl eines Sponsors kann zu ablehnenden Reaktionen von Fans und Teilen der Bevölkerung in Form von Zuschauerprotesten, negativen Kommentaren auf Social Media-Kanälen bis hin zu Boykottaufrufen führen. Als aktuelles Beispiel hierfür dient die FIFA Fußball-Weltmeisterschaft 2022 in Katar: Sowohl die FIFA als auch deren Sponsoren gerieten aufgrund von Menschenrechtsverletzungen in Katar bereits im Vorfeld des Turniers unter massiven öffentlichen Druck.

Relationship Marketing

Die Entscheidung eines Sponsors für einen speziellen Gesponserten wird i. d. R. auf der Basis von entscheidungsrelevanten **Informationen** getroffen. Deshalb ist der Gesponserte aufgerufen, über sich und sein Umfeld entsprechende Informationen zur Verfügung zu stellen (z. B. allgemeine Informationen zur Sportart, Image der Sportart, Image des Vereins, Teams etc., Zuschauerinformationen, Reichweiteninformationen der Medien, eigene Kommunikationspotenziale).

Die **Sponsorenakquisition** kann durch den Gesponserten selbst oder durch eine Vermarktungsagentur realisiert werden. Die Sponsorenauswahl muss sich an den gesetzten Grundsätzen, Zielen und Sponsoringpotenzialen in Bezug auf Reichweiten und Images einerseits sowie den zu erzielenden Sponsoringerlösen andererseits orientieren. Je besser der „Fit" von Sponsor und Gesponsertem ist, desto stabiler und längerfristiger kann sich die Sponsoring-Partnerschaft entwickeln.

Es reicht längst nicht mehr aus, das Sponsoringgeschäft rechtlich abzuwickeln und damit als erledigt zu betrachten. Vielmehr geht es heutzutage im Sinne einer längerfristigen Sportsponsoring-Partnerschaft und der **Bindung von Sponsoren** um die Realisierung eines **Relationship Marketing** zum beiderseitigen Nutzen. Sponsoren möchten über die Entwicklung des Gesponserten auf dem Laufenden gehalten werden, Kontaktmöglichkeiten zur sportlichen Ebenen erhalten und am sportlichen Geschehen passiv partizipieren. Maßnahmen des klassischen Beziehungsmanagements – von Einladungen zu wichtigen sportlichen Ereignissen über persönliche

Kontaktmöglichkeiten zu Sportlern bis hin zu Sponsorennewslettern – tragen zu einer fruchtbaren Sponsoring-Beziehung bei (Bühler & Nufer, 2010).

Zwischenzeitlich gibt es zahlreiche Beispiele, die zeigen, dass aus einer längerfristigen positiven Sportsponsoringbeziehung **weiterführende Kooperationen** zum beiderseitigen Vorteil realisiert werden können. Hervorzuheben sind in diesem Zusammenhang der Aufbau gemeinsamer Geschäftsfelder (z. B. medizinische Betreuung und Rehabilitation, Reisen für Vereinsangehörige und Fans, Gastronomie und Catering) und das Eingehen von strategischen Partnerschaften (Beispiele hierfür sind die Partnerschafen des FC Bayern München mit adidas, Audi und der Allianz).

12.3 Besonderheiten des Sportevent-Sponsoring

Sportgroßveranstaltungen haben sich zu feststehenden Begriffen für Spannung, Unterhaltung und sportliche Höchstleistungen entwickelt. Sportevents besitzen nicht nur bei der sportinteressierten Bevölkerung einen hohen Bekanntheitsgrad und üben eine riesige Faszination aus. Die Reichweite solcher Sportereignisse liegt bereits vor Ort bei zigtausend Zuschauern und kann mittels medialer Multiplikatoren wie TV, Hörfunk, Print oder Internet ein internationales Publikum in Milliardenhöhe erreichen. In Verbindung mit gesponserten Sportveranstaltungen lassen sich – völlig unabhängig vom Ausgang des sportlichen Wettkampfs – kommunikative Wettbewerbsvorteile erzielen, womit eine Differenzierung von Werbemaßnahmen der Konkurrenz erreicht werden kann.

12.3.1 Charakterisierung

Bei Sportsponsoren setzt sich zunehmend die Erkenntnis durch, dass klassisches Sportsponsoring (von Einzelpersonen oder Teams) sehr riskant sein kann, da im Falle eines Imageeinbruchs seitens der Gesponserten (beispielsweise hervorgerufen durch Skandale oder Niederlagenserien) auch das Ansehen des Sponsors in Mitleidenschaft gezogen werden kann. Insbesondere internationale Unternehmen agieren deshalb immer häufiger als Sponsoren attraktiver Großveranstaltungen, die auf die Öffentlichkeit eine enorme Anziehungskraft ausüben und bei denen sie dieses Risiko nicht fürchten müssen. Man spricht in diesem Zusammenhang vom Sportevent-Sponsoring. Sportevent-Sponsoring bildet somit einen **Spezialfall** des Sportsponsoring (Nufer, 2021; Nufer & Bühler, 2015).

Aus rechtlicher Sicht bestehen keine signifikanten strukturellen Unterschiede zwischen den Olympischen Spielen und der lokalen Vereinsmeisterschaft eines Kegelclubs: Ein **Verband** (meist in der Rechtsform eines

Vereins) veranstaltet einen sportlichen **Wettkampf**, an dem dessen **Mitglieder** nach vom Verein festgelegten **Regeln** teilnehmen können (Pechtl, 2007).

Aus Marketing-Sicht existieren allerdings gravierende Unterschiede zwischen einem internationalen Sportgroßereignis und einer örtlichen Vereinsmeisterschaft: Sportevents wie Welt- oder Europameisterschaften in bekannten Sportarten oder Olympische Spiele bieten durch ihre hohe Aufmerksamkeitswirkung als Publikumsmagneten ein enormes **Marketingpotenzial**. Dieses Marketingpotenzial („goodwill", „intangible commercial value") meint die langfristigen Gewinne, die Unternehmen erzielen, wenn sie das Sportevent in ihrer Marketingstrategie nutzen. Obwohl diese Gewinne schwierig bzw. kaum zu quantifizieren sind, sind viele Unternehmen der Ansicht, dass Marketinginvestitionen in Sportevents eine höhere Rendite abwerfen als Marketinginvestitionen in alternative Strategien. Folglich wollen viele Unternehmen am Marketingpotenzial von Sportgroßveranstaltungen partizipieren.

Veranstalter von Sportevents vermögen trotz des großen Zuschauerinteresses häufig nur einen Teil der entstehenden Durchführungskosten aus Ticketverkäufen oder dem Verkauf der Senderechte an der Veranstaltung zu decken. Zudem streben Veranstalter mit der Durchführung von Events an, Finanzmittel zu generieren, die sie zur Durchführung ihrer Verbandsziele und zur Aufrechterhaltung ihrer Organisation benötigen. Einen Weg, dieses Finanzproblem zu lösen, bietet die **Vergabe von Markenlizenzen** sowie das **Sponsoring**. Sponsoren und Lizenznehmer erwarten jedoch als Gegenleistung für ihr finanzielles Engagement eine bevorrechtigte „Ausbeutung" des Marketingpotenzials der Veranstaltung. Bei Lizenznehmern beschränkt sich dieses Recht i.d.R. auf die exklusive Verwendung von veranstaltungsbezogenen Markenzeichen in ihrem Geschäftsfeld. Event-Sponsoren dagegen erhalten darüber hinaus noch weitergehende Gegenleistungen: Dies sind typischerweise Werbeflächen auf der Veranstaltung und die Erlaubnis, Prädikate wie „offizieller Sponsor" in der eigenen Werbung führen zu dürfen. Ferner gehören die Publizierung der Sponsorenschaft in den Medien und die Unterstützung bei Hospitality-Maßnahmen des Sponsors dazu. Hinsichtlich des Umfangs der Sponsorenrechte existieren oftmals qualitative Abstufungen (z.B. Top-, Haupt-, Neben-, Co-Sponsor). Dabei gilt: Je höher der Sponsoringbetrag, desto größer der Umfang an eingeräumten Sponsorenrechten (Nufer, 2018).

Der Veranstalter ist als Gesponserter dazu aufgerufen, die Voraussetzungen für das Entstehen von Marketingpotenzial zu schaffen und das Potenzial durch geeignete Maßnahmen zu fördern (z.B. durch die Kreation und den Schutz von Kennzeichen für die Markierung von Merchandisingware). Darüber hinaus hat der Veranstalter Sponsoren und Lizenznehmern die **Exklusivität in der Nutzung des Marketingpotenzials** zu gewährleisten (d. h. der Veranstalter hat Maßnahmen zu entwickeln und umzusetzen, wie den Sponsoren und Lizenznehmern eine bevorzugte Ausbeutung des Marketingpotenzials des Events verschafft werden kann) (Heermann, 2006; Pechtl, 2007).

12.3.2 Sponsoringstrukturen

Bei Sportevents und in deren Umfeld treten verschiedene Sponsoren in Erscheinung (Nufer, 2018):

Betrachtet man zunächst die „**Verbandspyramide**", so steht an oberster Stelle der veranstaltende Verband selbst (z. B. FIFA, IOC). Dem Verband nachgelagert stehen die am Sportevent teilnehmenden Mitglieder. Bei internationalen Verbänden sind dies die nationalen Sportverbände. Auch diese haben wiederum ihre eigenen (nationalen) Mitglieder. Bei großen Sportveranstaltungen existiert zudem noch eine mittlere Ebene in der Verbandspyramide. Beispielsweise handelt es sich im Falle der Olympischen Spiele um das Organisationskomitee (OK), das vom betreffenden Nationalen Olympischen Komitee unter Aufsicht des IOC gegründet wird und die eigentliche Veranstaltungsorganisation übernimmt. Alle Ebenen der Verbandspyramide treten als Sponsornehmer bzw. Lizenzgeber im Zusammenhang mit dem Sportevent auf und akquirieren aktiv Sponsoren und Lizenznehmer für sich. I. d. R. sind auf den verschiedenen Ebenen der Verbandspyramide eigenständige Sponsoren- und Lizenzprogramme anzutreffen, die zumeist auch unterschiedliche Akzentuierungen aufweisen: Während der veranstaltende Verband die Sponsorenleistungen und Lizenzeinnahmen zur Durchführungsfinanzierung benötigt, dienen auf der Ebene der teilnehmenden Mitglieder die Sponsorenleistungen als Unterstützung für die Auswahl und Entsendung ihrer Sportler zur Veranstaltung.

Neben dem Sponsoring im Rahmen der Verbandspyramide existieren weitere **Sponsorengruppen im Umfeld des Events**: Viele teilnehmende Einzelsportler oder Mannschaften betreiben eigene Sponsorenprogramme. Hierbei handelt es sich zunächst um „offizielle Ausrüster", die beispielsweise die nötigen Sportgeräte zur Verfügung stellen. Darüber hinaus fungieren Sportler oder Teams für Unternehmen vielfach als Werbeträger, um ihr Einkommen zu steigern. Eine weitere Sponsorengruppe findet sich im Medienbereich: Unternehmen, die bei Fernsehsendern Programmsponsoring betreiben. Schließlich können Eigentümer bzw. Betreiber von Stadien, in denen Sportevents ausgetragen werden, gesponsert werden oder es werden Werbelizenzen bezogen auf Sportstätten verkauft (i. d. R. Namensrechte, z. B. „Allianz Arena" in München).

Es wird deutlich, dass Sportevents von einem Geflecht verschiedener Sponsoren und Lizenznehmer überzogen sind, die alle in einem mehr oder minder engen Bezug zur Sportveranstaltung stehen. Der Event-Veranstalter hat das Interesse, mit ihm kollidierende Sponsoren- und Lizenzverhältnisse anderer involvierter Akteure zu vermeiden bzw. zu lösen.

Eine große **Abhängigkeit von Sponsorengeldern** besteht mittlerweile v. a. bei großen, internationalen Sportveranstaltungen des Hochleistungssports wie den Olympischen Sommer- und Winterspielen. Auch internationale Turniere wie Fußball-Welt- oder -Europameisterschaften sind heute zu einem großen Teil auf zahlungskräftige Sponsoren angewiesen. Die Anteile der Einnahmen durch Werbung und Fernsehgelder beliefen sich bei früheren Fußball-Weltmeisterschaften sogar auf rund zwei Drittel. Die Entscheidung, sich bei einer Sportveranstaltung als Sponsor zu engagieren, hängt auf Unternehmensseite fast ausschließlich vom indirekten Publikum ab, wobei dem Fernsehen hierbei die absolute Schlüsselrolle zukommt.

12.4 Ambush Marketing als Alternative zum Sponsoring

Ambusher besitzen keine Vermarktungsrechte an einer Veranstaltung, bauen aber dennoch durch ihre Marketingmaßnahmen eine Verbindung zu einem Event auf. Der Grat zwischen der Verletzung von Sponsorenrechten und kreativ-innovativer Kommunikationspolitik ist dabei oft sehr schmal, weswegen Ambush Marketing kontrovers diskutiert wird.

12.4.1 Definition

„Ambush" bedeutet wörtlich übersetzt Hinterhalt, „to ambush" so viel wie „aus dem Hinterhalt überfallen". Ambush Marketing (oder Ambushing) kennzeichnet demzufolge einen **Marketing-Überfall aus dem Hinterhalt**. In der Literatur wird Ambush Marketing häufig synonym verwendet mit Begriffen wie „Trittbrettfahrer-Marketing", „parasitäres Marketing" und „Schmarotzer-Marketing" (Nufer, 2021; Nufer, 2020).

„**Ambush Marketing** ist die Vorgehensweise von Unternehmen, dem direkten und indirekten Publikum eines (Sport-)Events durch eigene Marketing-, insbesondere Kommunikationsmaßnahmen, den Eindruck einer Verbindung zum Event zu signalisieren, obwohl die betreffenden Unternehmen keine legalisierten oder lediglich unterprivilegierte Vermarktungsrechte an dieser von Dritten gesponserten Veranstaltung besitzen. Auf diese Weise wollen Ambusher analog offiziellen Sponsoren über eine Assoziation mit dem Event in der Wahrnehmung der Rezipienten Produkte bewerben und verkaufen" (Nufer, 2018, S. 45).

12.4.2 Ziele

Die Idee des Ambush Marketing ist es, von den Erfolgen des Sponsorings zu profitieren, ohne die spezifischen Pflichten eines offiziellen Sponsors einzugehen. Damit sind die Ziele von Ambush Marketern weitgehend deckungsgleich mit den Zielen von Event-Sponsoren, sollen jedoch mit reduziertem finanziellen Aufwand erreicht werden (Pechtl, 2007; Burton & Chadwick, 2018).

Letztendlich impliziert die Ausschöpfung des Marketingpotenzials eines Sportevents **ökonomische Ziele** wie Absatz, Umsatz, Marktanteil und Gewinn. Dies ist unmittelbar im Zusammenhang mit dem Angebot von veranstaltungsbezogenen Produkten und Dienstleistungen gegeben.

Die **vor-ökonomischen (psychologischen) Ziele** liegen v. a. im Bereich der Kommunikationswirkung. Ambusher wie Sportsponsoren streben psychologische Ziele wie die Aufmerksamkeit gegenüber der eigenen Werbung, die Steigerung ihres Bekanntheitsgrades sowie Aktualität an. Sie erhoffen sich einen Imagegewinn durch ihre (vermeintliche) Sponsorenschaft (Goodwill) sowie einen Imagetransfer von positiven Eigenschaften des Sportevents auf das Produkt- oder Unternehmensimage.

Zusätzlich zu diesen, dem Event-Sponsoring analogen Zielen weisen Ambush-Aktionen auch explizit **konkurrenzorientierte Ziele** auf: Die kommunikationspolitische Wirkung von Sportsponsoring soll vermindert und damit die Konkurrenz geschwächt werden (z. B. durch die Verhinderung der Exklusivität der Sponsorenschaft, die Reduzierung des share of voice der Sponsoren oder die Behinderung der Werbung der Sportsponsoren).

12.4.3 Erscheinungsformen

Die Strategien von Ambushern sind mannigfaltig. Aufbauend auf vorhandenen Systematisierungsansätzen zum Ambush Marketing wird im Folgenden ein neuer Ansatz zur **Strukturierung der Formen des Ambush Marketing** präsentiert, der die Ambush-Marketing-Erscheinungsformen in unterschiedliche Kategorien, Fallgruppen und Fälle einordnet (vgl. Abb. 12.3).

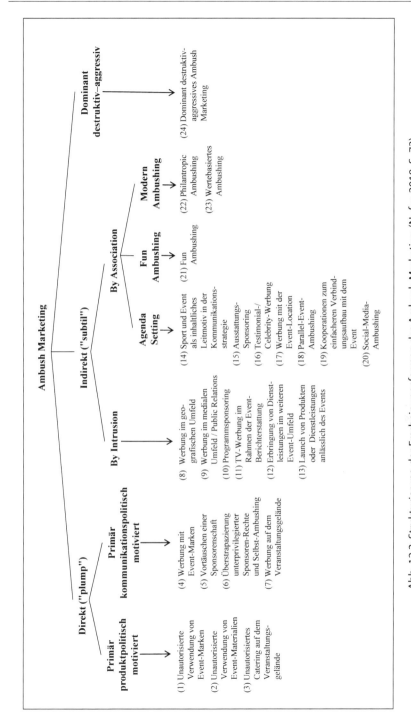

Abb. 12.3: Strukturierung der Erscheinungsformen des Ambush Marketing (Nufer, 2018, S. 73)

12.4.4 Kritische Würdigung

Ambush Marketing ist im Schnittbereich von zwei gegensätzlichen Interessenssphären angesiedelt, die einen Verteilungskampf um das Marketingpotenzial eines (Sport-)Events führen. Auf der einen Seite stehen die **Veranstalter** und die **offiziellen Sponsoren**, auf der anderen Seite die **Ambusher**. Ambush Marketing stellt aus der Sicht der Veranstalter und Sponsoren eine Bedrohung dar, aus der Perspektive der Ambusher bildet es eine Chance (Nufer, 2018).

Insgesamt darf Ambush Marketing aufgrund seiner Umstrittenheit keinesfalls per se in die „Schmuddelecke" des Marketings befördert werden. Vielmehr ist Ambush Marketing als Wettbewerbsinstrument im Zusammenhang mit einem (Sport-)Event einzuordnen. Dass es sich beim Ambush Marketing oftmals um ein „Hase-Igel-Rennen" handelt, bei dem der Veranstalter die Rolle des Hasen einnimmt, ist deshalb als Zeichen eines funktionierenden Wettbewerbs zu werten, bei dem jeder der beteiligten Akteure seine spezifischen „Waffen" einsetzt (offizielle Sponsorships versus Kreativität). Für den Ambusher kann Ambush Marketing mitunter auch eine gefährliche Wettbewerbsstrategie darstellen: Während der Ambusher allein mit Marketing-Waffen kämpfen kann, können die Veranstalter und Sponsoren/Lizenznehmer den Kampf um das Marketingpotenzial eines Events darüber hinaus mit ihren Rechtspositionen – und damit mit einem zusätzlichen Instrumentarium – austragen. Dies könnte Investitionen in Ambush Marketing auf gerichtlichem Wege zu „sunk costs" für den Ambusher machen (Pechtl, 2007).

12.5 Aktuelle Entwicklungen

Im Folgenden werden die Sponsoringstrukturen der FIFA Fußball-Weltmeisterschaft 2022 in Katar und der UEFA Fußball-Europameisterschaft 2024 in Deutschland miteinander verglichen und aktuelle Sponsoring-Entwicklung in deren Rahmen vorgestellt.

12.5.1 FIFA World Cup 2022 in Katar

Der Weltfußballverband **FIFA** hatte 2018 eine neue, dreistufige Sponsorenstruktur eingeführt: Auf der obersten Ebene haben die FIFA-Partner die weitreichendsten Werberechte. Auf der zweiten Ebene sind die Sponsoren der Fußball-Weltmeisterschaft. Darüber hinaus gibt es regionale Sponsoren, die Werberechte ausschließlich innerhalb eines Kontinents erwerben (De Graaf, 2022; o. V., 2022).

Im Rahmen der **Fußball-Weltmeisterschaft 2022 in Katar** warben global sowohl offizielle Partner der FIFA als auch offizielle Sponsoren der Fußball-Weltmeisterschaft. Die sieben FIFA-Partner waren adidas, Coca-Cola, Wanda Group, Hyundai/Kia, Qatar Airways, Qatar Energy und Visa. Hinzu kamen die sieben Fußball-Weltmeisterschaft-Sponsoren Budweiser, BYJU's, Crypto, Hisense, McDonald's, Mengniu und Vivo (Stock, 2022; Kölner Stadt-Anzeiger, 2022).

Das Standardpaket der FIFA für ihre Sponsoren umfasste folgende Werberechte (FIFA, 2022):

- Verwendung der offiziellen Marken,
- Präsenz im Innen- und Außenbereich des Stadions, in allen offiziellen FIFA-Publikationen und auf der offiziellen Website,
- Anerkennung des Sponsoring-Engagements durch ein weit reichendes Marketingprogramm,
- Schutz vor Trittbrettfahrern („Ambush Marketing"),
- Hospitality-Programm,
- Direktwerbung, PR-Aktivitäten und bevorzugter Zugang zu Fernsehwerbung im Rahmen der FIFA Fußball-Weltmeisterschaft,
- die individuelle Verwendung des offiziellen Fußball-Weltmeisterschaft-Emblems sowie die Erlaubnis zum Kreieren zusammengesetzter Embleme („Composite Logos").

Die Sponsoren der Fußball-Weltmeisterschaft bezahlten für ihre Werberechte allein im Jahr 2022 insgesamt 1,53 Milliarden USD an die FIFA. Was jeder einzelne Fußball-Weltmeisterschaft-Sponsor aufwendete, ist ein Geheimnis der Vertragspartner. Mehr Geld verdiente der Weltfußballverband nur aus dem Verkauf der Fernsehübertragungsrechte (2,64 Milliarden USD). Insgesamt erzielte die FIFA Erlöse von ca. 4,66 Milliarden USD aus der Weltmeisterschaft in Katar (Stock, 2022).

12.5.2 UEFA EURO 2024 in Deutschland

Der europäische Fußballverband **UEFA** präsentierte Anfang 2023, also eineinhalb Jahre vor dem Start des Turniers, vier offizielle Sponsoren der **Fußball-Europameisterschaft 2024 in Deutschland** auf seiner Website (UEFA, 2023): Alipay (chinesisches Onlinebezahlsystem), Atos (französischer IT-Dienstleister), Vivo (chinesischer Hersteller von Unterhaltungselektronik) und Engelbert Strauss (deutsches Versand- und Einzelhandelsunternehmen). Es ist davon auszugehen, dass sich bis zum Start der EURO 2024 noch weitere offizielle Sponsoren dazu gesellen werden sowie bereits vorhandene offizielle Sponsoren der UEFA (z. B. der Champions League, der Europa League, der Conference League, der Nations League oder des Frauenfußballs) zusätzlich im Rahmen der EURO 2024 aktiv werden.

adidas ist seit mehreren Jahrzehnten Partner der UEFA. Die Zusammenarbeit reicht von der Spitze des Clubfußballs bis hin zu Europameisterschaften, von Jugendwettbewerben bis zu Initiativen im Breitenfußball. Im Vorfeld der EURO 2024 hatte adidas eine Intensivierung seiner Partnerschaft mit der UEFA bekannt gegeben. Die Erweiterung umfasst das Sponsoring der EURO 2024 in Deutschland sowie eine offizielle Partnerschaft mit dem UEFA-Frauenfußball von 2021 bis 2025, die alle Wettbewerbe abdeckt. Mit den neuen Verträgen wird adidas Partner der UEFA EURO 2024, der UEFA Nations League, den European Qualifiers, der UEFA Champions League sowie bei den UEFA-Frauenwettbewerben. Außerdem wird adidas den offiziellen Spielball der UEFA Women's Champions League, der UEFA Women's Futsal EURO, des UEFA Women's U19 Championship und des UEFA Women's U17 Championship stellen (Fashion United, 2021). **Kasper Rorsted**, Vorstandsvorsitzender von adidas, kommentierte die Ausweitung der Partnerschaft mit der UEFA folgendermaßen: „Es ist uns eine Ehre, unsere langjährige Position als einer der wichtigsten Unterstützer des europäischen Männerfußballs nicht nur fortzusetzen, sondern auch auf den Frauenfußball auszuweiten. […] Da Deutschland unsere Heimat ist, wird die UEFA EURO 2024 ein ganz besonderer Wettbewerb für uns sein, denn wir werden den Rest Europas zu einem wahrhaft globalen Sportereignis willkommen heißen" (zitiert in Daiker, 2021, o. S.).

Der **DFB** als Ausrichter der Fußball-Europameisterschaft 2024 in Deutschland besitzt Anfang 2023 folgende Sponsoring-Partner: adidas, Volkswagen, Würth, bwin, Coca-Cola, Commerzbank, Continental, Lufthansa, Telekom, Engelbert Strauss, Ergo, Flyeralarm, Hörmann, Interwetten, Panini und van Laack (DFB, 2023).

Für Aufsehen zeitgleich zum Beginn der Fußball-Weltmeisterschaft 2022 in Katar sorgte Ende November 2022 der bisherige DFB-Partner **REWE**: Nach dem Verbot der „One Love"-Kapitänsbinde durch die FIFA sowie weiteren Aussagen von FIFA-Präsident Gianni Infantino hatte sich REWE in aller Deutlichkeit von der Haltung der FIFA distanziert und auf seine Werberechte aus dem Vertrag mit dem DFB – insbesondere im Kontext der Weltmeisterschaft – verzichtet (REWE, 2022). **Lionel Souque**, CEO der REWE Group, verlautbarte konkret: „Fußball ist für uns unter anderem Fair Play, Toleranz und Zusammenhalt – diese Werte halten auch wir hoch. Wir stehen ein für Diversität – und auch Fußball ist Diversität. Diese Haltung leben wir und diese Haltung verteidigen wir – auch gegen mögliche Widerstände. Die skandalöse Haltung der FIFA ist für mich als CEO eines vielfältigen Unternehmens und als Fußballfan absolut nicht akzeptabel" (zitiert in REWE, 2022, o. S.). Diese Nachricht hallte wie ein Paukenschlag durch die Medien, womit REWE in aller Munde war. Nur Insider wussten, dass REWE bereits im Oktober 2022 dem DFB mitgeteilt hatte, die langjährige Partnerschaft nicht weiterzuführen, d. h. das Sponsoring wäre somit ohnehin nur wenige Wochen später ausgelaufen. REWE hat mit diesem vorzeitigen Abschied schätzungsweise mehr Aufmerksamkeit für seine

Marke generieren können als in der restlichen Laufzeit des Sponsoringvertrags auf „reguläre" Art und Weise möglich gewesen wäre – und damit eine neue Erscheinungsform des Ambush Marketing begründet.

12.6   Fazit und Ausblick

Sportsponsoring hat in den letzten Jahrzehnten so stark wie kaum ein anderes Kommunikationsinstrument an Bedeutung gewonnen und ist heute aus dem Kommunikationsmix nicht mehr wegzudenken. Zurückzuführen ist diese Entwicklung v. a. auf die spezifischen Vorteile des Sponsorings gegenüber anderen Kommunikationsinstrumenten in einem reizüberfluteten Kommunikationsmarkt und gegenüber „werbemüden" Konsumenten (Nufer & Bühler, 2013).

Dynamisch verlaufende Entwicklungen beeinflussen die zukünftigen Aktivitäten von Sponsoren, Gesponserten und Medien. Im Rahmen der zunehmenden Digitalisierung kommt hier insbesondere dem E-Sport eine besondere Bedeutung zu (Daumann, 2019; Daumann & Römmelt, 2015). Vor diesem Hintergrund wird dem Sportsponsoring sogar ein weiteres Wachstum zugetraut. Insbesondere Sportevents bieten Unternehmen neue Wege, sich mit ihren Marken und Produkte kommunikativ in Szene zu setzen. Agenturen sind ständig bemüht, immer wieder neue Umsetzungsformen zu entwickeln. Neben dem offiziellen Sponsoring attraktiver Sportevents ist deshalb in der Praxis in den letzten Jahren zunehmend Ambush Marketing als alternative Möglichkeit, sportliche Großveranstaltungen werbekommunikativ zu nutzen, zu beobachten.

Literatur

Bruhn, M. (2018). *Sponsoring. Systematische Planung und integrativer Einsatz* (6. Aufl.). Wiesbaden.

Bühler, A. & Nufer, G. (2010). *Relationship Marketing in Sports*. London.

Burton, N. & Chadwick, S. (2018). Ambush marketing is dead; long live ambush marketing. *Journal of Advertising Research*, 3, 282–296.

Daiker, N. (2021). *adidas und UEFA erweitern ihre Partnerschaft*. https://www.sportsbusiness.at/adidas-und-uefa-erweitern-ihre-partnerschaft

Daumann, F. (2019). *Grundlagen der Sportökonomie* (3. Aufl.). München.

Daumann, F. & Römmelt, B. (2015). *Marketing und Strategie im Sport*. Konstanz und München.

De Graaf, P. (2022). *Sponsoren der WM 2022* https://www.weltmeister schaft2022fussball.de/sponsoren

DFB. (2023). *Verbandsstruktur.* https://www.dfb.de/verbandsstruktur/partner-des-dfb

Drees, N. (2003). *Bedeutung und Erscheinungsformen des Sportsponsoring.* In A. Hermanns & F. Riedmüller (Hrsg.), *Sponsoring und Events im Sport* (S. 47–66). München.

Fashion United. (2021). *adidas und UEFA erweitern Partnerschaft – verstärktes Engagement im Frauenfußball und Sponsoring der UEFA EURO 2024.* https://fashionunited.de/press/business/adidas-und-uefa-erweitern-partnerschaft-verstaerktes-engagement-im-frauenfussball-und-sponsoring-der-uefa-euro-2024/2021100543054

FIFA. (2022). *FIFA Partner.* https://www.fifa.com/de/about-fifa/commercial/partners

Freyer, W. (2018). *Sport-Marketing. Modernes Marketing-Management für die Sportwirtschaft* (5. Aufl.). Berlin.

Heermann, P. W. (2006). Ambush-Marketing anlässlich Sportgroßveranstaltungen. Erscheinungsformen, wettbewerbsrechtliche Bewertung, Gegenmaßnahmen. *Gewerblicher Rechtsschutz und Urheberrecht, 5,* 359–367.

Hermanns, A. (2008). Vermarktung und Management von Sponsoringrechten m Sport. In A. Hermanns & F. Riedmüller (Hrsg.), *Management-Handbuch Sport-Marketing* (2. Aufl., S. 273–291). München.

Hermanns, A. & Marwitz, C. (2008). *Sponsoring. Grundlagen – Wirkungen – Management – Markenführung* (3. Aufl.). München.

Horch, H.-D., Schubert, M. & Walzel, S. (2014). *Besonderheiten der Sportbetriebslehre.* Heidelberg.

Kölner Stadt-Anzeiger. (2022). *Das sind die Marken, die in Katar werben.* https://www.ksta.de/sport/2022-wm/wm-2022-das-sind-die-marken-die-in-katar-werben-372570

Nufer, G. (2018). *Ambush Marketing im Sport. Grundlagen – Best Practice – Evaluation* (2. Aufl.). Berlin.

Nufer, G. (2020). Zielgenau aus dem Hinterhalt. *Swiss Marketing Review, 4,* 16–20.

Nufer, G. (2021). Sport-Sponsoring: Fairness, Teamgeist, Leidenschaft. *Markenartikel – das Magazin für Markenführung, 4–5,* 16–18.

Nufer, G. & Bühler, A. (2013). Sponsoring im Sport. In G. Nufer & A. Bühler (Hrsg.), *Marketing im Sport. Grundlagen und Trends des modernen Sportmarketing* (3. Aufl., S. 263–291). Berlin.

Nufer, G. & Bühler, A. (2015). *Event-Marketing in Sport und Kultur. Konzepte – Fallbeispiele – Trends.* Berlin.

O. V. (2022). *FIFA Fußball WM 2022: Marketing, Werbung, Sponsoring, Public Viewing.* https://www.fussballwm2022.com/fifa-fussball-wm-2022-marketing-werbung-sponsoring-public-viewing

Pechtl, H. (2007). Trittbrettfahren bei Sportevents: das Ambush Marketing. *Wirtschaftswissenschaftliches Diskussionspapier 01/07*, Rechts- und Staatswissenschaftliche Fakultät, Ernst-Moritz-Arndt-Universität Greifswald.

REWE. (2022). *REWE beendet Kooperation mit dem DFB.* https://one.rewe-group.com/magazin/magazin-artikel/item/Article/showMag/rewe-beendet-kooperation-mit-dem-dfb

Stock, O. (2022). *Wie Adidas der WM in Katar die Treue hält.* https://www.focus.de/finanzen/news/der-letzte-sponsor-wie-adidas-der-wm-in-katar-die-treue-haelt_id_179961896.html

UEFA. (2023). *Offizielle Sponsoren und Partner der UEFA.* https://de.uefa.com/partners

Walzel, S. & Schubert, M. (2018). *Sportsponsoring. Grundlagen, Konzeption, Wirkungen.* Berlin.

13 Ausrüsterverträge von Sportartikelunternehmen für Nationalteams – Sichtbarkeit und Aktivierung bei den EUROs

Florian Riedmüller

Wenn am 14. Juni 2024 die nächste Fußball-Europameisterschaft angepfiffen wird, dann findet parallel zum Wettbewerb der qualifizierten Nationen auch der Kampf um die Ausrüsterkrone der beteiligten Sportartikelunternehmen statt. In den Konzernzentralen von adidas, Nike und Puma wird jedes Tor bejubelt, das mit einem Schuh aus dem eigenen Haus geschossen wird, und jeder Sieg gefeiert, den eines der ausgestatteten Teams erzielt.

13.1 UEFA EUROs als Schaufenster für Sportartikelunternehmen

Für keine andere Branche sind die Ergebnisse der Fußball-Europameisterschaft-Spiele so unmittelbar mit Konsequenzen für den Umsatz verbunden: Schafft es ein Stürmer mit einem speziellen Schuhmodell, spektakuläre Tore zu erzielen, so kann sich die Silhouette zum Top-Seller in der folgenden Amateursaison entwickeln. Scheidet eine mit viel Ambitionen gestartete Nationalmannschaft aus dem Turnier aus, so entwickeln sich die auf Future-Basis vorproduzierten Trikots zu schwer verkäuflichen Ladenhütern. Entsprechend akribisch bereiten sich die als Sports Marketing bezeichneten Sponsoringeinheiten der Sportartikelunternehmen auf die alle vier Jahre stattfindenden Fußball-Europameisterschaften vor.

Die ökonomische Relevanz des Fußballs für die Sportartikelindustrie leitet sich aus seiner Stellung als dominierende Teamsportart in Europa ab. Organisiert wird der Fußball in Europa seit 1954 über den Dachverband UEFA mit aktuell 55 nationalen Fußballverbänden. Alleine der DFB als größter nationaler Sportverband der Welt verzeichnet 7,17 Millionen Mitglieder mit einem daraus unmittelbar abzuleitenden Nachfragevolumen nach Ausrüstung (DFB, 2022). Entsprechend hoch ist der Fokus der internationalen Sportartikelunternehmen auf die Sportart: So hat z. B. adidas in seiner 2021 vorgestellten Strategie „Own the game" Fußball als einzige Mannschaftssportart neben Running, Training, Outdoor und Lifestyle mit einer Top-Wachstumspriorität hervorgehoben (adidas, 2021). Auch Nike und Puma positionieren Fußball als die Speerspitze ihrer Teamsportaktivitäten in Europa. Zusätzlich gibt es auf der Herstellerseite noch weitere Fußballspezialisten wie Erima, Derbystar, Jako oder Uhlsport, die den Markt mit ihren Produkten bedienen.

Die Attraktivität des Fußballsports für die Sportartikelindustrie kann weiterführend über die Differenzierung einer engen und weiten Definition von Sportartikeln erklärt werden. Die enge Definition konzentriert sich auf Produkte, die von Konsumenten zur unmittelbaren Ausübung ihrer jeweiligen Sportart verwendet werden. Eine weite Definition bezieht auch Produkte mit ein, „die zur Identifikation mit der jeweiligen Sportart dienen" (Corduan-Claussen & Wübbolt, 2019, S. 409). Die Identifikation mit der Fußballszene ist dabei ein großer Treiber der heutigen Street-Culture: Fanartikel und fußballinspirierte Silhouetten werden zunehmend auch im Alltag getragen. Die Inspiration wird über Stilikonen aus dem Fußball transportiert. David Beckham kann hierbei als besonderes Beispiel hervorgehoben werden, der es während und nach seiner aktiven Karriere geschafft hat, den modischen Einfluss des Fußballs zu prägen (Vincent et al., 2009). Serge Gnabry, Memphis Depay oder Jack Grealish stiegen zuletzt in Beckhams Fußstapfen und waren mit sportinspirierten Outfits auch neben dem Fußballplatz auf Covern von Modemagazinen präsent.

Die Fußball-Europameisterschaft ist vor diesem Hintergrund eine aufmerksamkeitsstarke Bühne, auf der die Sportartikelhersteller alle vier Jahre den Fokus auf ihre Innovationen auf und neben dem Fußballplatz lenken können. Als kontinentales Pendant zur Fußball-Weltmeisterschaft hat die Fußball-Europameisterschaft sportlich einen einzigartigen Stellenwert, da die Top-Ten-Plätze der besten Mannschaften der Welt nach dem FIFA-Ranking – mit Ausnahme von Argentinien und Brasilien – in der Regel von Teams aus Europa besetzt sind (FIFA, 2023). Das seit 1960 regelmäßig ausgetragene Europameisterschafts-Turnier der UEFA wurde frühzeitig von der Sportartikelindustrie begleitet: Seit 1968 stellt adidas den offiziellen Spielball der Fußball-Europameisterschaft. Im Jahr 1988 wurde mit dem „Tango Europe" der erste maßgeschneiderte Fußball-Europameisterschaft-Ball speziell für das Turnier kreiert (UEFA, 2021). Bei den Fußballtrikots war zur Fußball-Europameisterschaft 1976 mit „Admiral" erstmals das Logo eines Ausstatters auf den Trikots des englischen Fußballverbands zu sehen. Adidas folgte zur Fußball-Europameisterschaft 1980 mit seinem Logo-Absender auf der Brust der DFB-Trikots, verbunden mit den markanten drei Streifen auf den Trikotärmeln.

13.2 Ausrüsterverträge für Nationalteams im Sponsoring-Portfolio

Bei der Definition von Sponsoring gibt es traditionell zwei Auffassungsweisen, die sich in einem Kernpunkt unterscheiden: Nach der Sichtweise von Bruhn zeichnet sich Sponsoring durch die Analyse, Planung, Umsetzung und Kontrolle sämtlicher Aktivitäten aus, die mit der Bereitstellung von Geld, Sachmitteln, Dienstleistungen oder Know-how durch Unternehmen und Institutionen zur Förderung von Personen und/oder Organisationen in den Bereichen Sport, Kultur, Soziales, Umwelt und/oder den Medien unter vertraglicher Regelung der Leistung des Sponsors und Gegenleistung des Gesponserten verbunden sind (Bruhn, 2018, S.5). Hermanns/ Marwitz beschreiben Sponsoring hingegen als die Zuwendung von Finanz-, Sach- und/oder Dienstleistungen von einem Unternehmen, dem Sponsor, an eine Einzelperson, eine Gruppe von Personen oder eine Organisation bzw. Institution aus dem gesellschaftlichen Umfeld des Unternehmens, dem Gesponserten, gegen die Gewährung von Rechten zur kommunikativen Nutzung von Personen bzw. Organisationen und/oder Aktivitäten des Gesponserten auf der Basis einer vertraglichen Vereinbarung (Hermanns & Marwitz, 2008, S. 44). Damit verzichtet die zweite Definition auf das konstitutive Bestehen einer Förderabsicht aufseiten des Sponsors, die nach Hermanns/Marwitz nur eine mögliche Ergänzung des kommunikativ-ergebnisbezogenen Kerngedankens darstellt. Analysiert man die primären Ziele von sportbezogenen Sponsoringengagements, so wird diese zweite Sichtweise unterstützt, da Unternehmen die Wirkungskette von Aufmerksamkeit, Imagetransfer und Abverkaufunterstützung im Verständnis eines Marketing-Funnels hervorheben (Biscaia et.al., 2013; Gwinner & Benett, 2008; Ko et.al., 2008).

Sportartikelunternehmen entscheiden bei der Auswahl ihrer Sponsoringpartner in der Regel nicht danach, in welchem Bereich sie die höchste Förderquote erreichen, sondern nach der größtmöglichen Unterstützung der eigenen Unternehmensziele. Die Attraktivität der möglichen Sponsoringpartner steigt mit deren Bekanntheit und ihrer klaren Ausprägung eines Imageprofils (Riedmüller, 2018, S. 181). In Bezug auf den Abverkauf gibt es für Sportartikelunternehmen durch verbands- und vereinsrechtliche Statuten zudem die Möglichkeit, eine grob planbare Return-on-Investment Rechnung aufzustellen. Sportverbände können bei der Ausrichtung von Wettbewerben Bestimmungen über die zugelassenen Sportgeräte und Ausrüstungsgegenstände erlassen und die Teilnehmer zu deren Einsatz verpflichten. Sportteams können ihren Mitgliedern wiederum Vorgaben zu einem einheitlichen Auftreten geben. Aktive Sportler können sich innerhalb dieses Rahmens ihre individuelle Ausrüstung zusammenstellen.

Übertragen auf die Ausrichtung einer Fußball-Europameisterschaften besteht für Sportartikelunternehmen also die erste Sponsoring-Option, als

Ausrüster der UEFA aufzutreten. Dadurch erhalten die Unternehmen nach Artikel 38 des Reglements zur UEFA-Fußball-Europameisterschaft unter anderem das Recht, die Spielbälle stellen zu dürfen:

- § 38.01 Die Bälle müssen den IFAB-Spielregeln sowie dem UEFA-Ausrüstungsreglement entsprechen.
- § 38.02 Für Spiele und Trainingseinheiten im Rahmen des Qualifikationswettbewerbs stellt der Ausrichterverband die Bälle zur Verfügung.
- § 38.03 In der Endrunde stellt ausschließlich die UEFA die Bälle für die Spiele und die offiziellen Trainingseinheiten zur Verfügung (UEFA, 2023a).

Die zweite Möglichkeit besteht in Sponsoring-Kooperationen mit einem der sportlich qualifizierten Nationalteams. Die Ausstattungsrechte liegen dabei in der Regel beim jeweils verantwortlichen Landesverband, in Deutschland z. B. beim DFB. Dieser legt die Spiel-, Trainings- und Freizeitkleidung des Teams und seiner Betreuer fest. Auf der Spielkleidung dürfen bei einer Fußball-Europameisterschaft als einzige Absender der Verband selbst und das herstellende Unternehmen präsentiert werden. Diese Besonderheit macht einen Ausrüstervertrag für Nationalteams bei Europameisterschaften vergleichsweise wertvoll, da das Design nicht wie in nationalen Ligawettbewerben von Brust-, und neuerdings auch Ärmelsponsoren, überlagert werden kann:

- § 56.03: Für die Endrunde muss sämtliche von den teilnehmenden Verbänden verwendete Kleidung sowie Spezialausrüstung der UEFA-Administration vorgelegt werden, die das genaue Genehmigungsverfahren bei einem im Rahmen der Endrundenauslosung stattfindenden Workshop bekanntgibt. Auf der Grundlage dieses Verfahrens informiert die UEFA-Administration schriftlich über ihre Entscheidung bezüglich der Genehmigung der verschiedenen Gegenstände.
- § 56.04: Die während der Endrunde getragenen oder verwendeten Ausrüstungsgegenstände müssen frei sein von jeglicher Sponsorenwerbung. Diese Bestimmung gilt:
  a. bei allen in einem Stadion stattfindenden Veranstaltungen von der Ankunft bis zum Verlassen des Stadions;
  b. bei allen von der UEFA-Administration als offiziell gewerteten Trainingseinheiten;
  c. bei allen offiziellen UEFA-Medienkonferenzen (UEFA, 2023a).

Bis zur Europameisterschaft 2004 konnte der DFB seinen Nationalspielern neben der Kleidung auch noch vorgeben, welche Schuhe und Torwarthandschuhe sie bei den Wettbewerben tragen müssen. Diese Vorgabe wurde im Sommer 2006 im Rahmen eines „Schuh-Gipfels" zwischen dem Management der Nationalmannschaft und seiner Spielervertretung aufgehoben (Schottner, 2006, S. 23). Seitdem können die deutschen National-spieler im Rahmen ihrer Persönlichkeitsrechte auch für ihre Auftritte beim DFB ergänzende Sponsorenverträge mit Sportartikelunternehmen abschließen. Durch diese Anpassung hat sich die Wertigkeit eines Indivi-dualsponsorings mit einzelnen Spielern deutlich erhöht. Sportartikelun-ternehmen haben die Möglichkeit, z. B. mit den bei der jeweiligen Europa-meisterschaft ausgezeichneten „Top Scorer", „Player of the Tournament" oder „Young Player of the Tournament" unabhängig von dem jeweiligen Landesverband zu kooperieren.

Vor diesem Hintergrund ist es die Aufgabe der Sports Marketing Manager eines Sportartikelunternehmens, ein optimales Sponsoring-Portfolio unter den möglichen Partnern zusammenzustellen: Durch ein Sponsoring mit der UEFA können die Absätze von Fußbällen gefördert werden, Partner-schaften mit Nationalteams erlauben den Verkauf von Spielbekleidung und Verträge mit Spielern unterstützen die Verkaufszahlen von speziellen Schuh- und Torwarthandschuhmodellen. Die gesponserten Verbände, Ver-eine und Spieler haben dabei in der Regel Interesse an einem möglichst umfassenden Vertrag mit einer langen Laufzeit, der ihnen Planungssicher-heit gewährt.

Aber auch für den Ausrüster ist es sinnvoll, sich langfristig an seine Spon-soringpartner zu binden. Der erfolgreiche Transfer der Aufmerksamkeit von Turnieren, Teams und Spielern auf die verbundenen Ausstatter benö-tigt Zeit. Jeder gemeinsam bestrittene Wettbewerb verstärkt die Verbin-dung und führt zu den kommunikationswissenschaftlich bekannten positi-ven zeitlichen Ausstrahlungseffekten (sog. carry-over-Effekte). Der inhalt-liche Fit der Markenwerte zwischen Sportartikelhersteller und Nationalteam verstärkt zusätzlich die Wirksamkeit des Sponsorings (Riedmüller, 2017, S. 320). Dabei spielen auch herkunftsbezogene Verbindungen eine Rolle, wie z. B. in der langjährigen Partnerschaft des englischen Unternehmens Umbro mit den „Three Lions", oder bei der bis heute bestehenden Koope-ration zwischen dem in Deutschland beheimateten adidas-Konzern und den DFB-Nationalteams.

13.3 Sichtbarkeit von Sportartikelunternehmen durch den sportlichen Erfolg von Nationalteams bei EURO-Endrunden

Die Anzahl der teilnehmenden Mannschaften bei der Endrunde einer Europameisterschaft ist durch das Reglement der sportlichen Qualifizie-rung limitiert. Bis zum Jahr 1976 waren nur vier Nationalmannschaften bei einer Fußball-Europameisterschaft-Endrunde dabei. Von 1980 bis 1992 spielten acht Mannschaften den Turniersieger aus. Von 1996 bis 2012 wurde die Anzahl auf 16 Mannschaften verdoppelt und 2016 fand die letzte Erweiterung auf inzwischen 24 Turnierteilnehmer statt. Auch die Anzahl der an den Qualifikationsspielen teilnehmenden Landesverbände hat sich über die Jahre deutlich gesteigert. Bei der ersten ausgespielten Qualifikation im Jahr 1960 hatten sich 17 Länder für eine Teilnahme beworben. Für die 24 Startplätze der Endrunde zur EURO 2021 hatte sich die Rekordanzahl von 55 Mannschaften zur Qualifikation angemeldet.

Um bei einer Fußball-Europameisterschaft als Ausrüster wahrgenommen zu werden, müssen sich die gesponserten Teams für die Endrunde qualifizieren. Die einzige Ausnahme von dieser Unsicherheit kann durch einen Vertrag mit der bzw. den ausrichtenden Heimmannschaft(en) erreicht werden. Diesen wird laut UEFA-Regularien ein Startplatz ohne Qualifikationsrunde zugesichert. Für die Sports-Marketing Teams der Sportartikelhersteller gilt es also, sich mit der sportlichen Leistungsfähigkeit der Nationalmannschaften auseinanderzusetzen, um bei den Endrunden eine möglichst hohe Sichtbarkeit zu erreichen.

In der Tabelle 13.1 ist ein Vergleich der führenden Sportartikelunternehmen in Bezug auf die ausgestatteten Teams zum Beginn der vier Fußball-Europameisterschaft-Endrunden in den Jahren 2008 bis 2021 dargestellt. Neben den drei großen Anbietern adidas, Nike und Puma waren noch die Unternehmen Erreà (2016 mit Island), Hummel (2021 mit Dänemark), Jako (2021 mit Nordmazedonien), Joma (2016 mit Rumänien und 2021 Ukraine), Macron (2016 mit Albanien) und Umbro (2008 mit Schweden; 2012 England, Irland, Schweden und 2016 Irland) als Ausstatter aktiv. Für die vergleichende Auswertung werden diese als „andere Ausrüster" zusammengefasst. In der Tabelle wird für jede Fußball-Europameisterschaft-Endrunde die Anzahl der ausgestatteten Teams pro Unternehmen in absoluten und relativen Zahlen angegeben. Zudem wird pro Ausrüster die Summe der FIFA-Scores aller ausgestatteten Teams zum jeweiligen Turnierbeginn aufgeführt. Dadurch wird die relative Wertigkeit der ausgestatteten Teams aus sportlicher Sicht zum Ausdruck gebracht: Während z. B. im Juni 2008 die FIFA-Scores für die fünf adidas-Teams Spanien (1.303), Deutschland (1.274), Frankreich (1.143), Griechenland (1.133) und Rumänien (1.069) zusammen 5.922 betrugen, lag der Vergleichswert der ebenfalls fünf Nike-Teams mit den Niederlanden (1.111), Portugal (1.069), Kroatien (1.017), Türkei (877) und Russland (846) mit 4.945 FIFA-Punkten deutlich niedriger.

Ausrüster	adidas	Nike	Puma	andere	Summe
EM 2008 Anzahl Teams Σ *FIFA-Scores*	**5 (31,25 %)** **5.922**	5 (31,25 %) 4.945	5 (31,25 %) 4.460	1 (6,25 %) 799	16 (100 %)
EM 2012 Anzahl Teams Σ *FIFA-Scores*	**6 (37,50 %)** **6.263**	5 (31,25 %) 4.765	2 (12,50 %) 1.748	3 (18,75 %) 2.962	16 (100 %)
EM 2016 Anzahl Teams Σ *FIFA-Scores*	**9 (37,50 %)** **9.001**	6 (25,00 %) 5.778	5 (20,83 %) 5.674	4 (16,67 %) 3.064	24 (100 %)
EM 2021 Anzahl Teams Σ*FIFA-Scores*	8 (33,33 %) 12.554	**9 (37,50 %)** **14.255**	4 (16,67 %) 6.231	3 (12,50 %) 4.520	24 (100 %)

Tab. 13.1: Vergleich der Präsenz von Sportartikelunternehmen mit Ausstatterverträgen von Teams bei den Fußball-Europameisterschaft-Endrunden 2008 bis 2021 (Eigendarstellung mit FIFA-Scores zum jeweiligen Turnierstart nach FIFA, 2023)

Aus der Tabelle wird deutlich, dass sich adidas und Nike bei allen Fußball-Europameisterschaft-Turnieren ein Kopf-an-Kopf Rennen bezüglich der höchsten Präsenz unter den beteiligten Teams geliefert haben. Die vertraglichen Partnerschaften mit den großen Nationen bei den Fußball-Europameisterschaft-Endrunden sind dabei weitgehend stabil: Deutschland und Spanien spielen seit vielen Jahren mit adidas, die Niederlande und Portugal hingegen mit Nike. Nur Frankreich wechselte zwischen der Endrunde 2008 und 2012 von adidas zu Nike und Russland im Gegenzug in die umgekehrte Richtung. Die Ablösung von adidas durch Nike als Ausstatter mit der höchsten Teampräsenz zur Fußball-Europameisterschaft-Endrunde 2021 wurde von Nike nicht durch das Abwerben eines adidas-Teams erreicht, sondern durch das erfolgreichere Abschneiden von bestehenden Partnern in der Qualifikation: Mit Finnland, den Niederlanden und der Slowakei starteten 2021 drei zusätzliche Nike-Teams, die bei der vorherigen Fußball-Europameisterschaft 2016 noch in der Qualifikation gescheitert waren.

Durch den mehrstufigen Ausscheidungsmodus im Verlauf einer Fußball-Europameisterschaft-Endrunde können sich die Kräfteverhältnisse der Ausrüster durchaus verändern. Die Faszination des Fußballs liegt ja unter anderem in Überraschungsmomenten, wenn sich ein vermeintlicher Außenseiter mit einem niedrigeren FIFA-Score gegen die Favoriten durchsetzt (Bauer et al., 2009, S. 4). Dies konnte z. B. bei der Fußball-Europameisterschaft-Endrunde 2004 in Portugal mit dem Überraschungssieg des Teams aus Griechenland beobachtet werden. Am Beispiel der Fußball-Europameisterschaft-Endrunde 2016 wird deutlich, wie sich die Kräfteverhältnisse der Sportartikelhersteller im Verlauf eines Turniers verschieben können. Adidas startete mit der höchsten Anzahl von neun ausgestatteten Teams und einem deutlichen Vorsprung der FIFA-Scores in das Turnier. Im Turnierverlauf verlor das Unternehmen dann aber von Runde zu Runde seinen Vorsprung, und am Ende siegte Portugal in einem reinen Nike-Finale gegen Frankreich (siehe Tab. 13.2).

Ausrüster	adidas	Nike	Puma	andere	Summe
Vorrunde Anzahl Teams ∑ FIFA-Scores	9 (37,50%) 9.001	6 (25,00%) 5.778	5 (20,83%) 5.674	4 (16,67%) 3.064	24 (100%)
Achtelfinale Anzahl Teams ∑ FIFA-Scores	6 (37,50%) 6.544	5 (31,25%) 4.859	3 (18,75%) 2.782	2 (12,50%) 1.519	16 (100%)
Viertelfinale Anzahl Teams ∑ FIFA-Scores	3 (37,5%) 3.540	3 (37,5%) 2.948	1 (12,5%) 982	1 (12,5%) 751	8 (100%)
Halbfinale Anzahl Teams ∑ FIFA-Scores	2 (50%) 2.156	2 (50%) 2.106			4 (100%)
Finale Anzahl Teams ∑ FIFA-Scores		2 (100%) 2.106			2 (100%)

Tab. 13.2: Entwicklung der Präsenz von Sportartikelunternehmen mit Ausstatterverträgen von Teams bei den Fußball-Europameisterschaft-Endrunden 2016 (eigene Darstellung mit FIFA-Scores zum jeweiligen Turnierstart nach FIFA, 2023)

Die Sports Marketing-Abteilungen von Sportartikelunternehmen verwenden zur Bewertung der Nationalteams noch wesentlich spezifischere Scoring-Modelle. In diesen werden neben dem sportlichen Erfolg auch der Markenwert des Teams, die Größe des Verbands (Mitgliederzahl, Fanclubs, Medienpräsenz usw.) und die Verkaufszahlen von ausrüstertypischen Artikeln einbezogen (Rohlmann, 2023, S. 109). Die Ausstatterverträge beziehen sich auch nur in Ausnahmefällen auf einzelne Mannschaften. In der Regel werden Vereinbarungen für alle Auswahlteams eines Landes geschlossen, wozu auch die in den letzten Jahren enorm an Popularität gewonnenen Frauenmannschaften gehören (Nielsen, 2022, S. 23).

Die visuelle Präsenz während eines Fußball-Europameisterschaft-Turniers erreichen die ausrüstenden Sportartikelunternehmen primär durch die Abbildung ihrer Markenzeichen auf der Spielerkleidung. Die UEFA erlaubt hierbei die Verwendung von Wort- und/oder Bildmarken bzw. Slogans der Hersteller. Da für die Abbildung der Herstelleridentifikation auf

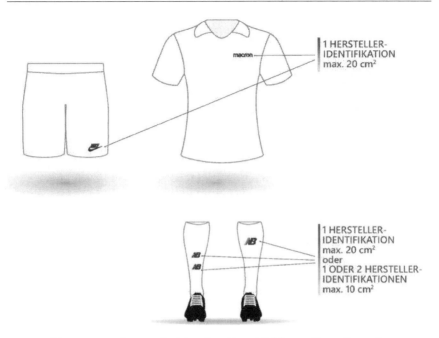

Abb. 13.1: Vorgaben zur Position, Anzahl und Größe von Herstellermarken
auf der Spielkleidung bei UEFA-Wettbewerben (UEFA, 2023b)

einem Trikot bzw. einer Hose höchstens 20 cm^2 erlaubt sind, konzentrieren sich fast alle Hersteller auf ihre zentralen Markenzeichen (siehe Abb. 13.1). Auch die Möglichkeiten zur Gestaltung von Streifen mit Herstellerbezug als Designelemente auf der Bekleidung sind klar geregelt, um einen fairen Wettbewerb im Kampf um die Aufmerksamkeit auf dem Platz sicherzustellen.

Zur Sichtbarkeit von Sportartikel-Herstellerlogos auf der Spielbekleidung und den Schuhen von Fußballspielern wurde an der Technischen Hochschule Nürnberg im Jahr 2022 eine empirische Untersuchung durchgeführt. Dazu wurde die TV-Ausstrahlung von sechs Länderspielen analysiert, in denen jeweils ein von adidas gegen ein von Nike ausgestattetes Nationalteam antrat. In Bezug auf die gesamte Spielzeit von 90 Minuten waren die Logos auf der Spielbekleidung zwischen 3,2 % und 5,9 % der TV-Übertragung lesbar zu sehen. Die Sichtbarkeit konnte dabei nur bei Szenen erreicht werden, in denen die Spieler in Großaufnahmen herangezoomt zu sehen waren, insbesondere bei Zweikämpfen, beim Abstoß, bei Freistößen, Eckbällen sowie beim Torjubel. Die Logoapplikationen auf den Schuhen erreichten bei der Sichtbarkeit Werte zwischen 0,3 % und 3,2 %. Beim Vergleich der Mittelwerte der sechs Messungen hatten die Logos auf der Bekleidung jeweils eine signifikant höhere Sichtbarkeit als auf den

Abb. 13.2: Definition von Areas of Interest zur Messung der Aufmerksamkeit auf Herstellerlogos bei Fußballübertragungen (eigene Darstellung)

Schuhen. Unterschiede zwischen der Präsenz von adidas- oder Nike-Logos konnten in diesen Messungen keine festgestellt werden.

In einer drauf aufbauenden Eye Tracking-Untersuchung wurde die tatsächliche Aufmerksamkeit auf die sichtbaren Logos gemessen. Dazu wurden die sichtbaren Logobereiche in den Fußballübertragungen über die eingesetzte Eye Tracking Software als Areas of Interest (AOI) definiert. Im Anschluss wurden bei 30 fußballinteressierten ProbandInnen die auf diese Bereiche entfallenden Fixationszeiten im Rahmen einer Spielbetrachtung gemessen (siehe Abb. 13.2). Als zentraler Erfolgsfaktor der Untersuchung konnte der Kontrast zwischen Logoabbildung und Hintergrund ermittelt werden. Kontrastreiche Umsetzungen der adidas- und Nike-Logos erzielten längere visuelle Aufmerksamkeitsspannen, die in der Folge auch zu höheren Recall-Werten führten. Eine Erkenntnis, anhand der sich die zunehmenden Logoumsetzungen mit knalligen Farben auf Fußballprodukten erklären lassen.

13.4 Aktivierung der Sichtbarkeit von Sportartikelunternehmen durch Kampagnen mit den Nationalteams

Der Abschluss eines Ausrüstervertrags und die Ausstattung von Nationalteams mit den Produkten des Unternehmens ist die Grundvoraussetzung zur Herstellung von Sichtbarkeit bei Fußball-Europameisterschaft-Turnieren. Darauf aufbauend sollte eine ergänzende Kommunikation der abgeschlossenen Partnerschaft über eigene und fremde Kommunikationsplattformen erfolgen. Sportartikelhersteller planen solche begleitenden Maßnahmen zunehmend, um nicht nur auf die Wahrnehmung der vertraglich vereinbarten Logoabbildungen im sportlichen Umfeld zu vertrauen (Riedmüller, 2008, S. 204). Dieses systematische Hervorheben der Partnerschaft von Ausrüster und Team an das gemeinsame Zielpublikum wird als Sponsoringaktivierung bezeichnet.

Die älteste Form der Sponsoringaktivierung ist das Sponsorship Leveraging. Dabei wird die Verbindung der Partnerschaft vorzugsweise über Massenmedien kommuniziert, um die wahrgenommene Kongruenz zwischen Sponsor und Gesponserten zu erhöhen (Walzel & Schubert, 2018, S. 130). Sponsorship Leveraging wird in seiner Grundform über die eigenen Medienplattformen der beiden Sponsoringpartner betrieben (owned media). Darüber hinaus werden von den Ausstattern der Nationalteams häufig nationale Spots in den Heimatmärkten der Teams ausgestrahlt (payed media). Im Vorfeld von Europameisterschaften wird z. B. die Vorstellung des neuen Turniertrikots inszeniert. Schwartz und Schindler haben im Jahr 2008 die adidas-Kampagne zum Launch des DFB-Trikots für die Fußball-Europameisterschaft 2008 dokumentiert. Dabei wurde das Turniertrikot im November 2007 bei einem Event mit ausgewählten Nationalspielern vorgestellt und im Anschluss über TV-Spots in Deutschland breit kommuniziert. Die erstmalige Präsentation von Turniertrikots im November des Event-Vorjahres ist bis heute weit verbreitet, um die umsatzstarke Vorweihnachtszeit für den Absatz zu nutzen. In dem TV-Sport von 2007 verwandelten sich Hobbyspieler nach dem Überstreifen des Nationaltrikots in die Nationalspieler Lukas Podolski bzw. Bastian Schweinsteiger und transportierten die „Impossible is nothing"-Botschaft des Unternehmens auf eine humorvolle Weise (siehe Abb. 13.3). Bei einer Werbeerfolgskontrolle erreichte der TV-Spot hohe Recall-Werte, ein klares Verständnis der Storyline und positive Imagewerte (Schwartz & Schindler 2008, S. 431–432).

Aufbauend auf dem Sponsorship Leveraging wird zur Kommunikation der Sponsoringpartnerschaft Sponsorship Acivation eingesetzt. Dabei wird über einen interaktiven Dialog mit den Zielgruppen auf positive Markenerlebnisse abgezielt. Dieubiquitäre Präsenz von sozialen Medien hat diese Entwicklung vorangetrieben und fast alle Sportausrüster nutzen Instagram, Tik Tok etc. inzwischen als ihre zentralen Plattformen für die Kommunikation mit den jungen Zielgruppen (Nielsen, 2022, S. 8). Zur EURO 2016 in Portugal griff auch Nike das Thema eines Rollenwechsels von Profifußballspielern und Hobbyfußballern auf und inszenierte Superstar Christiano Ronaldo in einem sechsminütigen Youtube-Clip mit dem Titel „The Switch". Bei einer Werbeerfolgsmessung wurde ermittelt, dass ein Drittel der Betrachter des Spots noch mehr über die Story erfahren wollten und nach weiteren vergleichbaren Inhalten suchten. Der Spot wurde von den Betrachtern auch überdurchschnittlich häufig geteilt und erzielte

Abb. 13.3: Stills vom TV-Spot zum adidas DFB-Trikotlaunch
zur Fußball-Europameisterschaft 2008 (Schwartz & Schindler, 2008, S. 435)

damit die mit dem Sponsoring Leveraging-Ansatz erhoffte virale Verbreitung im Sinne von earned media (Conelly, 2016).

Bei der Fußball-Europameisterschaft 2021 führte adidas eine neue Form der Sponsoringaktivierung mit dem DFB-Nationalteam durch: Das Sportartikelunternehmen stellte der Nationalmannschaft das Quartier zum Aufenthalt während des Turniers auf seinem Konzerngelände in Herzogenaurach bereit. Durch den Aufenthalt des Teams auf dem „Home Ground" und Trainingseinheiten auf dem „Adi Dassler Sportplatz" wurde während der Fußball-Europameisterschaft medial fortlaufend über das adidas Firmengelände berichtet. Die Teamverantwortlichen und Spieler posteten über ihre sozialen Kanäle Bilder über den attraktiven Standort des Unternehmens. Zudem gab es zahlreiche Begegnungspunkte zwischen Spielern und Mitarbeitern rund um das Fußball-Europameisterschaft-Turnier.

13.5 Verkauf von EURO-Trikots durch Sportartikelunternehmen und Verbände

Die kommerzielle Erfolgswirkung der Aufmerksamkeit von Fans auf die Ausrüster lässt sich an der Anzahl der verkauften Fußballprodukte während und nach einem Turnier bewerten. Im Mittelpunkt der Betrachtungen stehen dabei die Fußball-Europameisterschaft-Trikots, bei denen in der Herstellung zwischen Fan-Replicas und authentischen Trikots unterschieden wird. Von authentischen Trikots spricht man nur dann, wenn das an Fans verkaufte Produkt stofflich-technisch zu 100 % identisch mit den auf dem Spielfeld getragenen Fußball-Europameisterschaft-Trikots ist. Manche Funktionalitäten eines Trikots für das Spielfeld sind für Fans allerdings überflüssig, wie z. B. dreifach vernähte Ärmel, technische Membrane zum schnellen Schweißtransport oder TPU-Einsätze für erhöhte Stabilität. Daher sind viele Sportartikelunternehmen dazu übergegangen, authentische Trikots in kleinen Auflagen für die Spieler zu produzieren und daneben Replica für die Fans. Diese Fan-Replica sind in Bezug auf Grundmaterial, Schnitt, Farbe und Design identisch mit den Originalen, verzichten allerdings auf technische Zusätze und können daher wesentlich standardisierter und entsprechend günstiger hergestellt werden. Bei der Fußball-Europameisterschaft 2021 waren die Fan-Replica der teilnehmenden Nationalteams mit unverbindlichen Preisempfehlungen von ca. 90 Euro auf dem Markt erhältlich. Bei Herstellkosten von ca. 10 Euro pro Fan-Replica hat das Trikotgeschäft eine vergleichbar hohe Marge für Ausrüster, Verbände und Händler (Riedmüller, 2018, S. 225).

Das Vermarktungsmodell für Fußball-Europameisterschaft-Trikots bzw. Replica in Zusammenarbeit mit dem jeweiligen Ausrüster können die nationalen Verbände über Lizenzvereinbarungen oder Verkaufshandel gestalten. Durch die hohe Strahlkraft der Teilnehmer einer Europameisterschaft und die Anforderungen an den internationalen Vertrieb der Trikots wählen die Verbände in der Regel das Lizenzmodell. Der Verband überträgt einem Ausrüster dabei das Recht, die Fußball-Europameisterschaft-Trikots herzustellen und zu vertreiben. Im Gegenzug erhält der Verband dafür eine Kombination aus einem fixen Betrag pro Fußball-Europameisterschaft-Turnier und einer variablen Umsatzbeteiligung für das Trikot. Der Ausrüster kümmert sich um die Produktion der Replica inklusive der durch die UEFA vorgegebenen Anforderungen (siehe Kap. 13.2) und verkauft diese Produkte an den Handel und ggf. auch an die verbandseigenen Absatzkanäle (z. B. Webshop des DFB).

Abbildung 13.4 stellt das Konzept und eine stark vereinfachte Beispielkalkulation dar. Hierbei werden nur die Einnahmen, Ausgaben und Margen (Deckungsbeiträge) aufgezeigt, ohne die jeweiligen Gemeinkosten zu berücksichtigen. Auch die in der Realität vorhandenen Restbestände der Fan-Replicas nach Abschluss einer Fußball-Europameisterschaft und eventuell gewährte Preisnachlässe bleiben unberücksichtigt.

Aus der Kalkulation wird deutlich, dass das wirtschaftliche Risiko für den vollständigen Absatz der vorproduzierten Trikotmengen bei einer Fußball-Europameisterschaft zum Großteil bei dem Sportartikelhersteller und den beteiligten Handelspartnern liegt. Weiterhin wird ersichtlich, dass eine Lizenzvereinbarung für einen Ausrüster nur Sinn macht, wenn sich die

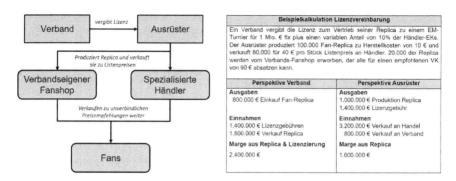

Abb. 13.4: Ausrüsterverträge von Verbänden über Lizenzvereinbarungen
in Anlehnung an Riedmüller (2018, S. 226)

Fan-Replica in großen Stückzahlen vermarkten lassen und der Sportartikelhersteller zusätzlich noch einen positiven kommunikativen Effekt durch die Verbindung des Nationalteams mit dem Ausrüstersignet erzielen kann.

Literatur

Adidas. (2021). *Adidas presents growth strategy „own the game" until 2025.* https://www.adidas-group.com/en/media/news-archive/press-releases/2021/adidas-presents-growth-strategy-own-the-game-until-2025/

Bauer, H., Hattula, S. & Hammerschmidt, M. (2009). Die Modellierung des sportlichen Erfolges: Implikationen für das Sponsoring. *Wissenschaftliche Arbeitspapiere – Institut für Marktorientierte Unternehmensführung Mannheim.* 1–6.

Biscaia, R., Correia, A., Ross, S., Rosado, A. & Maroco, J. (2013). Sport Sponsorship: The Relationship Between Team Loyalty, Sponsorship Awareness, Attitude Toward the Sponsor, and Purchase Intentions. *Journal of Sport Management, 27,* 288–302.

Bruhn, M. (2018). *Sponsoring: Systematische Planung und integrativer Einsatz.* (6. Aufl.). Springer.

Conelly, T. (2016). *Nike's Ronaldo ad dominates Euro 2016 ad battle while Adidas is left trailing.* https://www.thedrum.com/news/2016/07/08/nikes-ronaldo-ad-dominates-euro-2016-ad-battle-while-adidas-left-trailing

Corduan-Claussen, A. & Wübbolt, S. (2019). Sportartikelindustrie. In T. Bezold et al. (Hrsg.), *Handwörterbuch des Sportmanagements* (3. Aufl., S. 409–415).

DFB. (2022). *DFB Mitgliederstatistik 2021/22.* https://www.dfb.de/verbandsstruktur/mitglieder/aktuelle-statistik/

FIFA. (2023). *FIFA Weltrangliste (Männer)*. https://www.fifa.com/de/fifa-world-ranking/men

Gwinner, K. & Bennett, G. (2008). The Impact of Brand Cohesiveness and Sport Identification on Brand Fit in a Sponsorship Context. *Journal of Sport Management, 22*, 410–426.

Hermanns, A. & Marwitz, C. (2008). *Sponsoring – Grundlagen, Wirkungen, Management und Markenführung* (3. Aufl.). Vahlen.

Ko, Y. J., Kim, K., Claussen, C. L. & Kim, T. H. (2008). The effects of sport involvement, sponsor awareness and corporate image on intention to purchase sponsors' products. *International Journal of Sports Marketing & Sponsorship, 9*, 79–94.

Nielsen. (2022). *Fans are changing the game*. 2022 global sports marketing report. NYC.

Riedmüller, F. (2017). Sponsorenbindung in Sportvereinen. In A. Bagusat & A.-C. Schlangenotto (Hrsg.), *Customer Relationship Management in Sportvereinen* (S. 313–330). Erich Schmidt Verlag.

Riedmüller, F. (2018). *Professionelles Marketing für Sportvereine* (2. Aufl.)

Rohlmann, P. (2023). Sportmerchandising. Konzeptionelle Grundlagen, Marktdaten und Trends. Erich Schmidt Verlag.

Schottner, D. (2006, September 02). *Der Schlappen-Streit*. In TAZ, S. 23.

Schwartz, A. & Schindler, S. (2008). Erfolgreiche Markenkommunikation bei adidas: dargestellt am Beispiel der DFB-Kampagne zur EM 2008. In A. Hermanns & F. Riedmüller (Hrsg.), *Management-Handbuch Sport-Marketing* (2. Aufl., S. 431–446).

UEFA. (2021). *Die Geschichte der EURO-Spielbälle*. https://de.uefa.com/uefaeuro/history/news/025f-0fcc13cb919e-31de12c104ab-1000--die-geschichte-der-euro-spielballe/

UEFA. (2023a). *Reglement zur UEFA-Fußball-Europameisterschaft*. https://documents.uefa.com/r/Reglement-der-UEFA-Fussball-Europameisterschaft-2022-24/Artikel-56-Genehmigung-der-Spielkleidung-Online

UEFA. (2023b). *UEFA Ausrüstungsreglement*. https://documents.uefa.com/r/ROjihcL5hvZo30f7Ary_jA/rkT2QK8zf~KYBvwrxNR8zg

Vincent, J., Hill, J. & Lee, J. (2009). The Multiple Brand Personalities of David Beckham: A Case Study of the Beckham Brand. *Sport Marketing Quarterly, 3/2009*, 173–180.

Walzel, S. & Schubert, M. (2018). *Sportsponsoring*. Springer Gabler.

14 Aufbau und Management von Eventmarken im Sport – Implikationen einer Multi-Akteurs-dominanten Logik für die Eventmarke EURO 2024

Lars Griebel & Tim Ströbel

„Die EURO 2024 wird eine Endrunde für alle sein, und wir freuen uns darauf, Fans aus ganz Europa und aller Welt im Sommer 2024 in Deutschland zu begrüßen. Zusammen werden wir eine tolle Fußball-Party feiern. Das Logo und die Markenidentität des Turniers verdeutlichen diese Botschaft auf perfekte Art und Weise."

Philipp Lahm, Turnierdirektor der UEFA EURO 2024

Die UEFA EURO ist eines der größten wiederkehrenden Sportevents weltweit: Die EURO 2020 erreichte etwa 5,2 Milliarden Menschen auf der ganzen Welt, generierte insgesamt 7,5 Milliarden Interaktionen in den sozialen Medien (UEFA, 2021c) und realisierte Umsätze in Höhe von 1,9 Milliarden Euro für die UEFA (UEFA, 2021b). Die kommerzielle Verwertung der UEFA-Wettbewerbe wird im Rahmen der UEFA Fünf-Jahres-Strategie als zentrale strategische Säule formuliert, um langfristig den ökonomischen Wohlstand für den europäischen Fußball zu gewährleisten. Um dieses Ziel zu erreichen, betont die UEFA insbesondere die Wichtigkeit der Entwicklung von starken Marken für die UEFA-Wettbewerbe

(UEFA Champions League, UEFA Europa League, UEFA Nations League und UEFA EURO) (UEFA, 2019a, 2019b & 2019c).

Sowohl die UEFA als auch gegenwärtige Fachliteratur erachten Marken als den wertvollsten Vermögenswert, den Organisationen in der Sportbranche besitzen (Kunkel & Biscaia, 2020; UEFA, 2019b). Starke Marken gewährleisten die emotionale Bindung von Fans und anderen Akteuren mit der Sportorganisation, führen somit zu einem stärkeren Interesse von Sponsoren, Fans und Medien und ermöglichen Sportorganisationen dadurch die Maximierung ihrer Einnahmequellen. Im Zuge der zunehmenden Kommerzialisierung des Sports und des zunehmenden Wettbewerbs zwischen Sportmarken und Sport- und Unterhaltungsmarken hat sich das strategische Management von Sportmarken daher in den vergangenen Jahren zunehmend zu einer zentralen Marketingaufgabe für Sportorganisationen entwickelt (Couvelaere & Richelieu, 2005; Gladden et al., 1998; Gladden et al., 2001; Gladden & Funk, 2001; Ströbel & Germelmann, 2020; The Nielsen Company, 2020; UEFA, 2019b). Folgerichtig werden Sportevents wie die EURO 2024 als Marken verstanden, die den Aufbau einer Markenidentität und ein strategisches Markenmanagement erfordern (Bouchet et al., 2013; Kunkel & Biscaia, 2020; Parent et al., 2012; Parent & Séguin, 2008).

Aber wie werden eigentlich starke Marken geschaffen? Wer ist daran in welchem Ausmaß beteiligt? Konventionelle Perspektiven auf Marken und deren Management unterstellen, dass diese autonom durch einen Markeninhaber kreiert werden können. Im Kontext der EURO 2024 und dem aktuellen Verständnis von Sportevents als Marken drängt sich jedoch geradezu auf, dass diese Logik nicht ausreichend sein kann. Beispielsweise sind sowohl die UEFA als übergeordnete Marke und originärer Markeninhaber der Eventserie als auch die Austragungsstädte in das Management der Marke EURO 2024 involviert (Baker et al., 2022; Parent & Séguin, 2008; UEFA, 2021d). Außerdem engagieren sich vielzählige weitere Akteure (z. B. Sponsoren, Medien, Fans) ganz im Sinne der Markenidentität „Fußball für alle" im Kontext der Eventmarke und entwickeln diese mit. Dieses Phänomen ist nicht exklusiv bei Sportevents zu beobachten. Vielmehr hat sich das wissenschaftliche Verständnis von Marken und deren Management in den vergangenen Jahren zunehmend zu einer Multi-Akteurs-dominanten Logik verschoben (Merz et al., 2009; Ströbel & Germelmann, 2020; Ströbel & Woratschek, 2019). Entsprechend dieser Logik können Marken nicht autonom durch den Markeninhaber geschaffen werden, sondern werden immer durch vielzählige Akteure gemeinsam kokreiert. Mit der Multi-Akteurs-dominanten Logik schaffen wir erstmals einen theoretischen Rahmen für diese Thematik, der aufzeigen soll, dass eine solche Logik erforderlich ist, um die Eventmarke UEFA EURO 2024 erfolgreich zu entwickeln, zu managen und zu verstehen.

Im Folgenden skizzieren wir daher zunächst die Evolution der Markenlogik von einer Markeninhaber-dominanten Logik zu einer Multi-Akteurs-dominanten Logik. Dabei erläutern wir das Vernetzte Branding als ein zentrales Konzept im Rahmen der Multi-Akteurs-dominanten Logik. Im dritten Kapitel reflektieren wir das bisherige Verständnis von Eventmarken und zeigen auf, dass dieses Verständnis vorwiegend einer Markeninhaber-dominanten Logik folgt. Wir legen anschließend die Relevanz einer Multi-Akteurs-dominanten Logik insbesondere im Kontext von Eventmarken dar, zeigen auf, was eine solche Logik für die Eventmarke EURO 2024 bedeutet und leiten daraus Implikationen für den Aufbau und das Management der EURO 2024 ab.

14.1 Evolution der Markenlogik: Von einer Markeninhaber-dominanten Logik zu einer Multi-Akteurs-dominanten Logik von Marken

14.1.1 Markeninhaber-dominante Logik von Marken

Das Verständnis von Marken und deren Management hat sich in den vergangenen Jahren stetig von einer Markeninhaber-dominanten Logik zu einer Multi-Akteurs-dominanten Logik weiterentwickelt (Iglesias et al., 2020; Merz et al., 2009; Ströbel & Woratschek, 2019). Konventionelle, Markeninhaber-dominante Logiken unterstellen, dass Marken strategisch und bewusst durch den Markeninhaber aufgebaut und kontrolliert werden. Diese Logik dominiert ebenso das gegenwärtige Verständnis von Sportmarken (Gladden & Funk, 2002): Sportmarken werden als Bündel statischer Markenkomponenten wahrgenommen, die als Folge von managementgesteuerten Prozessen entstehen (Bodet & Séguin, 2021; Giroux et al., 2017). Entsprechend der Markeninhaber-dominanten Logik besteht die zentrale Aufgabe des Markeninhabers insofern darin, eine klare und stabile Markenidentität (d. h. statische Markenkomponenten wie symbolische Assoziationen und physische Attribute) zu entwickeln, zu pflegen und zu kommunizieren (Aaker, 2002; Taks et al., 2020). In Folge der Markenkommunikation entsteht bei den Empfängern eine individuelle Markenbedeutung (Burmann et al., 2009; Burmann et al., 2017). Konsumenten werden als passive Ziele der Markenkommunikation betrachtet, die vollständig vom Markeninhaber kontrolliert wird. Dementsprechend sind Markenidentität, Markenbedeutung und schließlich der Wert einer Marke das statische Ergebnis strategischer und bewusster Managementmaßnahmen.

Schaut man sich die dynamische Evolution von Marken genauer an, wird offensichtlich, dass eine solche Logik kaum der Realität entspricht und somit für den Aufbau und das Management von Marken zu kurz greift. Gerade im Sport tragen Fans, Sponsoren, Medien und viele weitere

Akteure zu der Markenbedeutung einer Sportmarke bei (Biscaia et al., 2018; Ströbel & Germelmann, 2020). Die Multi-Akteurs-dominante Logik von Marken ist insofern insbesondere im Kontext von Sport und im Kontext von Sportevents relevant. Die zentralen Konzepte und Prämissen der Multi-Akteurs-dominanten Logik werden im nachfolgenden Kapitel skizziert.

14.1.2 Multi-Akteurs-dominante Logik von Marken

Im Mittelpunkt der Multi-Akteurs-dominanten Logik von Marken steht die Konzeptualisierung von Marken als soziale Konstrukte, die von einer Vielzahl interner und externer Akteure kontinuierlich im Rahmen von ressourcenintegrierenden Interaktionen kokreiert und weiterentwickelt werden (Conejo & Wooliscroft, 2015; Vallaster & von Wallpach, 2013). Der Markenaufbau kann somit gar nicht autonom durch den Markeninhaber kontrolliert und gesteuert werden. Vielmehr besteht die Möglichkeit, dass sich Marken in Richtungen entwickeln, die vom Markeninhaber möglicherweise nicht beabsichtigt sind (Merz et al., 2009; Veloutsou & Guzman, 2017). Markeninhaber können lediglich Kokreationsprozesse durch die Initiierung und Förderung von Interaktionen koordinieren. Interaktionen können jedoch ebenso von externen Akteuren und vollkommen unabhängig vom Markeninhaber initiiert werden (Sarasvuo et al., 2022). Marken werden entsprechend als dynamische Prozesse konzeptualisiert, die aus den Interaktionen zwischen dem Markeninhaber und externen Akteuren, Interaktionen nur zwischen internen Akteuren (z. B. Mitarbeiter und Management) und Interaktionen nur zwischen externen Akteuren (z. B. Kunden) resultieren (Sarasvuo et al., 2022).

Insbesondere im Kontext des Sports offenbart sich die Notwendigkeit einer Multi-Akteurs-dominanten Logik von Marken. Sportmarken versammeln vielzählige unterschiedliche und hoch identifizierte Akteure, die einbezogen werden wollen und sich aktiv an der Marke beteiligen (Ströbel & Germelmann, 2020; Ströbel & Woratschek, 2019). Beispielsweise wollen Fans in Entscheidungen über die Marke einbezogen werden und starten eigene Aktivitäten, z. B. Fanprojekte, die Teil der Sportmarke werden (Biscaia et al., 2018; Hüttermann et al., 2019). So beschreiben Kolyperas et al. (2019, S. 204), dass Sportmarken durch ‚die Leidenschaft, die Begeisterung und das Engagement der Fans' kokreiert werden. Neben Fans werden Mitarbeiter, Sponsoren und Partner, Athleten, Verbände und andere Sportmarken, Medien und die Öffentlichkeit als relevante Akteure erachtet, die an der gemeinsamen Schaffung von Sportmarken beteiligt sind (Baker et al., 2022; Grohs et al., 2020; Kahiya et al., 2022).

Die Multi-Akteurs-dominante Logik von Marken folgt einer relativ abstrakten Denkweise. Um die Prozesse innerhalb der Logik daher besser zu verstehen und Implikationen für das Management von Marken ableiten zu können, greifen wir auf das Konzept des Vernetzten Branding zurück. Das Vernetzte Branding schafft einen konkreten Rahmen für die Prozesse der Markenbildung zwischen vielzähligen Akteuren und die Rolle des Markeninhabers darin (Ströbel & Woratschek, 2019).

14.1.3 Das Konzept des Vernetzten Branding

Das Vernetzte Branding beschreibt einen konkreten Ansatz im Kontext der Multi-Akteurs-dominanten Logik von Marken (Brodie et al., 2017). Das Konzept bietet einen übergeordneten Rahmen, um die Dynamik von Marken besser zu erfassen und zu strukturieren (Brodie et al., 2017; Brodie, 2017; Brodie & Benson-Rea, 2016). Grundsätzlich basiert das Vernetzte Branding auf dem Verständnis, dass Marken in einem dynamischen sozialen Prozess konstruiert werden, in welchem physische Identitätselemente die Grundlage für die Entwicklung tiefergehender Bedeutungen bilden (Brodie et al., 2017; Brodie & Benson-Rea, 2016; Evans et al., 2019). Der integrative Prozess des Vernetzten Branding umfasst folglich zwei wechselseitig voneinander abhängige Teilprozesse: (1) Aufbau der Markenidentität und (2) Kokreation der Markenbedeutung (Brodie et al., 2017).

Der erste Teilprozess des Vernetzten Branding umfasst die Entwicklung, konkrete Ausgestaltung und Kommunikation einer einzigartigen Markenidentität (d. h. physische Identitätselemente, intendierte Bedeutungsinhalte für die Marke) und wird in der Regel autonom durch den Markeninhaber initiiert und gesteuert (Brodie et al., 2017; Brodie & Benson-Rea, 2016; Evans et al., 2019). Entsprechend soll durch den Aufbau der Markenidentität gewährleistet werden, dass Akteure ein Bewusstsein für die Marke und ein Verständnis für die intendierte Markenbedeutung entwickeln (Brodie et al., 2017). Die Marketingaktivitäten des Markeninhabers zum Aufbau der Markenidentität umfassen folglich sowohl die autonome Gestaltung als auch die unilaterale Kommunikation der physischen Identitätselemente sowie einzigartiger Markenbedeutungen innerhalb des Akteursnetzwerks (Brodie et al., 2017). Im Rahmen der Kommunikation der Markenidentität bieten sich dem Markeninhaber vielzählige Kommunikationsmöglichkeiten, die entsprechend einer integrierten Kommunikation koordiniert werden müssen, um die Konsistenz des Markenbilds zu gewährleisten (Coleman et al., 2011; Woratschek et al., 2019). Der Markeninhaber benötigt daher Kompetenzen für die Entwicklung einer einzigartigen Markenidentität sowie deren koordinierte Kommunikation (Ströbel & Woratschek, 2019). Die kommunizierte Markenidentität kann dabei als „brand meaning proposition" konzeptualisiert werden, die von den verschiedenen Akteuren im Rahmen des zweiten Teilprozesses des Vernetzten Branding als Ressource in die kokreativen Prozesse integriert wird (Brodie et al., 2017). Der Aufbau der Markenidentität bildet insofern die Grundlage für die Kokreation der Markenbedeutung.

Die Bedeutung einer Marke ergibt sich allerdings nicht nur aus den Markenaktivitäten des Markeninhabers, wie in der Markeninhaber-dominanten Logik angenommen wird, sondern wird immer in wechselseitigen Interaktionen zwischen mehreren Akteuren kokreiert (Merz et al., 2009). Im Rahmen von Interaktionen integrieren Akteure individuelle Ressourcen, z. B. Kreativität oder Erfahrungen, kombinieren diese mit den Ressourcen anderer Akteure sowie der brand meaning proposition des Markeninhabers (Stach, 2019; Tierney et al., 2016) und kokreieren dadurch kontinuierlich die Bedeutung der Marke (Brodie et al., 2017; Iglesias & Bonet, 2012). Der Markeninhaber agiert dabei als fokaler Akteur im Sinne eines „conductors" (Michel, 2017), dessen zentrale Aufgabe in der Förderung und Koordination interaktiver Prozesse innerhalb des Akteursnetzwerks besteht, sodass eine unverwechselbare kollektive Markenbedeutung entsteht (Brodie et al., 2017; von Wallpach et al., 2017). Der Markeninhaber "can [only] guide, influence and inspire consumers [and other actors] to co-create brand meaning" (Haarhoff & Kleyn, 2012, S. 112). Markeninhaber müssen Markenplattformen bereitstellen, um interaktive Prozesse zur Kokreation von Markenbedeutung zwischen allen Akteuren mit einem Interesse an der Marke zu ermöglichen, zu erleichtern und zu orchestrieren (Evans et al., 2019; Ramaswamy & Ozcan, 2016). Die Kokreation der Markenbedeutung findet jedoch auch in emergenten Kontexten statt, die nicht vom Markenmanagement kontrolliert werden (Brodie et al., 2017; Wider et al., 2018).

Beide Teilprozesse des Vernetzten Branding sind eng miteinander verknüpft. So erfordert der zweite Teilprozess den stetigen Abgleich der intendierten Markenbedeutung mit der Bedeutung der Marke innerhalb des Akteursnetzwerks (Ströbel & Woratschek, 2019). Die dynamische Natur der Markenbedeutung bedingt die Entstehung inkongruenter Markenbedeutungen, z. B. Differenzen zwischen intendierter, individueller und kollektiver Markenbedeutung. Divergierende Bedeutungsinhalte einer Marke müssen durch koordinierte Branding-Aktivitäten hinsichtlich einer unverwechselbaren kollektiven Markenbedeutung harmonisiert und geschärft werden, z. B. durch Anregung des Dialogs zwischen Akteuren mit divergierenden Bedeutungsinhalten für die Marke (Brodie et al., 2017; Ströbel & Woratschek, 2019; Woratschek et al., 2019). Obwohl die Markenidentität in der Regel vom Markeninhaber kontrolliert wird, muss sie auf der Grundlage der in den Interaktionen entstehenden Markenbedeutungen ständig bewertet, angepasst und dann in der Markenkommunikation gefestigt werden. In diesem Fall obliegt dem Markeninhaber die Entscheidung, inwiefern die emergenten Bedeutungsinhalte in die Markenidentität und deren Kommunikation integriert werden (Griebel et al., 2020; Vallaster &

von Wallpach, 2013). Das Verständnis des Vernetzten Branding ist in Abbildung 14.1 dargestellt.

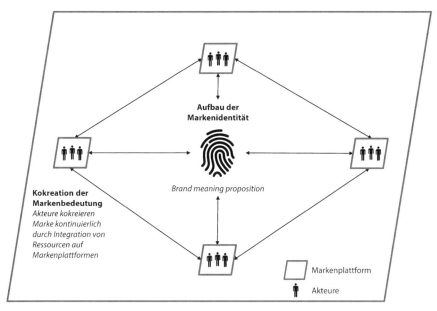

Abb. 14.1: Das Konzept des Vernetzten Branding
(eigene Darstellung in Anlehnung an Griebel et al., 2020)

14.2 Aufbau und Management von Eventmarken

Bisherige Forschung setzt sich bislang relativ einseitig mit dem Aufbau und dem Management von Eventmarken auseinander. Das Verständnis von Eventmarken beschränkt sich weitestgehend auf die Arbeiten von Parent und Séguin (2008) sowie Parent et al. (2012), die auf Basis von Fallstudien bei einmaligen Sportevents sowie bei international wiederkehrenden Sportevents das „Event Brand Creation Model" entwickeln. Darüber hinaus beschreibt Kahiya et al. (2022) Brand Governance-Praktiken von übergeordneten Sportverbänden im Rahmen von wiederkehrenden Events.

14.2.1 Event Brand Creation Model

Der Markeninhaber, in der Regel ein von einem nationalen oder internationalen Verband beauftragtes Organisationskomitee, steht im Zentrum des Event Brand Creation Model. Das Organisationskomitee kreiert auf Basis der zentralen Werte seiner Mitglieder und durch die Nutzung von deren Networking-, Management- und Eventmanagementkompetenzen die Markenidentität des Events. Durch eine kohärente und effektive Kommunikation der Markenidentität an externe Akteure, zum Beispiel Anwohner, Sponsoren, Medien, politische Akteure, Mitarbeiter der Organisatoren, Delegationen und Sportorganisationen, kreiert der Markeninhaber eine positive Bedeutung für die Eventmarke. Dabei besteht die Schwierigkeit des Organisationskomitees insbesondere darin, eine starke Marke aufzubauen, welche die Bedürfnisse der vielzähligen Akteure erfüllt (Parent et al., 2012; Parent & Séguin, 2008).

Das Event Brand Creation Model basiert insofern auf der fundamentalen Prämisse, dass der Markeninhaber eine Markenidentität kreiert, an externe Akteure kommuniziert und dadurch eine Bedeutung für die Eventmarke schafft. Das Modell folgt somit grundlegend der Markeninhaber-dominanten Logik. Gleichermaßen wird jedoch berücksichtigt, dass der Markeninhaber in seinen autonomen Bemühungen des Markenaufbaus von externen Akteuren und Faktoren beeinflusst wird (Parent et al., 2012). So wird das Modell um (1) kontextuelle und institutionelle Faktoren, die Bedeutung von (2) Medien und (3) Markenerlebnissen sowie um den (4) Einfluss des Feedbacks von externen Akteuren erweitert (Parent et al., 2012). Das Event Brand Creation Model ist in Abbildung 14.2 dargestellt.

1. Eventmarken sind stets von kontextuellen und institutionellen Faktoren abhängig, die den Markenaufbau beeinflussen. Der Kontext bezieht sich auf das regionale und nationale Umfeld, in dem das Event situiert ist und moderiert die initiale Entwicklung der Markenidentität. Beispielsweise bedingt die Relevanz des Sports in der breiten Bevölkerung das Vermarktungspotential der Eventmarke. Institutionelle Faktoren beziehen sich auf die Beziehungen der Eventmarke zu übergeordneten nationalen und internationalen Verbänden. Nationale und internationa-

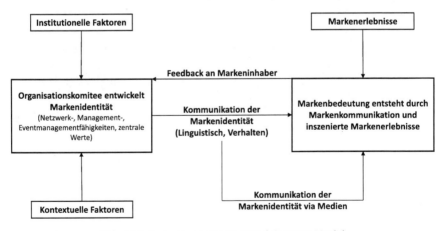

Abb. 14.2: Angepasstes Event Brand Creation Model
(in Anlehnung an Parent et al., 2012; Parent & Séguin, 2008)

le Verbände verfügen häufig selbst über starke Marken, an denen Organisationskomitees die Identität der Eventmarke ausrichten können (Parent et al., 2012; Parent & Séguin, 2008). Zugleich bestehen starke Abhängigkeiten zwischen dem Organisationskomitee und übergeordneten Sportverbänden. Emery (2002) beschreibt beispielsweise, dass sich übergeordnete Sportverbände zum Teil selbst als Inhaber der Marke verstehen und entsprechend einen starken sowie direkten Einfluss auf die Eventmarke nehmen können.

2. Aufbauend auf der Entwicklung der Markenidentität wird die Marke durch das Organisationskomitee an die externen Akteure kommuniziert. In der Markeninhaber-dominanten Logik wird die vom Markeninhaber kontrollierte Markenkommunikation als alleinige Quelle für die Entstehung von Markenbedeutung erachtet (Parent & Séguin, 2008). Aufgrund der hohen Medienpräsenz im Kontext von Sportevents können jedoch auch die Medien von den Organisationskomitees genutzt werden, um die Marke an externe Akteure zu kommunizieren. Medien können demnach eine Vermittlerrolle spielen, die ungefilterte, aber auch „mediengeprägte" Versionen der Markenidentität an externe Akteure weitergeben. Die Markenkommunikation erfolgt insofern sowohl direkt durch den Markeninhaber als auch durch die Medien, gesteuert durch den Markeninhaber (Parent & Séguin, 2008).

3. Neben der Markenkommunikation als Quelle für die Entstehung von Markenbedeutung indizieren die Ergebnisse von Parent et al. (2012) die Relevanz von Markenerlebnissen während des Events. Externe Akteure entwickeln individuelle Markenbedeutungen infolge von markeninhaberinszenierten Erlebnissen im Rahmen des Events.

4. Abschließend impliziert das Event Brand Creation Model, dass der Prozess der Markenbildung nicht mit der Markenkommunikation an die externen Akteure und die Inszenierung von Markenerlebnissen während des Events abgeschlossen ist. Vielmehr kommunizieren externe Akteure im Anschluss an das Event ihre Wahrnehmungen von der Eventmarke an das Organisationskomitee. Auf Basis des Feedbacks von externen Akteuren kann das Organisationskomitee die Markenidentität langfristig anpassen und verfeinern. Eine Anpassung der Markenidentität ist entsprechend ausschließlich im Kontext wiederkehrender Sportevents von Relevanz.

14.2.2 Brand Governance bei Eventmarken

Im Gegensatz zu dem Event Brand Creation Model wird im Rahmen der Studie von Kahiya et al. (2022) die Perspektive des übergeordneten Sportverbandes statt des Organisationskomitees eingenommen. Analog zu dem Modell wird jedoch die Relevanz von externen Akteuren berücksichtigt.

Kahiya et al. (2022) beschreiben die „World Rugby Sevens Series" als eine von globalen Partnern, lokalen Sponsoren, Athleten, Verbänden, Ausrichterstädten, Prominenten und Fans gemeinsam geschaffene Eventmarke. Der Brand Governance-Ansatz impliziert, konträr zu dem Event Brand Creation Model, die aktive Rolle von externen Akteuren, die außerdem bewusst und explizit von dem Organisationskomitee in den Prozess des Markenaufbaus einbezogen werden sollten. Dies ermöglicht dem Organisationskomitee die Ressourcen der Akteure gewinnbringend auf einer strategischen und einer operativen Ebene einzubeziehen, um eine starke Marke zu kreieren (Kahiya et al., 2022; Taks et al., 2020). Die Umsetzung des managementgesteuerten Prozesses erfordert fünf elementare Brand Governance-Praktiken.

1. Aufbauend auf der im Event Brand Creation Model identifizierten Relevanz des institutionellen Umfelds für Eventmarken wird der Aufbau enger Beziehungen zu Partnern und Austragungsstädten als Brand Governance-Praktik identifiziert, welche insbesondere auf der Ebene des übergeordneten internationalen Verbands von Bedeutung ist. So beeinflussen Partner häufig die Vergabe des Events aber auch die Auswahl der Austragungsstädte. Auf Ebene des Organisationskomitees sind die Ressourcen lokaler Sponsoren (z. B. Hotels, Eventmanagement Unternehmen) hingegen häufig essenziell für die Umsetzung des Events. Dies gilt gleichermaßen für die Austragungsstädte, die häufig stark in die operative Realisierung eingebunden sind.

2. Die Durchführung inszenierter markenfördernder Aktivitäten (z. B. Corporate Social Responsibility Initiativen, öffentliche Veranstaltungen in den Austragungsstädten wie Paraden) bietet zusätzliche Möglichkeiten zur Kommunikation der Identität der Eventmarke. Zudem können gezielt verschiedene Akteure einbezogen werden. Beispielsweise kann durch die Einbindung von Mannschaften oder reichweitenstarken Athleten die Aufmerksamkeit für Corporate Social Responsibility Initiativen der Eventmarke erhöht werden.

3. Die Nutzung sozialer Medien ermöglicht dem Markeninhaber auch im schnelllebigen Kontext von Sportevents Inhalte effektiv an externe Akteure zu kommunizieren. Insbesondere können junge Zielgruppen über soziale Medien erreicht werden. Aufgrund der Vernetzung von Akteuren über soziale Medien kann sich der Markeninhaber die Reichweite von Superstar-Athleten zunutze machen und diese in die Aktivitäten auf den sozialen Medien einbinden.

4. Durch die Förderung von Kokreationsprozessen zwischen Akteuren während des Events soll die Eventmarke zudem zum Leben erweckt werden. Verschiedene Akteure werden durch das Organisationskomitee aktiv in die operative Umsetzung der Eventmarke einbezogen (z. B. Dance-Cams im Stadion).

5. Analog zum „Event Brand Creation Model" stellt außerdem die Installation einer 360°-Feedback-Schleife für die Akteure eine elementare Brand Governance-Praktik dar. So sollte im Nachgang an das Event die Wahrnehmung der Eventmarke durch die Akteure evaluiert (z. B. mittels einer Umfrage) und zur Anpassung der Markenidentität des wiederkehrenden Events genutzt werden. Kahiya et al. (2022) betonen dabei, dass der Fokus des Feedbacks auf den Austragungsstädten, den Athleten und den Teammanagern liegen sollte.

14.2.3 Einordnung des gegenwärtigen Verständnisses von Eventmarken in die Multi-Akteurs-dominante Logik

Sowohl das Event Brand Creation Model als auch der Brand Governance-Ansatz berücksichtigen den Einfluss externer Akteure auf den Aufbau von Eventmarken und bieten erste Ansätze für die Multi-Akteurs-dominante Logik von Eventmarken. Im Kontext des Event Brand Creation Models beeinflussen externe Akteure jedoch nur passiv den autonomen Markenaufbau des Organisationskomitees oder werden, wie im Falle der Medien, von dem Organisationskomitee bewusst für den Markenaufbau eingesetzt. Daran setzt auch das Brand Governance Konzept an. Demnach wird die bewusste Einbindung externer Akteure als elementare Aufgabe des Markeninhabers verstanden, um die Ressourcen von externen Akteuren aktiv für den Aufbau einer starken Eventmarke zu nutzen. Wenngleich im Rahmen des Brand Governance Konzeptes die aktive Rolle externer Akteure berücksichtigt wird, wird unterstellt, dass der Markeninhaber die Prozesse zur Kokreation kontrolliert. Akteure können demnach bewusst und je nach Bedarf in den Prozess des Markenaufbaus einbezogen werden. Grundsätzlich wird der Aufbau der Markenidentität und der Markenbedeutung also durch den Markeninhaber kontrolliert.

Basierend auf den Erkenntnissen aus der Markenforschung greifen diese Ansätze zu kurz. Die Kokreation von Marken wird, wie sie im Sinne der Multi-Akteurs-dominanten Logik verstanden werden sollte, nicht ausreichend erfasst. Eventmarken können nicht einseitig und autonom durch einen Markeninhaber, der durch kontextuelle und institutionelle Faktoren beeinflusst wird, aufgebaut und kontrolliert werden. Vielmehr sind Eventmarken dynamische soziale Prozesse, die aktiv von allen Akteuren mit einem Interesse an der Marke (z. B. Fans, Sponsoren, anderen Marken, Mitarbeitern) kokreiert werden. Der Markeninhaber kann zwar kokreative Prozesse initiieren und fördern, jedoch wird die Markenbedeutung für das Event auch außerhalb des Kontrollbereichs des Markeninhabers kokreiert (Ströbel & Germelmann, 2020). Der Markeninhaber kann somit nicht bewusst und je nach Bedarf Ressourcen von Akteuren für den Markenaufbau nutzen. Verschiedene Studien zeigen die aktive Beteiligung von vielzähligen Akteuren im Kontext von Events auf (Grohs et al., 2020; Woratschek et al., 2014). Eventmarken müssen aus einer Multi-Akteurs-dominanten Logik verstanden werden, um relevante und effektive Implikationen für das Markenmanagement ableiten zu können.

Was bedeutet die Multi-Akteurs-dominante Logik also für den Aufbau und das Management der Eventmarke EURO 2024? Dieser Fragestellung gehen wir im folgenden Kapitel nach und betrachten die Eventmarke EURO 2024 vor dem Hintergrund der Multi-Akteurs-dominanten Logik und dem Konzept des Vernetzten Branding, um Implikationen für den Aufbau und das Management der Marke abzuleiten.

14.3 Implikationen einer Multi-Akteurs-dominanten Logik für den Aufbau und das Management der Eventmarke EURO 2024

14.3.1 Die Eventmarke EURO 2024 aus einer Multi-Akteurs-dominanten Logik

Aufbauend auf der Multi-Akteurs-dominanten Logik und dem Konzept des Vernetzten Branding werden Eventmarken als dynamische soziale Prozesse verstanden, die sich zwischen allen Akteuren mit einem Interesse an der Eventmarke entfalten. Akteure sind durch Markenplattformen verbunden und kokreieren kontinuierlich die Markenbedeutung der Eventmarke in wechselseitigen Interaktionen. Die Grundlage für die Prozesse zur Kokreation der Markenbedeutung sind jedoch physische Identitätselemente, die in der Regel durch den Markeninhaber entwickelt werden müssen (Brodie et al., 2017). Im Sinne der Multi-Akteurs-dominanten Logik von Eventmarken und dem Konzept des Vernetzten Branding ist es daher elementar zu verstehen, (1) wie sich die Markenidentität der EURO 2024 gestaltet, (2) welche Akteure im Kontext der Eventmarke EURO 2024 zu berücksichtigen sind und (3) welche Markenplattformen im Kontext der EURO 2024 relevant sind. Für die EURO 2024 können dabei Überlegungen weitestgehend nur auf Basis der bestehenden theoretischen Konzepte sowie auf Basis von übertragbaren Beispielen vergangener Sportgroßveranstaltungen vorgenommen werden. Gleichermaßen werden auch bekannte Informationen zur EURO 2024 genutzt.

1. Die Markenidentität der EURO 2024 wurde in Zusammenarbeit zwischen der UEFA, dem Organisationskomitee (EURO 2024 GmbH) und den Ausrichtungsstädten entwickelt. Unter dem Markenclaim „United by Football. Vereint im Herzen Europas" soll die EURO 2024 ein Event sein, das für alle Kulturen, alle Länder, alle Altersgruppen und alle Fans zugänglich ist. Entsprechend sollen insbesondere gesellschaftspolitische Markenbedeutungen vermittelt werden. Die EURO 2024 soll für Einheit, Zusammengehörigkeit, Diversität und Inklusion stehen. Diese

Markenbedeutungen spiegeln sich auch in den Grundfarben des Markenlogos wider, die in verschiedenen Kombinationen die Landesflaggen aller 55 UEFA Mitgliedsverbände wiedergeben. Außerdem werden Fan Illustrationen in das Logo aufgenommen (DFB – Deutscher Fußball-Bund e.V [DFB], 2023a; UEFA, 2021d). Gleichermaßen soll die EURO 2024 die nachhaltigste Fußball-Europameisterschaft aller Zeiten werden und nachhaltige Markenbedeutungen schaffen (DFB, 2023b; UEFA, 2021a). Die Multi-Akteurs-dominante Logik impliziert jedoch, dass die Eventmarke EURO 2024 nicht ausschließlich durch die Markenkommunikation des Markeninhabers aufgebaut werden kann.

2. Die Eventmarke EURO 2024 steht vielmehr im Zentrum eines heterogenen Netzwerks von Akteuren, die kontinuierlich die Markenbedeutung der EURO 2024 kokreieren – unabhängig davon ob der Markeninhaber oder der Akteur dies beabsichtigen. Bestehende Literatur zur Multi-Akteurs-dominanten Logik von Sportmarken identifiziert insbesondere Fans, Sponsoren und Partner, die Medien, andere Sportmarken, Athleten, Prominente, Mitarbeiter und Offizielle des Organisationskomitees, die Öffentlichkeit sowie politische Akteure als Mitglieder des Akteursnetzwerks (Kahiya et al., 2022; Ströbel et al., 2019). Das konkrete Netzwerk von Akteuren im Kontext der EURO 2024 ist in Abbildung 14.3 dargestellt.

Das Organisationskomitee ist ein fokaler Akteur innerhalb des Akteursnetzwerks. In erster Linie obliegt ihm die Entwicklung der Markenidentität und deren Kommunikation an alle Akteure. Aufbauend auf dem Event

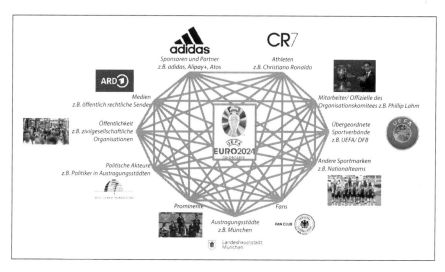

Abb. 14.3: Das Netzwerk von Akteuren im Kontext der Eventmarke EURO 2024 (eigene Darstellung)

Brand Creation Model (Parent et al., 2012; Parent & Séguin, 2008) und dem Brand Governance Konzept (Kahiya et al., 2022) stellen übergeordnete Sportverbände besonders relevante Akteure innerhalb des Netzwerks dar. Wie im Rahmen der Markenidentität der EURO 2024 dargestellt, nimmt insbesondere die UEFA einen starken Einfluss auf den Markenaufbau des Organisationskomitees. Darüber hinaus interagiert die UEFA im Kontext der EURO 2024 mit weiteren Akteuren. Beispielsweise wirken sich Äußerungen von offiziellen Vertretern der UEFA (z. B. von UEFA Präsident Aleksander eferin) auf die Markenbedeutung der EURO 2024 aus. Daneben werden die zehn Austragungsstädte der EURO 2024 insbesondere in der operativen Umsetzung des Events und der Markenmanagementmaßnahmen als zentral für die Eventmarke erachtet. Politische Akteure wie die deutsche Bundesregierung oder kommunale politische Akteure schaffen außerdem die institutionellen Rahmenbedingungen für die Umsetzung der EURO 2024 und nehmen Einfluss auf die strategische Ausrichtung der Markenidentität (siehe oben).

Analog zu dem Event Brand Creation Model sind auch die Medien Teil des Akteursnetzwerks. Durch die Berichterstattung kokreieren die Medien maßgeblich die Bedeutung der Eventmarke, insbesondere in der Öffentlichkeit. Beispielsweise führten kritische Berichte im Vorfeld der FIFA Fußball-Weltmeisterschaft 2022 in Katar zu negativen Assoziationen mit der Eventmarke. Sponsoren und Partner engagieren sich gleichermaßen im Kontext der Eventmarke. Sponsoren integrieren Ressourcen wie innovative Ideen, um ihre Sponsorings im Kontext der EURO 2024 zu aktivieren. Durch Kampagnen und andere Sponsoring-Aktivitäten schaffen Sponsoren somit Aufmerksamkeit für die Eventmarke und füllen die intendierte Markenbedeutung mit Leben. Zu berücksichtigen ist, dass neben offiziellen Sponsoren, z. B. adidas oder Alipay, auch andere Unternehmen Bedeutungen für die Eventmarke kokreieren. So schaffen die Ambush Marketing-Aktivitäten von Unternehmen ohne offizielles Sponsoring gleichermaßen Aufmerksamkeit für das Event und vermitteln Markenbedeutungen. Athleten und andere Sportmarken, z. B. die Nationalmannschaften, engagieren sich autonom im Kontext der Eventmarke und beeinflussen die Markenbedeutung durch ihre Äußerungen und ihr Verhalten. Insbesondere Athleten haben durch soziale Medien häufig eine enorme Reichweite und äußern sich, wie im Rahmen der FIFA Fußball-Weltmeisterschaft 2022 gesehen, zunehmend kritisch und politisch. Darüber hinaus kokreieren Fans und die Öffentlichkeit maßgeblich die Markenbedeutung der EURO 2024. Beispielsweise wird die FIFA Fußball-Weltmeisterschaft 2006 auch heute noch mit der Atmosphäre und Stimmung in Deutschland verbunden. Durch die friedlichen Fan-Feste zwischen Fanlagern aus allen Nationen wurde der Markenclaim „Die Welt zu Gast bei Freunden" Realität.

Innerhalb des Netzwerks von Akteuren bestehen unterschiedliche Markenplattformen, welche die Akteure miteinander verbinden und somit wechselseitige Interaktionen zwischen den Akteuren und dem Organisationskomitee und zwischen den Akteuren untereinander ermöglichen. Markenplattformen werden zum einen explizit durch das Organisationskomitee gefördert (Kahiya et al., 2022), entstehen zum anderen aber auch emergent und außerhalb der Kontrolle des Organisationskomitees (Brodie et al., 2017). Zentrale Markenplattformen im Kontext der EURO 2024 sind in Abbildung 14.4 dargestellt.

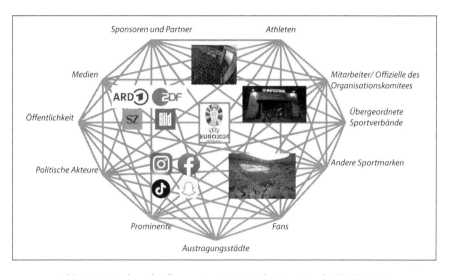

Abb. 14.4: Markenplattformen im Kontext der Eventmarke EURO 2024
(eigene Darstellung)

Aufgrund der engen Verknüpfung des Organisationskomitees und der UEFA bestehen formelle und informelle Markenplattformen, die Interaktionen zwischen den Akteuren ermöglichen. Beispielsweise besteht eine Steuerungsgruppe, die sich aus Vertreterinnen und Vertretern der UEFA, des Organisationskomitees sowie der Austragungsstädte, des Bundes und der lokalen Behörden zusammensetzt (UEFA, 2022). Im Rahmen dieser Steuerungsgruppe wurde unter anderem die Markenidentität der EURO 2024 entwickelt (siehe oben). Analog etabliert das Organisationskomitee Plattformen, um aktiv verschiedene Interessenträger (z. B. Fans, zivilgesellschaftliche Organisationen oder Sponsoren und Partner) in die Entwicklung und Umsetzung der Nachhaltigkeitsstrategie einzubeziehen (UEFA, 2021a). Ähnlich ist auch die von der Austragungsstadt Berlin initiierte Markenplattform zur Entwicklung eines Leitbilds der Nachhaltigkeit zur EURO 2024 zu verstehen. Das Leitbild wurde durch die Senatsverwaltung für Inneres und Sport angestoßen und in einem partizipativen Prozess gemeinsam mit lokalen Organisationen und Experten weiterentwickelt. Das Leitbild soll Akteure motivieren sich im Kontext der EURO 2024 proaktiv an der Gestaltung einer nachhaltigen Europameisterschaft zu beteiligen (Senatsverwaltung für Inneres und Sport, 2022). Erst durch die aktive Beteiligung von Fans, Sponsoren etc. kann das Markenidentitätselement der Nachhaltigkeit umgesetzt und zum Leben erweckt werden. Die Austragungsstadt Berlin schafft außerdem Markenplattformen, auf denen sich zivilgesellschaftliche Akteure engagieren und das Rahmenprogramm während der EURO 2024 mitgestalten sollen. Durch zahlreiche Veranstaltungen für vielzählige Akteure soll die soziale Interaktion sowie die nationale und internationale Vernetzung und Diversität gefördert werden (DFB, 2023b).

Meist entstehen Plattformen jedoch direkt im Rahmen der sportlichen Aktivität (Woratschek et al., 2014; Woratschek, Schafmeister & Ellert, 2019). Elementare Markenplattformen sind insofern die Stadien, in denen die sportlichen Wettbewerbe ausgetragen werden – bei der EURO 2024 also alle 51 Spiele in zehn verschiedenen Stadien. Im Stadion interagiert das Organisationskomitee als Markeninhaber mit Sponsoren, Fans, Athleten und weiteren Akteuren. Insbesondere die kokreierte Atmosphäre in den Stadien kann zu einem Bestandteil der Eventmarke werden (Grohs et al., 2020). Die Sportveranstaltung selbst schafft also eine Plattform, auf der die Eventmarke kontinuierlich kokreiert wird (Woratschek et al., 2014). Aufbauend darauf entstehen Markenplattformen durch offizielle, aber auch inoffizielle Public Viewings der Spiele. Beispielsweise trugen solche Public Viewings im Rahmen der FIFA Fußball-Weltmeisterschaft 2006 in Deutschland auch zu einer inklusiven Stimmung und der internationalen Vernetzung zwischen Fans aus der ganzen Welt bei. Public Viewings waren infolgedessen ein wichtiger Bestandteil des nachhaltigen Erfolgs der Marke FIFA Fußball-Weltmeisterschaft 2006. Ähnlich stellen auch Fan-Feste Markenplattformen dar, auf denen verschiedene Akteure interagieren und die Markenbedeutung des Events kokreieren (Smith et al., 2017). Wie sich jedoch im Rahmen der FIFA Fußball-Weltmeisterschaft 2022 gezeigt hat, müssen Markenplattformen wie Fan-Feste von den Akteuren genutzt werden, damit Markenbedeutung entstehen kann.

Darüber hinaus sind die sozialen Medien relevante Markenplattformen. Im Rahmen der EURO 2020 gab es insgesamt 7,5 Milliarden Interaktionen auf sozialen Medien. Der offizielle Account der EURO 2024, Fan-Accounts, Online-Foren und Blogs bieten entsprechend Möglichkeiten für Interaktionen vielzähliger Akteure. Auf diesen Markenplattformen teilen Fans und andere Akteure Entwicklungen rund um das Event sowie ihre Interpretationen der Markenbedeutung mit einem breiten Publikum und schaffen so gemeinsam die Bedeutung der Marke. Tjandra et al. (2021) zeigen beispielsweise, wie Bedeutungen für Eventmarken durch Narrative (z. B. in Blogs, auf Social Media) unter anderem von Athleten, Zuschauer, Mitgliedern des nationalen Verbandes und Lieferanten des Organisationskomitees kokreiert werden.

Markenplattformen in sozialen Medien können sowohl durch das Organisationskomitee initiiert werden als auch emergent entstehen. Beispielsweise nutzen auch Athleten soziale Medien, um autonom in Relation zu der Eventmarke zu kommunizieren. Insbesondere in den vergangenen Jahren äußerten sich Athleten auf sozialen Medien zunehmend politisch und kritisch gegenüber den Events. Die traditionellen Medien sind zum einen ein Akteur, der die Markenbedeutung kokreiert (Parent & Séguin, 2008), zum anderen aber auch eine Plattform für andere Akteure. Beispielsweise äußern sich Politiker, Athleten oder Offizielle über die Medien zu dem Event (z. B. kritisierte die deutsche Bundesinnenministerin Faeser die Fußball-Weltmeisterschaft in Katar gegenüber der Tagesschau) (Tagesschau, 2022). Die dargestellten Markenplattformen zur Kokreation der Markenbedeutung geben einen Einblick in umgesetzte Markenplattformen und potentielle Markenplattformen, die während der EURO 2024 initiiert werden könnten.

14.3.2 Implikationen für den Aufbau und das Management der Eventmarke EURO 2024

Die Multi-Akteurs-dominante Logik bietet vielzählige Implikationen für den Aufbau und das Management der Eventmarke EURO 2024. Im Gegensatz zu bestehenden Konzepten im Rahmen von Eventmarken (Event Brand Creation Model, Brand Governance) unterstellt eine Multi-Akteursdominante Logik, dass Eventmarken immer von vielzähligen Akteuren kokreiert werden. Akteure sind durch unterschiedliche Markenplattformen miteinander vernetzt, auf denen sie interagieren und die Bedeutung für die Eventmarke kokreieren. Die Markenverantwortlichen der EURO 2024 müssen sich bewusst sein, dass sie keinesfalls in der Lage sind, die Sportmarke autonom aufzubauen. Die Markenbedeutung hängt maßgeblich von dem Verhalten anderer Akteure ab. Obwohl das Organisationskomitee ein fokaler Akteur innerhalb des Netzwerks von Akteuren ist, kann es die kokreativen Prozesse, die zur Entwicklung und Veränderung der Markenbedeutung führen, nicht vollständig kontrollieren (Merz et al., 2009; Michel, 2017).

Die Eventmarke EURO 2024 ist das sich dynamisch verändernde Ergebnis eines sozialen Prozesses zwischen vielzähligen Akteuren. Akteure engagieren sich kontinuierlich in Interaktionen zur Kokreation der Markenbedeutung und verstetigen oder verändern somit die Bedeutung für die Eventmarke EURO 2024. Daher ist es in erster Linie elementar, die Akteure zu identifizieren, die Teil des Akteursnetzwerks der EURO 2024 sind. Im Rahmen dieses Beitrags wird eine erste Kategorisierung vorgenommen. Das Organisationskomitee muss diese Akteure jedoch weiter konkretisieren und außerdem die Stärke der Abhängigkeiten zwischen den Akteuren definieren.

Unabhängig davon impliziert das Konzept des Vernetzten Branding, dass das Organisationskomitee eine einzigartige Markenidentität kreiert und innerhalb des Netzwerks von Akteuren kommuniziert. Aufgrund der Abhängigkeiten gegenüber der UEFA sowie den engen Beziehungen zu den Austragungsstädten erfolgt der Aufbau der Markenidentität im Kontext der EURO 2024 jedoch nicht autonom durch das Organisationskomitee. Es bedarf stetiger Absprachen zwischen den Akteuren, um eine kohärente Markenkommunikation zu koordinieren. Entsprechend müssen interne Markenplattformen etabliert werden, auf denen die Verbände, Austragungsstädte und das Organisationskomitee kontinuierlich interagieren und die Identität der Eventmarke EURO 2024 miteinander verhandeln. Im Sinne der Multi-Akteurs-dominanten Logik erscheint es außerdem wichtig, zusätzliche Akteure in den Prozess zum Aufbau der Markenidentität zu integrieren. Beispielsweise könnte durch die Einladung von Vertretern aus der Fanszene, aber auch von Athleten beziehungsweise Mannschaftsvertretern zu den internen Markenplattformen deren Meinung frühzeitig in die strategische Positionierung und die Kommunikation der Markenidentität aufgenommen werden. Diese frühzeitige Integration weiterer Akteure kann Eskalationen verhindern, die sich negativ auf die Marke auswirken können. Beispielsweise hätte durch Interaktionen zwischen den relevanten Akteuren im Rahmen der FIFA Fußball-Weltmeisterschaft 2022 eine einheitliche Stellung zu gesellschaftspolitischen Themen bezogen werden können.

Der Markenbildungsprozess endet aber eben gerade nicht mit der Kommunikation der Markenidentität innerhalb des Akteursnetzwerks. Neben der Markenkommunikation ist es zudem wichtig, dass das Organisationskomitee die Markenidentität in konkretes Verhalten umsetzt. Diese Maßnahmen können im Sinne des zweiten Teilprozesses (Kokreation der Markenbedeutung) als Markenplattformen verstanden werden, auf denen sich verschiedene Akteure engagieren können. Akteure integrieren Ressourcen in gemeinsame Interaktionen und kokreieren so die Bedeutung für die Eventmarke EURO 2024. Analog zu der Perspektive von Kahiya et al. (2022) kann das Organisationskomitee Akteure (z. B. Athleten, Sponsoren) zum Teil gezielt in die inszenierten Markenaktivitäten einbinden, um Markenbedeutungen zu kokreieren, die im Einklang mit der Markenidentität stehen. Dadurch kann die abstrakte Markenidentität authentisch umgesetzt werden und zum Leben erweckt werden. Im Falle der EURO 2024, die „eine Endrunde für alle sein" soll und eine „tolle Fußball-Party", ist ganz besonders die Einbindung von allen Akteuren zentral. Insbesondere Fan-Feste und Public Viewings müssen durch das Organisationskomitee initiiert werden. Trotz allem kann die Markenbedeutung nicht kontrolliert werden. Vielmehr hängt die Markenbedeutung davon ab, wie sich die Akteure auf der Markenplattform verhalten – d. h. ob sie sich nachhaltig, friedlich und inklusiv verhalten.

Markenplattformen entstehen außerdem emergent. Akteure können gleichermaßen selbstständig agieren und verfolgen ihre eigene Agenda, die nicht durch den Markeninhaber kontrolliert werden kann. Das Organisationskomitee sollte Initiativen von Fans oder anderen Akteuren bewusst zulassen und fördern, da diese erst die Markenbedeutung mit Leben füllen. Beispielsweise könnten Nachhaltigkeitsinitiativen von externen Akteuren, die entlang des entwickelten Nachhaltigkeits-Leitfadens ausgerichtet sind, gezielt durch das Organisationskomitee gefördert werden. Aus der Multi-Akteurs-dominanten Markenlogik sollten daher auch Ambush-Marketing Aktivitäten von Unternehmen, die keine offiziellen Sponsoren der EURO 2024 sind, nicht rigoros bekämpft werden, sondern aufgegriffen werden – solange sie keine markenrechtlichen Bestimmungen verletzen.

Eine weitere zentrale Implikation ist außerdem die Erkenntnis, dass kokreierte Markenbedeutungen systematisch durch das Organisationskomitee überwacht werden müssen. Im Gegensatz zu den bestehenden Konzepten zu Eventmarken sollten kokreierte Markenbedeutungen von Akteuren nicht erst im Anschluss an das Event und nur von bestimmten Akteuren erhoben werden (Kahiya et al., 2022; Parent & Séguin, 2008). Vielmehr muss das Organisationskomitee vor allem im Vorlauf, aber auch während und im Nachgang an das Event entstehende Markenbedeutungen systematisieren und entweder in die Markenidentität aufnehmen oder diese davon explizit abgrenzen. Insbesondere Eventmarken können sich in eine Richtung entwickeln, die vom Markeninhaber nicht intendiert ist – positiv wie negativ. Entsprechend muss der Markeninhaber dem frühzeitig entgegenwirken oder die Dynamik aufnehmen und sich zunutze machen. Dafür ist es erforderlich, dass das Organisationskomitee interne Markenplattformen nutzt, um mit der UEFA zu interagieren und die entstehenden Markenbedeutungen zu verhandeln. Der Markeninhaber ist ein fokaler Akteur innerhalb des Akteursnetzwerks, der sowohl kontinuierlich Interaktionen ermöglichen als auch bestehende Markenbedeutungen harmonisieren sowie die Markenidentität anpassen muss. Ein hervorragendes Beispiel hierfür ist – wie bereits oben angemerkt – die FIFA Fußball-Weltmeisterschaft 2006 in Deutschland, die vielen heute noch aufgrund der einzigartigen Atmosphäre in ganz Deutschland als Sommermärchen bekannt ist. Diese Bedeutung wurde während und nach dem Event zunehmend auch durch den Markeninhaber geprägt.

14.4   Fazit

Im Rahmen dieses Beitrags argumentieren wir, dass die Multi-Akteurs-dominante Logik für den Aufbau und das Management der Eventmarke EURO 2024 vielfältige Implikationen mit sich bringt. Das Organisationskomitee und die UEFA müssen verstehen, dass Markenidentität und Markenbedeutungen nur bedingt autonom kontrolliert werden können. Vielmehr ist eine Vielzahl von Akteuren in die Kokreation der Markenbedeutung involviert – unabhängig davon, ob der Markeninhaber dies beabsichtigt oder nicht. Im Kontext der EURO 2024 sind dies insbesondere Sponsoren und Partner, Medien, die Öffentlichkeit, politische Akteure, Prominente, Austragungsstädte, Fans, andere Sportmarken, Athleten, die UEFA als übergeordneter Sportverband sowie Mitarbeiter und Offizielle des Organisationskomitees.

Die Markenlogik muss sich dahin verändern, dass die proaktive Einbindung vielzähliger Akteure eine Chance bietet. Akteure können bereits in der strategischen Entwicklung der Markenidentität Impulse geben, aber insbesondere im Rahmen der Kokreation der Markenbedeutung ihre Ressourcen integrieren, um die Markenidentität umzusetzen und authentisch mit Leben zu füllen. Durch die Entwicklung der Markenidentität und die Bereitstellung von Markenplattformen kann das Organisationskomitee Leitlinien setzen, damit die Kokreation der Markenbedeutung entlang der Markenidentität verläuft und diese durch die Aktivitäten innerhalb des Akteursnetzwerks zusätzlich geschärft wird. Das Organisationskomitee erleichtert die Kokreation der Markenbedeutung durch die Bereitstellung von Markenplattformen, die Interaktionen zwischen den Akteuren fördern. Dennoch muss sich das Organisationskomitee bewusst sein, dass Akteure auch auf emergenten Markenplattformen interagieren, die nicht durch das Organisationskomitee moderiert werden können. Entstehende Markenbedeutungen müssen überwacht werden und ggf. in die Markenidentität involviert werden.

Es wird spannend zu sehen sein, in welche Richtung sich die Eventmarke EURO 2024 entwickeln wird und ob sie langfristig mit dem Markenclaim „United by Football. Vereint im Herzen Europas" verbunden wird. Es gibt bereits erste dahingehende Ansätze (z. B. Nachhaltigkeits-Leitfaden für die EURO 2024). Grundsätzlich wird es aber davon abhängen, ob es dem Organisationskomitee langfristig gelingt, die verschiedenen Akteure hinter der intendierten Bedeutung zu versammeln und in die Umsetzung der Markenidentität zu involvieren. Durch aufbauende Untersuchungen zur EURO 2024 könnten entsprechend die Maßnahmen des Organisationskomitees vor dem Hintergrund des Vernetzten Branding evaluiert werden. Dabei könnte der Fokus auf die Akteure, die Markenplattformen und die Interaktionen auf diesen Markenplattformen gelegt werden. Gleichermaßen wäre es von Interesse, die Abhängigkeiten zwischen dem übergeordneten Sportverband UEFA, der übergeordneten Turnierserie UEFA EURO und der EURO 2024 genauer zu untersuchen. Alle drei Marken können nicht unabhängig voneinander betrachtet werden und existieren in einem mehrere Ebenen umfassenden Sportmarken-Ökosystem. Es zeigt sich, dass die bestehende Forschung hierzu bereits erste Ansätze bietet, die jedoch zu kurz greifen. Es bedarf weiterer empirischer und konzeptioneller Forschung, um einen theoriegeleiteten Rahmen zu schaffen, der die Komplexität der Multi-Akteurs-dominanten Logik erfasst.

Literatur

Aaker, D. A. (2002). *Building strong brands*. Simon & Schuster.

Baker, B. J., Biscaia, R., Bredikhina, N., Doyle, J. P., Kunkel, T. & Su, Y. (2022). Remapping the Sport Brandscape: A Structured Review and Future Direction for Sport Brand Research. *Journal of Sport Management*, *36*(3), 251–264. https://doi.org/10.1123/jsm.2021-0231

Biscaia, R., Dickson, G., Hedlund, D. P. & Naylor, M. (2018). Conceptualising and Measuring Fan Identity using Stakeholder Theory. *European Sport Management Quarterly*, *18* (4), 459–481.

Bodet, G. & Séguin, B. (2021). Team Sports Brand Management. In S. Walzel & V. Römisch (Hrsg.), *Managing Sports Teams: Economics, Strategy and Practice* (S. 141–159). Springer. https://doi.org/10.1007/978-3-030-56495-7_8

Bouchet, P., Hillairet, D. & Bodet, G. (2013). *Sport brands*. Routledge. http://site.ebrary.com/lib/alltitles/docDetail.action?docID=10672787

Brodie, R. J. (2017). Commentary on "Working consumers: Co-creation of brand identity, consumer identity, and brand community identity". *Journal of Business Research*, *70*, 430–431. https://doi.org/10.1016/j.jbusres.2016.07.013

Brodie, R. J. & Benson-Rea, M. (2016). Country of Origin Branding: An Integrative Perspective. *Journal of Product & Brand Management*, *25*(4), 322–336. https://doi.org/10.1108/JPBM-04-2016-1138

Brodie, R. J., Benson-Rea, M. & Medlin, C. J. (2017). Branding as a Dynamic Capability. *Marketing Theory*, *17*(2), 183–199.

Burmann, C., Hegner, S. & Riley, N. (2009). Towards an identity-based branding. *Marketing Theory*, *9*(1), 113–118. https://doi.org/10.1177/1470593108100065

Burmann, C., Riley, N. M., Halaszovich, T. & Schade, M. (2017). *The Concept of Identity-Based Brand Management*. In C. Burmann, N. Riley,

T. Halaszovich & M. Schade (Hrsg.), *Identity-Based Brand Management: Fundamentals—Strategy—Implementation—Controlling* (S. 17–90). Springer. https://doi.org/10.1007/978-3-658-13561-4_2

Coleman, D., Chernatony, L. de & Christodoulides, G. (2011). B2B Service Brand Identity: Scale Development and Validation. *Industrial Marketing Management*, *40*(7), 1063–1071. https://doi.org/10.1016/j.indmarman.2011.09.010

Conejo, F. & Wooliscroft, B. (2015). Brands Defined as Semiotic Marketing Systems. *Journal of Macromarketing*, *35*(3), 287–301. https://doi.org/10.1177/0276146714531147

Couvelaere, V. & Richelieu, A. (2005). Brand Strategy in Professional Sports: The Case of French Soccer Teams. *European Sport Management Quarterly*, *5*(1), 23–46. https://doi.org/10.1080/16184740500089524

DFB. (2023a, 8. Februar). *Fan-Illustrationen: Neu in der Marke der UEFA EURO 2024.* https://www.dfb.de/news/detail/fan-illustrationen-neu-in-der-marke-der-uefa-euro-2024-244790/

DFB. (2023b, 9. Februar). *Nachhaltigkeit: Leitbild zur UEFA EURO 2024 veröffentlicht.* https://www.dfb.de/news/detail/nachhaltigkeit-leitbild-zur-uefa-euro-2024-veroeffentlicht-242266/

Emery, P. R. (2002). Bidding to Host a Major Sports Event. *International Journal of Public Sector Management*, *15*(4), 316–335. https://doi.org/10.1108/09513550210430255

Evans, B. P., Starr, R. G. & Brodie, R. J. (2019). Counterfeiting: Conceptual Issues and Implications for Branding. *Journal of Product & Brand Management*, *28*(6), 707–719. https://doi.org/10.1108/JPBM-12-2017-1706

Giroux, M., Pons, F. & Maltese, L. (2017). The Role of Perceived Brand Personality in Promotion Effectiveness and Brand Equity Development of Professional Sports Teams. *International Journal of Sports Marketing and Sponsorship*, *18*(2), 180–195. https://doi.org/10.1108/IJSMS-05-2017-092

Gladden, J. M. & Funk, D. C. (2001). Understanding Brand Loyalty in Professional Sport: Examining the Link Between Brand Associations and Brand Loyalty. *International Journal of Sports Marketing and Sponsorship*, *3*(1), 54–81. https://doi.org/10.1108/IJSMS-03-01-2001-B006

Gladden, J. M. & Funk, D. C. (2002). Developing an Understanding of Brand Associations in Team Sport: Empirical Evidence from Consumers of Professional Sport. *Journal of Sport Management*, *16*(1), 54–81. https://doi.org/10.1123/jsm.16.1.54

Gladden, J. M., Irwin, R. L. & Sutton, W. A. (2001). Managing North American Major Professional Sport Teams in the New Millennium: A Focus on Building Brand Equity. *Journal of Sport Management*, *15*(4), 297–317. https://doi.org/10.1123/jsm.15.4.297

Gladden, J. M., Milne, G. R. & Sutton, W. A. (1998). A Conceptual Framework for Assessing Brand Equity in Division I College Athletics. *Journal of Sport Management*, *12*(1), 1–19. https://doi.org/10.1123/jsm.12.1.1

Griebel, L., Ströbel, T. & Woratschek, H. (2020). Integrative branding – Brand management in the light of value co-creation. SMAB Relevant Management Insights, (22), 1–5. https://www.sma-bayreuth.de/publishing/research-series/

Grohs, R., Wieser, V. E. & Pristach, M. (2020). Value cocreation at sport events. *European Sport Management Quarterly*, *20*(1), 69–87. https://doi.org/10.1080/16184742.2019.1702708

Haarhoff, G. & Kleyn, N. (2012). Open source brands and their online brand personality. *Journal of Brand Management*, *20*(2), 104–114. https://doi.org/10.1057/bm.2012.43

Hüttermann, M., Uhrich, S. & Koenigstorfer, J. (2019). Components and Outcomes of Fan Engagement in Team Sports: The Perspective of Managers and Fans. *Journal of Global Sport Management*, 1–32. https://doi.org/10.1080/24704067.2019.1576143

Iglesias, O. & Bonet, E. (2012). Persuasive brand management. *Journal of Organizational Change Management*, *25*(2), 251–264. https://doi.org/10.1108/09534811211213937

Iglesias, O., Ind, N. & Schultz, M. (2020). History matters: The role of history in corporate brand strategy. *Business Horizons*, *63*(1), 51–60. https://doi.org/10.1016/j.bushor.2019.09.005

Kahiya, E., Ashill, N. & Perkinson, O. (2022). Branding governance in international recurring sports events: the World Rugby 'Sevens' Series. *European Sport Management Quarterly*, 1–23. https://doi.org/10.1080/16184742.2022.2030383

Kolyperas, D., Maglaras, G. & Sparks, L. (2019). Sport fans' roles in value co-creation. *European Sport Management Quarterly*, *19*(2), 201–220. https://doi.org/10.1080/16184742.2018.1505925

Kunkel, T. & Biscaia, R. (2020). Sport Brands: Brand Relationships and Consumer Behavior. *Sport Marketing Quarterly*, *29*(1), 3–17. https://doi.org/10.32731/SMQ.291.032020.01

Merz, M. A., He, Y. & Vargo, S. L. (2009). The evolving brand logic: a service-dominant logic perspective. *Journal of the Academy of Marketing Science*, *37*(3), 328–344.

Michel, G. (2017). From brand identity to polysemous brands: Commentary on "Performing identities: Processes of brand and stakeholder identity co-construction". *Journal of Business Research, 70*, 453–455.

Parent, M. M., Eskerud, L. & Hanstad, D. V. (2012). Brand creation in international recurring sports events. *Sport Management Review, 15*(2), 145–159. https://doi.org/10.1016/j.smr.2011.08.005

Parent, M. M. & Séguin, B. (2008). Toward a Model of Brand Creation for International Large-Scale Sporting Events: The Impact of Leadership, Context, and Nature of the Event. *Journal of Sport Management, 22*(5), 526–549. https://doi.org/10.1123/jsm.22.5.526

Ramaswamy, V. & Ozcan, K. (2016). Brand value co-creation in a digitalized world: An integrative framework and research implications. *International Journal of Research in Marketing, 33*(1), 93–106. https://doi.org/10.1016/j.ijresmar.2015.07.001

Sarasvuo, S., Rindell, A. & Kovalchuk, M. (2022). Toward a conceptual understanding of co-creation in branding. *Journal of Business Research, 139*, 543–563.

Senatsverwaltung für Inneres, Digitalisierung und Sport. (2022). *Das Leitbild der Nachhaltigkeit zur UEFA EURO 2024 in Berlin.* https://www.berlin.de/sen/inneres/presse/weitere-informationen/euro2024-leitbild-broschure-nachhaltigkeit.pdf

Smith, A. C., Stavros, C. & Westberg, K. (2017). *Brand Fans.* Springer International Publishing. https://doi.org/10.1007/978-3-319-48854-7

Stach, J. (2019). Meaningful experiences: an embodied cognition perspective on brand meaning co-creation. *Journal of Brand Management, 26*(3), 317–331. https://doi.org/10.1057/s41262-018-0133-1

Ströbel, T. & Germelmann, C. C. (2020). Exploring new routes within brand research in sport management: directions and methodological approaches. *European Sport Management Quarterly, 20*(1), 1–9. https://doi.org/10.1080/16184742.2019.1706603

Ströbel, T. & Woratschek, H. (2019). Sportmarken – Von traditionellen Ansätzen der Markenführung hin zum vernetzten Branding. In G. Nowak (Hrsg.), *Angewandte Sportökonomie des 21. Jahrhunderts: Wesentliche Aspekte des Sportmanagements aus Expertensicht* (1. Aufl., S. 27–50).

Ströbel, T., Woratschek, H. & Durchholz, C. (2019). Clothes Make the Fan: The Effect of Team Merchandise Usage on Team Identification, Fan Satisfaction and Team Loyalty. *Journal of Global Sport Management*, 1–18. https://doi.org/10.1080/24704067.2018.1531354

Tagesschau. (2022). *Bundesinnenministerin: Faeser kritisiert Fußball-WM in Katar.* https://www.tagesschau.de/inland/faeser-katar-wm-kritik-101.html

Taks, M., Seguin, B., Naraine, M. L., Thompson, A., Parent, M. M. & Hoye, R. (2020). Brand governance practices in Canadian national sport organizations: an exploratory study. *European Sport Management Quarterly*, *20*(1), 10–29. https://doi.org/10.1080/16184742.2019.1690538

The Nielsen Company (Hrsg.) (2020). *Nielsen Sports 2020 Commercial Trends*. https://nielsensports.com/nielsen-sports-2020-commercial-trends/

Tierney, K. D., Karpen, I. O. & Westberg, K. (2016). Brand meaning cocreation: toward a conceptualization and research implications. *Journal of Service Theory and Practice*, *26*(6), 911–932.

Tjandra, N. C., Rihova, I., Snell, S., Hertog, C. S. den & Theodoraki, E. (2021). Mega-events brand meaning co-creation: the Olympic case. *Journal of Product & Brand Management*, *30*(1), 58–73.

UEFA. (2019a). Gemeinsam für die Zukunft des Fussballs: UEFA Strategie 2019–24.

UEFA. (2019b, 15. Januar). *The role and importance of branding*. https://www.uefa.com/insideuefa/news/024d-0f8e67263a96-44340b8a02a8-1000--the-role-and-importance-of-branding/

UEFA. (2019c, 9. Juni). *Our mission and pillars*. https://www.uefa.com/insideuefa/football-development/innovation-hub/mission

UEFA. (2021a). *UEFA EURO 2024 Deutschland: Strategie für eine Nachhaltige Veranstaltung*. Nyon. UEFA. https://editorial.uefa.com/resources/027a-1643cd65ece0-3804ff6dd4ce-1000/euro_2024_strategy_de_spreads.pdf

UEFA. (2021b). *UEFA Finanzbericht 2020/21*.

UEFA. (2021c, 9. Februar). *Kumulierte Live-Zuschauerzahl im Rahmen der UEFA EURO 2020 beträgt 5,2 Milliarden weltweit*. https://de.uefa.com/insideuefa/news/026d-13251e97842b-00404df0da89-1000--kumulierte-live-zuschauerzahl-im-rahmen-der-uefa-uefaeuro2020-betr/

UEFA. (2021d, 10. Mai). *Logo der UEFA EURO 2024 mit spektakulärer Lightshow im Olympiastadion Berlin enthüllt*. https://de.uefa.com/euro-2024/news/026e-13685619db37-ddde20caf84c-1000--logo-der-uefa-euro-2024-mit-spektakularer-lightshow-im-olympias/

UEFA. (2022, 10. Oktober). *Sitzung der Steuerungsgruppe der UEFA EURO 2024*. https://de.uefa.com/euro-2024/news/027a-164fb9cc77c0-d69e09b7a674-1000--sitzung-der-steuerungsgruppe-der-uefa-euro-2024/

Vallaster, C. & von Wallpach, S. (2013). An online discursive inquiry into the social dynamics of multi-stakeholder brand meaning co-creation. *Journal of Business Research*, *66*(9), 1505–1515.

Veloutsou, C. & Guzman, F. (2017). The evolution of brand management thinking over the last 25 years as recorded in the Journal of Product and Brand Management. *Journal of Product & Brand Management, 26*(1), 2–12. https://doi.org/10.1108/JPBM-01-2017-1398

von Wallpach, S., Hemetsberger, A. & Espersen, P. (2017). Performing identities: Processes of brand and stakeholder identity co-construction. *Journal of Business Research, 70*, 443–452.

Wider, S., von Wallpach, S. & Mühlbacher, H. (2018). Brand management: Unveiling the delusion of control. *European Management Journal, 36*(3), 301–305.

Woratschek, H., Fehrer, J. A., Brodie, R. J., Benson-Rea, M. & Medlin, C. J. (2019). Vernetztes Branding: Ein Konzept zur Markenpolitik aus der Perspektive der Service Dominant Logic. In F.-R. Esch (Hrsg.), *Handbuch Markenführung* (S. 121–139). Springer Fachmedien Wiesbaden. https://doi.org/10.1007/978-3-658-13342-9_5

Woratschek, H., Horbel, C. & Popp, B. (2014). The sport value framework – a new fundamental logic for analyses in sport management. *European Sport Management Quarterly, 14*(1), 6–24. https://doi.org/10.1080/16184742.2013.865776

Woratschek, H., Schafmeister, G. & Ellert, G. (2019). Das Wesentliche ist unsichtbar – Wert-Kokreation und Value Capture im Sportmanagement. In G. Nowak (Hrsg.), *Angewandte Sportökonomie des 21. Jahrhunderts: Wesentliche Aspekte des Sportmanagements aus Expertensicht* (1. Aufl., S. 3–25).

15 Event-Merchandising am Beispiel der EURO 2024 – Monetarisierung einer Veranstaltungsmarke

Peter Rohlmann

Dieses Kapitel widmet sich den ökonomischen und sonstigen Auswirkungen des Lizenzprogramms der UEFA EURO, geht nach einer Einordnung in das Event-Merchandising im Allgemeinen auf deren bisherige Entwicklung und angewandte Geschäftsmodelle ein und arbeitet relevante Abläufe und Herausforderungen heraus. Außerdem werden anhand der historischen Entwicklung des UEFA-Merchandising inhaltlich und zahlenmäßig interessante Erkenntnisse zu Absatzrhythmen, besten Artikeln und Risiken abgeleitet.

15.1 Einordnung Event-Merchandising

Um die Vermarktung bzw. das Geschäft der UEFA mit Lizenzartikeln bei Fußball-Großveranstaltungen zu verstehen, ist es hilfreich, sich zunächst die grundsätzlichen Unterschiede klarzumachen, was diese Art von Merchandising & Licensing im Sport von anderen Erscheinungsformen unterscheidet (Rohlmann, 2023). Darüber hinaus ist es wichtig, die Teilnehmer (insbesondere Rechtegeber und Rechtenehmer) zu kennen und zu analysieren, um aus einem Sportereignis wie der Fußball-Europameisterschaft im Fußball eine für alle Beteiligten erfolgreiche Veranstaltung zu machen.

Am weitesten verbreitet und ökonomisch am wichtigsten ist das **Club- bzw. Team-Merchandising**. Vereins- oder Verbandsmannschaften werden durch Tradition, Erfolge und geschicktes Marketing zu einer Sportmarke und schaffen dadurch die Basis, dass die Anhänger dieser Teams ihre Identifikation und Sympathie durch den Kaufwunsch und das Tragen entsprechender Merchandising-Produkte zum Ausdruck bringen.

Im Rahmen des **Celebrity-Merchandising** werden personenbezogene Rechte für Lizenzartikel von bestimmten Teamsportlern und Einzelathleten vergeben. Dies hat auch zur Folge, dass die Sportakteure in physischen wie wirtschaftlichen Belangen mehr denn je gefordert sind. Sie werden zu begehrten Objekten und entweder für bestimmte Veranstaltungen engagiert (freiwillige Teilnahme) oder „verpflichtet" (als Teil einer Mannschaft, z. B. Nationalmannschaft).

Weniger bedeutend ist z. Zt. (noch) das **Venue-Merchandising**, bei dem renommierte Sportstätten solch ein Image erlangt oder aufgebaut haben, sodass mit ihnen verbundene Produkte für zahlreiche Nachfrager eine große Bedeutung haben und entsprechende Erwerbswünsche artikuliert sind oder werden.

Im Zuge des steigenden Interesses am Sport und des Nachfragebooms bei Sportveranstaltungen aufseiten freizeit- und erlebnisorientierter Menschen ist auch die Nachfrage nach derartigen Sportvermarktungsrechten (**Event Merchandising & Event Licensing**) und Möglichkeiten der Partizipation an der Wertschöpfung des Sports gewachsen.

> **Definition:** Event-Merchandising beinhaltet die Planung, Organisation, Durchführung und Kontrolle aller auf die aktuellen und potenziellen Zielgruppen gerichteten Aktivitäten eines besonderen Ereignisses, insb. von Großveranstaltungen im Sport mit dem Ziel, eben diese einem Markenartikel gleich in Form spezieller Angebote zu vermarkten. Dies kann vom Rechteinhaber selbst (Merchandising i. e. S.) oder auch durch Andere (Licensing) geschehen. Dabei sollen zusätzliche Einnahmen erzielt und eine besondere Zentrierung der Zielgruppen auf die Eventmarke erreicht werden.

Immer mehr Menschen wollen Spitzensportler und Top-Teams auf besonderen Sportevents erleben. Auch dadurch haben die Häufigkeit großer internationaler Sportwettkämpfe und die Leistungsanforderungen an die teilnehmenden Akteure zugenommen. Hinzukommt, dass auch die Medien und die großen Sponsoren im Sport großen Wert darauf legen, über herausragende Sportgroßereignisse ihren Part von der Wirtschafts- und Strahlkraft des Sports mitzubekommen. Bei Merchandising & Licensing von Sportevents spielt neben der Besonderheit des Sportereignisses, d. h. der Strahlkraft des Events als Marke, dem Angebot attraktiver Artikel und frühem und stetigem Kontakt zu den Zielgruppen der **Zeitfaktor** eine sehr wichtige Rolle. Aus den Unterschieden zu anderen Formen im Sportmerchandising lassen sich auch die besonderen Merkmale von Event-Merchandising ableiten. Dazu gehören vor allem die relativ knapp bemessene Dauer eines Sportevents, der Schwerpunkt auf finanziellen Zielen, der Charakter der Merchandise-Angebote (Erinnerungsartikel, Souvenirs), allerdings auch das quasi wie von selbst vorhandene Interesse von Medien und einer großen Öffentlichkeit. Im Gegensatz zum Club-Merchandising ist der Absatz schwerer kalkulierbar, Logistik und Distribution sind

	Club-Merchandising	Event-Merchandising	Celebrity-Merchandising	Venue-Merchandising
Fanbegeisterung	Relativ konstant	Nur kurzzeitig	tlw. schwankend	Relativ konstant
Zielpriorität	Finanzieller und kommunikativer Art	Mehr finanzieller Art	Mehr kommunikative Motive	Finanzieller und kommunikativer Art
Sortimentskern	Typische Vereins- und Stadionprodukte	Erinnerungsartikel, Souvenirs	Personenbezogene Produkte	Sportstätten-bezogene Artikel
Chancen	Generationen übergreifende Profilierungsansätze, relativ hohe Eigenregie	Beliebtheit renommierter Sportveranstaltungen; automatisches Medieninteresse, weitgehend Fremdregie	Mehr persönliche Merkmale wichtig, Alleinstellungsrolle, kaum Wettbewerb, i.d.R. Fremdregie	Image und Beliebtheit der Sportstätte, unabhängig von sportlicher Leistung, meist Fremdregie
Risiken	Vernachlässigung systematischer Planungs- und Arbeitsmethoden; Kurzfristdenken	Schwer kalkulierbare Nachfragesituation, Restantenproblematik, Standorte/Distribution & Logistik	Privatleben und Leistung problembelastet; Abhängigkeit von einer einzelnen Person	Abnutzungseffekte, Anpassungsdefizite in Bezug auf Trends und Besucherwünschen

Tab. 15.1: Besonderheiten bei speziellen Erscheinungsformen im Sportmerchandising (eigene Darstellung)

erschwert und die Problematik mit Restanten herausfordernd, weshalb das finanzielle Risiko auch größer ist.

Ein weiterer Aspekt macht das Event-Merchandising im Sport besonders, denn neben dem Umstand, dass bei Sportgroßveranstaltungen ein regelrechter Wettbewerb unter den überaus zahlreich vertretenen Sportmarken stattfindet, fehlen internationalen Sportverbänden als Veranstalter in aller Regel die Ressourcen (insb. Personal und Infrastruktur) sowie Erfahrungen, um die einzelnen Schritte von der Planung über die Produktion und Distribution bis zum Verkauf von Event-Merchandise selbst in die Hand zu nehmen. Dies trifft auch auf die UEFA als Veranstalter der alle vier Jahre stattfinden Fußball-Europameisterschaft zu, die von der interessierten Öffentlichkeit zu den Top-Veranstaltungen im Weltsport gezählt wird (Tab. 15.2).

Im Folgenden wird auf einzelne Problemstellungen beim Event-Merchandising näher eingegangen, das neben anderen Einnahmequellen dafür sorgen soll, dass sich die Sportveranstaltung auch finanziell rechnet (Da Silva & Las Casas, 2020; Dobson, 2000; Jiménez-Naranjo et al., 2016). Nach den grundlegenden Erfolgsfaktoren und zu beachtenden Besonderheiten im Allgemeinen steht das UEFA-Merchandising und Licensing bei den Fußball-Europameisterschaften im Mittelpunkt. Neben einem historischen Rückblick werden das aktuelle Geschäftsmodell sowie relevante Markt- und Ergebnisdaten dargestellt und ausgewertet. Daraus lassen sich auch wertvolle Anregungen für die UEFA und andere Veranstalter von Sportevents ziehen.

Sportevent	Durchschnitt in Mrd. TV- oder Screen-Zuschauer	Bisheriger Spitzenwert	Zeitbezug
UEFA Europameisterschaft	4,5	5,2	2021
Tour de France	3,5	3,7	2018
FIFA Fußball WM	3,3	3,6	2018
Olympische Sommerspiele	3,2	3,5	2008
Engl. Premier League	2,9	3,2	2018/19
UEFA Champions League	1,7	2,0	2015
Formel 1-Rennen	1,5	1,9	2019
Wimbledon Tennisturnier	< 1,0	1,0	2016
Fußball-Bundesliga	<1,0		

Tab. 15.2: Top-Sportevents mit den höchsten TV-Einschaltquoten
(eigene Darstellung nach Veranstalterangaben)

15.2 Grundlagen für erfolgreiches Event-Merchandising

Erst dadurch, dass ein Veranstalter selbst bzw. das von ihm durchgeführte Sportevent ein attraktives Image und eine starke Strahlkraft entwickelt bzw. über viele Jahre aufgebaut hat, kann aus einer von vielen Sportveranstaltungen eine Marke oder eine **Event-Brand** werden.

Versteht man die Marke als ein bestimmtes produktbezogenes, vor allem emotionalisierendes Merkmal, so kann dieses Identifikationsmittel ein Name (Bezeichnung bzw. Buchstabenkombination), ein Zeichen (Symbol oder Bild, Grafik, Zahlenkombination), ein Design (Farbgebung, Art und Form eines Gegenstandes) oder eine Kombination dieser Elemente sein. Hierbei kommt dem Markennamen eine herausragende Bedeutung zu. Dies ist sowohl unter kommunikationspolitischen Aspekten (u. a. Bekanntheit, Medieneignung, Internationalität) wie auch unter markenstrategischen Optionen (u. a. Dachmarke, Einzelmarke, Sub-Marke) zu beachten. Für die Fußball-Europameisterschaften im Fußball ist die Marke UEFA EURO mit der Jahreszahl geschaffen worden (Vieli, 2014). Weitergehende Forschungen haben dabei gezeigt, welche Impulse sich aus einer Steigerung des zuschauerorientierten Markenwertes von Sportevents ergeben (Bruhn et al., 2010).

Mit entsprechenden Produkten – den Merchandising-, Lizenz- oder auch Fanartikeln – wird eine Event-Marke finanziell und kommunikativ gestärkt und für die Anhänger gleichzeitig erlebbar. Dabei haben Veranstalter bei dem Geschäft „Event als Marken" eine besondere Wettbewerbskonstellation zu beachten. Sie konkurrieren nicht nur mit ähnlichen Veranstaltern, sondern auch mit Merchandise-Angeboten der Event-Teilnehmer sowie den oft gebrauchsidentischen, handelsüblichen Konsumgütermarken, insbesondere denen bekannter Sportartikelmarken.

Automatisches **Medieninteresse** sorgt in aller Regel für große Aufmerksamkeit unter den Fans, was besonders gilt, wenn durch Teilnahme des eigenen Klubs oder der eigenen Landesauswahl zusätzliches Interesse geschürt wird. Allerdings zeigt sich die Hauptaufmerksamkeit und das Interesse am Event besonders stark erst kurz vor und während der Veranstaltung, was für den Verkauf von Event-Artikeln eine besondere planerische und logistische Herausforderung darstellt. Daher wird auch von Veranstaltern wie der Olympiade (IOC) oder großen Fußballturnieren (FIFA, UEFA) versucht, zusammen mit den Lizenzpartnern die Zeitstrecke der eigentlichen Veranstaltung weiter auszudehnen. Dies kann z. B. durch Preview- und Special-Editionen geschehen oder auch dadurch, dass manche Lizenzartikel durch Verknappung („limited edition") nicht nur verlockender werden, sondern auch immer wieder (mehr oder weniger leicht) verändert als Folgeangebote zur Veranstaltung die Sammelleidenschaft wecken sollen (siehe z. B. die Panini-Sammelbilder zur Fußball-Europameisterschaft 2020).

Das einheitliche und prägnante Auftreten von Profi-Sportligen bzw. deren Verbänden und die systematische Marktbearbeitung durch klubübergreifend arbeitende Experten haben wesentlich zur wirtschaftlichen Prosperität des Spitzensports, insbesondere des Fußballs beigetragen (Rohlmann, 2020). Andere Sportarten haben diesbezüglich mehr Nachholbedarf. Eine starke Event-Marke und eine systematische Wettbewerbsvermarktung führen zwangsläufig zu vermehrten Einnahmen einer Sportart insgesamt. Dies zeigt sich z. B. auch am wachsenden internationalen Interesse an Übertragungsrechten oder an Bieterwettbewerben von Standorten zur Ausrichtung sportlicher Großevents der UEFA. Darüber hinaus profitieren die teilnehmenden Nationalteams von potenten Sponsoren aus der internationalen Wirtschaft und zahlreichen Fans weltweit. Dies führt bei den nationalen Sportverbänden durch die Qualifikation für ein internationales Großturnier (z. B. Kontinental- oder Weltmeisterschaft) nicht nur zur Teilhabe an reizvollen Turnierprämien, sondern i. d. R. auch zu besseren Merchandisingeinnahmen. Unterstellt man zudem, dass auch die Event-Gastgeber selbst bemüht sind, ihren Besuchern sich, also Städte und Stadien, nachhaltig in Erinnerung zu halten und durch das Angebot entsprechender Souvenirs umzusetzen, so wird schnell deutlich, dass außerordentlich viele Angebote um die Gunst der Eventbesucher bzw. Event-Follower buhlen.

Insofern ist gerade die **Komplexität bzw. Mehrdimensionalität des Markener-lebnisses** bei einem sportlichen Großevent eine besondere Herausforderung (Abb. 15.1). Man kann leicht erkennen, dass neben dem eigentlichen Sportakteur (hier die UEFA als Veranstalter des Events EURO 2024) natürlich auch das Veranstalterland bzw. die Gastgeberstädte (hier Deutschland), die teilnehmenden Fußballnationalverbände (z. B. DFB, The FA), aber auch noch manche Starspieler auf das gesamte Erscheinungsbild einwirken. Dadurch und durch die Sicherung seiner Markenrechte (u. a. Produktfälschungen, illegale Markenverwendung) wird das Markenmanagement für die UEFA nicht einfach.

Abb. 15.1: Zusammenspiel von Merchandising- und Lizenzrechten
bei einem großen Fußballturnier wie der EURO (eigene Darstellung)

Beim Event-Merchandising kann ein Veranstalter (i. d. R. ein internationaler Sportverband) i. d. R. die gleichen **Geschäftsmodelle** anwenden, wie sie grundsätzlich allen Rechteinhabern im Sport zur Verfügung stehen (Abb. 15.2).

Dem Ideal-Modell „totale Eigenregie" auf der einen Seite steht auf der anderen Seite das Extrem-Modell „komplette Fremdregie" gegenüber. Während auf der Klubebene eine gewisse Neigung zu einer teilweise eingeschränkten Eigenregie besteht, finden sich auf Verbandsebene überwiegend fremdgesteuerte Geschäftsmodelle. Dies hat auch damit zu tun, dass ein Ligabetrieb mit Vereinen als ganzjähriger Wettbewerb andere Voraussetzungen erfordert als ein zeitlich befristeter und mit vielen Unwägbar-

Strategische Varianten

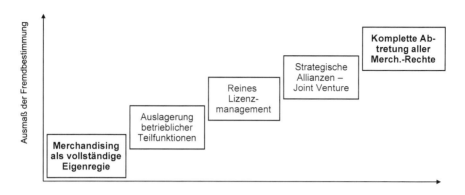

Abb. 15.2: Geschäftsmodelle im Sportmerchandising (eigene Darstellung)

keiten versehener Großsportevent. Meistens stehen einem internationalen Sportevent-Veranstalter nicht die Ressourcen und die Erfahrungen zur Verfügung, um sämtliche bzw. überwiegende Aufgaben für ein solches Merchandising- und Lizenzprogramm ohne fachmännische Unterstützung von außen zu bewältigen (Abb. 15.3)

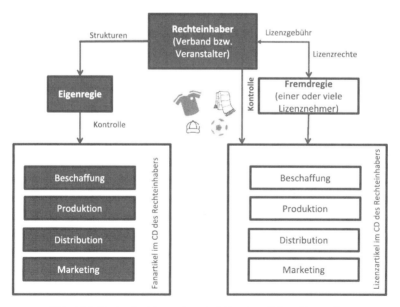

Abb. 15.3: Strategie-Alternativen bei Merchandising & Licensing von Sportevents (eigene Darstellung)

317

Dabei hat sich im Laufe der vergangenen Jahre herauskristallisiert, dass für die UEFA selbst das Modell eines Lizenzmanagements, also der Gewinnung, Koordination und Kontrolle vieler Lizenznehmer, gewisse Unzulänglichkeiten aufweist und das Modell eines einzigen **Haupt-Lizenznehmers** (master licensee) als beste Variante erscheint. Solch erfahrene Spezialfirmen haben i. d. R. regelmäßig mit dem Thema Merchandising & Licensing zu tun, verfügen über ausreichende Ressourcen personeller und sachlicher Art und bringen ein Netzwerk an interessierten Produkt-Lizenznehmern (sub licensees) mit. Damit sind solche Partner bestens geeignet, bei großen Sportevents einen besseren Job zu machen als es der Veranstalter je selbst könnte. Darüber hinaus ermöglicht eine solche Aufgabenteilung dem Veranstalter, sich stärker um seine eigentlichen Eventverpflichtungen und bedeutendere Vermarktungsrechte zu kümmern.

15.3 Geschäftsmodell der UEFA für die EURO

Merchandising und Licensing bei einem Sportevent sind quasi zwei Seiten der gleichen Medaille. Während beim Merchandising die reale Durchführung sämtlicher Aufgaben inkl. des Verkaufs auf direkten Fankontakten des Rechteinhabers beruht, partizipiert der Rechteinhaber beim Licensing indirekt, indem er eine Rechte- und Aufgabendelegation an einen oder mehrere beauftragte Dritte vornimmt, von denen er für dieses exklusive Recht eine Lizenzgebühr erhält. Darüber hinaus ist Merchandising und Licensing bei der EURO nicht nur ein ökonomisch wichtiger **Einnahme-Baustein**, sondern die UEFA zielt auch darauf ab, mittels ihres Lizenzprogramms eine **emotionale Brücke zwischen dem Event und ihren Fans** zu schlagen. Lizenzartikel ermöglichen es Fußballfans auf der gesamten Welt, ihre Leidenschaft für den Fußball dadurch auszudrücken, dass sie ein Stück bzw. Produkt der EURO besitzen. Außerdem verschafft ein solches Programm der UEFA Aufmerksamkeit und Beachtung für ihre sonstigen Wettbewerbe und Aktivitäten, weil ihre Haupt- und Submarken auf Waren und Servicediensten prangen, die Lizenznehmer in internationalen Märkten präsentieren.

Schaut man auf das EURO-Merchandising 2024, so stellt sich dieses Eco-System vereinfacht mit drei entscheidenden Eckpfeilern und vielen Beteiligten dar (Abb. 15.4 und 15.5). Natürlich ist es Hauptziel der UEFA, den Anteil des eventbezogenen Merchandising so groß wie möglich zu halten, allerdings vergibt die UEFA auch einige – wenn auch eingeschränkte – Lizenzrechte an die Gastgeber (Städte mit entsprechenden Stadien), die wiederum versuchen, durch Angebot und Verkauf solcher Artikel sowie von Stadt- und/oder Stadionartikeln ebenfalls von dem Wunsch der Eventbesucher nach Erinnerungsartikeln zu profitieren (Rohlmann, 2021).

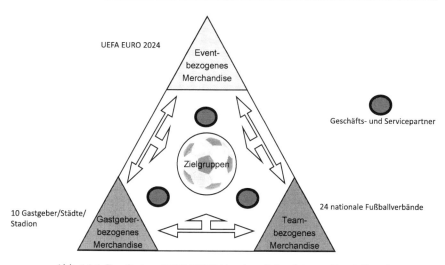

Abb. 15.4: Eco-System UEFA EURO Merchandising (eigene Darstellung)

Abb. 15.5: Einzelne Parteien im Eco System des UEFA EURO 2024 Merchandising (eigene Darstellung)

Schließlich gibt es bei einer solchen Großveranstaltung weitere Merchandise-Angebote, die ausschließlich Teamartikel der Fußball-Europameisterschaft-Qualifikanten beinhalten und an denen die UEFA keinerlei Rechte oder Ansprüche besitzt. Gerade letztgenannte Angebote stehen bei den Fans besonders hoch im Kurs.

Im Zuge der Professionalisierung des Event-Merchandising hat die UEFA eine **strenge Strukturierung** ihrer Merchandising- und Lizenzpartner für die EURO vorgenommen. So gibt es eine Kategorie der sog. Superlizenzen, die sich auf substanzielle, teilweise hochwertige und zentrale Produkte einer EURO fokussieren und die längerfristig angelegt sind (z. B. Spielball, Video-Spiele, Luxusuhren, Sticker/Sammelbilder u. ä.). Meist handelt es sich um Firmen, mit denen die UEFA noch weitere Verbindungen hat (z. B. adidas, Konami). Zu den klassischen Lizenzen zählen alle Artikelvergaben, welche von größeren Produktkategorien bis zu einzelnen Produkten reichen, wie Maskottchen, Textilien, Spielwaren, Schreibwaren, Münzen, Briefmarken etc. (u. a. Kayford Branding, MDM, Landes-Postämter). Schließlich gibt es Vertriebs- und Produktlizenzen, die i. d. R. Einzelhändler (aktuell Fanatics[1]) erwerben, welche über DTR-Rechte (Direct to Retail) an ausgewählten Produktkategorien verfügen und außerdem bestimmte Marken der UEFA EURO am Verkaufsort und in Marketingmaßnahmen ihrer lizenzierten Produkte verwenden dürfen. Der diesbezüglich verantwortliche Master-Lizenznehmer ist verantwortlich für die Entwicklung kreativer Style-Guides (Unterlagen für das einheitliche Erscheinungsbild aller mit der EURO-Marke markierbaren Artikel), die Ernennung von Sub-Lizenznehmern und die Auswahl von Einzelhändlern für alle Produktkategorien sowie die Erstellung von Marketingaktivitäten zur Unterstützung des Lizenzprogramms.

In den Jahren von 1996 bis 2004 war die UEFA selbst noch relativ stark in die Vergabe und die Koordination der Merchandising- und Lizenzrechte involviert – wenngleich bereits eine enge Zusammenarbeit mit Spezialpartnern (Master) zur Akquisition von diversen Produktlizenznehmern gepflegt worden ist: Licensed Properties International (LPI) für die EURO 1996 und Copyright Promotions Licensing Group (CPLG) für die EURO 2000. Für die folgenden EURO-Events ordnete die UEFA das Geschäftsfeld Lizenzartikel neu und schloss dazu eine drei Europameisterschaften

---

1   Fanatics wird exklusiv das E-Commerce-Geschäft für die UEFA-Nationalmannschaftswettbewerbe betreiben und zum Hauptlizenznehmer für sein gesamtes Merchandise-Portfolio werden, wobei die UEFA das vertikale Handelsmodell von Fanatics nutzen wird. Im Rahmen der im September 2022 vereinbarten Partnerschaft wird Fanatics weiterhin den Event-Einzelhandel bei den wichtigsten internationalen UEFA-Veranstaltungen betreiben, darunter EURO 2024, Women's EURO 2025 und EURO 2028.

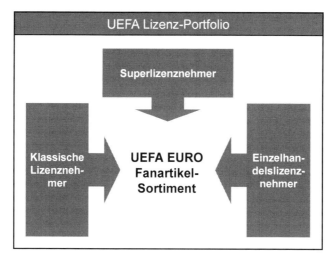

Abb. 15.6: Geschäftsmodell Event-Merchandising
am Beispiel UEFA EURO (eigene Darstellung)

umfassende Master-Partnerschaft mit Warner Bros. Consumer Products (WBCP) ab. Zur EURO 2016 verkündete die UEFA eine erneute Umstellung und Zentrierung ihrer Vermarktungsrechte. Creative Artists Agency (CAA) Eleven wurde zum exklusiven Marketing-Partner bestimmt, der sämtliche kommerziellen Rechte der Nationalmannschaftswettbewerbe inklusive einiger ausgewählter Superlizenzen vermarkten soll. Für die übrigen Lizenzvergaben (Produkt- und Vertriebslizenzen) wurde die International Management Group (IMG) bzw. IMG Licensing als Spezialpartner ausgewählt. Diese Aufgabenteilung hat sich bis heute bewährt.

Das Partnerschaftsmodell beim EURO-Merchandising der UEFA ist inzwischen weitgehend perfektioniert worden, auch weil der europäische Fußballverband erkannt hat, dass dadurch eine bessere Erfolgskonstellation für alle Beteiligten entstanden ist und eine individuelle Betreuung von **über 50 Lizenznehmern** durch den Veranstalter nicht zu gewährleisten ist. Sowohl die UEFA selbst wie auch ihre Hauptpartner profitieren von dieser „Win-win-Situation". Allerdings ist dabei zu beachten, dass vor allem die üblichen bzw. normalen Produkt-Lizenznehmer nicht nur ein überdurchschnittliches Risiko tragen, sondern auch durch steigende Forderungen an die Lizenzgebühr inklusive Garantiesumme extreme Herausforderungen zu bewältigen haben. So beklagten sich schon vor einigen Jahren langjährige Lizenznehmer beim Autor über drastische gestiegene Anspruchshaltungen des Rechtegebers. Laufen der Event und das Lizenzgeschäft dann nicht wie geplant bzw. erhofft, kann das schon mal existenzbedrohend für einzelne Partner werden.

Nimmt man z. B. Bezug auf die **nach 2021 verschobene EURO 2020**, so hat die Coronapandemie gerade die kleineren Hersteller von EURO-Artikeln empfindlich getroffen, obwohl die UEFA richtigerweise Name und Logo beibehalten hat (Kemp, 2020; Rohlmann, 2021). Denn es ging um viele bereits früh abgeschlossene Verträge mit dem Thema und den Rechten für die EURO 2020, außerdem waren viele konkrete Produkte für werbliche Zwecke und Fanartikel schon hergestellt oder in der Produktion, d. h. sämtliche Merchandising-Produkte, Logos und Tickets hätten bei einer Änderung der Jahreszahl neu angefertigt werden müssen.

Dennoch hat die erste paneuropäische Austragung einer Fußball-Europameisterschaft die Verkaufserwartungen in Sachen EURO-Merchandise nicht erfüllen können (Rohlmann & Bruhn, 2021). Zahlreiche involvierte Lizenznehmer und Händler haben ihre Enttäuschung artikuliert.

15.4 Daten und Fakten zum EURO-Merchandising

Merchandising- und Lizenzprogramme waren bei der ersten Austragung der Fußball-Europameisterschaften in 1960 noch nicht vorhanden. Denn Fanartikel zu einem sportlichen Großereignis waren in dieser Zeit überhaupt noch kein Thema. Vielmehr wurde die marken- und lizenzrechtliche Vermarktung der EURO erst mit einiger Verspätung begonnen. Vereinzelt gab es 20 Jahre nach dem Start den einen oder anderen Souvenir-Artikel, systematisch und gezielt lief die **Vermarktung erst 1996** an (Abb. 15.7).

Dies zeigt sich auch recht anschaulich daran, dass erst mit der EURO 1996 mehr Wert auf die markenspezifische Individualität des Events Fußball-Europameisterschaft gelegt worden ist, indem jede Veranstaltung nun eine eigenes Marken-Signet erhielt (Abb. 15.8).

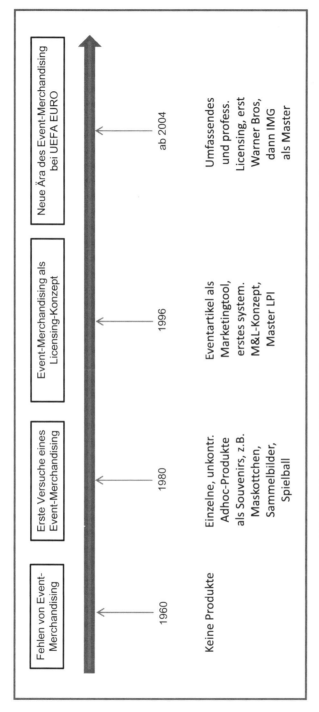

Abb. 15.7: Historie des UEFA EURO Eventmerchandising (eigene Darstellung)

Abb. 15.8: Eventmarken der UEFA EURO (eigene Darstellung nach UEFA)

Wie angesprochen, hat es zur 6. Austragung in Italien 1980 sporadisch erste Produkte für die Fans gegeben. Diese beschränkten sich auf die sich in dieser Zeit stark verbreitenden Sammelbilder (Panini-Sticker) und das für das Event symbolisch stehende Maskottchen, sei es als Figur oder in Form stadion- und sportüblicher Artikel wie z. B. Wimpel oder T-Shirts (Abb. 15.9). Außerdem begann adidas als offizieller Ausrüster der Fußball-Europameisterschaft, die Spielbälle individuell für den jeweiligen Event zu gestalten und den Fans zum Kauf anzubieten (Tab. 15.3).

Abb. 15.9: Historische Event-Artikel der EURO 1980: Maskottchen, Sammelbilder und andere Souvenirs (AGON SportsWorld GmbH, o. D.; TShirts365, o. D.)

	Event	Gastgeber	Hosts	Teilnehmer	Wirtschaftliche Bedeutung von M&L	Maskottchen	Sammelbilder	Off. Spielball
1960	1	Frankreich	1	4	ohne sportökon. Effekte	nein	nein	ohne Bedeutung
1964	2	Spanien	1	4	ohne sportökon. Effekte	nein	nein	ohne Bedeutung
1968	3	Italien	1	4	ohne sportökon. Effekte	nein	nein	ohne Bedeutung
1972	4	Belgien	1	4	ohne sportökon. Effekte	nein	nein	ohne Bedeutung
1976	5	Jugoslawien	1	4	ohne sportökon. Effekte	nein	nein	ohne Bedeutung
1980	6	Italien	1	8	ohne sportökon. Effekte	ja	ja	Vermarktung
1984	7	Frankreich	1	8	ohne sportökon. Effekte	ja	ja	Vermarktung
1988	8	Deutschland	1	8	ohne sportökon. Effekte	ja	ja	Vermarktung
1992	9	Schweden	1	8	ohne sportökon. Effekte	ja	ja	Vermarktung
1996	10	England	1	16	Sportökon. Effekte spürber	ja	ja	Vermarktung
2000	11	Belgien/Niederlande	2	16	Sportökon. Effekte spürber	ja	ja	Vermarktung
2004	12	Portugal	1	16	Sportökon. Effekte spürber	ja	ja	Vermarktung
2008	13	Österreich/Schweiz	2	16	Lizenzrechtl. Vollausschöpfung	ja	ja	Vermarktung
2012	14	Polen/Ukraine	2	16	Lizenzrechtl. Vollausschöpfung	ja	ja	Vermarktung
2016	15	Frankreich	1	24	Lizenzrechtl. Vollausschöpfung	ja	ja	Vermarktung
2020/21	16	Paneuropa	11 -fach	24	Lizenzrechtl. Vollausschöpfung	ja	ja	Vermarktung
2024	17	Deutschland	1	24	Lizenzrechtl. Vollausschöpfung	ja	ja	Vermarktung

Tab. 15.3: EURO-Merchandising der UEFA im Laufe der Zeit

Seit 1996 wurde seitens der UEFA die lizenzrechtliche Verwertung eines der größten Sportevents weltweit grundsätzlich und in vollem Umfang angegangen. Die sich seither ergebenden sportökonomischen Resultate gleichen einer Erfolgsgeschichte, auch wenn die Einnahmen aus der lizenzrechtlichen Verwertung der UEFA EURO nicht mit den extrem gewachsenen Einnahmen aus Übertragungs- und Sponsoringrechten mithalten konnten (Tab. 15.4).

Die im Laufe der Jahre erhöhte Anzahl an Teilnehmernationen und Spielen haben natürlich das Wachstum der Merchandising-Käufe deutlich begünstigt. Inzwischen haben sich die UEFA-Einnahmen aus dem EURO-Merchandising um 20 Millionen Euro und mit einem Anteil von etwas mehr als ein Prozent vom Gesamtumsatz eingependelt (Abb. 15.10). Bei den Fußball-Weltmeisterschaften und den Olympischen Spielen liegt der vergleichbare Licensing-Anteil etwas höher (ca. 2 %). Die **Tendenz zu abnehmenden Anteilswerten** gegenüber den gesamten und kommerziellen Einnahmen in den letzten 20 Jahren ist dabei weniger auf ein unzureichendes Merchandising- und Lizenz-Konzept der UEFA zurückzuführen als auf die schon erwähnte rasante Zunahme bei anderen Vermarktungsrechten. Darüber hinaus zeigen Studien, dass die Merchandise-Produkte der Teilnehmernationen für die Masse der Fans ungleich wichtiger sind als Artikel zum Event (Schwobthaler, 2021).

Dennoch erfordert die enorm gewachsene Anzahl an Lizenznehmern mit völlig unterschiedlichen Merkmalen (Unternehmensgröße, Lizenzumfang, Absatzpotentiale) sowie die Größe des gesamten Produktportfolios unbedingt ein perfekt funktionierendes Eco-System für das EURO-Licensing, was die Daten in der folgenden Übersicht unterstreichen (Tab. 15.5).

UEFA EURO	Lfd. Nr.	Gastgeber	Teiln. Teams	Spiele	Zuschauer vor Ort	Zuschauer pro Spiel	Umsatz in Mio. €	Kommerz. Einnahmen	anteilig	Licensing	Ums.-Anteil Licensing	Komm.-Anteil Licensing
1996	10.	England	16	31	1.269.894	40.964	147,3	29,3	19,9%	7,00	4,8%	23,9%
2000	11.	Niederlande/ Belgien	16	31	1.122.833	36.220	229,9	54,1	23,5%	10,00	4,3%	18,5%
2004	12.	Portugal	16	31	1.156.500	37.306	855,2	182,2	21,3%	16,00	1,9%	8,8%
2008	13.	Schweiz/ Österreich	16	31	1.143.355	36.882	1.350,9	289,8	21,5%	16,17	1,2%	5,6%
2012	14.	Polen/Ukraine	16	31	1.440.896	46.481	1.390,9	313,9	22,6%	13,90	1,0%	4,4%
2016	15.	Frankreich	24	51	2.427.303	47.594	1.916,0	483,3	25,2%	23,20	1,2%	4,8%
2020	16.	Paneuropa	24	51	1.099.278	21.554	1.882,5	521,0	27,7%	20,00	1,1%	3,6%

Tab. 15.4: Eckdaten zum Geschäftsfeld Merchandising & Licensing der UEFA Fußball-Europameisterschaften (eigene Darstellung nach UEFA Finanzberichte und eigene Recherchen)

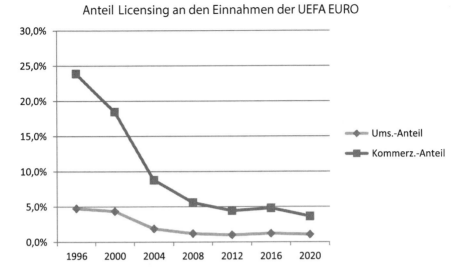

Abb. 15.10: Anteilige Lizenz-Einnahmen bei UEFA Fußball-Europameisterschaften (eigene Darstellung nach Veranstalterangaben und eigene Recherchen)

UEFA EURO	Merchandising-Verantwortliche	Matchball	Anzahl LN	ca. Anz. Artikel	EH -Umsatz in Mio. €
1996	LPI	adidas	n.a.	1.000	176,0
2000	CPLG	adidas	n.a.	1.500	300,0
2004	WBCP	adidas	35	2.000	400,0
2008	WBCP	adidas	57	3.000	500,0
2012	WBCP	adidas	54	4.300	300,0
2016	IMG	adidas	55	5.000	465,0
2020	IMG	adidas	55	> 5.000	230,0

Tab. 15.5: Merchandising & Licensing bei UEFA Fußball-Europameisterschaften (eigene Darstellung nach Veranstalterangaben und eigene Recherchen)

Zuletzt gab es sieben bzw. fünf **strategische Lizenznehmer**, die von der UEFA direkt bzw. zusammen mit CAA Eleven ausgewählt wurden, z. B. für Sammelbilder/Sticker, Uhren, Videospiele, offizieller Online-Shop, Münzen/Medaillen etc. Die Masse der Lizenznehmer wurden jedoch von Hauptlizenznehmer IMG Licensing ausgesucht und ernannt.

Es ist leicht nachvollziehbar, dass beim Event-Merchandising und speziell bei einem Sportevent der Kategorie Fußball-Europameisterschaft nicht das gleiche Sortiment erfolgversprechend ist wie beim Team-Merchandising. Insbesondere haben Fans da eine besondere Vorliebe für das Trikot ihrer Lieblingsmannschaft. Dieses Lizenzrecht hat die UEFA aber nicht, sondern konkurriert hier vor allem mit den Merchandising-Aktivitäten der EURO-Teilnehmernationen.

Dennoch gibt es auch im EURO-Merchandising besonders **beliebte Fanartikel**, die die Event-Marke (Logo, Name) tragen und das Marken-CI der Veranstaltung betonen. Insbesondere sind zu nennen

- Event-Maskottchen (witzige bzw. sympathische Symbolfigur)
- Turnier-Equipment (off. Matchball, Referee & Staff Outfit etc.)
- Event-Pokale/-Trophäen/Pins (Replikas und Drucke unterschiedlicher Art)
- Münzen, Medaillen, Briefmarken
- Nostalgiethemen (historische Momente des Events)

Besonders das oder die jeweils individuelle(n) EURO-Maskottchen in allen Produktvarianten (von der Plüschfigur bis zum Schlüsselring) sind stark begehrt und weisen jeweils Anteile von 25 % und mehr aller Merchandise-Verkäufe auf. Ebenfalls haben Bekleidungsartikel einen großen Anteil. Ein weiterer Artikel, der zu den Bestsellern gehört, ist der offizielle Matchball bzw. neben dem Original auch zahlreiche Nachproduktionen in verschiedenen Größen. Seit 1968 in Italien ist adidas der offizielle Fußball-Ausrüster und Ball-Lieferant der Fußball-Europameisterschaft. Die Sportartikelmarke brachte in den ersten Jahren als Ausrüster keinen maßgeschneiderten bzw. individuell gestalteten Ball für das Turnier heraus (Rohlmann, 2012). Der erste offizielle Fußball-Europameisterschaft-Ball von adidas, der für den Wettbewerb kreiert wurde, war 1988 der adidas „Tango Europa". Inzwischen erreichen die Verkäufe des offiziellen EURO-Balles hohe Millionenwerte (Tab. 15.6; Abb. 15.11).

	1980	1984 - 1988	1992	1996	2000	2004	2008	2012	2016	2020
Name	analog WM	Tango	Etrusco Unico	Questra Europa	Terrestra Silverstream	Roteiro	Europass	Tango 12	Beau Jeu	Uniforia
Hersteller	adidas	adidas	adidas	adidas	adidas	adidas	adidas	adidas	adidas	adidas
Absatz in Mio.	n.a.	n.a.	< 1,0	1,5	3,2	6,1	6,5	7,5	7,5	6,5
Haupt-Funktion	Spielgerät	Spielgerät	Spielgerät	Merch.-Artikel	Merch.-Artikel	Merch.-Artikel	Merch.-Artikel	Merch.-Artikel	Merch.-Artikel	Merch.-Artikel

Tab. 15.6: Der offizielle Matchball bei UEFA Fußball-Europameisterschaften (eigene Darstellung nach Herstellerangaben und eigene Recherchen)

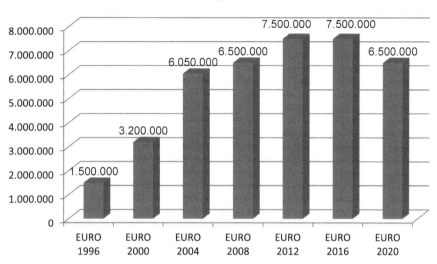

Absatz des offiziellen Spielballs der UEFA EURO

Abb. 15.11: Absatz des offiziellen Matchballs bei UEFA Fußball-Europameisterschaften (eigene Darstellung nach Herstellerangaben und eigene Recherchen)

Für bestimmte Lizenz- und Vermarktungsrechte an verschiedenen UEFA-Nationalmannschaftsturnieren, die zwischen 2023 und 2028 stattfinden, hat die UEFA die wesentlichen Rechte (Status als Master-Lizenznehmer und Verkauf vor Ort und im Internet) an die US-Firma **Fanatics** vergeben, den größten Sportmerchandising-Händler weltweit (siehe Kap. 15.3).

Immer noch haben viele Eventartikel mehr Souvenir-Charakter, d. h. die „Ich-war-dabei"-Motivation dominiert und die Lizenzartikel fördern noch nicht ausreichend die Eventmarke. Daraus folgt, dass Fans und Besucher häufig Billigkäufe aus dubiosen, oftmals nicht legalen Vertriebsstellen tätigen, wodurch die offiziellen Merchandising-Produkte zusätzlich leiden.

15.5 Learnings für die UEFA und andere Sportevent-Veranstalter

Um in Zukunft eine noch bessere marketingorientierte Profilierung von großen Fußball-Events zu erreichen, dürften neben der formal-organisatorischen Umsetzung eines Merchandising- und Licensing-Konzeptes auch inhaltliche Einflussnahmen seitens des Veranstalters wichtig sein. Dies bedeutet für die UEFA, sich noch mehr von reinen Souvenir-Artikeln hin zu imagestarken Merchandise-Produkten als Ausdruck der Event-Marke und von eventbezogenem Wertetransfer und Lifestyle zu bewegen. Dadurch wird sich auch die Fan-Experience solcher Sportevents verstärken und damit das Fan-Engagement beleben lassen.

Im Einzelnen lassen sich Entwicklungen absehen, die auch das Event-Merchandising mehr oder weniger stark prägen werden:

- Produktbezogene Trends: Artikel, die den Fanwünschen nach Einzigartigkeit und Exklusivität entsprechen (Stichwort Innovativität)
- Nachfragerbezogene Trends: Individualisierung (Stichwort „customized merchandise") und Nachhaltigkeit von Event-Artikeln (Stichwort „sustainable merchandise", u.a. Fair Manufacturing, Re- und Upcycling)
- Technologiebezogene Trends: Digitale Produktneuheiten und neuartige Vertriebsformen (Stichwort Digital Merchandise, Social Media Channels, zudem neue Communities wie z.B. Merchandise-Abonnements).
- Real-Time-Merchandising: Hier geht es darum, den Kunden bei besonders emotionalen Momenten so schnell wie möglich passende, attraktive Lizenzartikel anzubieten, weil bekanntlich dann auch die Kaufbereitschaft am stärksten ausgeprägt ist (Stichwort V-Commerce von Fanatics).

Wie immer lauern auch und gerade, wenn es gut läuft, manche Risiken, deren frühzeitige Beachtung unangenehme Folgen vermeiden hilft:

- Eine klare Linie – strategische Festlegung – des Event-Merchandising ist unumgänglich: Zu viele Änderungen in zu kurzer Zeit schaden der Event-Marke und dem wirtschaftlichen Erfolg (Stichwort: klares Profil).
- Licensing Controlling: Gerade das Angebot von Event-Produkten ohne bzw. ohne genaue Kontrollen birgt die Gefahr von Beschädigungen der Kernmarke (Stichwort: fauler Apfel).
- Überdehnung der Event-Marke: Eine Überbeanspruchung oder Überforderung der Kernmarke für alle denkbaren Verwertungen kann bedeuten, dass die Marke an Profil verliert (Stichwort: Attraktivitätsverlust).
- Partnerfrust: Der Rechtegeber muss seinem Rechtenutzer bzw. den Rechtenehmern, insbesondere den Sub-Lizenznehmern ihr Auskommen lassen (Stichwort: Leben und leben lassen).
- Vermarktungsbremsen: Schlechte Erfüllung der Fanwünsche bzgl. grundsätzlicher sowie Qualitäts- oder Preis-Akzeptanz können ebenso zu Absatzerschwernissen führen wie eine übergroße Produktpalette (Stichwort: Provokation von käuferaversem Verhalten).

Literatur

AGON SportsWorld GmbH. (o. D.). *Screenshots – Holzpuppe, Wasserpistole, Wimpel und Sammelalbum.* AGON-Auktion.de.

Bruhn, M., Schmidt, I., Schäfer, D. & Straßer, M. (2010, November). *Der Wert von Sportevents – Messung und Konsequenzen des zuschauerorientierten Markenwerts* [Konferenz Präsentation]. 7. Deutscher Sportökono-

mie-Kongress. https://www.yumpu.com/de/document/view/6379474/mar
kenmanagement-im-sport-7-deutschen-sportokonomie-

Da Silva, E. C. & La Casas, A. L. (2020). Key Elements of Sports Marketing Activities for Sports Events. *International Journal of Business Administration*, 11(1), 11–21.

Dobson, N. (2000, Dezember). *The Economic Impact of Major Sports Events: A Case Study of Sheffield* (Publikationsnummer 10694448) [Doktorarbeit, Sheffield Hallam University]. ProQuest Dissertations Publishing.

Jiménez-Naranjo, H. V., Coca-Perez, J. L., Gutiérrez-Fernandez, M. & Sanchéz-Escobedo, M. C. (2016). Cost-benefit Analysis of Sport Events. *European Research on Management and Business Economics*, 22(3), 131–138.

Kemp, J. (2020). *Analysis of the postponed European Championships.* https://www.sportcal.com/Insight/Features/130816

Rohlmann, P. & Bruhn, M. (2021). Geschäftsmodell Fußball-EM: Ende einer Erfolgsgeschichte? *Markenartikel – Das Magazin für Markenführung*, 4(5), 100–106.

Rohlmann, P. (2012). *Fußball-Europameisterschaften – Ball- und Trikotabsatz. Datenrecherchen und Analysen.* Rheine.

Rohlmann, P. (2020). *Nationale Fußballverbände und Merchandising – Ein Blick hinter die Kulissen des Geschäftes mit Lizenzartikeln nationaler Fußballverbände mit dem Schwerpunkt Deutscher Fußball Bund (DFB).* Rheine.

Rohlmann, P. (2021). *UEFA EURO 2020/21 – Background and Market Data of UEFA EURO Merchandising in Conjunction with the Postponed Championships Due to Corona*, Rheine.

Rohlmann, P. (2023). *Sportmerchandising – Konzeptionelle Grundlagen, Marktdaten und Trends.* ESV Verlag.

Schwobthaler, B. (2021). *Euro 2020 Merchandising Champions.* https://licensingforgrowth.com/en/euro-2020-merchandising-champions

TShirts365. (o. D.). *Screenshot – Logo-Shirt.* tshirts365.com.

Vieli, A. (2014). *UEFA – 60 years at the heart of football.* https://editorial.uefa.com/resources/021f-0f842a4ba426-22bf135e36bc-1000/uefa_60_years_at_the_heart_of_football.pdf

Nachhaltigkeit und Legacy

16 Nachhaltigkeit von Sportgroßevents – Anspruch und Planung der EURO 2024

Florian Pfeffel, Maria Ratz & Christian Kühner

Der Nachhaltigkeitsaspekt gewinnt bei großen Sportveranstaltungen immer mehr an Bedeutung. Ein Event soll unter anderem idealerweise klimaneutral sein – was bei Einbeziehung der Fanlogistik kaum bzw. nur durch Kompensationsprogramme möglich ist – und allen Anforderungen an Diversität und Gleichberechtigung genügen. Diesbezüglich ließ sich gerade aus deutschem Munde bei der zurückliegenden Fußball-Weltmeisterschaft in Katar Kritik vernehmen. Es scheint daher geboten, einmal zu untersuchen, inwieweit die UEFA EURO 2024 Nachhaltigkeitsansprüchen gerecht wird bzw. gerecht werden will.

Da der Sammelband vor der EURO 2024 veröffentlicht wird, kann dazu kein abschließendes Urteil gefällt werden. Aber es können – nach einer kurzen Zusammenfassung grundlegender Nachhaltigkeitskonzepte (Kap. 16.1) und der Betrachtung von Benchmarks (Kap. 16.2) – die diesbezüglichen Planungen zur EURO 2024 unter die Lupe genommen (Kap. 16.3) und bewertet werden (Kap. 16.4). So kann zumindest der Nachhaltigkeitsanspruch, der diesem Event in Deutschland zugrunde liegt, ermittelt werden. Zusätzlich wird ein Ausblick gegeben, welche Analysen während und nach der EURO 2024 durchgeführt werden müssen, um die Umsetzung an diesem Anspruch zu messen (Kap. 16.5).

16.1 Theoretische Grundlagen zur Nachhaltigkeit und deren Übertragung in Kriterienkataloge

16.1.1 Theoretische Grundlage: Triple Bottom Line

Eine einheitliche Definition des **Begriffes Nachhaltigkeit** existiert bisher nicht – trotz der immensen Bedeutung und Aufmerksamkeit des Themas in den letzten Jahren. Der ursprünglich aus der Forstwirtschaft stammende Begriff der Nachhaltigkeit wurde über die letzten Jahrzehnte hinweg stets weiterentwickelt und umfasst mittlerweile neben ökologischen Aspekten auch soziale und ökonomische Perspektiven (Grunwald & Kopfmüller, 2022). In Anlehnung an die Vereinten Nationen bezeichnet der Deutsche Bundestag eine Entwicklung als nachhaltig, wenn sie „den Bedürfnissen der heutigen Generation entspricht, ohne die Möglichkeiten künftiger Generationen zu gefährden, ihre eigenen Bedürfnisse zu befriedigen und ihren Lebensstil zu wählen" (Deutscher Bundestag, 2018). Dabei wird Nachhaltigkeit als ein ethisches Prinzip und Querschnittsthema der Gesellschaft verstanden, bei dem die Langfristigkeit im Fokus steht (Deutscher Bundestag, 2018).

Ein häufig verwendetes Modell ist dabei das **Drei-Säulen-Modell** der Nachhaltigkeit mit den Elementen Ökologie, Ökonomie und Soziales (auch Triple Bottom Line genannt). Dabei werden alle drei Säulen als gleichwertig betrachtet, damit „die ökologische, ökonomische und soziale Leistungsfähigkeit einer Gesellschaft sichergestellt und verbessert" (Schulz, 2022) wird. Alle drei Bereiche werden nachfolgend kurz erläutert.

Ökologische Nachhaltigkeit: Zu der ökologischen Nachhaltigkeit gehören der Schutz der natürlichen Ressourcen sowie der bewusste Umgang mit diesen (Schulz, 2022). Dabei versteht man unter ressourcenschonendem Handeln, dass Ressourcen so weit genutzt werden können, wie diese sich selbst regenerieren (Pufé, 2017).

Soziale Nachhaltigkeit: Die soziale Verantwortung steht bei dieser Perspektive im Mittelpunkt. Die soziale Nachhaltigkeit zielt auf die freie Entfaltung und Entwicklung der Persönlichkeit ab genauso wie auf soziale Gerechtigkeit, Sicherheit und faire Bezahlung (Schulz, 2022).

Ökonomische Nachhaltigkeit: Aus ökonomischer Sicht zielt nachhaltiges Handeln auf die Sicherung der Existenz der jeweiligen Organisation bzw. des jeweiligen Unternehmens ab. Dieser langfristige Erfolg wird durch

Fortschritt und stetiges Wachstum sichergestellt, der im Einklang mit der sozialen und ökologischen Perspektive stehen muss (Pufé, 2017).

Das Drei-Säulen-Modell bildet gleichzeitig die Grundlage der Eventmanagement Zertifizierung ISO 20121. Dieses Zertifikat stellt für Veranstalter einen international anerkannten und glaubwürdigen Nachweis dar, die eigenen Nachhaltigkeitsbemühungen bei dem jeweiligen Event vorweisen zu können. Basierend auf einer „Plan-Do-Check-Act"-Methodik bietet diese Zertifizierung einen systematischen Rahmen, um nachhaltige Managementpraktiken zu implementieren und diese mit einer akzeptierten CSR-Politik abzustimmen (DIN Deutsches Institut für Normung e.V., 2013).

16.1.2 Allgemeine Anforderungskataloge: UN ESG-Kriterien (SDGs)

Neben dem Drei-Säulen-Modell sind es vor allem die 17 von der UN definierten Sustainable Development Goals (SDG), die als allgemeiner Anspruch für nachhaltiges Handeln zugrunde gelegt werden können. Dabei verfolgen sie die fünf Kernbotschaften Mensch, Planet, Wohlstand, Frieden und Partnerschaft als handlungsleitende Prinzipien (Plan International, o. D.). Diese sind in der nachfolgenden Abbildung dargestellt.

Abb. 16.1: Sustainable Development Goals der UN (UN, 2022)

16.1.3 Anforderungsformulierungen aus dem Sport: IOC, UEFA und DFB

Auch der Sport mit seiner Strahlkraft und Reichweite hat die Verantwortung, den Sustainable Development Goals der Vereinten Nationen gerecht zu werden. Nachhaltigkeit in all ihren Dimensionen muss vor allem bei der Austragung von Sportgroßveranstaltungen und deren Vergaben priorisiert und als Leitfaden genutzt werden. Auf allen Ebenen des Sports, auf weltweiter, kontinentaler und auf nationaler Ebene, soll Nachhaltigkeit in der Strategie- und Zukunftsplanungen integriert sein. Aus diesem Grund werden in diesem Abschnitt besonders die Anforderungsformulierungen des IOC (International Olympic Committee), der UEFA und des DFB in Hinblick auf Nachhaltigkeit kurz beschrieben.

2018 veröffentlichte das **IOC** einen Leitfaden – **Sustainability Essentials** –, der die Implementierung von Nachhaltigkeitsstrategien in nationale und internationale Sportverbände und Organisationen vereinfachen soll. Dieser Leitfaden umfasst die drei Ebenen der Tripple Bottom Line (Deutscher Olympischer Sportbund (DOSB), 2018). Allgemein sieht das Internationale Olympische Komitee sich in der Verantwortung, Nachhaltigkeit in der Rolle des Organisators und Eigentümers der Olympischen Spiele und Anführer der olympischen Bewegung zu fördern. Abbildung 16.2 zeigt die fünf Aufgabenfelder mit Berührungspunkten zur Nachhaltigkeit auf.

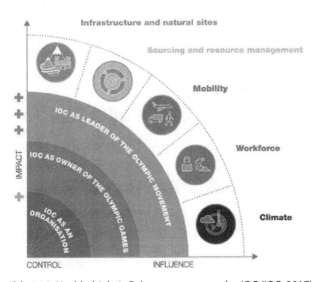

Abb. 16.2: Nachhaltigkeit-Rahmenprogramm des IOC (IOC, 2017)

Auf kontinentaler Ebene setzt sich die **UEFA** im Allgemeinen für die Mission ein, die „Achtung der Menschenrechte und der Umwelt im Rahmen des europäischen Fußballs zu inspirieren, zu aktivieren und zu beschleunigen"

(UEFA, 2022c). In Anlehnung an die SDGs analysiert die UEFA primär die soziale und ökologische Säule und dessen Zielerreichung. Des Weiteren hat die UEFA maßgeblich einen Plan für angestrebte Nachhaltigkeitsziele ausgearbeitet und transparent dargelegt. Besonderen Wert legt die UEFA hierbei auf die Zusammenarbeit mit allen betroffenen Stakeholdern. In der folgenden Abbildung werden die Themenfelder der sozialen und ökologischen Nachhaltigkeit und deren zusammenhängende Handlungsfelder dargestellt.

Abb. 16.3: Nachhaltigkeitsstrategien der UEFA (UEFA, 2021a)

Das Handlungsfeld Infrastructure Sustainability wird in einem separaten Dokument „UEFA Sustainable Infrastructure Guidelines" vertiefend analysiert. Zusätzlich weist es Leitlinien zur Erfüllung der drei Säulen der Nachhaltigkeit auf und präsentiert Fallbeispiele aus der Praxis (UEFA, 2022e).

Besonders die Nationalverbände wie der **DFB** haben eine direkte, gesellschaftsnahe und tägliche Verantwortung, ein Nachhaltigkeitsmanagement in den Sport zu integrieren. Denn Veränderung im Sport fängt im Kleinen bei den Regional- und Landesverbänden und Organisation-Teams im Haupt- und Ehrenamt an und wird durch einen nationalen Verband zusammengefasst und geleitet. Um diese Aufgabe verantwortungsbewusst erfüllen zu können, veröffentlicht der DFB alle drei Jahre einen Nachhaltigkeitsbericht in Form eines Rückblicks und einer Vorschau für zukünftige nachhaltige Zielvereinbarungen. Dieser wird auf den organisierten Fußball in Deutschland im Breiten- und Spitzensport angewendet.

Vor allem die soziale und die ökologische Säule spiegeln sich in den sechs Handlungsfeldern des DFB wider. Wie in Abbildung 16.4 zu sehen ist, steht die Gemeinschaft für den DFB im Mittelpunkt, die benötigt wird, um die formulierten Ziele zu erreichen. Zusätzlich stellt der DFB im September 2022 die Nachhaltigkeitsstrategien „Gutes Spiel" vor, die auf die 17 Nachhaltigkeitsziele der Vereinten Nationen abgestimmt sind.

Besonders die Säule der Ökologie greift der DFB gesondert auf und präsentiert „87 Gute Ideen Für Umwelt Und Verein" (DFB, 2020). Darunter geclustert sind Ideen für den Bereich Abfall und Ressourcen, Energie, Mobilität und weitere.

Abb. 16.4: Die sechs Handlungsfelder des DFB
(eigene Darstellung nach DFB, o. D.)

16.2 Benchmark: Typische Nachhaltigkeitsziele von Sportevents anhand ausgewählter Beispiele

Auch wenn die Nachhaltigkeitsanforderungen an große Events zunehmend steigen (Umwelt Bundesamt, 2021), ist die EURO 2024 nachvollziehbarerweise nicht das erste Event, dass sich einem Nachhaltigkeitsanspruch verpflichtet sieht. Um in diesem Kontext die Ziele der EURO 2024 besser einordnen zu können, ist es daher hilfreich, bereits durchgeführte bzw. andere in Planung befindliche Sport-Großveranstaltungen als Benchmark hinzuzuziehen. Dazu soll in diesem Kapitel zunächst ein Blick auf die größte Kategorie der Sportevents, die Olympischen Spiele, geworfen werden. Der Fokus wird dabei auf den Planungen für Paris 2024 liegen (Kap. 16.2.1). Auf den Fußball bezogen, hinterfragen wir – auch angesichts der Aktualität und der weit verbreiteten Kritik – die Fußball-Weltmeisterschaft in Katar 2022 (Kap. 16.2.2). Und schließlich widmen wir uns den Vorgängerevents des eigentlichen Untersuchungsgegenstands, und zwar der EURO 2016 und EURO 2020 – damit also hier auch bereits auf ihre Planerfüllung untersuchte Events (Kap. 16.2.3). Diese gesammelten Analysen dienen dann dazu, ein besseres Verständnis zu aktuellen – möglicherweise State of the Art – Nachhaltigkeitskonzepten und Maßnahmen zu gewinnen, die dann auch bei der Bewertung der UEFA EURO 2024 in einem späteren Kapitel zurate gezogen werden.

16.2.1 Nachhaltigkeitsziele der Olympischen Spiele 2024 in Paris

Paris 2024 spielt bei der Analyse von Benchmarks und potenziellen Best-Practice-Beispielen für die EURO 2024 eine besondere Rolle. Zwar können auch hier aufgrund des in der Zukunft liegenden Events nur Planung und Anspruch untersucht werden. Dafür ist das zeitliche und regionale „Zusammenfallen" der Olympischen Spiele in Paris und der kommenden Fußball-Europameisterschaft in Deutschland im Sommer 2024 aber eine relevante Parallele, da es wenig Anlass zu der Annahme gibt, dass Konzepte und Maßnahmen, die in Paris realisiert werden, nicht auch in Deutschland implementiert werden könnten. Darüber hinaus sind die Olympischen Spiele in Paris die ersten, die den vollständigen Bewerbungsprozess seit der Reform des IOC in 2014 durchlaufen haben (Sportschau, 2020). Aufgrund der mit der Durchführung der Olympischen Spiele in den vergangenen Jahrzehnten immer deutlicher hervortretenden negativen Effekte wie Kostenüberschreitungen, Umweltzerstörung und nicht weiter nutzbare Investitionsruinen, wuchs der Unmut der Bevölkerung, wodurch an sich attraktive Bewerberstädte aufgrund von erfolglosen Referenden ihre Bewerbungen zurückziehen mussten (z. B. Hamburg (Knaack, 2015), Rom (Sturmberg, 2016), Budapest (Mészáros, 2018) und Boston (Frankfurter Allgemeine Zeitung, 2015)). Das IOC musste also handeln. Die Agenda 2020 mit 40 Empfehlungen zum „Schutz der olympischen Werte und zur Stärkung der Rolle des Sports in der Gesellschaft" (IOC, 2021) wurde verabschiedet, womit auch entsprechende Nachhaltigkeitsrahmenbedingungen für die Austragung verankert wurden. Das IOC orientiert sich dabei auch an den oben dargelegten (siehe Kap. 16.1) Sustainable Development Goals der UN.

Mit den Olympischen Spielen 2024 in Paris erhebt der IOC den Anspruch, das erste sportliche Großereignis zu sein, welches einen positiven Einfluss auf die Umwelt hat, wodurch Nachhaltigkeit nicht nur eine Randnotiz der Spiele sein soll, sondern zur tragenden Rolle wird. Um diesen Ambitionen gerecht zu werden, kommuniziert Paris 2024 fünf Ansätze, welche aus den kommenden Olympischen Spielen das umweltfreundlichste Sportevent der Geschichte machen sollen (Paris 2024, 2019b). Dadurch gerät die ökologische Dimension der Nachhaltigkeit deutlich in den Mittelpunkt.

Prioritising frugality and utility bezeichnet das Wiederverwerten von bereits vorhandenen Sportstätten. Dabei werden rund 95 % der Veranstaltungen in bestehenden Sportanlagen stattfinden, wodurch lediglich das olympische und paralympische Dorf erbaut werden muss.

Wie bereits angesprochen, hat das IOC vor, mit Paris 2024 einen positiven Einfluss auf die Umwelt zu haben, jedoch ist es nicht unbedingt realistisch, für ein Event dieser Größe keine Emissionen auszustoßen. Darum umfasst das Motto „**going over and above carbon neutrality**" unter anderem den Ansatz, Emissionen mithilfe von Kompensationsprojekten auszugleichen bzw. sogar überzukompensieren.

Des Weiteren sollen Innovationsprojekte für mehr ökologische Nachhaltigkeit gefördert werden. Mit **innovation driving responsibility** wird ein lösungsorientierter und zukunftsweisender Nachhaltigkeitsansatz kommuniziert, welcher nicht nur kommende Spiele positiv gestalten soll, sondern auch die Veranstaltungsorte selbst idealerweise einen Schritt näher an die Klimaneutralität bringt.

Mit dem Anspruch **a collective effort to step up change** wurde ein weiteres Ziel definiert. Da die genannten Zielerreichungen ohne Kollaborationen mit anderen Organisationen sich als schwierig herausstellen könnten, arbeitet Paris 2024 eng mit unterschiedlichen Organisationen zusammen, um Hindernisse zu identifizieren und die Best-Practice-Lösung zu implementieren. Zudem hat sich Paris 2024 für die „Sports for Climate Action"-Initiative angemeldet.

Und schließlich wurde das **Games Environmental Transformation Committee** gegründet, um die Spiele in Paris zu unterstützen, die Implementation der Strategien zu beobachten und ggf. dabei zu beraten und zu helfen. Das Komitee wurde dazu aus neun Experten gegründet.

Die Nachhaltigkeitspriorität bei den Olympischen Spielen 2024 liegt also ganz klar bei der Umwelt. Darüber hinaus werden aber auch – in kleinerem Rahmen – soziale Aspekte adressiert, um für mehr Gleichberechtigung zu sorgen, indem für eine 100%ige Gleichstellung der Geschlechter gesorgt werden soll sowie mehr Wettbewerbe mit gemischten Geschlechtern an den Start gehen sollen (IOC, 2020). Zudem werden vermehrt Sportarten unterstützt, die einen stärkeren Fokus auf Kreativität und Ästhetik legen, wie z.B. Skateboarding und Breakdance (Paris 2024, 2019a).

16.2.2 Nachhaltigkeitsstrategie des FIFA World Cups Katar 2022

Das fußballerische Pendant zu den Olympischen Spielen, also das Fußballevent mit globaler Reichweite, ist die Fußball-Weltmeisterschaft bzw. in markensicherndem Neudeutsch der FIFA World Cup. Hier wollen wir auf die aktuellste Veranstaltung, den FIFA World Cup Katar 2022 eingehen. Da die Fertigstellung dieses Artikels mit dem unmittelbaren Ende des FIFA World Cups zusammenfielen, besteht auch hier keine Möglichkeit, den Erfolg des Nachhaltigkeits-Engagements zu analysieren. Im Augenblick ist es somit nur möglich, die Planungsdokumente der Verantwortlichen und die Ansprüche der FIFA sowie des Landes zu bewerten, allerdings noch nicht die tatsächliche Umsetzung. Darum ist hervorzuheben, dass die nach außen kommunizierten Nachhaltigkeitsmaßnahmen nicht der letztendlichen Umsetzung entsprechen müssen und so diesbezüglich berechtigte Zweifel entstehen können (Rieger, 2022). Die besondere Situation Katars, was die klimatischen Rahmenbedingungen, die in dem erforderlichen Umfang zuvor nicht vorhandene Sportinfrastruktur und die Menschen- bzw. Gastarbeiterrechte betrifft (Business & Human Rights Resource Centre, 2022), macht die Analyse der angestrebten Maßnahmen umso interessanter. Darüber hinaus sind aber auch die umfangreichen finanziellen Mittel Katars ein wichtiger Aspekt der Benchmarkuntersuchung. Denn als das übergeordnete Ziel Katars kann eine Imagesteigerung angenommen werden, koste es, was es wolle. Insofern wird es interessant sein, herauszuarbeiten, welche Ansprüche und Maßnahmen in einem Szenario „annähernd unbegrenzter" Mittel aufgestellt werden können.

Abb. 16.5: Das Strategic Framework des FIFA World Cup 2022
(FIFA, 2020, S. 20)

Dazu werden im Folgenden vor allem die Aussagen der sog. Sustainability Strategy des FIFA World Cup Katar (FIFA, 2020) untersucht, die eine gemeinsame Absichtserklärung und Planungsgrundlage der FIFA, des Local Organizing Committees (Q22) und des Supreme Committees for Delivery and Legacy (SC) sind. Insofern kann hier schon festgehalten werden, dass die Nachhaltigkeitsziele aus einem gemeinsamen Commitment der wesentlichen World-Cup-Stakeholder resultieren. Dabei ist die Event-Strategie in die ganzheitliche Entwicklungsvision Katars, Katar National Vision 2030 (General Secretariat For Development Planning, 2008) und die National Development Strategy 2018–2022 (Ministry of Development Planning and Statistics, 2018), eingebettet. Die Ziele orientieren sich des Weiteren an den SDGs der UN, den entsprechenden ISO-Normen und gliedern sich in die fünf Frameworkelemente, bestehend aus: Environmental, Human und Social (beide zusammen gehören in die ESG-Kategorie Social), Economic sowie Governance (beide in der ESG-Dimension Governance) – wie in Kapitel 16.1 dargestellt. Die gesamten Nachhaltigkeitsmaßnahmen sind in einer ansprechenden Vision grundgelegt, die die Entwicklung Katars und der Region sowie die zukünftigen FIFA World Cups mit dem Event in Katar verbindet und den Menschen in den Mittelpunkt stellt. Die einzelnen Ziele sind in den entsprechenden fünf Framework-Kategorien und in Bezugnahme auf die SDGs übersichtlich und nachvollziehbar dargestellt.

Die **ökologische Kategorie** umfasst die nachhaltige Bauweise der erforderlichen Infrastruktur. Darüber hinaus stehen neben Müll, Wasser und Luftverschmutzung vor allem Treibhausgase im Mittelpunkt. Über die Formulierung im Zielframework hinaus wird der sehr ehrgeizige Anspruch eines „fully carbon-neutral FIFA World Cups" (FIFA, 2020, S. 7) erhoben. Dabei soll „fully" alle Phasen des Events, also Vorbereitung, Durchführung und Nachbereitung umfassen sowie alle CO_2-Emissionen, die die FIFA, Q22 und SC im Kontext des FIFA World Cups verursachen, inklusive Fanlogistik vor Ort, Übernachtung und Verpflegung. Dabei kommt den Veranstaltern zumindest die regionale Besonderheit entgegen, dass die Entfernungen in Katar, in dem alle Stadien in einem Umkreis von 50 km zur Hauptstadt Doha liegen, überschaubar sind und der durch Logistik vor Ort verursachte CO_2-Ausstoß schon dadurch geringer als bei Vorgänger-Events ist. Allerdings müsste – um solch ein Event wirklich ganzheitlich zu betrachten – auch die Mannschafts- und Fanlogistik bei der An- und Abreise nach bzw. von Katar berücksichtigt werden. Spätestens dann wird deutlich, dass auch hier ohne Kompensationsprojekte keine Klimaneutralität erreichbar ist.

Der Aspekt **Human und Social** adressiert die – vor allem im Vorfeld des World Cups in der Kritik stehenden – Rechte der Gastarbeiter sowie die Entwicklung und Bildung der Jugend. Darüber hinaus werden interkultureller Austausch und Inklusivität thematisiert.

Bei der **ökonomischen Nachhaltigkeit** steht hier die – für ein Land ohne die erforderliche Sportinfrastruktur – zunehmend in den Fokus rückende Thematik der nachhaltigen Nutzungsperspektiven der Eventimmobilien, vor allem der Stadien im Mittelpunkt wie bereits beim World Cup 2010 in Südafrika (Fraser & Humphrey, 2016; Wellings, 2012). Das Framework-Element Governance geht dann schließlich auf Transparenz und Korruption ein – Themen, die bei der Auftragsvergabe im Rahmen eines solch großen Events immer mit Risiken behaftet sind.

Alle genannten Ziele sind mit einem umfangreichen Maßnahmenkatalog unterlegt. So wirkt das Gesamtkonzept ansprechend, durch seine Struktur nachvollziehbar und durch die konkreten Maßnahmen auch aktionsorientiert. Als Zieldefinition sticht es daher positiv hervor. Ob es dann auch in diesem vollen Umfang realisiert wurde – die Ansprüche z. B. bzgl. der Gastarbeiter decken sich aktuell nur zum Teil mit den Realitäten (Millward, 2017) –, werden der angekündigte Nachhaltigkeitsbericht nach dem Event bzw. die Nachbereitungsphase sowie externe Untersuchungen zeigen.

16.2.3 EURO 2016 und EURO 2020

Eine Analyse der zurückliegenden Fußball-Europameisterschaften darf natürlich nicht fehlen. In diesem Abschnitt wollen wir dabei vor allem auf die Ergebnisse und Erkenntnisse aus der EURO 2016 in Frankreich eingehen. Die in 2021 stattgefundene EURO 2020 ist zwar jüngeren Datums, allerdings bildet das Event durch die – zur Feier des Jubiläums – Verteilung der Spielstätten in Europa einen anderen Rahmen als eine EURO mit nur einem oder zwei benachbarten Austragungsländern, zumindest hinsichtlich ökologischer Nachhaltigkeitsaspekte, wie z. B. den logistischen CO_2-Fußabdruck der reisenden Nationalteams. Darüber hinaus standen 2020 bzw. 2021 Coronamaßnahmen im Fokus, eine Rahmenbedingung, von der wir hoffen, dass sie 2024 keine (allzu große) Bedeutung mehr haben wird. Insofern wollen wir hier vor allem auf die EURO 2016 schauen – und nur kurz auf die Nachhaltigkeitsbilanz der EURO 2020 zurückblicken.

Die UEFA EURO 2016 in Frankreich verfolgte die vier Nachhaltigkeitsprinzipien – Integrität, Inklusion, Führungsverantwortung und Transparenz –, um den ISO 20121 Standard für nachhaltiges Eventmanagement umzusetzen (UEFA, 2016, S. 20). Daraus kommunizierte die UEFA acht Prioritäten der EURO 2016 Sustainability Campaign, welche sich aus den elf Schlüsselwerten der UEFA ableiteten (UEFA, 2016, S. 20). Die ökologischen Prioritäten konzentrierten sich auf die Bereiche Öffentliche Verkehrsmittel und Mobilität, Abfallmanagement, Optimierung des Energie- und Wasserverbrauchs und Beschaffung von Produkten und Dienstleistungen. Eine Besonderheit hierbei ist die erstmalige Berücksichtigung von negativen ökologischen Auswirkungen des Events zusätzlich zum CO_2-Fußabdruck, wie z. B. der Einfluss auf Luftverschmutzung, Gesundheit und Biodiversität (UEFA, 2016, S. 16). Eine beispielhafte Konsequenz war die bewusste Entscheidung der UEFA, fossile Brennstoffe Biokraftstoffen sowie synthetischen Brennstoffen vorzuziehen aufgrund einer insgesamt – laut UEFA zum Zeitpunkt der EURO 2016 – besseren Ökobilanz der fossilen Kraftstoffe (UEFA, 2016, S. 16).

Das Prinzip der Inklusion wird ebenfalls in den acht Prioritäten näher differenziert. Zum einen war ein Ziel der EURO 2016, die Barrierefreiheit zu gewährleisten, womit es den Bevölkerungsteilen mit Bewegungseinschränkungen ermöglicht werden soll, ohne Einschränkungen das Turnier erleben zu können. Zum anderen ist der Kampf gegen Rassismus und Diskriminierung eine Priorität der UEFA, weswegen hier auch ein Null-Toleranz-Ansatz umgesetzt wurde.

Ebenfalls ein Null-Toleranz-Ansatz, jedoch mit weniger Erfolg, galt bei der Priorität der Gesundheit der Fans und des Personals, weswegen ein „Rauchverbot von Tabakprodukten in allen Innen- und Außenbereichen des Stadions" (UEFA, 2016, S. 22) galt.

Schließlich ist noch das Fördern der Fankultur eine Priorität der EURO 2016 gewesen, wodurch eine freundliche und sichere Umgebung gewährleistet werden sollte, in der Fans die Spiele hautnah miterleben können, egal ob digital oder vor Ort. Dabei standen die Förderung von Fanorganisationen, eine ausgezeichnete Betreuung sowie die digitale Bereitstellung von Spielübertragungen und Informationen für Fans im Vordergrund.

Im Sinne des Transparenz-Prinzips und der Führungsverantwortung versuchten die UEFA EURO 2016-Organisatoren anhand eines hybriden Führungssystems aus Top-down- und Bottom-up-Ansatz, Governance und Nachhaltigkeit in Einklang zu bringen. Zudem wurde der Nachhaltigkeitsaspekt „in die operativen Kernprozesse […] integriert" (UEFA, 2016, S. 30), mithilfe von Berücksichtigung der Nachhaltigkeit, Sensibilisierung und Schulung sowie Kommunikation und Öffentlichkeitsarbeit.

Die EURO 2020 hingegen hatte mit der zuvor angesprochenen Verteilung der Austragungsorte über ganz Europa hinweg sowie den außergewöhnlichen Umständen durch die Coronapandemie eine – hoffentlich einzigartige – Herausforderung aus ökologischer und sozialer Sicht zu meistern. Dadurch erweist es sich schwer, die Nachhaltigkeitsbilanz der EURO 2020 mit sowohl vorherigen als auch nachfolgenden Großevents zu vergleichen. Allerdings haben diese besonderen Umstände die UEFA nicht davon abgehalten, Nachhaltigkeit eine zentrale Rolle in der Gestaltung des UEFA Flagship Turniers zu geben (UEFA, 2022d, S. 42). Dabei standen die Punkte Umweltschutz und Menschenrechte ganz oben auf der Prioritätenliste (UEFA, 2022d, S. 42).

Um ein umweltbewussteres Turnier zu gestalten, wurden auch hier wieder die Themen Abfallmanagement, öffentlicher Transport und natürlich CO_2-Neutralität in den Mittelpunkt gestellt. Allerdings lag der Schwerpunkt der Sustainability Campaign der EURO 2020 auf der Inklusion und Gleichstellung aller Fußballfans. Zum einen wurde erneut auf die Barrierefreiheit des Turniers geachtet, sodass es allen Zuschauern möglich ist, ohne Einschränkungen ein Teil des Spiels zu werden. Des Weiteren lag der Fokus auf dem Kampf gegen Rassismus und Diskriminierung, woraus die mehrfach ausgezeichnete UEFA Original-Dokumentation „Outraged: Football Tackles Discrimination" entstand, welche von 15 Millionen Menschen gesehen wurde (UEFA, 2022d, S. 48).

16.3 Akteure der EURO 2024 und ihre Nachhaltigkeitspläne

Während die EURO 2020 mit den besonderen Umständen der Coronapandemie und einer Dezentralisierung der Austragungsorte kein leichtes Spiel war, könnte die EURO 2024 mit neuen geopolitischen Herausforderungen zu kämpfen haben. Mit dem Motto „**United by Football – Im Herzen Europas**" stellen UEFA und DFB die soziale Dimension in den Mittelpunkt. Aber es gibt auch entsprechende Ambitionen im ökologischen Bereich.

In den folgenden Kapiteln werden die zentralen Akteure der EURO 2024 und deren konkreten Ziele im Bereich Nachhaltigkeit vorgestellt. Dabei wird näher auf die UEFA, EURO 2024 GmbH und den DFB eingegangen (Kap. 16.3.1), wie auch auf die aktuellen Pläne der zehn Host Cities (Kap. 16.3.2). Schließlich werden die Nachhaltigkeitsaktivitäten der nationalen Sportverbände bzw. der Teams kurz betrachtet (Kap. 16.3.3). Auf der Grundlage dieser Analyse wird dann im Folgekapitel eine Bewertung stattfinden.

16.3.1 Veranstalter: UEFA, EURO 2024 und der DFB

„Vorbild für Nachhaltigkeit von Veranstaltungen im Bereich des Sports und Impulsgeber für eine nachhaltige Entwicklung der deutschen und europäischen Gesellschaft" (UEFA, 2021, S. 6): Mit dieser Vision bereitet sich die EURO 2024 GmbH auf das sportliche Großereignis im Sommer 2024 vor. Dabei agieren neben der EURO 2024 GmbH auch die UEFA, der DFB sowie die zehn Austragungsorte als maßgebliche Akteure (UEFA, 2021, S. 4), um für ein nachhaltiges Turnier zu sorgen. Als Grundlage dafür dienen die in Kapitel 16.1 vorgestellten SDGs der UN, die UN-Initiative „Global Compact", die „Global Reporting Initiative" sowie die – bei der EURO 2016 bereits angewendete – ISO-Norm 20121:2012 (UEFA, 2021, S. 9). Anders als bei den Olympischen Spielen in Paris 2024 steht bei der EURO 2024 die **soziale Dimension im Vordergrund** (UEFA, 2021, S. 13). Bei der EURO 2024 bilden **Menschenrechte**, **Inklusion** und **Barrierefreiheit** den Fokus der Sustainability Campaign der UEFA und des DFB. Daraus entspringen die sechs „Leitprinzipien für die Durchführung einer nachhaltigen UEFA EURO 2024" (UEFA, 2021, S. 9): Respekt und Verantwortung; Inklusion und faire Teilhabe; Integrität; Verantwortung und Transparenz; Flexibilität und Innovation; Zweckmäßigkeit und Kostenbewusstsein. Anhand dieser Leitprinzipien ist das Ziel – im Sinne der Nachhaltigkeit –, ein „positives Vermächtnis" (UEFA, 2021, S. 12) zu hinterlassen, das einen langfristigen Einfluss auf das Land und die Regionen hat. Anhand der Leitprinzipien hat die EURO 2024 „fünf Dimensionen für eine nachhaltige Veranstaltung" mit konkreten Themenbereichen bereitgestellt, um einheitliche Rahmenbedingungen und Ziele der Nachhaltigkeit für die Veranstaltungsorte zu setzen, wodurch ein **Sustainability Standard** gewährleistet werden soll. Diese Dimensionen sind: **Umwelt; Vielfalt und Inklusion; Solidarität; Good Governance; Gesundheit und Wohlbefinden.** Dabei können Vielfalt und Inklusion, Solidarität und (zum Teil) Gesundheit und Wohlbefinden der sozialen Kategorie des Drei-Säulen-Modells zugeordnet werden, wodurch wieder der Schwerpunkt der EURO 2024 deutlich wird.

Im Gebiet **Vielfalt und Inklusion** soll zum einen Barrierefreiheit gewährleistet werden, sodass es Menschen unterschiedlicher Herkunft, Menschen mit Behinderung sowie Menschen in finanziellen Notlagen ermöglicht wird, ein uneingeschränktes Fanerlebnis beim größten UEFA-Turnier zu haben. Zum anderen steht auch der Schutz vor Diskriminierung und Rassismus im Vordergrund. Hierfür planen die UEFA und der DFB, Diversität, Vielfalt und Geschlechtergleichstellung zu fördern und sich in den Bereichen Integration, Inklusion sowie Kampf gegen Diskriminierung und Rassismus zu engagieren (UEFA, 2021, S. 14).

Beim Thema **Solidarität** möchte die UEFA EURO 2024 den Jugendsport und den Breitenfußball fördern, um so eine nachhaltige Nachwuchsförderung zu garantieren. Des Weiteren soll hier die ökonomische Säule abgedeckt werden, indem ein nachhaltiger wirtschaftlicher Nutzen aus der Fußball-Europameisterschaft 2024 gezogen werden soll, unter anderem durch eine „Erleichterung des Wissensaustausches" (UEFA, 2021, S. 15) und die „Schaffung von Beschäftigungs- und Ausbildungsmöglichkeiten im Anschluss an die EURO" (UEFA, 2021, S. 19).

In der Dimension **Good Governance** ist es das Ziel der EURO 2024, Menschenrechte zu wahren, Transparenz im Management zu gewährleisten und über Schulungsmöglichkeiten Nachhaltigkeit zu fördern (UEFA, 2021, S. 19). Der Bereich **Gesundheit und Wohlbefinden** setzt sich mit einem gesunden Lebensstil auseinander und möchte diesen durch entsprechende Kommunikation sowie Richtlinien fördern (UEFA, 2021, S. 19).

Und schließlich verfolgt die EURO 2024 GmbH auch **Umweltschutzmaßnahmen**, zu denen die verstärkte Nutzung des öffentlichen Nahverkehrs sowie nachhaltigere öffentliche Verkehrsmittel, umweltfreundliche – Eco Management and Audit Scheme (EMAS)-zertifizierte – Stadien, ein „4R-Ansatz" (reduce, reuse, recycle, recover) im Bereich „Kreislauf- und Abfallwirtschaft", die „Beschaffung biologischer und regionaler Lebensmittel" und ein „Optimierter Strom- und Energieverbrauch" (UEFA, 2021, S. 19) zählen. Zudem soll es erstmals keine Neubauten von Spielstätten geben, wodurch – mit den zuvor genannten Maßnahmen – die CO_2-Emissionen größtmöglich reduziert werden sollen und damit ein CO_2-neutrales Turnier entstehen soll. (UEFA, 2021, S. 19). Außerdem ist das „Zoning" erwähnenswert, das Deutschland in vier Bereiche einteilt und Mannschaften und Spielstätten diesen Zonen zuordnet, um Wegstrecken zu reduzieren.

16.3.2 Host Cities und ihre Planungen

Wie auch beim World Cup und den Olympischen Spielen ist die Vergabe der Austragungsstandorte ein wichtiger Prozess jeder Fußball-Europameisterschaft. Für die in Deutschland ausgetragene EURO 2024 haben sich 14 Städte als Austragungsstandort beworben, wovon 10 letztendlich den Zuschlag bekamen. Bei dem Vergabeverfahren hat sich der zuständige DFB an die **Richtlinien und Bewertungskriterien der UEFA** gehalten. Es gibt hierfür drei übergeordnete Auswahlkriterien:

Netto-Sitzplatzkapazität: Geforderte Anzahl an Stadien mit – für die Öffentlichkeit verfügbaren – Sitzplätzen von 60.000+ (3-mal), 40.000+ (3-mal) und 30.000+ (4-mal). Dadurch kann das Problem entstehen, dass ein potenzieller Austragungsort raumintensivere Plätze – für z. B. bewegungseingeschränkte Personen – nicht zur Verfügung stellt, um die Netto-Sitzplatzkapazität zu erhöhen und damit dieses Kriterium der Barrierefreiheit vorgezogen wird. Dabei ist zu erwähnen, dass die Netto-Sitzplatzkapazität als wichtigstes Auswahlkriterium gesehen wird (DFB, 2017b, S. 5).

Ranking: Drei Bewertungskategorien „Global Concept", „Infrastructure", „Operations" mit jeweils vier Sektoren, welche einzeln auf einer Skala von 1 bis 10 bewertet werden, sind für die Auswahl der Host Cities relevant. Dabei sind die Unterkategorien bzw. Sektoren in der Endabrechnung unterschiedlich gewichtet. Der Sektor 3, Political, Social and Environmental Aspects, ist hierbei mit lediglich 5 % (DFB, 2017b, S. 13) unterdurchschnittlich gewichtet, wodurch sich die kommunizierte Wesentlichkeit der Nachhaltigkeit nicht in der Gewichtung widerspiegelt.

Zoning: Das Bundesgebiet wurde in die vier Zonen – Zone I (Nord), Zone II (West), Zone III (Süd) und „Zone IV (Ost)" – eingeteilt. Es muss aus jeder Zone mindestens ein und maximal vier Spielorte ausgewählt werden (DFB, 2017b, S. 8). Dieses Zoning hilft dabei, möglichst vielen Bürgerinnen und Bürgern Zugang zu Spielen zu ermöglichen und damit **Barrierefreiheit** zu gewähren. Der darüberhinausgehende Einfluss auf die ökologische Bilanz wird im Folgekapitel diskutiert.

Gemäß dieser Auswahlkriterien wurden die zehn Host-Cities – Berlin, Köln, Dortmund, Düsseldorf, Frankfurt, Gelsenkirchen, Hamburg, Leipzig, München und Stuttgart – festgelegt (UEFA, 2022b). Da viele dieser Spielorte zum Zeitpunkt der Fertigstellung dieses Artikels noch kein konkretes Nachhaltigkeitskonzept veröffentlicht haben, wird daher exemplarisch der **Austragungsort Berlin** herangezogen. „Das Leitbild der Nachhaltigkeit zur UEFA EURO 2024 in Berlin" (Senatsverwaltung für Inneres und Sport (SenInnS), 2022) ist hierbei auf den drei Säulen „Ökologie", „Soziales" und „Ökonomie und Governance" aufgebaut. Der Standort Berlin richtet sich dafür an den globalen Nachhaltigkeitszielen der Vereinten Nationen aus, die im Rahmen der Agenda 2030 aufgestellt wurden, an der allgemeinen Erklärung der Menschenrechte sowie an der „Stadtrendite 4.0" (SenInnS, 2022, S. 5).

Im Bereich **Ökologie** befasst sich der Standort Berlin mit Themen wie klimafreundliche Mobilität, die Minimierung von Energie- und Wasserverbrauch sowie ökologische Standards und Innovationen (SenInnS, 2022, S. 8). Damit möchte die Stadt Berlin – mit Unterstützung der UEFA EURO 2024 – einen neuen Maßstab für ökologische Nachhaltigkeit für zukünftige Projekte und Veranstaltungen setzen.

Auf der Ebene **Soziales** stehen auch für die Stadt Berlin die Barrierefreiheit, Inklusion und Anti-Diskriminierungs-Kampagnen im Vordergrund. Damit soll für eine gleichberechtigte Teilnahme am größten Event der UEFA gesorgt und auf die Vielfältigkeit und Diversität der Stadt geachtet werden (SenInnS, 2022, S. 12). Dadurch soll ein respektvoller Umgang miteinander gewährleistet sein. Darüber hinaus setzt sich der Standort Berlin zusammen mit der UEFA EURO 2024 für die Sportentwicklung in allen Sportbereichen ein (SenInnS, 2022, S. 13). Außerdem will Berlin mit den Begriffen „Gute Arbeit" und „Gutes Leben" für faire Arbeitsbedingungen sorgen und ein gesundes Leben bewerben (SenInnS, 2022, S. 13). Über die Realisierung dieser Ansprüche während des Events hinaus ist auch die Wertevermittlung und damit eine Verankerung der sozialen Anforderungen im Bewusstsein der Bürger ein erklärtes Ziel.

Im Gebiet **Ökonomie** und **Good Governance** verfolgt die Sportmetropole Berlin darüber hinaus den Vorsatz, in Kooperation mit der UEFA eine „Verbindlichkeit für die Einhaltung von Nachhaltigkeitsstandards" einzuleiten sowie eine „Plattform für Vernetzung und Innovation" zu kreieren (SenInnS, 2022, S. 14). Damit möchte sich die Stadt Berlin nicht nur lokal für Sustainability-Ziele engagieren, sondern auch Netzwerke für nationale und internationale Diskussionen schaffen. Mithilfe dieser Initiativen sollen innovativen Ideen und neuen Lösungsansätzen eine Plattform geboten werden, auf der Akzeptanz, Transparenz und der Ideenaustausch gegeben ist (SenInnS, 2022, S. 14).

Auf Basis dieser drei Säulen sollen in Berlin die genannten Nachhaltigkeitskonzepte während und nach dem Turnier umgesetzt werden, um die Nachhaltigkeitsziele der UEFA EURO 2024 und der Stadt Berlin in vollem Umfang zu erreichen. Da diese Sustainability Goals den Zielen der UEFA für mehr Nachhaltigkeit sehr ähnlich sind, ist davon auszugehen, dass ein Großteil der anderen neun Standorte ähnliche Ziele und Konzepte kommunizieren werden.

16.3.3 Nationale Sportverbände (Nationalteams) und deren Nachhaltigkeitsaktivitäten

Als unmittelbare Repräsentanten des Sports finden sich die einzelnen Nationalteams immer häufiger im Zentrum der Diskussionen rund um das Thema Nachhaltigkeit. Da zum Zeitpunkt der Erstellung dieses Artikels die Fußball-Weltmeisterschaft in Katar gerade erst beendet war, ist es wenig überraschend, dass es noch keine konkreten Aussagen der Nationalmannschaften zu den Nachhaltigkeitsaktivitäten des Folgeturniers gibt. Aufgrund dessen werden in diesem Abschnitt Stimmen nationaler Sportverbände zur Nachhaltigkeit des World Cup 2022 in Katar herangezogen, um anschließend – mit Vorbehalt – Rückschlüsse für die kommende EURO 2024 in Deutschland zu ziehen.

Beim Blick auf die Maßnahmen der deutschen Nationalelf vor dem World Cup 2022 fällt auf, dass vor allem **soziale Themen** wie Menschenrechtsverletzungen und Diskriminierung im Blickpunkt stehen. Ein Bericht der ARD-Sportschau zeigt, wie sich die Fußball-Nationalmannschaft beispielsweise über das Thema der Homosexualität in Katar informiert, die im Gastgeberland verboten ist (Sportschau, 2022d). Auch beim Thema Menschenrechtsverletzungen äußerte sich Bundestrainer Hansi Flick und betonte mehrfach, dass der Verband und die Mannschaft auf die Missstände und Menschenrechtssituation des Gastgebers aufmerksam machen möchten (Sportschau, 2022c). Zudem sprachen sich auch Kapitän Manuel Neuer und Mannschaftskollege Leon Goretzka öffentlich sehr kritisch gegenüber den sozialen Umständen in Katar aus und nannten die Menschenrechtssituation „inakzeptabel" (Sportschau, 2022a).

Während des World Cup 2022 kam es allerdings auch zu medialer Kritik am DFB und der Nationalelf durch die Absage des Tragens der „One Love"-Kapitänsbinde aufgrund von potenziellen Sanktionen der FIFA (Dahl, 2022). Trotz des darauffolgenden Protests der Spieler der Startelf, welche sich im Teamfoto beim Spiel gegen Japan den Mund zu hielten als Reaktion auf die Positionierung und Sanktionen der FIFA (Sportschau, 2022b), gab es auch im Anschluss viele Stimmen, welche die Glaubwürdigkeit des DFB und der Nationalmannschaft in Bezug auf soziale Nachhaltigkeit infrage stellten (Dahl, 2022; Sportschau, 2022b).

In diesem Kontext wäre bei den einzelnen Akteuren – wie dem DFB sowie der deutschen Nationalmannschaft – und in den Medien in Deutschland eine differenziertere Diskussion wünschenswert gewesen, welche über den Tellerrand hinausschaut und mehr Verständnis für kulturelle Unterschiede zeigt. Beispielhaft hierfür ist eine Facette aus dem universitären Umfeld des Gastgeberlandes des World Cups 2022. Die Geschlechtertrennung der Katar University bei Eingängen, Liften und Hörsälen mag dem Außenstehenden nachvollziehbarerweise befremdlich vorkommen. Wenn man aber in Betracht zieht, dass dies die vielleicht im aktuellen – nicht wünschenswerten – Kontext einzige Option ist, auch den Töchtern sehr konservativer Kataris Zugang zu Hochschulbildung zu ermöglichen, mag man das zunächst Offensichtliche eventuell differenzierter betrachten und anders bewerten, auch wenn die Gesamtumstände durchaus sehr kritikwürdig bleiben.

Nichtsdestotrotz hat das Ausmaß der Katar-Kritik durch den DFB und durch viele deutsche Medien die Stimme der meisten anderen internationalen Beobachter übertroffen. Bei den Le Bleus sowie bei der French Football Federation (FFF) war die Kritik deutlich zurückhaltender und dementsprechend auch die Maßnahmen. Im September 2022 hat Amnesty International die Le Bleus und die FFF aufgrund des „ohrenbetäubende[n] Schweigen[s] ihrer Mitarbeiter angesichts der Tausenden von Wanderarbeitern, die auf den Baustellen in Katar ums Leben kamen, und der Tausenden, die Zwangsarbeit leisten mussten" (Amnesty International, 2022), an den Pranger gestellt. Im darauffolgenden Oktober hat die FFF aufgrund schlechter Menschenrechtszustände im Teamhotel der Le Bleus ihr Schweigen gebrochen und sich zum Schutz der Social Rights der Mitarbeiter des Hotels verpflichtet (Barthe & Richalot, 2022).

Auch wenn eine Analyse von zwei Teams nicht das allgemeine Meinungsbild der anderen 30 Kader widerspiegeln kann, wird aber deutlich, dass selbst bei der bisher wahrscheinlich strittigsten Fußball-Weltmeisterschaft sehr unterschiedliche Ambitionen zu Nachhaltigkeitsaktivitäten unter den verschiedenen Nationalteams herrschen. Damit kann argumentiert werden, dass auch bei der EURO 2024 manche Mannschaften keine oder wenig Zeit in die Verfolgung und Kommunikation von Sustainability im Sport investieren werden, wohingegen andere Teams öffentlich und sehr direkt Nachhaltigkeitsthemen adressieren werden. Zudem können sich auch während des laufenden Turniers die Ambitionen der einzelnen Nationalteams, Nachhaltigkeit zu adressieren, noch stark ändern, weswegen eine Detailanalyse zu Nachhaltigkeitsplänen und -verhalten erst kurz vor bzw. während und nach der EURO 2024 möglich ist.

16.4 Bewertung von Anspruch und Planung des Nachhaltigkeitsengagements der EURO 2024

Ob das Engagement für Nachhaltigkeit von UEFA, DFB und EURO 2024 GmbH im Kontext der EURO 2024 intrinsisch motiviert oder aufgrund des Drucks der Stakeholder (Gesellschaft, Sponsoren) formuliert wurde, lässt sich kaum feststellen. Auch die Tatsache, dass andere Sportevents dieser Größenordnung (siehe Kap. 16.2) umfangreiche Nachhaltigkeitsziele und -maßnahmen niedergelegt haben, wird einen Einfluss auf das Ausmaß des

Engagements bei der EURO 2024 und zukünftiger Events haben. Da der interne und externe Anspruch an das Event und eine tatsächlich erfolgreiche Umsetzung der Nachhaltigkeitskonzepte nicht immer übereinstimmen, der hiesige Sammelband aber zur Vorbereitung auf die EURO 2024 herausgegeben wird, können in diesem Kapitel nur die Ansprüche mit der aktuellen Planung des Events verglichen werden.

Dabei schneidet die EURO 2024 nicht schlecht ab. Die EURO 2024 GmbH, der DFB und die Host Cities orientieren sich an den Richtlinien der UEFA Sustainability Goals – und somit auch an der ISO-Norm 20212:2012 sowie an den SDGs der Vereinten Nationen, also eine solide Fundierung der Ziele. Dass die kommunikative Grundstruktur der EURO 2024 seitens des Veranstalters fünf Kriterien bzw. Dimensionen nutzt, die Host Cities (hier zumindest am Beispiel Berlin) diese nicht 1:1 übernehmen, sondern sich auf die Grundstruktur der Triple Bottom Line berufen, ist kommunikativ optimierungswürdig.

Sehr positiv fällt in diesem Kontext aber auf, dass die Priorisierung des sozialen Bereichs dem Motto der EURO 2024 **United by Football – Im Herzen Europas** folgt und diese Zielpriorisierung sich auch in den fünf Dimensionen der EURO 2024 widerspiegelt. Diese Positionierung mit dem Ziel der Barrierefreiheit, Inklusion und Integration sowie dem Willen, Rassismus und Diskriminierung entgegenzuwirken, ist schlüssig und „aus einem Guss". Inhaltlich findet sich diese Priorisierung dann zumindest auch am Beispiel Berlin wieder (siehe Kap. 16.3.2). Darüber hinaus überzeugt auch der Wille Berlins, diese Ziele durch die EURO 2024 auch langfristig in der Stadtkultur stärker zu verankern, um somit eine – im ursprünglichen Wortsinn – nachhaltige Wirkung des Events zu erreichen.

Des Weiteren wird trotz aller Priorisierungen auch der Bereich der ökologischen Nachhaltigkeit eine wesentliche und zeitgemäße Rolle spielen (Schumann, 2022). Hier schneiden die Planungen der EURO 2024 gut ab, da vor allem zwei überzeugende Maßnahmen schon fest verankert und somit umgesetzt sind. Das Vermeiden von Neubauten von Stadien zahlt in die ökologische Dimension ein, da einer der wesentlichen Faktoren für Emissionen grundsätzlich eliminiert ist – und auch die ökonomische Nachhaltigkeit des Events gefördert wird. Hier spielt Deutschland seine komfortable Rolle, auf bestehende Infrastruktur zurückgreifen zu können, gut aus. Beton-Legacy-Diskussionen sind daher von vornherein obsolet. Die auffälligste Neuerung aber, die in diesen Bereich fällt, ist das „Zoning", d.h. die oben bereits genannte Einteilung Deutschlands in vier Bereiche und die damit verbundene Organisation der Spielorte (Gruppenphase) und der Mannschaftsbasen innerhalb jeweils einer Zone. Die Vergabe der Trainingscamps entspricht somit nicht mehr dem Zuschlag nach dem First-come-first-served-Prinzip, sondern es wird auf die Distanz zu den Spielorten geschaut, wodurch signifikant kürzere Transportwege entstehen (UEFA, 2022a). Dadurch sollen sowohl die Entfernungen der Mannschafts- als auch der Fanbewegungen – und somit die Emissionen – deutlich reduziert werden. Darüber hinaus ist noch die EMAS-Zertifizierung (Eco Management and Audit Scheme) aller Stadien (UEFA, 2021b) zu nennen und die aufgeführten Kombi-Tickets für den öffentlichen Nahverkehr. Außerdem sind bezüglich der Umsetzung der Nachhaltigkeitsziele der EURO 2024 und der zehn Standorte weitere externe Stakeholder mit Expertise eingebunden. Hier kann z. B. die Kooperation mit dem BMUV und dem Öko-Institut genannt werden. Gerade die Handlungsempfehlungen des Öko-Instituts sind in den Plänen des – hier exemplarischen – Austragungsorts Berlin immer wieder zu finden. Insofern muss man bei aller herausgestellten Priorisierung des sozialen Bereichs anmerken, dass die Maßnahmen dort doch noch eher vage formuliert sind, wohingegen der ökologische Aspekt durch einige sehr konkrete und zielführende Ansätze unterlegt ist.

Der bisherigen, tendenziell eher positiven Bewertung der EURO 2024-Planungen stehen aber auch einige (wenige) Aspekte gegenüber, die schon in Vorbereitung und Planung nicht den Ansprüchen gerecht werden. Bei der Auswahl der Standorte anhand des Kriteriums Netto-Sitzplatzkapazität könnte die Barrierefreiheit der Sitzplätze in den Hintergrund treten und der Themenbereich „Nachhaltigkeit" ist im Kriterien-Mix nur sehr unterdurchschnittlich gewichtet. Zusätzlich sind – nach eigenen Angaben der UEFA – Mitarbeiter der UEFA EURO 2024 über 30.000 km in Deutschland gereist, um die Liste der Hotels und Trainingsmöglichkeiten aufzustellen (UEFA, 2022a). Hierbei stellt sich die Frage, ob es in einem flächenmäßig, vergleichsweise überschaubaren Land wie Deutschland und im Zeitalter der Digitalisierung keine anderen Optionen gab, die nötigen Informationen auf nachhaltigere Weise zu beziehen.

Diese erste und noch in einer frühen Planungsphase durchgeführte Bewertung des Nachhaltigkeits-Engagements im Rahmen der EURO 2024 zeigt zum einen zahlreiche gute Ansätze (die jedoch zum großen Teil zum jetzigen Zeitpunkt noch auf die Umsetzung in die Praxis warten). Es wird aber auch deutlich, dass die zahlreichen Stakeholder nicht alle mit der gleichen Energie das Nachhaltigkeitsthema angehen. Dies hat sich beispielsweise auch bei dem Launch Event der UEFA Sustainable Infrastructure Guidelines in Mainz (2022) gezeigt, bei dem der Executive Director der Allianz Arena München Stadion GmbH im Themenblock „The Road to UEFA EURO 2024" ansprach, dass für ihn das Thema Nachhaltigkeit eher eine Randnotiz sein wird. Insofern liegt es nahe zu vermuten, dass zwar die Planung in weiten Teilen die hohen Nachhaltigkeitsansprüche aufnimmt, bei der Umsetzung aber dennoch eine mehr oder minder große Lücke zu den Planungen erkennbar sein wird. Dennoch ist es zielführend, die Ambitionen hoch anzusetzen. Es kann dadurch zumindest zum einen eine Basis von nachhaltigen Maßnahmen bei den Kernstakeholdern erzwungen werden. Zum anderen zeigen die vielen Positivbeispiele in den Planungen zahlreicher Stakeholder, dass sich viele von dem Anspruch mitnehmen lassen, die nachhaltigste UEFA EURO auszurichten.

16.5 Anforderungen an ein systematisches Nachhalten von Planung und Umsetzung bei der EURO 2024

Die offene Frage zum jetzigen Zeitpunkt bleibt aber, wie kann abgesichert werden, dass die Umsetzung auch der Planung folgt bzw. wer für eine Nichterfüllung von Nachhaltigkeitszielen verantwortlich ist. Bei der Betrachtung der ersten Frage fällt die Vielzahl der Stakeholder (siehe Kap. 16.3) ins Auge. Damit wächst auch die Anzahl an möglichen Controlling-Maßnahmen für mehr Nachhaltigkeit bei der UEFA EURO 2024. Die Anforderungen, den Nachhaltigkeitszielen wie kommuniziert nachzugehen, können hierbei zwischen den diversen Stakeholdern stark variieren. Dabei ist zu erwähnen, dass es vonseiten der UEFA keine Sanktionen gegenüber Verstößen bei den Kriterien geben wird (Friebe & Gasser, 2022), wodurch natürlich die Frage aufkommt, inwiefern den Veranstaltungsorten und Organisatoren ein Anreiz fehlen könnte, die kommunizierten Maßnahmen auch umzusetzen. Vonseiten des DFB sind die sog. Site Visits während des Bewerbungsverfahrens der Standorte zu erwähnen (DFB, 2017a). Diese dienten dazu, die Rahmenbedingungen der einzelnen Spielorte mit eigenen Augen zu sehen und so – auch im Sinne der Nachhaltigkeit – die Einhaltung der Kriterien zu gewährleisten. Hierbei wäre wünschenswert, dass bei der Umsetzungsphase der Nachhaltigkeitsziele die EURO 2024 GmbH mit demselben Engagement die Austragungsorte begutachtet und begleitet.

Auch die Anforderungen anderer Stakeholder an die UEFA EURO 2024, wie die Landesregierungen und die Austragungsstädte, sind mit den wachsenden Ansprüchen einer nachhaltigeren Gesellschaft gewachsen. Um den Prozess zu monitoren, möchte die Host City Berlin „eine fortlaufende Beratungs- und Begleitungsstruktur" (SenInnS, 2022) errichten, welche in Zusammenarbeit mit dem ExpertEM-Gremium die Umsetzung der Ziele ermöglichen sollen. Des Weiteren soll daraus mithilfe transparenter Kommunikation ein inklusiver Prozess werden. Dies könnte ein Ansatz sein, der auch für andere Stakeholder für das Monitoring des Nachhaltigkeitsengagements passend ist. Darüber hinaus sind es vor allem die Zuschauer, aber auch die Medien und Sponsoren, die hier Druck ausüben können, die Veranstalter der EURO 2024 zur Rechenschaft zu ziehen, falls diese die Nachhaltigkeitsmaßnahmen vernachlässigen.

Bezüglich der zweiten Frage, wer für eine Nichterfüllung verantwortlich ist, soll hier aber auch nochmals deutlich gemacht werden, dass für eine gelingende Umsetzung der Nachhaltigkeitskonzepte alle Stakeholder gemeinsam agieren müssen. Während die Veranstalter und Spielorte Rahmenbedingungen für mehr Nachhaltigkeit schaffen müssen, ist es ohne die Kooperation der Zuschauer und Mitarbeiter, sich an den Zielen zu orientieren, unrealistisch, die Nachhaltigkeitsziele auch wie geplant erfolgreich umsetzen zu können. Vor allem die Zuschauer und Sponsoren, welche für einen Großteil des ökologischen Fußabdrucks einer solchen Großveranstaltung verantwortlich sind, haben hier ein großes Potenzial, sich im Sinne der Nachhaltigkeit sozial und ökologisch zu verhalten.

Zusammenfassend bestehen große Hoffnungen, dass durch die hochgesteckten Ziele der UEFA EURO 2024 ein Mega-Sportevent nicht nur Begeisterung durch sportliche Erfolge, sondern auch mehr Nachhaltigkeitsbewusstsein nach Deutschland und in die zehn Austragungsorte bringt. Ob diese Ambitionen erreicht werden, bleibt abzuwarten. Bislang gibt es keine konkrete Kontrollfunktion, die z. B. auch Strafen festsetzen könnte. Es muss somit auf die freiwillige Umsetzung der Konzepte gehofft werden. Vielleicht ist das für ein Sportevent, das nicht für alle gesamtgesellschaftlichen Anforderungen und Notwendigkeiten in Haftung genommen werden sollte, aber auch genau angemessen.

Literatur

Amnesty International. (2022, September 23). *Dimanche, nous Soutiendrons L'Équipe de Football du Danemark.* https://www.amnesty.fr/refugies-et-migrants/actualites/lettre-aux-bleus-nous-soutiendrons-lequipe-football-danoise

Barthe, B. & Richalot, G. (2022, Oktober 16). *Qatar World Cup: Emergency delegation to inspect French team's hotel over human rights concerns.* Le Monde. https://www.lemonde.fr/en/sports/article/2022/10/16/qatar-world-cup-emergency-delegation-to-inspect-french-team-s-hotel-over-human-rights-concerns_6000568_9.html

Bundesministerium für Umwelt, Naturschutz, nukleare Sicherheit und Verbraucherschutz. (2022a, Februar 18). *Auf dem Weg zur EURO 2024: Gemeinsam für einen klimafreundlichen Amateurfußball.* https://www.bmuv.de/pressemitteilung/auf-dem-weg-zur-euro-2024-gemeinsam-fuer-einen-klimafreundlichen-amateurfussball

Bundesministerium für Umwelt, Naturschutz, nukleare Sicherheit und Verbraucherschutz. (2022b, Oktober 11). *Sportgroßveranstaltungen umweltfreundlich organisieren.* https://www.bmuv.de/pressemitteilung/sportgrossveranstaltungen-umweltfreundlich-organisieren

Business & Human Rights Resource Centre. (2022). *Labour rights and the Qatar World Cup 2022*. https://www.business-humanrights.org/en/big-issues/major-sporting-events/labour-rights-and-the-qatar-world-cup-2022/

Dahl, H. (2022, November 21). *Verbot der „One Love"-Binde – Macht-demonstration der FIFA*. Sportschau. https://www.sportschau.de/fussball/fifa-wm-2022/verbot-der-one-love-binde-ein-machtkampf-100.html

Deutscher Bundestag. (2018, Mai 09). *Was ist Nachhaltigkeit?*. https://www.bundestag.de/webarchiv/Ausschuesse/ausschuesse19/weitere_gre mien/ParlamentarischerBeiratNachhaltigkeit/basisinformationen/nach haltigkeit-554556

DOSB & IOC. (2018, August 03). *IOC Veröffentlicht Leitfaden zu Nachhal-tigkeit*. Deutscher Olympischer Sportbund. https://www.dosb.de/sonderseiten/news/news-detail/news/ioc-veroeffentlicht-leitfaden-zu-nachhaltigkeit

DFB. (2017a, September 15). *DFB-Präsidium legt Spielorte für Bewerbung um EURO 2024 fest*. https://www.dfb.de/news/detail/dfb-praesidium-legt-spielorte-fuer-bewerbung-um-euro-2024-fest-174061/

DFB. (2017b, Mai 19). *Verfahren zur Auswahl der Spielorte durch den DFB (Anhang II zum DFB-Bewerbungsreglement)*. https://www.dfb.de/die-mannschaft/turniere/bewerbung-euro-2024/downloads/

DFB. (2020, September 02). *87 Gute Ideen Für Umwelt und Verein*. https://www.dfb.de/umwelt-und-klimaschutz/im-verein/ideenkatalog/

DFB. (2022, Oktober 17). *Startschuss für die Stiftung Fussball 6 Kultur EURO 2024*. https://www.dfb.de/dfb-kulturstiftung/news/news-detail/startschuss-fuer-die-stiftung-fussball-kultur-euro-2024-245177/

DFB. (o. D.). *Nachhaltigkeitsmanagement*. https://www.dfb.de/nachhaltig keitsmanagement/start/

DIN Deutsches Institut für Normung e. V. (2013, April). *DIN ISO 20121:2013-04 Nachhaltiges Veranstaltungsmanagement – Anforderungen mit Anlei-tung zur Anwendung (ISO 20121:2012)*. Berlin: Beuth-Verlag.

FIFA. (2020, August). *FIFA World Cup 2022™ Qatar Sustainability Strategy*. https://www.fifa.com/about-fifa/official-documents

Frankfurter Allgemeine Zeitung. (2015, Juli 28). *Boston ist kein Konkurrent für Hamburg mehr*. https://www.faz.net/aktuell/sport/sportpolitik/olym pia-2024-boston-zieht-bewerbung-zurueck-13723161.html

Fraser, G. C. & Humphrey, L. (2016, Dezember). 2010 FIFA World Cup sta-dium investment: Does the post-event usage justify the expenditure? *African Review of Economics and Finance*, 8(2). https://www.researchgate.net/publication/311649630_2010_FIFA_World_Cup_stadium_investmentDoes_the_post-event_usage_justify_the_expenditure

Friebe, M. & Gasser, P. (2018, Dezember 1). *Wille zu umweltgerechten, nachhaltigen Turnieren.* Deutschlandfunk. https://www.deutschlandfunk.de/uefa-wille-zu-umweltgerechten-nachhaltigen-turnieren-100.html

General Secretariat For Development Planning. (2008, Juli). *Qatar National Vision 2030.* https://www.gco.gov.qa/wp-content/uploads/2016/09/GCO-QNV-English.pdf

Grunwald, A. & Kopfmüller, J. (2022). *Nachhaltigkeit: Eine Einführung* (3., aktualisierte Aufl.). Frankfurt am Main [u. a.]: Campus Verlag.

International Olympic Committee. (2017, Oktober). *IOC Sustainability Strategy.* https://extrassets.olympic.org/sustainability-strategy/executive-summary/

International Olympic Committee. (2020). *Gender equality and youth at the heart of the Paris 2024 Olympic Sports Programme.* https://olympics.com/ioc/news/gender-equality-and-youth-at-the-heart-of-the-paris-2024-olympic-sports-programme

International Olympic Committee. (2021). *Olympic Agenda 2020.* https://olympics.com/ioc/olympic-agenda-2020

Knaack, B. (2015, November 30). *Gescheitertes Olympia-Referendum in Hamburg: Wer fragt, muss mit der Antwort leben.* SPIEGEL Gruppe. https://www.spiegel.de/sport/sonst/olympia-referendum-hamburg-wer-fragt-muss-mit-der-antwort-leben-a-1065170.html

Mészáros, A. (2018). *Die Traumkiller. Perspektiven einer diskurslinguistischen Untersuchung der ungarischen Olympia-Debatte „Budapest 2024".* Tekst i Dyskurs – Text Und Diskurs, 175–203. https://doi.org/10.7311/TID.11.2018.07

Millward, P. (2017). World Cup 2022 and Qatar's construction projects: Relational power in networks and relational responsibilities to migrant workers. *Current Sociology*, 65(5), 756–776. https://doi.org/10.1177/0011392116645382

Ministry of Development Planning and Statistics. (2018, September). *Qatar Second National Development Strategy 2018~2022.* https://www.psa.gov.qa/en/knowledge/Documents/NDS2Final.pdf

Muth, J. (2022, November 16). *The road to UEFA EURO 2024* [Konferenz Präsentation]. Launch of UEFA Sustainable Infrastructure Guidelines, Mainz, Deutschland. https://www.uefa.com/insideuefa/news/027b-169a9c3f3499-852e47de9e6a-1000--uefa-launches-sustainable-infrastructure-guidelines/

Öko-Institut e.V. (2022, Juli 6). *Klimaschutz bei Nachhaltigen Sportgroß-veranstaltungen: Ausgewählte Handlungsempfehlungen zur Berücksich-tigung von Klimaschutz bei Sportgroßveranstaltungen.* https://www.bmuv.de/forschungsbericht/konzept-und-machbarkeitsstudie-fuer-eine-klimaneutrale-ausrichtung-der-fussball-europameisterschaft-der-her-ren-2024-euro2024

Paris 2024. (2019a). *28 Olympic Sports.* https://www.paris2024.org/en/a-pioneering-ambition-for-the-environment/

Paris 2024. (2019b). *Environmental Ambition.* https://www.paris2024.org/en/a-pioneering-ambition-for-the-environment/

Plan International. (o. D.). *SDG: 17 Ziele für Nachhaltige Entwicklung.* https://www.plan.de/sdg-nachhaltige-entwicklungsziele.html

Pufé, I. (2017). *Nachhaltigkeit* (3. Aufl.). UVK Verlagsgesellschaft mbH mit UVK/Lucius.

Rieger, M. (2022, November 13). *Fußball-WM in Katar: Die Mär vom kli-maneutralen Turnier.* Deutschlandfunk. https://www.deutschlandfunk.de/klimaeutrale-wm-100.html

Schulz, S. C. (2022, Juli 01). *Die drei Säulen der Nachhaltigkeit: Ökologie, Wirtschaft und Soziales.* Utopia GmbH. https://utopia.de/ratgeber/drei-saeulen-der-nachhaltigkeit-modell/

Schumann, L. (2022, Mai 11). *Leipzig freut sich auf vier Spiele bei der UEFA EURO 2024.* LeipzigInfo. https://www.leipziginfo.de/aktuelles/artikel/leipzig-freut-sich-auf-vier-spiele-bei-der-uefa-euro-2024/

Senatsverwaltung für Inneres und Sport. (2022, Juli 21). *Leitbild der Nach-haltigkeit zur UEFA EURO 2024.* https://www.berlin.de/sen/inneres/presse/weitere-informationen/artikel.1228192.php

Sportschau. (2020, März 25). *Olympia in Tokio: Von der Vergabe zur Ver-schiebung.* Norddeutscher Rundfunk. https://tokio.sportschau.de/tokio2020/nachrichten/Olympia-in-Tokio-Von-der-Vergabe-zur-Verschiebung,olympia7008.html

Sportschau. (2022a, November 09). *Bayern-Kritik an Katar-Botschafter: „Menschenbild aus einem anderen Jahrtausend".* https://www.sportschau.de/newsticker/dpa-bayern-nach-katar-aussagen-indiskuta bel-und-befremdlich-100.html

Sportschau. (2022b, November 23). *Deutsche Spieler mit Protest gegen FIFA.* https://www.sportschau.de/fussball/fifa-wm-2022/wm-2022-deutschland-zeigefinger-one-love-binde-100.html

Sportschau. (2022c, November 10). *Nationalmannschaft: Flick zu Men-schenrechtsfragen in Katar: „Nicht wegducken".* https://www.sportschau.

de/newsticker/dpa-flick-zu-menschenrechtsfragen-in-katar-nicht-weg
ducken-100.html

Sportschau. (2022d, Juni 02). *WM-Gastgeberland Katar und Homosexualität*. https://www.sportschau.de/fussball/nationalmannschaft/video-wm-gastgeberland-katar-und-homosexualitaet-100.html

Stakeholder Initiative EURO 2024. (2022). *Stakeholder Initiative 2024*. https://euro-stakeholder-2024.de/

Stiftung Fussball & Kultur Euro 2024 gGmbH. (2022). *Wer Wir Sind*. https://stiftung.fussball-und-kultur2024.eu/

Sturmberg, J. (2016, September 21). *Olympia 2024: Rom zieht Bewerbung zurück*. Deutschlandradio. https://www.deutschlandfunk.de/olympia-2024-rom-zieht-bewerbung-zurueck-100.html

UEFA. (2016). *Soziale Verantwortung und Nachhaltigkeit: Bericht nach Turnierende 2016*. https://de.uefa.com/MultimediaFiles/Download/OfficialDocument/uefaorg/General/02/43/74/62/2437462_DOWNLOAD.pdf

UEFA. (2021a, Dezember). *Strength Through Unity: Football Sustainability Strategy 2030*. https://editorial.uefa.com/resources/0270-13f888ffa3e5-931c597968cb-1000/uefa_football_sustainability_strategy.pdf

UEFA. (2021b, März). *UEFA EURO 2024 Deutschland: Strategie für eine Nachhaltige Veranstaltung*. https://editorial.uefa.com/resources/027a-1643cd65ece0-3804ff6dd4ce-1000/euro_2024_strategy_de_spreads.pdf

UEFA. (2022a). *EURO 2024 Team Facilities Catalogue*. https://euro2024-teamcatalogue.uefa.com/

UEFA. (2022b). *Host cities*. https://www.uefa.com/euro-2024/hosts/

UEFA. (2022c, Mai 12). *Our Strategy, Policies & Targets*. https://www.uefa.com/insideuefa/sustainability/strategy/

UEFA. (2022d, April 13). *UEFA Respect Report 2020/21: Annual review of football social responsibility activities*. https://sustainabilityreport.uefa.com/2020-21/en/44-1

UEFA. (2022e, November 18). *UEFA Sustainable Infrastructure Guidelines*. https://editorial.uefa.com/resources/027b-168e898b309b-c76f49dada9e-1000/the_uefa_sustainable_infrastructure_guidelines.pdf

Umwelt Bundesamt. (2021, Dezember 3). *Nachhaltige Veranstaltungen*. https://www.umweltbundesamt.de/nachhaltige-veranstaltungen

Wellings, P. (2012). South Africa's World Cup: A Legacy for Whom? *The International Journal of the History of Sport, 29*(18), 2608–2610. https://doi.org/10.1080/09523367.2012.746829

17 Co-Hosting – Strategie für die nachhaltige Ausrichtung zukünftiger EUROs

Stefan Walzel & Maximilian Herzog

Die erste gemeinsam ausgerichtete Fußball-Europameisterschaft in mehreren Ländern trugen Belgien und die Niederlande im Jahr 2000 aus. Danach folgten dem Beispiel 2008 Österreich und die Schweiz und 2012 Polen und die Ukraine. Bereits in der Vergangenheit waren ökonomische Erwägungen und hohe infrastrukturelle Anforderungen ausschlaggebend für eine gemeinsame Ausrichtung, auch als Co-Hosting bezeichnet. Diese Zwänge haben sich mit der Aufstockung der teilnehmenden Mannschaften von 16 auf 24 noch einmal erhöht und nur wenige europäische Länder sind in der Lage eine Europameisterschaft bei den hohen Anforderungen alleine auszurichten. Das Co-Hosting wird damit vermutlich in den kommenden Jahren zur dominierenden Ausrichterform der UEFA EURO werden. Grund genug die bisherigen drei gemeinsamen Ausrichtungen sowie die EURO 2020 – ausgerichtet in elf Ländern – zu reflektieren sowie Implikationen für die zukünftigen Ausrichtungen der UEFA EURO abzuleiten. Dies soll vor allem vor dem Hintergrund höherer Anforderungen an die Ausrichter und einer gestiegenen Erwartungshaltung für nachhaltigere Sportgroßveranstaltungen geschehen.

Zum ersten Mal in der Geschichte der Fußball-Europameisterschaften wurde im Jahr 2021 das Turnier in mehr als zwei Ländern ausgetragen. In insgesamt 11 Städten und Ländern konnten Fans die Spiele der besten Mannschaften des Kontinents live verfolgen. Dies geschah ein Jahr später als beabsichtigt, da die Covid-19-Pandemie eine Austragung vor Fans und ein Reisen dieser quer durch den Kontinent aus pandemischer Perspektive unmöglich gemacht hat. Die Idee, eine Fußball-Europameisterschaft über den Kontinent verteilt auszurichten, entstand im Zusammenhang mit dem 60-jährigen Jubiläum des europäischen Fußballwettbewerbs, dessen erstes Turnier 1960 in Frankreich ausgerichtet wurde (UEFA, 2020b). Die UEFA EURO 2020[1] sollte einerseits die europäische Verbundenheit symbolisieren sowie deren Zusammenhalt stärken, und andererseits konnten dadurch negative Langzeitfolgen für die betreffenden Länder und Städte, wie beispielsweise durch post-steigende Kosten für „White Elephants",[2] verhindert werden (Lee Ludvigsen, 2021). Die Entscheidung, ein solches, noch nie vorher getestetes Event auszutragen, fiel zudem in eine Zeit, als die Kritik hinsichtlich der fehlenden Nachhaltigkeit von Sportevents sowie den stetig steigenden Anforderungen an die Gastgeber des Mega-Events deutlich präsenter in den Medien wurde (Müller, 2015). Dass die Anforderungen an die Ausrichter und die Kosten für die Ausrichtung der Fußball-Europameisterschaft eher noch steigen werden, zeigt die Diskussion, die Teilnehmerzahl der Mannschaften ab 2028 von 24 auf 32 zu erhöhen (Tagesschau, 2022).

Wie der Beitrag zeigen wird, sind immer weniger europäische Länder einzeln in der Lage oder willens, die Anforderungen der UEFA an eine Ausrichtung der Fußball-Europameisterschaft der Männer zu erfüllen. Die gemeinsame Ausrichtung von Sportgroßveranstaltungen durch mehrere Länder – auch als Co-Hosting bezeichnet – eröffnet in diesem Zusammenhang neue Möglichkeiten. Co-hosted Sportevents finden bereits seit 1987 statt (Walzel & Leopkey, 2023), jedoch stieg deren Popularität erst in den letzten Jahren stetig an. Während es bis zum Beginn des neuen Jahrtausends Tradition war, dass die UEFA EURO in nur einem Land ausgetragen wurde, änderte sich dies mit der Fußball-Europameisterschaft 2000 in Belgien und den Niederlanden. Dem Beispiel folgten 2008 Österreich und die Schweiz und 2012 Polen und die Ukraine. Auch die UEFA EURO 2020 fällt unter das Co-Hosting-Format.

Wie präsent die generelle Idee des Co-Hostings geworden ist, zeigen auch Beispiele wie die Ausrichtung der Fußball-Weltmeisterschaft 2026 in Kanada, Mexiko und den USA, die Bewerbungsabsicht von England, Irland, Nordirland, Schottland und Wales für die Fußball-Europameisterschaft 2028 (DPA, 2022) oder eine angedachte Bewerbung von Portugal

---

1   Der Name UEFA EURO 2020 wurde trotz der Verschiebung um ein Jahr offiziell beibehalten, weshalb im Folgenden dieser auch benutzt wird.

2   Als „White Elephants" werden Sportstätten bezeichnet, welche vor einem großen Turnier extra zu diesem Zweck gebaut, jedoch anschließend kaum noch genutzt werden und dem Staat und somit dem Steuerzahler mit langfristigen Kosten zur Last fallen.

und Spanien mit der Ukraine für die Fußball-Weltmeisterschaft 2030 (Sportschau, 2022). Nicht nur im Fußball erfährt dieses Ausrichterformat vermehrte Popularität. Schon seit längerem werden bei der Basketball-Europameisterschaft mehrere Ausrichter ausgewählt (Walzel & Eickhoff, 2021) und auch bei den Olympischen Spielen gibt es Ideen, die Spiele nicht nur in einer Stadt auszutragen, so z. B. in der Region Rhein-Ruhr oder die Idee der Olympischen Spiele in Nord- und Südkorea (Walzel & Leopkey, 2023).

Das Ziel dieses Beitrags ist es, die bisher ausgerichteten Fußball-EMs in zwei oder mehr Ländern zu analysieren und auf Basis der gewonnenen Erkenntnisse Handlungsempfehlungen für die zukünftige Ausrichtung abzuleiten. Dies erfolgt unter besonderer Berücksichtigung der gestiegenen Erwartungshaltung nach einer nachhaltigeren Ausrichtung von Sportgroßveranstaltungen in ökologischer, ökonomischer und sozialer Hinsicht. Dahingehend ist das Kapitel besonders interessant für Entscheidungsträger in Fußballverbänden, für Sporteventveranstalter sowie für Studierende im Sport- und Eventmanagement.

Nach den einführenden Sätzen werden nachfolgend zentrale Begriffe sowie die theoretische Perspektive definiert. Bevor die Analyse bisheriger Fußball-EMs im Co-Hosting-Format erfolgt, geben wir einen Überblick zum aktuellen Forschungsstand und analysieren die bisher ausgerichteten EMs im Co-Hosting-Format. Zum Abschluss werden die gewonnenen Erkenntnisse diskutiert und Handlungsempfehlungen für die Zukunft gegeben.

17.1 Theoretischer Hintergrund

Eine der ersten Definitionsansätze für das Co-Hosting von Sportevents kommt von Byun et al. (2021): "two or more countries coming together under a cobranded identity to form a proactive strategic partnership in an effort to gain the right to host a sport event" (S. 544). Während in der Vergangenheit Co-Hosting fast ausschließlich in Teamsportarten vorzufinden war, gibt es mittlerweile eine breitere Akzeptanz und Anwendung dieses Ausrichterformats, was sich u. a. anhand der Beispiele European Championships 2018 in Glasgow und Berlin oder der UEFA EURO 2020 zeigen lässt. Es sind also nicht nur Länder, die sich im Sinne einer gemeinsamen Ausrichtung eines Sportevents zusammenschließen, sondern es können auch Städte und Regionen sein. Erweitert man dieses Begriffsverständnis weiter, können co-hosted Sportevents als eine proaktive strategische Partnerschaft aufgefasst werden, die dadurch gekennzeichnet ist, dass zwei oder mehr Städte, Regionen oder Länder ihre Anstrengungen bündeln, um gemeinsam eine Sportgroßveranstaltung unter einer Sporteventmarke auszurichten, die gemeinschaftlich durch die individuellen Gastgeber entwickelt und markiert wird (Walzel & Eickhoff, 2021).

Neben der Definition zentraler Begriffe ist es ebenso wichtig, die theoretische Perspektive zu definieren, mit der wir nachfolgend die Ausrichtung der UEFA EURO analysieren. Im Zentrum des Interesses stehen hier verschiedenste Organisationen, wie die UEFA als Rechteinhaber der EURO, die ausrichtenden Fußball-Nationalverbände sowie die Organisationskomitees, die sich um die operative Umsetzung des Events kümmern. Darüber hinaus kommen weitere Organisationen (bspw. Sponsoren, Medienanstalten, Stadionbetreiber, Eventagenturen) in Betracht, die durch ihr Verhalten Einfluss auf die Ausrichtung des Events nehmen und deren Erfolg bzw. Misserfolg mitbestimmen. Um Verhalten von Organisationen und deren Entscheidungen zu erklären, greifen wir im Folgenden auf die Institutionentheorie zurück.

Die Institutionentheorie basiert auf dem Verständnis, dass Organisationen durch formale Strukturen und Prozesse gekennzeichnet sind, die sich durch Aktionen oder externe Einflüsse formen und verändern lassen (Meyer & Rowan, 1977). Neugründungen oder Ausrichtungen von Organisationen hängen stark von den institutionellen Rahmenbedingungen ab, in welcher sich die Entscheider befinden sowie deren soziale und symbolische Umwelt (Greve & Argote, 2015). Dass Organisationen sich an gesellschaftliche Trends oder Veränderungen anpassen oder verändern, hängt häufig mit den direkten oder indirekten institutionellen Einflüssen bzw. Abhängigkeiten zusammen (bspw. vom Gesetzgeber). Zudem kann der (gesellschaftliche) Druck, erfolgreiche und allgemein anerkannte Richtlinien umzusetzen, ebenfalls zu Anpassungen der betreffenden Organisation führen. Dabei wird von Meyer und Rowan (1977) zwischen tatsächlich akzeptierten und etablierten Taten sowie institutionellen Mythen unterschieden. Letztere haben dabei eher einen repräsentativen Charakter, wie beispielsweise eine neu eingeführte Richtlinie für mehr Nachhaltigkeit oder Diversität, welche den gesellschaftlichen Ruf der Organisation sichern und stärken sollen, aber keine wirklichen Auswirkungen auf die tägliche Praxis in der Organisation haben (DiMaggio & Powell, 1983; Fernando & Lawrence, 2014; Leopkey & Parent, 2012; Washington & Patterson, 2011). Zudem tendieren Organisationen dazu, homogene Strukturen zu besitzen, welche sich an gesellschaftliche Normen und Routinen anpassen.

Bezogen auf die UEFA EURO bedeutet dies bspw., dass das externe Umfeld (u. a. Spieler, Offizielle, Fans, Medien oder Sponsoren) eine nachhaltigere Ausrichtung von Sportgroßveranstaltungen fordern und Institutionen gut beraten sind, sich daran anzupassen, da sonst Reputationsschäden und Boykotte die Konsequenz sein könnten. Dass die Kosten der Events häufig kritisiert wurden, ist hinreichend bekannt (Kesenne, 2012; Zimbalist,

2010), und zudem belegen Studien auch eine stärkere Forderung in der Gesellschaft nach nachhaltigerem Handeln (McKinsey & Company, 2021). Dass es dahingehend nicht nur zu den in der Theorie beschriebenen akzeptierten und etablierten Handlungen seitens der Veranstalter kommt, sondern auch zu institutionellen Mythen, zeigen die wiederholten Vorwürfe des Green-, White- oder Sportwashings gegenüber den Sportverbänden (Boykoff, 2022; Lyon & Montgomery, 2015). Die formalen Strukturen und Prozesse eines co-hosted Sportevents unterscheiden sich im Vergleich zu einem Einzelausrichter u. a. durch die Tatsache, dass es mindestens zwei Ausrichter gibt. Welche Konsequenzen dies hat und welche weiteren Besonderheiten aus Sicht der Institutionentheorie co-hosted Sportevents aufweisen, soll nachfolgend im Mittelpunkt des Interesses stehen.

17.2 Forschungsstand

17.2.1 Forschungsstand zu Sportgroßveranstaltungen und zur Fußball-Europameisterschaft allgemein

Die Fußball-Europameisterschaft wird alle vier Jahre ausgetragen und eine Ausrichtung ist grundsätzlich auf die Mitgliedsverbände der UEFA begrenzt. Die kommerziellen Rechte (u. a. Medien- und Sponsoringrechte) liegen bei der UEFA (Klauser, 2013). Für eine Teilnahme am Turnier müssen sich die einzelnen Nationalmannschaften zuvor qualifizieren, wobei nur die Mitgliedsverbände teilnahmeberechtigt sind. Die Anzahl der teilnehmenden Teams ist seit der ersten Austragung 1960 in Frankreich stetig gestiegen. Die Erstauflage des Turniers fand mit nur 4 Teams statt, 1980 ist die Anzahl dann auf 8 Mannschaften und 1996 auf 16 Teams gestiegen (Horne, 2010). Seit der UEFA EURO 2016 in Frankreich sind es sogar 24 Teams (Lee Ludvigsen, 2019).

Die Fußball-Europameisterschaft kann nach den Olympischen Spielen und der Fußball-Weltmeisterschaft als drittgrößtes Sport(groß)ereignis der Welt bezeichnet werden (Klauser, 2013). Sie ist dahingehend ein globales Großereignis, welches Fans und Touristen über die Grenzen Europas hinaus anspricht. Diese Entwicklung lässt sich auch an den folgenden Zahlen verdeutlichen: Bei der UEFA EURO 2016 wurde für jedes Spiel im Durchschnitt ein Übertragungswert von 42 Millionen USD kalkuliert (Klebnikov, 2016) und ca. 2,5 Millionen Menschen besuchten die Spiele vor Ort – allein in der Pariser Fan-Zone kamen mehr als eine Millionen Zuschauer zusammen (Lee Ludvigsen, 2021). Grundsätzlich werden Veranstaltungen dieser Größe und Reichweite ein enormes Marketing- und Kommunikationspotenzial zugeschrieben (Death, 2011). Darüber hinaus sind häufig mit der Ausrichtung von Sportgroßveranstaltungen auch Investitionen in die

Gastgeberregionen verbunden, bspw. in den Bau und die Renovierungen von Sportanlagen sowie in die Infrastruktur (Straßen, Flughäfen, Parks und Wohngegenden). Reduzierte Staus durch verbesserte Infrastruktur, ein lebensfreundlicheres Stadtbild sowie ein verbessertes Image der Stadt sind dahingehend mögliche positive Auswirkungen (Viehoff & Poynter, 2018).

Neben den positiven Aspekten sind große Sportevents in der Vergangenheit in ökonomischer, ökologischer und sozialer Hinsicht stark kritisiert worden. Aus ökonomischer Perspektive wurden die kalkulierten Kosten für die Umsetzung von Sportgroßveranstaltungen häufig und zum Teil deutlich überschritten (Preuß et al., 2019) und auch die erwarteten bzw. versprochenen ökonomischen Effekte sind häufig nicht eingetreten (Langer et al., 2017). Zudem wurde kritisiert, dass die veranstaltenden Sportorganisationen einen großen Anteil der Gewinne abschöpfen (Zimbalist, 2010). So legte Késsene (2012) dar, dass bei den Kosten für Sportgroßveranstaltungen es gerade die großen Sportverbände sind, welche den finanziellen Gewinn durch die Turniere erwirtschaften, zugleich aber die Risiken auf die lokalen Ausrichter verlagern.

Die ökologischen Folgen von Sportgroßveranstaltungen sind in den letzten Jahren verstärkt in den Mittelpunkt des Interesses gerückt. Neben den Eingriffen in natürliche Lebensräume für den Bau von Sportstätten wurden auch Reiseverhalten von Sporteventzuschauern, Müllaufkommen und der Ressourcenverbrauch für die Durchführung von Sportevents kritisiert. Müller et al. (2021) zeigten am Beispiel der Olympischen Spiele auf, dass die Öko-Bilanz der Spiele von 1992 bis 2020 sich zunehmend verschlechtert hat.

Sportgroßveranstaltungen beeinflussen die Gesellschaft in vielerlei Hinsicht. Im Zusammenhang mit Sportevents wurden in der Vergangenheit Ungleichbehandlungen und soziale Benachteiligung von einzelnen Bevölkerungsschichten bekannt, die erst durch ein gestiegenes mediales Interesse für die Ausrichterregion öffentlich wurden (Kennelly & Watt, 2013). Der soziale Nutzen von Sportgroßveranstaltungen ist für die Gesellschaft häufig nicht ersichtlich bzw. der angestrebte soziale Nutzen für die Gesellschaft wurde häufig nicht erreicht (Weed et al., 2015). Hinzu kommt die politische Perspektive, da Sportgroßveranstaltungen häufig als Instrumente der „Soft Power" genutzt wurden, um beispielsweise politische Ziele in Städten und Regionen umzusetzen, wie zum Beispiel den Bau neuer Infrastrukturen (Brannagan & Giulianotti, 2015). Treffend fasste dies Horne (2010) wie folgt zusammen: "Mega-events are short-life events with long-life pre- and post-event social dimensions, not least because of their scale, their occupation and maintenance of a time cycle and their impacts" (S. 863). Die Kritik in Bezug auf die ökonomischen, ökologischen und sozialen Folgen von Sportgroßveranstaltungen haben alternative Ausrichterkonzepte wie das Co-Hosting auf den Plan gerufen, das im folgenden Abschnitt im Mittelpunkt des Interesses steht.

17.2.2 Forschungsstand zum Co-Hosting

Dass Co-Hosting die beschriebenen Probleme lösen oder zumindest verringern kann, liegt hauptsächlich an der Möglichkeit des Ressourcen-Poolings. D. h., dass auf vorhandene Ressourcen (vor allem bestehende Sportinfrastruktur) bei den Ausrichtern zurückgegriffen werden kann (Byun et al., 2019; Walzel & Eickhoff, 2021). Zugleich werden die Risiken sowie die Gesamtkosten auf die ausrichtenden Länder verteilt. Der große Vorteil dabei ist, dass Nationen, denen es an bestimmten tangiblen (z. B. Anzahl und Größe an Sportstätten) oder intangiblen Ressourcen (z. B. Eventerfahrung) mangelt, diese durch die andere ausrichtende Nation häufig ausgleichen können. Durch mehrere Heimmannschaften kann zudem davon ausgegangen werden, dass mehr Zuschauer die Spiele besuchen, was wiederum eine bessere Stimmung, mehr lokale wie globale Aufmerksamkeit nach sich zieht und sich auch positiv auf die Ticketeinnahmen auswirkt (Byun et al., 2021; Walzel & Eickhoff, 2021). Schlussendlich führen die beschriebenen Aspekte grundsätzlich zu einer kostengünstigeren Möglichkeit, die Anforderungen der Sportverbände zu erfüllen und die bereits vorhandenen Ressourcen effizienter zu nutzen.

Weitere Vorteile sind die wachsende Akzeptanz und Unterstützung der Gesellschaft, ein Event auszurichten (Walzel & Eickhoff, 2021). Die Angst, dass Kostenexplosionen auf lange Sicht vom Steuerzahler getragen werden müssen, sinkt und das Vertrauen der lokalen Bevölkerung in eine nachhaltige Ausrichtung des Turniers kann gestärkt werden (Byun et al., 2021; Kellett et al., 2008; Walzel & Eickhoff, 2021; Walzel & Herzog 2023). Dass die öffentliche Zustimmung für die Ausrichtung von Sportevents zunehmend wichtiger wird, zeigen McGillivray und Turner (2017) auf. Gerade post-steigende Kosten führen zu Skepsis und Ablehnung in der Gesellschaft gegenüber der Ausrichtung von Sportgroßveranstaltungen. Ein wichtiger Vorteil für die Gastgebernationen ist der garantierte Startplatz beim Turnier. Gerade für „kleinere" Fußballnationen ist dieser Aspekt von großer Relevanz. Dabei muss beachtet werden, dass diese Regel bei der UEFA nur für maximal zwei Länder zugesichert wird. „Bei mehr als zwei gemeinsamen Ausrichterverbänden kann die automatische Qualifikation aller Ausrichtermannschaften nicht garantiert werden" (Tagesschau, 2022). Wie eine jüngere Studie am Beispiel der Fußball-Weltmeisterschaft der Frauen in Australien und Neuseeland zeigt, führt alleine die Ausrichtung einer Sportgroßveranstaltung in den Ländern nicht zu positiven, sozialen Wirkungen (wie z. B. auf die Sportpartizipation), wenn keine entspre chenden, begleitenden Zusatzmaßnahmen geplant und erfolgreich umgesetzt werden (Brice et al., 2022).

Zusammenfassend betrachtet stehen Sportgroßveranstaltungen wie die UEFA EURO in der Kritik, weil sie in ökonomischer, ökologischer und sozialer Hinsicht keine ausreichenden Argumente für eine Legitimation liefern. Durch die gestiegene Erwartungshaltung in der Gesellschaft nach mehr Nachhaltigkeit und damit auch nachhaltigeren Sportgroßveranstaltungen wird das Co-Hosting mit seinen Vorteilen zunehmend interessanter auch für die Ausrichtung der UEFA EURO.

17.3 Analyse der vergangenen co-hosted UEFA EUROs

17.3.1 Die EURO 2000 in Belgien und den Niederlanden

Die EURO im Jahr 2000 in Belgien und den Niederlanden war die erste, welche in mehr als einem Land stattfand (UEFA, 2020a). Gespielt wurde jeweils in vier Städten beider Länder mit dem Finale in Rotterdam (Niederlande). Aus ökonomischer Sicht kann die Fußball-Europameisterschaft positiv bewertet werden, was u. a. auch auf das Co-Hosting-Format zurückzuführen ist (Oldenboom, 2006): 92 % der Tickets wurden verkauft, Belgien und die Niederlande machten einen Gewinn von rund 19 Millionen Euro und 81 Millionen USD Gewinn erwirtschaftete die UEFA. Dass eine Fußball-Europameisterschaft besonders für das Hotel- und Gaststättengewerbe wertvoll sein kann und die Tourismusbranche fördert, zeigen die 600.000 Übernachtungen in den Niederlanden von rund 340.000 Gästen aus dem Ausland während der Fußball-Europameisterschaft (Oldenboom, 2006).

Die Fußball-Europameisterschaft 2000 hat in den Niederlanden außerdem gezeigt, dass durch das Veranstalten eines solchen Events die öffentliche Meinung gegenüber dem Gastgeberland sich positiv verändern kann. Nach öffentlichen Bedenken in Gesellschaft und Medien vor dem Turnier bewerteten nach dem Event rund 80 % der Niederländer die Ausrichtung des Events positiv. Für die Niederländer war die EURO ein guter Anlass, sich mit Freunden zu treffen und gemeinsam die Spiele zu verfolgen. Die Stärkung des Sozialkapitals aber auch der Stolz, solch ein Großereignis auszurichten, wurde von den Befragten als sehr positiv bewertet. Daher ist es nicht verwunderlich, dass sich 94 % dafür aussprachen, sich auch bei zukünftigen Sportevents als Gastgeber zu bewerben (Oldenboom, 2006).

Bezogen auf Belgien zeigte die Berichterstattung ein etwas anderes Bild. Ein halbes Jahr vor der Fußball-Europameisterschaft wurden Ergebnisse einer Umfrage der belgischen Tageszeitung „Het Laatste Nieuws" veröffentlicht, wonach 70 % der Befragten angaben, dass das Turnier sie völlig kaltlasse. 30 % der 1.000 Befragten befürchteten, dass die Fußball-Europameisterschaft das Image Belgiens im Ausland beschädigen würde (Tagesspiegel, 1999). Bei einem großen Event wie der Fußball-Europameisterschaft kann es immer zu Ausschreitungen und negativen Ereignissen kommen, welche das Bild des Ausrichters beeinflussen. So haben während des Turniers mehrere Zeitungen besonders intensiv von den Ausschreitungen der Hooligans in Brüssel berichtet. Dort haben gewaltbereite, englische und deutsche „Fans" für Unruhen und Ausschreitungen gesorgt, was zu mehr als 500 Festnahmen führte (Spiegel, 2000; Tagesschau, 2000).

Die EURO 2000 zeigte, dass trotz einer gemeinsamen Austragung des Events es zwei unterschiedliche Wahrnehmungen und Bewertungen des gleichen Turniers in den ausrichtenden Nationen geben kann. Während die Niederländer die EURO als positiv bewerteten und von einem Imagegewinn des Landes im Ausland sprachen, nahmen die Belgier die Fußball-Europameisterschaft deutlich kritischer wahr. Dabei kam es dem niederländischen Veranstalter zugute, dass die Nationalmannschaft bis ins Halbfinale einzog und so die Niederländer die Spiele ihrer Mannschaft fast bis zum Ende verfolgen konnten (Oldenboom, 2006). Die belgischen Fans konnten ihre Nationalelf dagegen nur in der Gruppenphase unterstützen, da diese bereits nach dem dritten Spiel ausschied. Der sportliche Erfolg des Ausrichters scheint demnach ein wichtiger Aspekt zu sein, der jedoch schwer planbar ist (Walzel & Eickhoff, 2021). Grundsätzlich führte die Fußball-Europameisterschaft finanziell jedoch für beide Länder zu keinen kostspieligen Langzeitfolgen oder ungenutzten Stadien, da die Kosten auf beide Ausrichternationen verteilt wurden (Oldenboom, 2006).

17.3.2 Die EURO 2008 in Österreich und der Schweiz

Die Fußball-Europameisterschaft 2008 war die größte Sportveranstaltung, welche in Österreich und der Schweiz je stattgefunden hatte. Dabei gab es acht verschiedene Austragungsorte, welche gleichmäßig auf die beiden Gastgeber verteilt waren, mit dem Finale in Wien (Borsdorf & Steinicke, 2010). Die Fußball-Europameisterschaft wurde im Nachgang von den Organisatoren beider Länder positiv bewertet, da gerade das Image und die Tourismusbranche beider Alpenländer besonders von diesem Event profitiert haben (Borsdorf & Steinicke, 2010; Müller et al., 2010; Popp & Wachter, 2008). Dahingehend bot die Fußball-Europameisterschaft beiden Nationen, die alleine eine Fußball-Europameisterschaft nicht ausgerichtet hätten, eine weltweite mediale Plattform. So wurde jedes Spiel der Fußball-Europameisterschaft 2008 von mindestens 155 Millionen Menschen verfolgt und in 231 Ländern übertragen (Popp & Wachter, 2008).

Umfragen bestätigten das positive Resümee des offiziellen Nachhaltigkeitsberichts der Fußball-Europameisterschaft in der Schweiz: Insgesamt kamen rund 1,4 Millionen Touristen während der Fußball-Europameisterschaft in die Schweiz; 91 % der Schweizer standen der Fußball-Europameisterschaft 2008 positiv gegenüber und 79 % sprachen sich für eine erneute Durchführung eines Events dieser Größe aus (Müller et al., 2010). Zudem wurde die Bekanntheit der schweizer Ausrichterstädte in Deutschland und Frankreich gesteigert und auch die Besucher vor Ort bewerteten die Fußball-Europameisterschaft in der Schweiz als sehr positiv und fühlten sich sicher sowie willkommen (Müller et al., 2010). Für Österreich können die Effekte der EURO 2008 gut am Beispiel der Region Tirol dargestellt werden. Die Bewohner Tirols gaben an, dass die Fußball-Europameisterschaft das Gefühl, stolze Tiroler zu sein, verstärkte und zudem die Identifikation mit der Heimat erhöhte. Außerdem wurde das positive Image Tirols als Tourismusgebiet gestärkt und als langfristig attraktives Urlaubsziel etabliert. Zudem wandelte sich die Haltung gegenüber der Fußball-Europameisterschaft 2008 innerhalb der Gesellschaft. Vor dem Turnier war die Mehrheit eher skeptisch und negativ gegenüber dem Turnier eingestellt. Im Nachgang war ein Großteil offen dafür, weitere Sportgroßveranstaltungen in der Region zu veranstalten (Borsdorf & Steinicke, 2010).

Wie die EURO 2008 zeigte, ist es wichtig, von Anfang an eine Verbindung und Nähe zwischen Veranstalter und Gesellschaft aufzubauen, um die Identifikation mit dem Event zu stärken und das Image des Events positiv zu prägen. Die EURO 2008 SA wurde beauftragt, die Organisation zu übernehmen, welche eine Tochtergesellschaft der UEFA mit Hauptsitz in der Schweiz war (Popp & Wachter, 2008). Diese Tatsache führte in der Vorbereitungsphase in Österreich zu einer fehlenden Identifikation mit der Fußball-Europameisterschaft. Dies konnte später durch entsprechende Marketing-Kampagnen in den Ausrichterstädten ausgeglichen werden, was wiederum aber auch zu Mehrkosten führte (Borsdorf & Steinicke, 2010).

Die UEFA argumentiert, dass die EURO grundsätzlich auch ein Katalysator für die Fußballentwicklung in den Gastgeberländern sein kann. Für den Jugendfußball in der Schweiz konnte dies bestätigt werden. Ca. 30.0000 neue Jugendspieler haben zwischen 2000 und 2007 im Verein begonnen, Fußball zu spielen, wobei der Zuwachs wischen Mai 2007 und Juli 2008 3 % betrug (Müller et al., 2010). Weitere Pro-Argumente für große Sportevents sind das Schaffen neuer Jobmöglichkeiten und eines stärkeren wirtschaftlichen Wachstums. Ähnlich argumentierten auch die Organisatoren der Fußball-Europameisterschaft, diese gingen „von einer kurzfristigen Steigerung des Bruttoinlandprodukts und langfristig positiven Effekten im Bereich Tourismus aus" (Popp & Wachter, 2008, S. 33). Diese Ziele wurden auf kurzfristige Sicht erreicht. Das Bruttoinlandsprodukt stieg an und gerade in der Gastronomie und im Baugewerbe wurden kurzfristig neue Arbeitsplätze geschaffen, wovon jedoch der Großteil befristete Anstellungen waren.

Die Kritik an Sportgroßveranstaltungen, dass die Kosten für Gastgeberländer sehr hoch sind und gleichzeitig die Gewinne zwischen der UEFA und den Gastgebern ungleich verteilt sind (Kesenne, 2012), kann auch bei der Fußball-Europameisterschaft 2008 belegt werden. Die Kosten für das Turnier lagen beim Österreichischen Bund bei rund 133 Millionen Euro (ohne Sicherheitskosten). In der Schweiz wurden die Kosten mit rund 113,8 Millionen Euro inklusive Sicherheitskosten berechnet (Popp & Wachter, 2008). Im Gegensatz dazu hat das Turnier der UEFA als Veranstalter mit rund 1,3 Milliarden Euro einen Rekordumsatz beschert. Die Einnahmen waren fast 50 % höher als vier Jahre zuvor bei der Fußball-Europameisterschaft 2004 in Portugal. Weniger als die Hälfte mit 600 Millionen Euro musste der Verband für die Organisation der Fußball-Europameisterschaft ausgeben (FAZ, 2008; Simonitsch & Zitzelsberger, 2010), was einer Umsatzrendite von 54 % entspricht. Auch die Wahrnehmung der Bewohner Tirols zeigte, dass sie die Aufwendungen des Turniers höher bewerteten als den finanziellen Ertrag (Borsdorf & Steinicke, 2010). Ein Erfolg, der direkt mit dem Co-Hosting-Format in Verbindung gebracht werden kann und sich finanziell gelohnt hat, sind die zusätzlich aufgewendeten Kosten für Stadien und Verkehrsinfrastruktur. In beiden Ländern hielten sich diese im Rahmen. Die umgebauten bzw. renovierten Stadien wurden alle langfristig für Sport- und Kulturveranstaltungen weitergenutzt (Popp & Wachter, 2008).

Ein Thema, welches in den letzten Jahren immer präsenter wurde, ist der Umwelteinfluss solcher Sportgroßveranstaltungen. Im Ergebnis wurden die Umweltauswirkungen der Fußball-Europameisterschaft in Österreich und der Schweiz insgesamt als vertretbar bewertet (Borsdorf & Steinicke, 2010; Müller et al., 2010; Popp & Wachter, 2008). Insbesondere wurde die Nutzung des öffentlichen Nah- und Fernverkehrs stärker während der Fußball-Europameisterschaft forciert und beworben (Popp & Wachter, 2008):

In der Schweiz wurde das Ziel erreicht, resp. übertroffen: Im Fernverkehr reisten 65 % der Fans mit öffentlichen Verkehrsmitteln an, beim Nahverkehr waren es ca. 80 % (inkl. Fußgänger- und Fahrradverkehr). In Österreich wurden die Ziele mit 50 % (Fernverkehr) und 70 % (Nahverkehr) nicht zur Gänze erreicht, lagen aber weit über den bei Spielen in Österreich üblichen Werten (S. 53).

Im Vorfeld des Turniers wurde in Zusammenarbeit mit der EURO 08 SA und den Ausrichterstädten ein Nachhaltigkeitskonzept verfasst, welches auf den drei Dimensionen Ökologie, Soziales/Kultur und Ökonomie basierte (Popp & Wachter, 2008). Ein solches Konzept ist wichtig und auch notwendig, jedoch bleibt zu hinterfragen, wie bindend es ist. Im Falle der

Fußball-Europameisterschaft 2008 haben beide Umweltminister der Schweiz und Österreichs zwar das verschriftlichte Konzept unterzeichnet, jedoch hatte es nur einen empfehlenden Charakter.

Zusammenfassend lässt sich festhalten, dass die EURO in beiden Ländern von der Bevölkerung als positiv bewertet wurde. Auch wenn die Organisation geteilt wurde, konnten beide Gastgeber ihre Ziele, das Image zu steigern und die Tourismusbranche zu fördern, erreichen. So wurde das Ansehen beider Länder im Ausland als gute Gastgeber auf einem hohen Niveau gefestigt. Wirtschaftlich hat die Fußball-Europameisterschaft 2008 zu keinen großen Gewinnen in beiden Ländern geführt und Bewohner bewerten den wirtschaftlichen Nutzen eher kritisch. Im Gegensatz dazu erwirtschaftete die UEFA Rekordeinnahmen. Hinsichtlich der Umwelt hat das Turnier keine nachhaltigen Umweltschäden verursacht und brachte einen Ausbau und Fokus auf öffentliche Verkehrsmittel. Hervorzuheben ist, dass Bürger in der Schweiz und Österreich im Nachgang der Fußball-Europameisterschaft vermehrt für die erneute Ausrichtung eines Sportevents dieser Größenordnung plädierten.

17.3.3 Die EURO 2012 in Polen und der Ukraine

Die Fußball-Europameisterschaft 2012 war bereits im Vorfeld stetig von kritischen Stimmen in Medien und Gesellschaft begleitet worden. Korruption, die Unterdrückung von Oppositionellen und explodierende Kosten waren in vielen westlichen Medien ein präsentes Thema im Vorfeld der Fußball-Europameisterschaft (Włoch & Dembek, 2014). Allein, dass Polen und die Ukraine überraschenderweise den Zuschlag erhielten, obwohl Italien lange Zeit als Favorit galt, war für viele Offizielle und Experten eine fragwürde Entscheidung des UEFA-Komitees und verdeutlicht, wie politisch aufgeladen die Ausrichtung eines Fußballturniers dieser Größenordnung in der heutigen Zeit geworden ist.

Bei einem co-hosted Sportevent ist eine gemeinsam abgestimmte Vermarktungs- und Kommunikationsstrategie ein wichtiges Element für die Organisatoren. Für die Ukraine war die Partnerschaft mit Polen ein wichtiges Kernelement der Bewerbung für die Fußball-Europameisterschaft 2012 und Polen sollte als Verbindungsstück zu mehr europäischen Investoren und einer generellen Öffnung der Ukraine Richtung Europa dienen (Halling & Stewart, 2012). Jedoch wurde nach der Zusage der Fußball-Europameisterschaft deutlich, dass die neue politische Führung der Ukraine sich deutlich weniger gen Europa öffnen wollte und so wurde es vor, während und nach dem Turnier verpasst, gemeinsame kulturelle Projekte zwischen den Ländern umzusetzen. Es gab auch keine gemeinsam abgestimmte Vermarktung der Fußball-Europameisterschaft (Halling & Stewart, 2012).

Eine Fußball-Europameisterschaft bringt auch immer den Fokus und das mediale Interesse der Welt mit sich. Dabei kann dies zu einem Imagegewinn führen und das Land für Touristen und Investoren öffnen. Es kann jedoch ebenso kritische Aspekte im Gastgeberland aufzeigen und das Image eines Landes verschlechtern. Bezogen auf die Ukraine brachte insbesondere die Festnahme der oppositionellen Politikerin Tymoschenko weitere Kritik und sogar Boykottforderungen in anderen europäischen Staaten hervor (Halling & Stewart, 2012; Włoch & Dembek, 2014). Zusätzlich war ein öffentlicher Kritikpunkt die Bereicherung von ukrainischen Eliten durch Korruption. So wurde die Ausschreibungspflicht kurz vor der Fußball-Europameisterschaft aufgehoben, was zu schnelleren Vergabeprozessen bei Aufträgen führte, jedoch ebenso Korruption und Veruntreuung förderte (Halling & Stewart, 2012). Zudem sollen sich die Kosten für das Turnier in der Ukraine mehr als verdoppelt haben, welche letztendlich durch Kürzungen von Sozialleistungen von den Steuerzahlern getragen werden mussten. Insbesondere die Stadien in Lemberg und Kiew kosteten deutlich mehr als veranschlagt (Halling & Stewart, 2012). Im Nachgang der Fußball-Europameisterschaft 2012 wurden Zahlen bekannt, dass die laufenden Instandhaltungskosten der Arena in Lemberg rund 2 Millionen Euro pro Jahr betrugen und zulasten des Stadthaushalts gingen, da kein passender Ankermieter[3] für das Stadion gefunden werden konnte (Krökel, 2013).

Da bei einem co-hosted Sportevent beide Gastgeber vom jeweils anderen und dessen Verhalten abhängig sind, gab es Medienberichten zufolge im Vorfeld die Besorgnis auf polnischer Seite, dass die negative Berichterstattung über die Ukraine auch das Image Polens beeinträchtigen könnte (Bidder & Hebel, 2012). Diese Befürchtung war jedoch unbegründet, wie sich im Nachgang anhand einer Studie von Włoch und Dembek (2014) zeigte. Demnach fiel die Berichterstattung im Ausland gegenüber Polen sehr positiv aus und hob die moderne und demokratische Entwicklung des Landes hervor, insbesondere im Kontrast zum östlichen Partner Ukraine. Polen wurde als sehr europäisches und entwickeltes Land porträtiert. Beide Ausrichterländer wurden unabhängig voneinander wahrgenommen, was angesichts der Kritik an der Ukraine positiv für Polen war, jedoch gleichzeitig auch als eine verpasste Chance beider Länder betrachtet werden muss, das Turnier als etwas Gemeinsames und Verbindendes nach außen hin darzustellen und die Beziehungen zwischen beiden Nationen zu stärken (Włoch & Dembek, 2014).

---

3   Ankermieter sind Sportorganisationen, die in der betreffenden Sportstätte alle oder den Großteil ihrer Heimspiele austragen und somit zu einer dauerhaften Nutzung der Sportstätte beitragen und sich dementsprechend maßgeblich an den Kosten für die operative Bewirtschaftung der Sportstätte beteiligen.

17.3.4 Die EURO 2020 in elf Ländern

Die Verantwortlichen der UEFA hatten für die europaweite Fußball-Europameisterschaft 2020 eine klare Vision (UEFA, 2014):

"By spreading the EURO across our continent, we will allow more fans from more nations to share in the excitement of hosting such a magical event. Member associations will also benefit greatly from this format, since more of them will be exposed to an elite tournament and have the opportunity to increase the development of football in their respective countries."

Der damalige UEFA Generalsekretär Infantino führte 2012 weiter aus: "instead of having a party in one country, we will have a party all over Europe in the summer of 2020" (UEFA, 2012). Historisch war die UEFA EURO 2020 schon allein aufgrund der Verlegung auf 2021 durch den Ausbruch der Covid-19 Pandemie. Des Weiteren war es die erste Fußball-Europameisterschaft, welche in elf (geplant waren zwölf) verschiedenen Ländern bzw. Städten ausgetragen wurde (Amsterdam, Baku, Budapest, Bukarest, Glasgow, Kopenhagen, London, München, Rom, Sevilla und St. Petersburg; Lee Ludvigsen, 2021).

Den großen Kritikpunkten von Sportgroßveranstaltungen, wie u. a. explodierenden Kosten, White Elephants, fehlende soziale Wirkungen für die Gesellschaft (Horne, 2010; Müller, 2015; Preuss, 2007), konnte bei dieser Fußball-Europameisterschaft entgegengewirkt werden. Für die Fußball-Europameisterschaft 2020 musste kein Land mehr als ein Stadion stellen und so konnten finanziell kostspielige Neubauten verhindert werden. Die Gastgeber gingen kein hohes finanzielles Risiko ein und waren weniger auf die Einnahmen von Besuchern und Sponsoren angewiesen, wie bei früheren Turnieren (Lee Ludvigsen, 2021). Gerade große Bauprojekte gehörten häufig zu den größten CO_2-Verursachern der letzten EUROs. Dass bei dieser Fußball-Europameisterschaft die genutzten Stadien alle bereits vor der Fußball-Europameisterschaft bzw. unabhängig vom Turnier gebaut wurden, ist daher auch aus ökologischer Perspektive hervorzuheben (Lee Ludvigsen, 2021). Beim Thema Umwelt muss jedoch auf der anderen Seite mit einbezogen werden, dass Fans und Teams viel reisen mussten. Durch die Covid-19-Pandemie war die Anzahl an Fluggästen bzw. Reisenden zwar deutlich geringer als erwartet (vor der Pandemie war mit 2 Millionen extra Flügen gerechnet worden), dennoch muss die deutlich erhöhte Anzahl an Flügen als negativer Einfluss auf die Umwelt berücksichtigt werden (Lee Ludvigsen, 2021).

Ein positiver Effekt der EURO 2020 war die Möglichkeit einiger Nationen, erstmalig eine Fußball-Europameisterschaft in Teilen ausrichten zu dürfen (Aserbaidschan, Dänemark, Rumänien, Russland, Schottland und Ungarn). Mit Ausnahme von Russland wären die anderen fünf Gastgeber nicht ohne erhebliche finanzielle Investitionen in Stadien-Neubauten in der Lage, die

Fußball-Europameisterschaft-Anforderungen der UEFA allein zu realisieren. Auf der anderen Seite dient eine Fußball-Europameisterschaft wie bereits beschrieben auch immer als Aushängeschild für das Gastgeberland und hat häufig wirtschaftliche oder politische Motive. Es ist davon auszugehen, dass eine Fußball-Europameisterschaft, in der nur eine Handvoll Spiele im jeweiligen Land stattfinden, nicht die mediale Aufmerksamkeit mit sich bringen kann, wie eine Fußball-Europameisterschaft, die in nur einem oder zwei Ländern stattfindet. Weitere Studien zu Imagewirkungen der jeweiligen Gastgeber bei der Fußball-Europameisterschaft 2020 sind dahingehend für eine fundierte Analyse wichtig.

Die Vorstellung der UEFA, dass die Fußball-Europameisterschaft eine riesige Party in Europa ist, welche die Menschen über den Kontinent hinweg verbindet, hört sich aus Fanperspektive erst einmal verlockend an. Wie bereits oben angesprochen, war es jedoch ein Problem des Turniers, dass Teams, Verantwortliche und insbesondere Fans über vier Zeitzonen reisen mussten, um die Spiele der eigenen Nation live zu verfolgen. Von Sevilla im Westen bis nach Baku im Osten (Entfernung 4.766 km) wurde gespielt. Gerade für die Fans hatte die Entfernung der Spielstätten einen klaren Nachteil. Die Schweizer Nationalmannschaft kann dahingehend als Extrembeispiel herangezogen werden: Sie schaffte es bis ins Viertelfinale gegen Spanien und reiste bis dahin von Baku nach Rom zurück nach Baku weiter nach Bukarest, um abschließend in St. Petersburg zu spielen. Hätte das Team das Halbfinale erreicht, wäre die Reise noch nach London gegangen. Allein in der Gruppenphase musste das Team 13.115 km reisen, was fast doppelt so viel war wie bei allen vorherigen Turnieren der Schweizer zusammen (6.750 km in 1996, 2004, 2008 und 2016; BBC Sport, 2021), wobei einbezogen werden muss, dass die Fußball-Europameisterschaft 2008 im eigenen Land stattgefunden hat. Generell mussten 13 der 22 Nationen mehr Reisen als in den Turnieren davor, obwohl viele der Länder Gastgebernationen waren (BBC Sport, 2021). Aus organisatorischer Perspektive stellte Lee Ludvigsen (2021) in seiner Studie zudem dar, dass der vorhandene dezentrale Wettkampf als Nachteil angesehen werden kann und zu logistischen Herausforderungen für die Veranstalter führte (bspw. Koordination/Kommunikation zwischen elf statt ein bzw. zwei Ländern).

Zusammenfassend lässt sich festhalten, dass sowohl die hohen Kosten als auch der hohe zeitliche Aufwand für die Fans sowie die logistischen Herausforderungen für die Organisatoren die Hauptkritikpunkte an der EURO 2020 waren (Lee Ludvigsen, 2021). Dennoch kann dieses Co-Hosting-Format als Möglichkeit angesehen werden, das Risiko von explodierenden Kosten zu reduzieren und Ländern die Chance zu geben, Gastgeber zu sein, welche normalerweise nicht die Kapazitäten haben, eine Fußball-Europameisterschaft alleine auszurichten.

17.4 Zukunftsszenarien UEFA EURO

Grundsätzlich ist die Austragung von Sportgroßveranstaltungen wie die Fußball-Europameisterschaft mit einem aufwendigen und langfristig angelegten Bewerbungsprozess verbunden, meist mit mehreren interessierten und damit konkurrierenden Nationen. Dies führte und führt weiterhin häufig zu einem Bieterwettbewerb mit lukrativen Versprechen und Zusagen (u. a. Steuerbefreiungen) der potenziellen Gastgeber an die UEFA (Klauser, 2013). Unabhängig davon sind die Anforderungen der UEFA in mehrfacher Hinsicht sehr hoch, vor allem aber in Bezug auf die Spielstätten und die damit verbundene Infrastruktur. Für die UEFA EURO 2024 wurden beispielsweise drei Kategorien (K.) von Stadien mit entsprechenden Sitzplatzkapazitäten gefordert: K. 1 beinhaltete drei Stadien mit einer Netto-Sitzplatzkapazität von 50.000 (eines davon idealerweise mit mindestens 60.000), K. 2 drei Stadien mit 40.000 und K. 3 vier Stadien mit 30.000 Sitzplätzen (UEFA, 2016). Dabei entspricht die Netto-Sitzplatzkapazität „der Anzahl der für die Öffentlichkeit tatsächlich verfügbaren Sitzplätze, ausschließlich der gesamten Medieninfrastruktur und der Plätze, die wegen Sichtbehinderung nicht verkauft werden können" (UEFA, 2016, S. 2). Zudem müssen für die UEFA EURO 2024 innerhalb von max. 32 Tagen 51 Spiele ausgetragen und 24 Mannschaften während dieser Zeit beherbergt werden. Diese Anforderungen stellen für jeden potentiellen Gastgeber eine große Herausforderung dar und die Frage kommt auf, welche Nationen überhaupt ohne zusätzliche, neue Stadien eine EURO ausrichten könnten. Dazu haben wir uns die Stadionkapazitäten in den 55 UEFA-Mitgliedsnationen angeschaut. Die Ergebnisse der Recherche (The Stadium Guide, Stadionwelt, Kicker, Sport.de) sind in Tabelle 17.1 zusammengefasst. Dort finden sich alle Mitgliedsländer wieder, die mindestens ein Stadion der UEFA-Kategorie 3 (> 30.000 Sitzplätze) aufweisen.

Die Ergebnisse zeigen, dass die beschriebenen Anforderungen ohne Neubauten oder größere Erweiterungen derzeit nur sechs von 55 Mitgliedsnationen der UEFA erfüllen können. Dies sind mit der Ausnahme der Türkei die Nationen mit den erfolgreichsten Fußballligen in Europa: Deutschland, England, Frankreich, Italien und Spanien. Russland, welches eine hohe Anzahl an Stadien besitzt, hat nur zwei Stadien für mehr als 50.000 Zuschauer. Insgesamt gibt es 22 UEFA-Mitgliedsländer ohne ein Stadion, welches die Anforderungen der K. 3 erfüllen würde (Albanien, Andorra, Belarus, Estland, Färöer-Inseln, Gibraltar, Island, Kosovo, Lettland, Lichtenstein, Litauen, Luxemburg, Malta, Moldawien, Montenegro, Nordirland, Norwegen, San Marino, Slowakei, Slowenien, Tschechien und Zypern). Zudem lässt sich darstellen, dass die „Top 10" der Liste mit 140 Stadien fast dreimal mehr Stadien der K. 1–3 vorweisen als die verbleibenden 45 UEFA-Mitglieder (48 Stadien). Die „Top 5" (England, Deutschland,

Spanien, Russland und Frankreich) haben mit 98 Stadien der K. 1–3 acht mehr als die verbleibenden 50 Mitgliedsländer (90 Stadien; siehe Abb. 17.1). Die Daten zeigen eindrucksvoll, dass es eine starke Ungleichverteilung hinsichtlich der vorhandenen Stadioninfrastruktur innerhalb der UEFA-Mitgliedsländer gibt. Die Nationen, welche auch die erfolgreichsten Fußballligen haben und so auch den höchsten Zuschauerschnitt vorweisen, können deutlich mehr Stadien aufbieten als die verbleibenden Nationen.

Die Auswirkungen dieser hohen Anforderungen spiegeln sich u. a. in der geringen Anzahl an potentiellen Bewerbern für die EURO wider. Eine gemeinsame skandinavische Bewerbung für die EURO 2024 wurde beispielsweise nicht eingereicht (NTV, 2017): „Wir werden uns nicht um die Europameisterschaft 2024 bewerben, da wir nicht damit rechnen, die Anforderungen an die Stadien erfüllen zu können". Dieses Statement von Karl-Erik Nilsson, Präsident des schwedischen Fußballverbands, verdeutlicht die Herausforderungen eines solchen Events. Wie der Tabelle 17.1 zu entnehmen ist, können Dänemark, Finnland, Norwegen und Schweden zusammen nur insgesamt fünf Stadien stellen, welche in die Kategorie 1–3 fallen (1× K. 1, 2× K. 2, 2× K. 3), zehn sind jedoch gefordert.

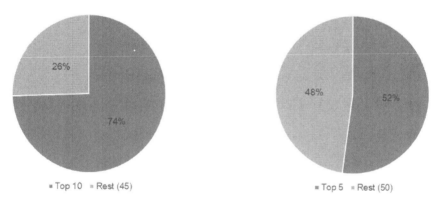

Abb. 17.1: Verteilung der Stadien in UEFA-Mitgliedsländern, welche die Mindestanforderungen der UEFA Kat. 1 bis 3 erfüllen (eigene Darstellung)

Darüber hinaus zeigt die Anzahl der Sterne hinter den Ländern in Tab. 17.1, welche Länder (1) einzeln die Stadion-Anforderungen der UEFA erfüllen (***), (2) zusammen mit einem oder zwei ähnlich großen Ländern die gewünschte Stadionanzahl stellen könnten (**) und (3) nicht in der Lage wären, auch mit einem oder zwei ähnlich großen Ländern zusammen die geforderte Stadioninfrastruktur aufzubieten (*). Im Weiteren wären unter Berücksichtigung der weiterhin gleichbleibenden Anforderungen an die sportliche Infrastruktur zur Ausrichtung einer EURO 2028 oder später

Rang	Land	Anzahl Stadien in den einzelnen Kategorien			Gesamt-anzahl Stadion K. 1–3
		K. 1: > 50.000 Sitzplätze (Differenz zu UEFA-Anforderungen)	K. 2: > 40.000 Sitzplätze (Differenz zu UEFA-Anforderungen)	K. 3: > 30.000 Sitzplätze (Differenz zu UEFA-Anforderungen)	
01	England***	8 (5)	4 (1)	14 (10)	26
02	Deutschland***	12 (9)	4 (1)	8 (4)	24
03	Spanien***	7 (4)	3 (0)	9 (5)	19
04	Russland**	2 (–1)	8 (5)	5 (1)	15
05	Frankreich***	4 (1)	4 (1)	6 (2)	14
06	Italien***	4 (1)	2 (–1)	5 (1)	11
07	Türkei***	3 (0)	4 (1)	3 (–1)	10
08	Portugal**	3 (0)	0 (–3)	5 (1)	8
09	Polen**	2 (–1)	3 (0)	2 (–2)	7
10	Ukraine**	2 (–1)	0 (–3)	4 (0)	6
11	Schottland**	4 (1)	0 (–3)	0 (–4)	4
12	Niederland**	2 (–1)	0 (–3)	2 (–2)	4
13	Rumänien**	1 (–2)	0 (–3)	3 (–1)	4
14	Schweden**	1 (–2)	1 (–2)	1 (–3)	3
15	Griechenland**	1 (–2)	0 (–3)	2 (–2)	3
15	Österreich**	1 (–2)	0 (–3)	2 (–2)	3
17	Israel**	0 (–3)	1 (–2)	2 (–2)	3
18	Schweiz**	0 (–3)	0 (–3)	3 (–1)	3
19	Irland*	2 (–1)	0 (–3)	0 (–4)	2
20	Aserbaidschan*	1 (–2)	0 (–3)	1 (–3)	2
21	Belgien*	1 (–2)	0 (–3)	1 (–3)	2
21	Serbien*	1 (–2)	0 (–3)	1 (–3)	2
21	Wales*	1 (–2)	0 (–3)	1 (–3)	2
24	Kroatien*	0 (–3)	0 (–3)	2 (–2)	2
25	Armenien*	1 (–2)	0 (–3)	0 (–4)	1
25	Georgien*	1 (–2)	0 (–3)	0 (–4)	1

Rang	Land	Anzahl Stadien in den einzelnen Kategorien			Gesamt-anzahl Stadion K. 1–3
		K. 1: > 50.000 Sitzplätze (Differenz zu UEFA-Anforderungen)	K. 2: > 40.000 Sitzplätze (Differenz zu UEFA-Anforderungen)	K. 3: > 30.000 Sitzplätze (Differenz zu UEFA-Anforderungen)	
25	Ungarn*	1 (–2)	0 (–3)	0 (–4)	1
28	Bulgarien*	0 (–3)	1 (–2)	0 (–4)	1
29	Finnland*	0 (–3)	1 (–2)	0 (–4)	1
30	Bosnien–Herzegowina*	0 (–3)	0 (–3)	1 (–3)	1
30	Dänemark*	0 (–3)	0 (–3)	1 (–3)	1
30	Kasachstan*	0 (–3)	0 (–3)	1 (–3)	1
30	Nordmazedonien*	0 (–3)	0 (–3)	1 (–3)	1
Gesamt		66	36	86	188

*** UEFA-Mitgliedsverbände, die alleine die erforderliche Stadioninfrastruktur für eine EURO bereitstellen;

** UEFA-Mitgliedsverbände, die nur gemeinsam mit ein oder zwei weiteren Ländern gleicher Größe die Stadionanforderungen der UEFA erfüllen;

* UEFA-Mitgliedsverbände, die nicht in der Lage wären, mit einem oder zwei ähnlich großen Ländern zusammen die geforderte Stadioninfrastruktur aufzubieten

Tab. 17.1: Übersicht Anzahl Stadien in UEFA-Mitgliedsländern in jeweiligen Kategorien und Differenz zu Anforderungen für Ausrichtung einer EURO (eigene Darstellung)

aktuell folgende Szenarien denkbar: Grundlegend gibt es die Option, dass die Nationen mit drei Sternen (England, Deutschland, Frankreich, Italien, Spanien oder die Türkei) mit einem oder zwei weiteren Ländern eine Fußball-Europameisterschaft ausrichten und durch die hohe Anzahl an vorhandenen Stadien die Anforderungen insgesamt problemlos erfüllen. Eine zukünftige EURO mit Dänemark, Schweden und Deutschland beispielsweise wäre so denkbar. Selbst Fußballnationen, wie zum Beispiel Portugal, wären nur durch Co-Hosting mit einem oder zwei weiteren Ländern in der Lage, eine EURO auszurichten, ohne gleichzeitig zusätzliche Stadien-Neubauten für eine Fußball-Europameisterschaft zu veranlassen. In Portugal sind drei Stadien der K. 1, vier Stadien der K. 3 jedoch keines in der K. 2 vorhanden. Mit Spanien und Frankreich gibt es zwei Länder in unmittelbarer Nähe, welche die fehlenden Stadien ohne Probleme beisteuern könnten.

Bei den Ländern mit zwei Sternen gibt es weitere Szenarien, wie z. B. eine gemeinsame Ausrichtung von Portugal (8) und Schottland (4), Rumänien

(4) und Polen (7), Ukraine (6), Niederlande (4) und Schweden (3) oder Russland (15) und Griechenland (3). Theoretisch denkbar sind diese Szenarien, jedoch haben diese Nationen keine gemeinsamen Ländergrenzen, sodass hohe Reiseaufwendungen damit verbunden wären, wie bei der EURO 2020. Aus ökologischen und logistischen Gründen wären derartige Szenarien zwar grundsätzlich denkbar, jedoch eher unrealistisch. Insgesamt fehlen gerade in der K. 2 bei vielen Nationen, wie bspw. den Niederlanden, der Schweiz oder Griechenland, Stadien, um die Anforderungen zu erfüllen. Bezogen auf die Nationen mit einem Stern ist festzuhalten, dass 8 der 15 Nationen mindestens ein Stadion der K 1 besitzen, was gleichzeitig das Nationalstadion im jeweiligen Land ist.

Nach geographischen Gesichtspunkten würde sich ein Turnier in Großbritannien (England, Nordirland, Schottland & Wales) inklusive Irland anbieten. Schottland (4), Irland (2) und Wales (2) können zusammen bereits acht Stadien stellen und durch die hohe Anzahl an Stadien in England wäre eine Umsetzung kein Problem hinsichtlich der Stadionkapazität. Geographisch passend gelegen ist ebenfalls die Türkei (10) und Griechenland (3). Weiterhin könnten die Länder in der Balkanregion gemeinsam eine Fußball-Europameisterschaft ausrichten. Rumänien (4), Kroatien (2), Serbien (2), Bulgarien (1) und Ungarn (1) würden die geforderte Anzahl an Stadien stellen können. Mit zunehmender Anzahl der Co-Hosting-Partner steigt aber auch der Abstimmungsbedarf und die Komplexität in der Umsetzung eines solchen Events (Walzel & Eickhoff, 2021). Eine weitere Möglichkeit wäre die Ausrichtung einer Fußball-Europameisterschaft unter politisch motivierten Aspekten. So könnten, basierend auf der gemeinsamen Historie zwischen Israel und Deutschland, beide Nationen eine gemeinsame Fußball-Europameisterschaft austragen, obwohl beide Länder rund 2.976 km (Luftlinie) auseinanderliegen.

Allerdings zeigen die Fakten aus Sicht der UEFA aber auch eine gewisse Abhängigkeit des europäischen Fußballverbandes von einigen wenigen Fußballnationen. Diese würde sich bei einer angedachten Ausweitung des Teilnehmerfelds von 24 auf 32 Nationen noch erhöhen, da die Anforderungen an die Stadionkapazitäten zunehmen würden. Eine zeitliche Ausdehnung des Events ist angesichts des ohnehin schon eng terminierten Spielkalenders eher unwahrscheinlich. Es ist daher davon auszugehen, dass sich bei unveränderten Anforderungen der UEFA an die Stadioninfrastruktur und bei Rückgriff auf bestehende Stadien das Co-Hosting als dominierendes Ausrichterformat der EURO zunehmend durchsetzen wird.

Große Sportereignisse wie eine UEFA EURO waren in der Vergangenheit aber auch Katalysatoren für die Entwicklung des Clubfußballs. Ohne die Ausrichtung der Fußball-Weltmeisterschaft 2006 in Deutschland wären vermutlich viele Stadien nicht saniert oder neu gebaut worden. Stadien mit Sitzplatzkapazitäten, die sich an der späteren Nachfrage der Zuschauer der lokalen Fußballvereine orientieren, sind wichtige Bestandteile für die Entwicklung des Vereinsfußballs. Daher können intelligente Co-Hosting-Formate bei sorgfältiger Planung auch punktuelle Entwicklungsimpulse für den Clubfußball in Ländern setzen, die alleine eine EURO nicht ausrichten könnten. Auf diese Weise könnte die Ungleichheit der Stadioninfrastruktur zwischen den UEFA-Mitgliedsländern ein Stück weit reduziert werden. Darüber hinaus steigt durch das Co-Hosting-Format theoretisch die Wahrscheinlichkeit, dass einzelne Länder erstmalig bzw. häufiger und regelmäßiger einen Teil der EURO ausrichten, ohne dabei Investitionen in Stadien zu tätigen, die nachher ungenutzt bleiben. Die ökonomische, ökologische und soziale Nachhaltigkeit würde auf diese Weise gefördert werden (Walzel & Herzog 2023).

17.5 Diskussion und Fazit

Das Ziel dieses Beitrags war es, die bisher ausgerichteten EUROs im Co-Hosting-Format zu analysieren und Handlungsempfehlungen für die zukünftige Ausgestaltung dieser Sportgroßveranstaltung unter besonderer Berücksichtigung der nachhaltigeren Ausrichtung von Sportevents in ökonomischer, ökologischer und sozialer Hinsicht zu geben. Im Ergebnis der Analyse kann festgehalten werden, dass das Co-Hosting-Format der UEFA EURO in ökonomischer (u. a. geringere Kosten, höhere Ticketeinnahmen, Verteilung von Kosten und Risiken auf mehrere Länder), ökologischer (u. a. Rückgriff auf bestehende Stadien) und sozialer Hinsicht (u. a. auch kleinere Länder als Ausrichter mit dabei) viele Potenziale für eine nachhaltigere Ausrichtung dieser Sportgroßveranstaltung bietet. Es wurde aber auch aufgezeigt, dass Co-Hosting nicht per se zu mehr Nachhaltigkeit führt (bspw. enormer Reiseaufwand bei der EURO 2020).

Daraus lassen sich folgende drei wesentlichen Handlungsempfehlungen für die Praxis ableiten: (1) Potenziellen Ausrichtern der EURO wird empfohlen, die Potenziale des Co-Hostings zu nutzen und die Nachhaltigkeit der EURO in ökonomischer, ökologischer und sozialer Hinsicht zu maximieren, um somit Vertrauen und Unterstützung in der Bevölkerung und bei den Anspruchsgruppen des Events langfristig zu sichern. (2) Sportgroßveranstaltungen ohne die finanzielle Unterstützung des Staates sind schwer vorstellbar. Daher wäre es wünschenswert, wenn die Politik die Förderung für die Ausrichtung von Sportevents an Nachhaltigkeitsbedingungen knüpft und insbesondere unter Berücksichtigung der europäischen Idee Co-Hosting-Formate besonders fördert. (3) Die UEFA als Rechteinhaber der EURO sollte die Potenziale des Co-Hostings nicht dazu nutzen, das Teilnehmerfeld weiter zu vergrößern, da somit die Vorteile der nachhaltigeren Ausrichtung des Events verloren gehen können. Vielmehr wäre es vorteilhaft, wenn sie die Rahmenbedingungen und Anreizsysteme für das Co-Hosting und eine nachhaltige Ausrichtung für die EURO verbessert.

Der vorliegende Beitrag liefert aber auch einige Implikationen für zukünftige Forschung: (1) Die empirischen Befunde zum Co-Hosting sind noch sehr gering, daher sind weitere empirische Studien erforderlich, um einerseits die theoretischen Erkenntnisse zu überprüfen und andererseits die Wissensbestände zu erweitern. (2) Bisherige Forschung zum Co-Hosting beschränkt sich noch sehr stark auf den Bewerbungs- und Event-Managementprozess mit einer geringen Vielfalt an theoretischen Zugängen. Die Erweiterung und Vielfalt von theoretischen Zugängen wird ohne Zweifel zu mehr Erkenntnisgewinn beitragen. Insbesondere die gemeinsame Wertschöpfung im Rahmen der Service-Dominant-Logic wird als vielversprechender Ansatz für zukünftige Forschungsarbeiten empfohlen. (3) Die konkrete Messung und Operationalisierung von Nachhaltigkeitsindikatoren für Sportgroßveranstaltungen steckt noch in den Kinderschuhen. Zahlen, Daten und Fakten sind jedoch für die Berichterstattung gegenüber Anspruchsgruppen, aber auch für das Nachhaltigkeitsmanagement von Sportgroßveranstaltungen unerlässlich. Daher sind Studien in diesem Bereich für die weitere Entwicklung des Themas notwendig.

Zusammenfassend liefert der vorliegende Beitrag einen Überblick zum Co-Hosting der UEFA EURO. Als eine der größten Sportveranstaltungen weltweit wird mit einem Event wie diesem auch der Anspruch einer Vorbildfunktion für andere Sportevents verbunden. Wie gezeigt wurde, bietet das Co-Hosting-Format in ökonomischer, ökologischer und sozialer Hinsicht viele Potenziale für eine nachhaltigere Ausrichtung dieser Sportgroßveranstaltung. Es liegt an allen Beteiligten (Zuschauer, Fans, Sponsoren, Politik, Sportverbände u. v. m.), diese Potenziale zu nutzen, um somit über Sportgroßveranstaltungen einen Beitrag zur Erreichung der 17 Nachhaltigkeitsziele der Vereinten Nationen zu leisten.

Literatur

Baade, R. A., Baumann, R. W. & Matheson, V. A. (2008). Assessing the Economic Impact of College Football Games on Local Economies. *Journal of Sports Economics*, 9(6), 628–643. https://doi.org/10.1177/152700250831 8363

BBC Sport. (2021, Juni 4). *Euro 2020: What is the climate cost of tournament staged in 11 countries?* Bbc.Com. https://www.bbc.com/sport/ football/51806842

Bidder, B. & Hebel, C. (2012, Mai 28). *Ukrainische Eskapaden frustrieren Polen*. https://www.spiegel.de/politik/ausland/polen-leidet-unter-em-partner-ukraine-a-834514.html

Borsdorf, A. & Steinicke, E. (2010). *Anstoß zur Nachhaltigkeit? Eine Studie zur Bewertung der langfristigen ökologischen, sozialen und ökonomischen Effekte der EURO 2008 in Innsbruck/Tirol* (A. Borsdorf, Hrsg.). Universität Innsbruck.

Boykoff, J. (2022). Toward a Theory of Sportswashing: Mega-Events, Soft Power, and Political Conflict. *Sociology of Sport Journal, 39*(4), 342–351. https://doi.org/10.1123/ssj.2022-0095

Brannagan, P. M. & Giulianotti, R. (2015). Soft power and soft disempowerment: Qatar, global sport and football's 2022 World Cup finals. *Leisure Studies, 34*(6), 703–719. https://doi.org/10.1080/02614367.2014.964291

Brice, J., Grainger, A., Beissel, A. & Postlethwaite, V. (2022). The world cup trilogy: an analysis of Aotearoa New Zealand's leverage strategies for the women's cricket, rugby, and football world cups, *International Journal of Sport Policy and Politics*. https://doi.org/10.1080/19406940.2022.2117839

Byun, J., Ellis, D. & Leopkey, B. (2021). The pursuit of legitimacy through strategic alliances: the examination of international joint sport event bidding. *European Sport Management Quarterly, 21*(4), 544–563. https://doi.org/10.1080/16184742.2020.1759668

Byun, J., Leopkey, B. & Ellis, D. (2019). Understanding joint bids for international large-scale sport events as strategic alliances. *Sport, Business and Management: An International Journal, 10*(1), 39–57. https://doi.org/10.1108/SBM-09-2018-0074

Death, C. (2011). 'Greening' the 2010 FIFA World Cup: Environmental Sustainability and the Mega-Event in South Africa. *Journal of Environmental Policy & Planning, 13*(2), 99–117. https://doi.org/10.1080/1523908X.2011.572656

DiMaggio, P. J. & Powell, W. W. (1983). The Iron Cage Revisited: Institutional Isomorphism and Collective Rationality in Organizational Fields. *American Sociological Review, 48*(2), 147–160. https://doi.org/10.2307/2095101

DPA. (2022, März 23). *Großbritannien und Irland bewerben sich für EM 2028*. https://www.sueddeutsche.de/sport/fussball-grossbritannien-und-irland-bewerben-sich-fuer-em-2028-dpa.urn-newsml-dpa-com-20090101-220323-99-639180

FAZ. (2008, Juli 29). *Euro als Gelddruckmaschine*. https://www.faz.net/aktuell/sport/fussball/bilanz-der-fussball-em-2008-euro-als-gelddruckmaschine-1667781.html

Fernando, S. & Lawrence, S. (2014). A theoretical framework for CSR practices: Integrating legitimacy theory, stakeholder theory and institutional theory. *The Journal of Theoretical Accounting, 10*(1), 149–178.

Greve, H. R. & Argote, L. (2015). Behavioral Theories of Organization. *International Encyclopedia of the Social & Behavioral Sciences*, 481–486. https://doi.org/10.1016/B978-0-08-097086-8.73121-7

Halling, S. & Stewart, S. (2012, Mai). Ukrainisches Eigentor vor der EM: Demaskierung des Regimes statt Imagegewinn. *Stiftung Wissenschaft und Politik (SWP)*, 1–4.

Horne, J. (2010). Material and representational legacies of sports mega events: the case of the UEFA EURO™ football championships from 1996 to 2008. *Soccer & Society, 11*(6), 854–866. https://doi.org/10.1080/146609 70.2010.510748

Kellett, P., Hede, A.-M. & Chalip, L. (2008). Social Policy for Sport Events: Leveraging (Relationships with) Teams from other Nations for Community Benefit. *European Sport Management Quarterly, 8*(2), 101–121. https://doi.org/10.1080/16184740802024344

Kennelly, J. & Watt, P. (2013). Restricting the Public in Public Space: The London 2012 Olympic Games, Hyper-Securitization and Marginalized Youth. *Sociological Research Online, 18*(2), 131–136. https://doi. org/10.5153/sro.3038

Kesenne, S. (2012). The Economic Impact, Costs and Benefits of the FIFA World Cup and the Olympic Games: Who Wins, Who Loses? In W. Maennig & A. Zimbalist (Hrsg.), *International Handbook on the Economics of Mega Sporting Events* (S. 270–278). Edward Elgar Publishing.

Klauser, F. (2013). Spatialities of security and surveillance: Managing spaces, separations and circulations at sport mega events. *Geoforum, 49*, 289–298. https://doi.org/10.1016/j.geoforum.2012.11.011

Klebnikov, S. (2016, Juli 10). UEFA Euro 2016 By The Numbers. *Forbes*. https://www.forbes.com/sites/sergeiklebnikov/2016/07/10/uefa-euro-2016-by-the-numbers/?sh=5b7e72286d84

Krökel, U. (2013, Juni 7). *Ein Millionenminus als Souvenir der Euro 2012*. https://www.zeit.de/sport/2013-06/rueckblick-polen-ukraine-em

Langer, V. C. E., Maennig, W. & Richter, F. (2017). The Olympic Games as a news shock: Macroeconomic implications. *Journal of Sports Economics, 19*(6), 884–906. https://doi.org/10.1177/1527002517690788

Lee Ludvigsen, J. A. (2019). "Continent-wide" sports spectacles: The "multiple host format" of Euro 2020 and United 2026 and its implications. *Journal of Convention & Event Tourism, 20*(2), 163–181. https://doi.org/1 0.1080/15470148.2019.1589609

Lee Ludvigsen, J. A. (2021). Mega-events, expansion and prospects: Perceptions of Euro 2020 and its 12-country hosting format. *Journal of Consumer Culture*. https://doi.org/10.1177/14695405211026045

Leopkey, B. & Parent, M. M. (2012). Olympic Games legacy: From general benefits to sustainable long-term legacy. *International Journal of the History of Sport, 29*(6), 924–943. https://doi.org/10.1080/09523367.2011.623006

Lyon, T. P. & Montgomery, A. W. (2015). The Means and End of Greenwash. *Organization & Environment, 28*(2), 223–249. https://doi.org/10.1177/1086026615575332s

McGillivray, D. & Turner, D. (2017). *Event Bidding. Politics, Persuasion and Resistance*. Routledge.

McKinsey & Company. (2021). *Consumers' sustainability sentiment and behavior before, during and after the COVID-19 crisis*. https://www.mckinsey.com/de/~/media/mckinsey/locations/europe%20and%20middle%20east/deutschland/news/presse/2021/2021%20pm%20nachhaltiger%20konsum/studie-nachhaltiger-konsum.pdf

Meyer, J. W. & Rowan, B. (1977). Institutionalized Organizations: Formal Structure as Myth and Ceremony. *American Journal of Sociology, 83*(2), 340–363. https://doi.org/10.1086/226550

Müller, H., Rütter, H. & Stettler, J. (2010). *UEFA EURO 2008TM und Nachhaltigkeit – Erkenntnisse zu Auswirkungen und Einschätzungen in der Schweiz*. FIF-Verlag.

Müller, M. (2015). The Mega-Event Syndrome: Why So Much Goes Wrong in Mega-Event Planning and What to Do About It. *Journal of the American Planning Association, 81*(1), 6–17. https://doi.org/10.1080/01944363.2015.1038292

Müller, M., Wolfe, S. D., Gaffney, C., Gogishvill, D., Hug, M. & Leick, A. (2021). An evaluation of the sustainability of the Olympic Games. *Nature Sustainability, 4*, 340–348. https://doi.org/10.1038/s41893-021-00696-5

NTV. (2017, Februar 25). *Fußball-EM 2024: Skandinavier verzichten*. ntv.de.

Oldenboom, E. R. (2006). *Costs and benefits of major sports events – A Case-Study of Euro 2000*. MeerWaarde.

Popp, G. & Wachter, D. (2008). *Nachhaltigkeitsbericht UEFA EURO 2008*.

Preuss, H. (2007). The Conceptualisation and Measurement of Mega Sport Event Legacies. *Journal of Sport & Tourism, 12*(3–4), 207–228. https://doi.org/10.1080/14775080701736957

Preuss, H., Andreff, W. & Weitzmann, M. (2019). *Cost and revenue overruns of the Olympic Games 2000–2018*. Springer.

Siegfried, J. & Zimbalist, A. (2000). The Economics of Sports Facilities and Their Communities. *Journal of Economic Perspectives, 14*(3), 95–114. https://doi.org/10.1257/jep.14.3.95

Simonitsch, W. & Zitzelsberger, G. (2010). Drei Wochen Werbung. *Süddeutsche Zeitung.* https://www.sueddeutsche.de/wirtschaft/em-imagegewinn-fuer-oesterreich-und-schweiz-drei-wochen-werbung-1.181876-2

Spiegel. (2000, Juni 16). *Randale in Charleroi.* https://www.spiegel.de/sport/fussball/hooligan-krawalle-randale-in-charleroi-a-81406.html

Sportschau. (2022, Oktober 5). *Ukraine wird in Bewerbung von Spanien und Portugal eingebunden.* https://www.sportschau.de/fussball/fussball-wm-ukraine-bewerbung-spanien-und-portugal-100.html

Stadiumguide.com. (o. D.). *The Stadium Guide.* Stadiumguide.com.

Süddeutsche Zeitung. (2022, November 18). *Verbraucherschützer mahnen FIFA wegen "Greenwashing" ab.* https://www.sueddeutsche.de/sport/fussball-verbraucherschuetzer-mahnen-fifa-wegen-greenwashing-ab-dpa.urn-newsml-dpa-com-20090101-221118-99-566114

Tageschau. (2012, Mai 4). *EU-Kommission will nicht zur EM in die Ukraine.* https://www.tagesschau.de/ausland/ukraine332.html

Tagesschau. (2000, Juni 18). *Tagesschau vor 20 Jahren, 18. Juni 2000.* https://www.tagesschau.de/multimedia/video/video-715989.html

Tagesschau. (2022, März 23). *Vier Bewerber für EM 2028 und 2032.* https://www.tagesschau.de/sport/sportschau/europameisterschaft-em-101.html

Tagesspiegel. (1999, Dezember 15). *Bei "Euro 2000" denken die meisten Belgier an die Gemeinschaftswährung, aber nicht an Fußball.* Tagesspiegel.com.

UEFA. (2011, April 1). *Massive demand for UEFA EURO 2012 tickets.* https://www.uefa.com/uefaeuro/history/news/0254-0d7ce7f2b0f9-da0dbe05e952-1000--massive-demand-for-uefa-euro-2012-tickets/

UEFA. (2012, Dezember 6). *"EURO for Europe" means shared opportunity.* https://www.uefa.com/insideuefa/about-uefa/news/0253-0d0402abd39f-daa7d475c1ca-1000--euro-for-europe-means-shared-opportunity/

UEFA. (2014, April 26). *Nineteen bids for UEFA EURO 2020.* https://www.uefa.com/uefaeuro/history/news/0253-0d7f562ed27a-ce2079184777-1000--nineteen-bids-for-uefa-euro-2020/

UEFA. (2016). *UEFA EURO 2024 – Bewerbungsaufforderung.* https://www.dfb.de/fileadmin/_dfbdam/127559-2016-12-09_Zirkular_60_Bewerbungsaufforderung_Version_Website.pdf

UEFA. (2018). *UEFA EURO 2024 — Evaluation Report.* https://www.uefa.com/MultimediaFiles/Download/OfficialDocument/competitions/General/02/57/28/24/2572824_DOWNLOAD.pdf

UEFA. (2020a, Februar 20). *EURO 2000: Alles, was ihr wissen müsst.* https://www.uefa.com/uefaeuro/history/news/025b-0ee56160fd7a-496ee6105eaf-1000--euro-2000-alles-was-ihr-wissen-musst/

UEFA. (2020b, März 3). *Die Geschichte der Fußball-EM im Zeitraffer.* https://de.uefa.com/insideuefa/news/025b-0f8e75f489a9-a6422ab92f41-1000--die-geschichte-der-fussball-em-im-zeitraffer/

Viehoff, V. & Poynter, G. (2018). *Mega-event Cities: Urban Legacies of Global Sports Events.* Routledge.

Walzel, S. & Eickhoff, M. (2021). The social value of co-hosting: rethinking the management of sports events. *European Sport Management Quarterly.* https://doi.org/10.1080/16184742.2021.2010784

Walzel, S. & Herzog, M. (2023). Das Potential nachhaltiger Sport(groß)veranstaltungen durch Co-Hosting. In A. Behrens, S. B. Bauers, & G. Hovemann (Hrsg.), *Entwicklungstendenzen im Sportmanagement.* Wiesbaden: Springer.

Walzel, S. & Leopkey, B. (2023). Co-Hosting Major Sporting Events – An Emerging Trend. In H. A. Solberg, R. K. Storm, & K. Swart (Hrsg.), *Research Handbook on Large Scale Sporting Events.* Cheltenham: Edward Elgar Publishing.

Washington, M., Patterson, K. D. W. (2011). Hostile takeover or joint venture: Connections between institutional theory and sport management research. *Sport Management Review, 14*(1), 1–12.

Weed, M., Coren, E., Fiore, J., Wellard, I., Chatziefstathiou, D., Mansfield, L. & Dowse, S. (2015). The Olympic Games and raising sport participation: A systematic review of evidence and an interrogation of policy for a demonstration effect. *European Sport Management Quarterly, 15* (2), 195–226. https://doi.org/10.1080/16184742.2014.998695

Włoch, R. & Dembek, A. (2014). The Impact of a Sports Mega-Event on the International Image of a Country: the Case of Poland Hosting UEFA Euro 2012. *Perspectives: Central European Review of International Affairs, 22*(1), 33–47.

Zimbalist, A. (2010). Is it worth it? Finance & Development. *Finance & Development,* 11–11. https://www.imf.org/external/pubs/ft/fandd/2010/03/pdf/zimbalist.pdf

18 Transfereffekte – Wirkung der EURO 2024 auf den Vereins- und Amateursport

Justus Maas & Christoph Breuer

Transfereffekte spielen eine wichtige Rolle, um das Ausrichten einer Sportgroßveranstaltung zu begründen. Bestimmte Transfereffekte werden dabei oftmals als Argumente für den Einsatz von Steuermitteln für die Finanzierung von Sportgroßveranstaltungen angeführt (Rahmann et al., 1998). Neben ihrer finanzinstrumentellen Bedeutung stellen diese Transfereffekte oftmals auch verbandsinterne Entwicklungspfeiler dar. So beschreibt der Deutsche Fußball-Bund (DFB) in seiner neusten *Zukunftsstrategie Amateurfußball* die EURO 2024 als „einmalige Chance […] zur Weiterentwicklung" seiner Vereine, die es erfolgreich zu nutzen gelte (Deutscher Fussball-Bund, 2021, S. 3).

Aufgrund dieser gesellschaftspolitischen und verbandsinternen Tragweite der Transfereffekte von Sportgroßveranstaltungen wird im Folgenden zuerst die theoretische Grundlage von Transfereffekten dargestellt, bevor der aktuelle Forschungsstand von Transfereffekten dargelegt wird. Darauf aufbauend wird erläutert, welche Transfereffekte sich der Vereins- und Amateursport in Deutschland durch das Ausrichten der EURO 2024 erhofft. Dafür wird auch auf Daten des Sportentwicklungsberichts Fußball zurückgegriffen (Breuer et al., 2021). Abschließend wird das bisher geplante Transfereffekt-Management der EURO 2024 skizziert und bewertet. Im Zentrum steht hierbei die Frage, welche Ideen und Initiativen angedacht bzw. vorbereitet werden, um potenzielle Transfereffekte wirksam ausschöpfen zu können. Dieser Teil beruht auf einer Medienrecherche und besitzt einen Case-Study-Charakter.

18.1 Transfereffekte von Sportgroßveranstaltungen auf den Vereins- und Amateursport

Sportgroßveranstaltungen sind komplexe und kontrovers diskutierte Phänomene, in deren Zusammenhang oftmals der Terminus „Legacy" (deutsch: Vermächtnis) verwendet wird. Gemeint ist dabei die erhebliche Relevanz von Sportgroßveranstaltungen in soziologischer sowie ökonomischer Perspektive. So werden Sportgroßveranstaltungen wie den Olympischen Spielen oder Fußball-Weltmeisterschaften positive Auswirkungen auf die kommunale Entwicklung, soziale Inklusion, Lebensqualität, das (lokale) Wirtschaftswachstum sowie Sportpartizipation zugeschrieben (Mangan & Dyreson, 2013).

Dabei wird vor allem die erhöhte Sportpartizipation nach Sportgroßveranstaltungen als Rechtfertigung für das Veranstalten von Sportgroßereignissen genannt, sowohl in öffentlich wirksamen Ausschreibungstexten als auch in der Diskussion, ob Steuermittel zur Finanzierung von Sportgroßveranstaltungen verwendet werden dürfen. Diesen Zusammenhang zwischen Sportgroßveranstaltung und erhöhter Sportpartizipation bezeichnet die Sportökonomie als Trickle-Down-Effekt (Weed, 2010).

Die Theorie basiert dabei auf dem Konstrukt, dass die breite Gesellschaft durch die Unterstützung von Spitzensport inspiriert wird, selbst sportlich aktiv zu werden (Weed, 2009). Dementsprechend werden Trickle-Down-Effekte in der Literatur auch „Demonstrationseffekt" (Weed, 2009) oder „Boris-Becker-Effekt" genannt (Breuer & Wicker, 2015; Van Bottenburg, 2002; Wicker & Sotiriadou, 2013). Dabei können diese Transfereffekte entweder aus (a) herausragenden Leistungen einzelner Sportler, (b) sportlichen Persönlichkeiten oder (c) dem Ausrichten einer Sportgroßveranstaltung wie der EURO 2024 resultieren (Breuer & Wicker, 2015; Wicker, 2020; vgl. Abb. 18.1).

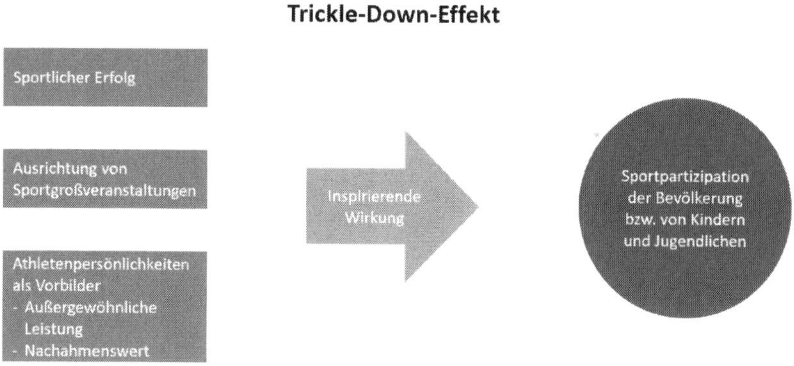

Trickle-Down-Effekt

Abb. 18.1: Der Trickle-Down-Effekt (eigene Darstellung nach Wicker, 2020)

Die Sportökonomie bedient sich dabei einer Kapitalmarkttheorie, die theoretisiert, dass ärmere soziale Schichten sukzessive von Einkommenszuwächsen reicherer sozialer Schichten profitieren, indem Wohlstand durch Konsum und Investitionen der reicheren Schichten nach unten sickert (Aghion & Bolton, 1997). In der Sportökonomie werden die unterschiedlichen sozialen Schichten als die unterschiedlichen Leistungsebenen des Sports gesehen. An der Spitze des Sportsystems, welches als Pyramide angesehen werden kann, stehen dabei professionelle Spitzensportler (reichere soziale Schichten), während der Breitensport die Basis der Pyramide (ärmere soziale Schichten) repräsentiert (Eady, 1993; Prohl & Scheid, 2009; vgl. Abb. 18.2). Dabei sind die unterschiedlichen Ebenen der Pyramide durchlässig: Während talentierte Sportler von der Basis an die Spitze des Systems diffundieren können, profitiert der Breitensport von (ehemaligen) Spitzensportlern, die ihre Expertise als (ehrenamtliche) Trainer bzw. Übungsleiter weitergeben (Sotiriadou et al., 2008). Abgesehen von diesem sportsystematischen Zusammenhang, sind die beiden Enden der Pyramide auch ökonomisch verknüpft. So kreuzsubventioniert die in Artikel 30 des Grundgesetzes festgeschriebene Subvention der Sportförderung des Schul-, Hochschul-, Breiten- und Freizeitsport aufgrund dieser Durchlässigkeit auch den Spitzensport (Petry & Hallmann, 2013). Während hierbei die Durchlässigkeit von unten nach oben relevant ist, sind in Anbetracht der EURO 2024 und der Verwendung von Steuermitteln zur Subvention von Spitzensport und verbandsinternen Zielen die Diffusion von oben nach unten von größerem Interesse.

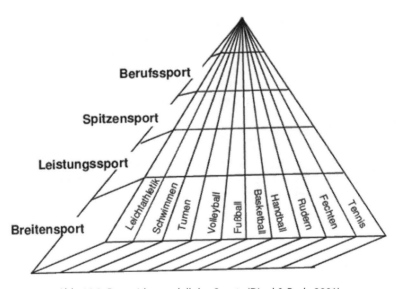

Abb. 18.2: Pyramidenmodell des Sports (Digel & Burk, 2001)

Auf diese Weise erhoffen sich Politiker, Organisationskomitees von Sportgroßveranstaltungen sowie Sportbünde und -verbände, dass die Gesellschaft durch das Verfolgen der Sportgroßveranstaltungen im eigenen Land inspiriert wird, selbst Sport zu treiben. So erhoffen sich Politiker eine Reduktion gesundheitsökonomischer Kosten durch eine gesündere Lebensweise, die Organisationskomitees Argumente für das Ausrichten solcher Sportgroßveranstaltungen und Dachverbände Zuwächse an ihrer Mitgliederbasis.

Aus empirischer Sicht sieht sich die Analyse der isolierten Effekte des Ausrichtens von Sportgroßveranstaltungen auf die gesellschaftliche Sportpartizipation einigen Schwierigkeiten gegenüber. So sind bspw. die drei Facetten des Trickle-Down-Effekts nicht trennscharf voneinander zu separieren, da diese immer gleichzeitig bzw. bei der gleichen Sportveranstaltung auftreten (Wicker, 2020). Folglich ist eine singuläre Betrachtung des einzelnen Events wenig hilfreich bei der Evaluation einer isolierten Facette des Trickle-Down-Effekts. Daher werden zur fundierten Analyse von Transfereffekten von Sportgroßveranstaltungen Daten mehrerer Veranstaltungen und Jahre benötigt, um u. a. weitere Faktoren kontrollieren zu können, da Sportpartizipation von einer Vielzahl an sozioökonomischen Strukturen wie der Bildung, dem Arbeitsverhältnis, dem Alter oder Familienstand abhängt (Downward et al., 2014).

Von den konzeptionellen Herausforderungen solcher Studien abgesehen, werden der EURO 2024 ideale Bedingungen für potenzielle Transfereffekte zugeschrieben. Das liegt einerseits an der zu erwartenden massiven Medienpräsenz, andererseits an den vergleichsweise niedrigen Eintrittsbarrieren (keine großen finanziellen Anschaffungen notwendig), den demokratischen Strukturen sowie den geringen klimatischen bzw. geographischen Voraussetzungen der Sportart Fußball (Wicker, 2020; Wicker & Sotiriadou, 2013).

Laut aktueller Forschung scheint vor allem die breite Medienpräsenz ein massiver Faktor für Trickle-Down-Effekte von Sportgroßveranstaltungen zu sein. Grund dafür ist laut Sportökonomie das sog. Konsumkapital (Stigler & Becker, 1977; Wicker, 2020), das durch regelmäßigen Konsum der sportlichen Leistungen via Fernsehen oder soziale Medien aufgebaut wird. Durch diesen regelmäßigen Konsum wird Wissen über den Sport aufgebaut, lässt neue sportliche Leistungen besser einschätzen und potenziert das Interesse am Sport selbst. Dieses Interesse am Sport wiederum kann dann zu einer höheren Sportpartizipation führen. Um dieses genannte Konsumkapital aber überhaupt aufbauen zu können, muss die Sportart in den Medien vertreten sein. Fußball hat in Deutschland mit Abstand die größte Präsenz, wenngleich hauptsächlich im Pay-TV. Trotzdem ist Fußball vor allem im Gegensatz zu anderen olympischen Sportarten, die außerhalb der Olympischen Spiele wenig bzw. gar nicht in den deutschen Medien gezeigt werden (Wicker et al., 2012), omnipräsent.

Dementsprechend wird auch mit Bezug auf die EURO 2024 erhofft, dass sich die Gesellschaft durch das gesteigerte Medieninteresse sowie der Möglichkeit die Wettbewerbe live im Stadion oder im Free-TV zu verfolgen, mehr für den Sport interessiert, ein höheres Konsumkapital bildet und sich somit die Wahrscheinlichkeit des Sporttreibens erhöht (Breuer & Wicker, 2015). Im Endeffekt zeigt sich die erhöhte Sportpartizipation in der individuellen Entscheidung, eine neue Sportart anzufangen, die Häufigkeit bzw. den Umfang der bisherigen sportlichen Aktivität zu erhöhen oder eine sportliche Aktivität wieder aufzunehmen (Weed, 2010; Wicker & Sotiriadou, 2013).

Trickle-Down-Effekte werden aufgrund dieses nachhaltigen Wunsches nach erhöhter Sportpartizipation oftmals auch als sportliches „Erbe von Sportgroßveranstaltungen" bezeichnet (Preuss, 2015). Ob ein solches sportliches Erbe aber tatsächlich existiert, wird in der Literatur jedoch stark diskutiert, da unterschiedliche Studien zu sich teils widersprechenden Ergebnissen kommen. Dabei umfasst die Bandbreite der Ergebnisse von kurzfristigen positiven Effekten über keine Zusammenhänge bis hin zu negativen Auswirkungen von Sportgroßveranstaltungen auf sportliche Aktivität (Wicker & Sotiriadou, 2013). So zeigten bspw. Hanstad and Skille (2010) einen kurzfristigen Anstieg des Sporttreibens nach den Sommerspielen von Sydney 2000 oder den Winterspielen von Lillehammer 1994, während Vanden Heuvel and Conolly (2001) keine Zusammenhänge zwischen den Sommerspielen 2000 und den sportlichen Aktivitäten fanden. Veal et al. (2012) fanden teilweise sogar einen negativen Zusammenhang zwischen den Commonwealth-Spielen und der sportlichen Aktivität der Bürger Victorias. Zu Beginn des Jahres stand der Trickle-Down-Effekt von Sportgroßveranstaltungen wieder zur Debatte (Aumüller, 2023), da der Haushaltsausschuss des britischen Unterhaus berichtete, dass trotz zwei Milliarden ausgegebener Euros, die Anzahl der bewegungsaktiven Erwachsenen in Großbritannien nur um 1,2 Prozentpunkte gestiegen ist (House of Commons Committee of Public Accounts, 2022). Entsprechend schlussfolgern Weed et al. (2009), dass es keine wissenschaftlich valide Evidenz von Trickle-Down-Effekten von Sportgroßereignissen auf die sportliche Aktivität der Bürger gibt.

Aus wohlfahrtsökonomischer Sicht sollten zudem die Opportunitätskosten der Investition in eine Veranstaltung in den Blick genommen werden, die Frage also, ob mit gleichem Mitteleinsatz in andere Felder nicht höhere soziale und andere Wirkungen erzielt werden könnten.

18.2 Erhoffte Transfereffekte durch die EURO 2024

Auch wenn weitere, elaboriertere Forschung aufgrund der widersprüchlichen Ergebnisse notwendig erscheint, ändert der wissenschaftliche Diskurs über die Existenz der Trickle-Down-Effekte nichts an der Tatsache, dass der DFB der EURO 2024 eine tragende Rolle bei seiner Entwicklungsstrategie zuordnet. So ist ein Ziel des DFB im Rahmen des sog. „Masterplan 2024", Menschen in Deutschland für das Fußballevent zu begeistern sowie jedem einzelnen Fußballverein in Deutschland zu ermöglichen „von dieser EURO 2024 für seine Vereinsentwicklung zu profitieren" (DFB, 2021, S. 9).

Laut dem DFB sind die drei zentralen Handlungsfelder des Masterplans 2024 die ‚Organisationsentwicklung im Verein', ‚Mitarbeiterentwicklung im Verein' sowie die ‚Entwicklung von Spielangeboten im Verein'. Diese stehen in gegenseitiger Wechselbeziehung (DFB, 2021). Verfolgt werden dabei acht Teilziele wie (1) Gewinnung/Bindung/Entwicklung von Spielern, (2) positive Entwicklung der Mannschaftszahlen im Spielbetrieb und in den Vereinen, (3) Gewinnung/Bindung/Aus- und Weiterbildung von (ehrenamtlichen) Vereinsmitarbeitern, (4) Gewinnung/Bindung/Aus- und Weiterbildung von Trainern, (5) Gewinnung/Bindung/Aus- und Weiterbildung von Schiedsrichtern, (6) Zugang zu (moderner) Sportinfrastruktur

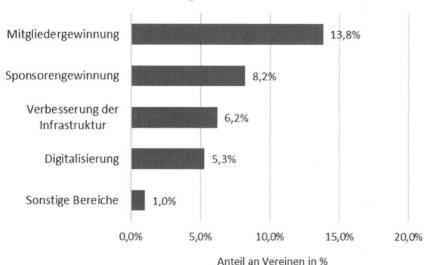

Bereiche zur Verbesserung im Rahmen der EURO 2024

Abb. 18.3: Geplante Bereiche, die im Rahmen der EURO 2024 verbessert werden sollen (Anteil an Vereinen in %; Breuer et al., 2021)

bedarfsgerecht verbessern, (7) Ressourcen optimieren und (8) Gewinnung und Bindung von passiven Mitgliedern und Zuschauern (DFB, 2021).

Um diese Ziele auch tatsächlich umzusetzen, ist der DFB jedoch auf die Kooperation mit den Fußballvereinen angewiesen. Laut Breuer et al. (2021) gibt die deutliche Mehrheit von 82,7 % der Fußballvereine in Deutschland aber an, die EURO 2024 nicht als Anlass zu Verbesserungen nutzen zu wollen. Diese Zahlen wurden im Rahmen einer Sonderauswertung des Sportentwicklungsberichts in der achten Welle der bundesweiten Erhebung 2020 erhoben. Nichtsdestotrotz sind vereinzelt Ziele des DFB in den Vorhaben der Vereine zu erkennen. So geben knapp 14 % der Vereine an, die EURO 2024 zur Mitgliedergewinnung nutzen zu wollen (Breuer et al., 2021). Ebenso stellt die von 8,2 % der Vereine mit der EURO 2024 erhoffte Sponsorengewinnung eine Maßnahme zur Ressourcenoptimierung dar. Auch die Verbesserung der Infrastruktur mit 6,2 % oder Digitalisierung mit 5,3 % kann als Zugang zu (moderner) Sportinfrastruktur verstanden werden.

18.3 Transfereffekt-Management der EURO 2024

Wenn Sportgroßveranstaltungen Transfereffekte prinzipiell ermöglichen, dann dürften sich Transfereffekte umso eher realisieren, wenn diese aktiv angesteuert werden. Somit stellt sich die Frage, wie Transfereffekte mithilfe von managementbasierten Instrumenten ermöglicht werden müssen (Chalip, 2006). Im Rahmen der EURO 2024 sind auf den unterschiedlichen Ebenen des DFB, der Regionalverbände sowie der Host Cities solche Instrumente geplant, die im Folgenden beschrieben werden.

18.3.1 DFB

Der Fokus der EURO 2024 liegt auf Nachhaltigkeit in all ihren Facetten. Mit dem Slogan „United by football. In the heart of Europe" umspannt der DFB in seinem Nachhaltigkeitskonzept 14 der 17 „Sustainable Development Goals" der Vereinten Nationen. Damit bekennt sich der DFB auch zu dem übergeordneten Ziel- und Handlungsrahmen von Sportgroßveranstaltungen in Deutschland, die durch die Nationale Strategie „Sportgroßveranstaltungen der Bundesregierung" abgebildet wird. Hierbei wird Nachhaltigkeit anhand ökologischer, ökonomischer und sozialer Dimensionen definiert, deren soziale Zielsetzung es ist, mit dem Turnier wichtige Impulse im gesellschaftlichen Bereich zu setzen (Sportwissenschaft, 2023). Im Rahmen der EURO 2024 heißt das, mit Hilfe von zahlreichen begleitenden Maßnahmen das Turnier wahrnehmbar zu machen, um gesellschaftliche Ziele wie die Stärkung der Sportwerte, gesunde und nachhaltige Ernährung oder die Bewegung zu fördern (Sportwissenschaft, 2023).

Im Einklang dieser verschiedenen gesellschaftspolitischen Strategien soll laut dem Nachhaltigkeitskonzept des DFB, eine Sensibilisierung der Gesellschaft hinsichtlich einer gesunden Lebensweise verfolgt werden. Das soll u. a. durch die Entwicklung von neuen und innovativen Fußballangeboten erreicht werden, um einerseits die Attraktivität des Fußballs zu konservieren und gleichzeitig neue Zielgruppen zu erreichen. In diesem Zusammenhang werden auch, in Kooperation mit anderen europäischen Fußballverbänden, neue Standards der gesundheitlichen Fanaktivierung gesetzt (DFB, 2022).

Damit folgt der DFB dem ganzheitlichen Verständnis der Weltgesundheitsorganisation, die Gesundheit als physisches, mentales und soziales Konstrukt versteht. Der DFB will dabei maßgeblich zur Gesundheitssteigerung beitragen, indem er Fußballspiele für alle Altersgruppen und Geschlechter organisiert. Die Dimension der mentalen Gesundheit wird in Kollaboration mit der Bundeszentrale gesundheitlicher Aufklärung verfolgt. Ähnlich wie in den anderen Feldern der Nachhaltigkeitsstrategie des DFB basieren die gesundheitlichen Bemühungen auf sog. Leuchtturmprojekten.

Das erste Leuchtturmprojekt ist die sog. „Fit for UEFA EURO 2024"-Kampagne. Genau ein Jahr vor dem ersten Anstoß des Turniers regt der DFB alle Mitglieder ihrer knapp 25.000 Vereine und Fußballenthusiasten in Deutschland an sich zu bewegen. Dabei wird die Kampagne unterstützt von bekannten Fußballern, mit dem Ziel, Fußball- sowie Fitnessangebote für alle Menschen, unabhängig ihres Alters oder Geschlechts, zu bewerben. Laut dem DFB wird diese Kampagne in enger Zusammenarbeit mit den Landesverbänden ablaufen, um mittels existierender Strukturen und Angeboten eine größtmögliche Reichweite zu erreichen. Um vor allem auch ältere Menschen zum Fußballspielen zu bewegen, werden neue und alternative Fußballangebote geschaffen mit dem Ziel neue attraktive Ideen zu schaffen und Fußball jedem zugänglich zu machen. Auf diese Weise sollen die Fußballvereine neue Mitglieder gewinnen können.

Im Rahmen dieser Kampagne wird nicht allein Fußball in seiner sportlichen Ausführung beworben werden. Um Gesundheit in ihrer Ganzheitlichkeit zu bewerben, wird es ebenfalls die „European Football Challenge" geben, in der über eine längere Zeitspanne das ‚fitteste Team' in den nationalen Verbänden gesucht wird. Die Gewinner der nationalen Ausscheidungen treffen sich anschließend während der EURO 2024 für das Finale dieser „European Football Challenge", wobei Erfolg nicht allein durch Tore gemessen werden wird.

18.3.2   Landesverbände

Da die Grenzen bei Kampagnen eines bundesweiten Sportgroßereignisses verschwimmen, ist eine klare Abgrenzung der Initiativen und Kampagnen auf den verschiedenen Ebenen schwierig. So gibt es einerseits Initiativen, die in Zusammenarbeit zwischen dem DFB und den Landesverbänden erarbeitet und betreut werden. Beispielsweise wird im Rahmen der EURO 2024 das sog. DFB-Mobil weiter finanziert mit dem Ziel die Qualifizierung von Trainern in Amateurvereinen weiter voranzutreiben. Die gemeinsame Maßnahme aller 21 Landesverbände vermittelt moderne Trainingsinhalte für die Vereinsbasis und ermöglichte bereits 240.000 Trainern das Erwerben von weiteren Qualifizierungen (FV Rheinland, 2022). Das Erfolgsprojekt wurde weiterfinanziert vor dem Hintergrund die Verbindung zwischen dem DFB, den Landesverbänden sowie den Amateurvereinen zu verbessern und sich für die zwei kommenden großen Herausforderungen zum Sommer 2024 zu wappnen: (1) die verbindliche Einführung neuer Spielformen im Kinderfußball sowie (2) die Vorbereitung des zu erwartenden Mitgliederzuwachs im Zusammenhang mit der EURO 2024. Hinsichtlich beider Punkte ist das DFB-Mobil ein zentraler Baustein, um mittels Qualifizierung der Trainer diese Ziele zu erreichen (FV Rheinland, 2022).

Andererseits sind weitere Aktionen im Zusammenspiel der Landesverbände und Städtevertretungen geplant. So werden bspw. in Köln während der EURO 2024 neben dem zentralen Public Viewing mehrere Fußballplätze im anschließenden Park entstehen, die die sog. Football Experience, ein vom Fußball-Verband Mittelrhein (FVM) betreutes Projekt, beheimaten (FVM, 2022).

Die Football Experience repräsentiert dabei Fußballprogramme bei denen sowohl Schulklassen, Kinder und Jugendliche als auch Erwachsene Turniere spielen, um Fußball erleben zu können. Um dies zu ermöglichen werden nicht nur klassische Fußballturniere angeboten werden, sondern auch Walking Football sowie „lockeres Kicken" (FVM, 2022). Laut FVM-Präsident Christos Katzidis wird der FVM sich engagieren, die entstehende Fußballbegeisterung nicht verpuffen zu lassen, indem der Vereinsfußball auch nach der EURO 2024 gute Bedingungen in Form von besseren Sportstätten und Inhalten vorfinden soll. Dahingehend fördert der Verband bereits heute das FVM-Kindertrainer Zertifikat, welches bis Ende 2025 von allen Trainern von Kindermannschaften abgelegt werden soll (FVM, 2022).

18.3.3   Host Cities

Auch die Host Cities, in denen Spiele während der EURO 2024 stattfinden werden, haben verschiedene Kampagnen, um potentielle Trickle-Down-Effekte auszuschöpfen. Die Stadt Düsseldorf z.B. veranstaltet im Rahmen der EURO 2024 das „Youth EURO Football" Turnier als Teil der Partizipationskampagne. Dabei spielen unterschiedliche Schulen der Stadt ein Fußballturnier, wobei jede Schule eine teilnehmende Nation der Europameisterschaft repräsentiert. Das Turnier wird im Schuljahr vor der EURO 2024 starten und Schüler auf die EURO 2024 aufmerksam machen und einladen „Teil des Turniers" zu werden. Um neben der sportlichen Tätigkeit auch kulturellen Austausch zu gewährleisten, werden Siege nicht nur auf dem Platz ermöglicht werden, sondern auch abseits des Platzes durch Projekte im Rahmen der repräsentierten nationalen Kultur, ausgedrückt in Form von traditionellem Essen und Musik. Die Projekte werden am Finalwochenende im Düsseldorfer Stadion vorgestellt mit dem Ziel, die Europameisterschaft in die Schulen und Familien zu bringen.

Leipzig veranstaltet im Rahmen der EURO 2024 seit Mai 2018 einen Schul-Fußball-Wettbewerb für Mädchen, bei dem rund 2.400 Mädchen die Möglichkeit haben Teil des organisierten Fußballs in Deutschland zu werden. Ziel dieses Turniers ist es, soziale Fähigkeiten, Fairness, Teamfähigkeit sowie Spielregeln und Werte des Fußballs (kennen)zulernen. Dabei liegt der Fokus hauptsächlich auf sozial Benachteiligten, wie bspw. Mädchen mit Migrations- oder Flüchtlingshintergrund.

Auch Stuttgart begann schon 2022 mit begleitenden Maßnahmen zur EURO 2024. So startete im Juni 2022 die sog. Clubberatung bei der der Württembergische Fußballverband (WFV) zusammen mit dem DFB und der Stadt Stuttgart die Vereinsentwicklung durch die Stärkung des Ehrenamts vorantreibt und den vereinsorganisierten Amateurfußball nachhaltig unterstützt. Dabei sollen laut WFV die unterschiedlichen Herausforderungen jedes einzelnen Vereins im Mittelpunkt stehen (Württembergischer Fußball-Verband, 2022). Dementsprechend umfasst die Clubberatung verschiedene Themenfelder von der Integration und Inklusion im Verein über die Ehrenamtsgewinnung und -bindung bis hin zu Mitgliedergewinnung bzw. -bindung zur Erschließung neuer Zielgruppen, z. B. mithilfe von Kooperationen mit Schulen und anderen Vereinen (Württembergischer Fußball-Verband, 2022).

18.4   Fazit

Trickle-Down-Effekte von Sportgroßveranstaltungen sind häufig Argumentationsbausteine für das Hosting von Sportgroßveranstaltungen wie der EURO 2024. Beim Blick in die sportökonomische Literatur bleibt aber festzuhalten, dass die erhoffte Bewegungsförderung im Anschluss an Sportgroßveranstaltungen auf die einheimische Bevölkerung zweifelhaft bleibt. Vor dem Hintergrund der divergierenden Schlussfolgerungen der aktuellen Veranstaltungsforschung wird deutlich, dass weitere eingehende Forschung im Bereich der Trickle-Down-Effekte von Sportgroßveranstaltungen notwendig ist. Dieser Bedarf an stichhaltigen Studien wird auch politisch deutlich. So hat das Bundesinstitut für Sportwissenschaft im Auftrag des Bundesministeriums des Innern und für Heimat eine Ausschreibung zur Evaluation der EURO 2024 ausgeschrieben. Anhand dieser Initiative lässt sich erkennen, dass sich Sportgroßveranstaltungen erst als effektives Instrument der Sportförderung beweisen muss, um in Zukunft weiterhin gesellschaftlich finanziert zu werden.

In diesem Beitrag wurde hauptsächlich auf einen der Faktoren von Trickle-Down-Effekten eingegangen: dem Ausrichten von Sportgroßveranstaltungen (vgl. Abb. 18.1). Es muss jedoch angemerkt werden, dass das Hosting von Sportgroßveranstaltungen nur einen Faktor darstellt. Es muss davon ausgegangen werden, dass die beiden anderen Faktoren des sportlichen Erfolges einer Nationalmannschaft sowie die Athletenpersönlichkeit einen signifikanten Effekt auf die tatsächliche Sportpartizipation der Bevölkerung und vor allem der Kinder und Jugendlichen haben wird. Da es sich bei dem vorliegenden Buch um eine A- priori-Betrachtung der EURO 2024 handelt, ist eine Prognose der Entwicklung der Sportpartizipation in Folge der EURO 2024 nicht möglich. Gleiches gilt auch für soziale Wirkungen, z. B. auf der Ebene der Fußballvereine. Entsprechende Effekte sind noch weitgehend unerforscht.

Berücksichtigt man die sportökonomische Literatur, so liegt die Vermutung nahe, dass die aktive Sport- bzw. Fußballpartizipation in Deutschland, und damit auch die Rechtfertigung der Nutzung von Steuermitteln zur Finanzierung der EURO 2024, in starker Abhängigkeit des Abschneidens sowie des Auftretens der deutschen Nationalmannschaft zu sehen ist. Je inspirierender das Auftreten und die Leistung der Nationalmannschaft, desto stärker der zu erwartende bewegungsfördernde Effekt auf die Sportpartizipation der Bevölkerung. Die Finanzierung einer Sportgroßveranstaltung auf Basis einer nicht zu prognostizierenden Leistung einer Fußballmannschaft bedarf jedoch einer ausführlicheren gesellschaftlichen Debatte.

Literatur

Aghion, P. & Bolton, P. (1997). A Theory of Trickle-Down Growth and Development. *The Review of Economic Studies, 64*(2), 151–172. https://doi.org/10.2307/2971707

Aumüller, J. (2023, Januar 10). *Eine Party macht noch keinen Sportler*. Süddeutsche Zeitung. https://www.sueddeutsche.de/sport/olympia-london-kommentar-1.5729121

Breuer, C., Feiler, S. & Rossi, L. (2021). *Situation und Entwicklung der Fußballvereine in Deutschland 2020 – Sonderauswertung des Sportentwicklungsberichts 2020–2022*. Zenodo. https://doi.org/10.5281/zenodo.5805962

Breuer, C. & Wicker, P. (2015). Arguments and evidence of bridging elite performance and mass participation sports from an economic perspective. In R. Bailey & M. Talbot (Hrsg.), *Elite Sport and Sport-for-All* (1. Aufl. S. 30–40). Routledge. https://doi.org/10.4324/9781315743059

Chalip, L. (2006). Towards Social Leverage of Sport Events. *Journal of sport & tourism*, *11*(2), 109–127. https://doi.org/10.1080/14775080601155126

DFB. (2021). *Masterplan 2024: Zukunftsstrategien Amateurfussball*. DFB. https://www.dfb.de/vereinsmitarbeiter/masterplan-amateurfussball/masterplan/

DFB. (2022). *Sustainability Concept UEFA EURO 2024*. DFB. https://www.dfb.de/fileadmin/_dfbdam/178855-EURO_2024_Nachhaltigkeitskonzept.pdf

Digel, H. & Burk, V. (2001). Sport und Medien: Entwicklungstendenzen und Probleme einer lukrativen Beziehung. *Sport und Sportrezeption*.

Downward, P., Hallmann, K. & Pawlowski, T. (2014). Assessing parental impact on the sports participation of children: A socio-economic analysis of the UK. *European journal of sport science*, *14*(1), 84–90. https://doi.org/10.1080/17461391.2013.805250

Eady, J. (1993). *Practical sports development*. Longman Group UK Ltd.

FV Rheinland. (2022). *DFB-Mobil mindestens bis 2025 weiter im Einsatz*. Fußball-Verband Rheinland e.V. https://www.fv-rheinland.de/dfb-mobil-mindestens-bis-2025-weiter-im-einsatz/

FVM. (2022). *UEFA EURO 2024: „Aufbruchstimmung": Köln stellt Planungen vor*. Fußball-Verband Mittelrhein. https://www.fvm.de/news/uebersicht/detailseite/euro-2024/

Hanstad, D. V. & Skille, E. Å. (2010). Does elite sport develop mass sport?: A Norwegian case study. *Scandinavian Sport Studies Forum*, *1*, 51–68.

House of Commons Committee of Public Accounts. (2022). *Grassroots participation in sport and physical activity – Thirty-Second Report of Session 2022–23*. https://committees.parliament.uk/publications/33369/documents/182735/default/

Mangan, J. A. & Dyreson, M. (2013). *Olympic legacies: Intended and unintended: Political, cultural, economic and educational*. In J. A. Mangan & M. Dyreson (Hrsg.), Routledge.

Petry, K. & Hallmann, K. (2013). Germany. In K. Hallmann & K. Petry (Hrsg.), *Comparative Sport Development: Systems, Participation and Public Policy* (S. 75–86). Springer New York. https://doi.org/10.1007/978-1-4614-8905-4_7

Preuss, H. (2015). *A Theory Of Mega Sport Event Legacies 1*. In G. B. Cunnigham, J. S. Fink & A. Doherty (Hrsg.), *Routledge handbook of theory in sport management* (1. Aufl., S. 69–81). Routledge. https://doi.org/10.4324/9781315753461

Prohl, R., & Scheid, V. (2009). Die gesellschaftliche Bedeutung des Sports in Vergangenheit und Gegenwart. *Sport und Gesellschaft*, S. 11–69.

Rahmann, B., Weber, W., Groening, Y., Kurscheidt, M., Napp, H.-G. & Pauli, M. (1998). *Sozio-ökonomische Analyse der Fußball-Weltmeisterschaft 2006 in Deutschland: Gesellschaftliche Wirkungen, Kosten-Nutzen-Analyse und Finanzierungsmodelle einer Sportgroßveranstaltung.* Sport u Buch Strauß.

Sotiriadou, K., Shilbury, D. & Quick, S. (2008). The attraction, retention/transition, and nurturing process of sport development: Some Australian evidence. *Journal of Sport Management*, 22(3), 247–272.

Sportwissenschaft, B. f. (2023). *Evaluationsstudie zur UEFA EURO 2024.* Bundesinstitut für Sportwissenschaft. https://www.bisp.de/SharedDocs/Kurzmeldungen/DE/Nachrichten/2023/AusschreibungEvaluationEuro2024.html

Stigler, G. J. & Becker, G. S. (1977). De Gustibus Non Est Disputandum. *The American economic review*, 67(2), 76–90. http://www.jstor.org/stable/1807222

Van Bottenburg, M. (2002). *Sport for all and elite sport: do they benefit one another?* [Konferenz Papier]. 9th World Sport for All Conference, Papendal, Niederlande. https://dspace.library.uu.nl/bitstream/handle/1874/309609/Van_Bottenburg_2002_Sport_for_all_and_elite_sport._Do_they_benefit_one_another.pdf

Vanden Heuvel, A. & Conolly, L. (2001). *The impact of the Olympics on participation in Australia: Trickle down effect, discouragement effect or no effect.* National Centre for Culture and Recreation Statistics, Australian Bureau of Statistics, Adelaide, SA.

Veal, A. J., Toohey, K. & Frawley, S. (2012). The sport participation legacy of the Sydney 2000 Olympic Games and other international sporting events hosted in Australia. *Journal of policy research in tourism, leisure and events*, 4(2), 155–184.

Weed, M. (2009). *The potential of the demonstration effect to grow and sustain participation in sport*. In Review Paper for Sport England. Canterbury Christ Church University: Centre for Sport, Physical Education & Activity Research (SPEAR).

Weed, M. (2010). *The potential of a demonstration effect from Olympic Games and major sport events to grow and sustain participation in sport*

[Konferenz Papier]. 2010 North American Society of Sport Management Conference, Tampa, Florida, Vereinigte Staaten von Amerika. https://repository.canterbury.ac.uk/item/85zx5/the-potential-of-a-demonstration-effect-from-olympic-games-and-major-sport-events-to-grow-and-sustain-participation-in-sport

Weed, M., Coren, E., Fiore, J., Mansfield, L., Wellard, I., Chatziefstathiou, D. & Dowse, S. (2009). *A systematic review of the evidence base for developing a physical activity and health legacy from the London 2012 Olympic and Paralympic Games.* Department of health.

Wicker, P. (2020). Vorbilder für den Kinder-und Jugendsport. In C. Breuer, C. Joisten, & W. Schmidt (Hrsg.), *Vierter Deutscher Kinder-und Jugendsportbericht – Gesundheit, Leistung und Gesellschaft.*

Wicker, P., Breuer, C. & von Hanau, T. (2012). Understanding the income determinants of German elite athletes in non-professionalised sports. *International Journal of Sport Management and Marketing, 11*(1–2), 26–43. https://doi.org/10.1504/IJSMM.2012.045486

Wicker, P. & Sotiriadou, P. (2013). The trickle-down effect: What population groups benefit from hosting major sport events. *International Journal of Event Management Research, 8*(2), 25–41.

Württembergischer Fußball-Verband. (2022). *Clubberatung im Rahmen der UEFA EURO 2024 in der Host City Stuttgart.* Württembergischer Fußball-Verband. https://www.wuerttfv.de/clubberatung/

Autorenverzeichnis

Thomas Bezold

Prof. Dr. Thomas Bezold (*1965), Diplom-Sportökonom, arbeitete nach dem Studium der Sportökonomie und Promotion in den Fächern Sportwissenschaft, Marketing und Allgemeiner Betriebswirtschaftslehre an der Universität Bayreuth in der Sportvermarktung und in der öffentlichen Sportverwaltung. Er war 1997 Gründungsmitglied des Arbeitskreises Sportökonomie e.V. und ist seit Oktober 2002 Professor für Betriebswirtschaftslehre und Sportmanagement an der Reinhold-Würth-Hochschule der Hochschule Heilbronn in Künzelsau. Aktuelle Schwerpunkte in Forschung und Lehre sowie von Veröffentlichungen und Beratungsprojekten sind Sportmarketing, Markenmanagement im Sport sowie Internationales Sport- und Eventmanagement, insbesondere im Fußball.

Christoph Breuer

Prof. Dr. Christoph Breuer (*1971) ist Universitätsprofessor für Sportmanagement am Institut für Sportökonomie und Sportmanagement der Deutschen Sporthochschule Köln und Prorektor für Hochschulentwicklungsplanung, Ressourcen und Berufungen der Deutschen Sporthochschule Köln. Zu seinen Arbeitsschwerpunkten zählen Strukturfragen des Sports, insbesondere von Sportvereinen und Fußballunternehmen, sowie ökonomische Analysen des Sports. Prof. Breuer ist Gründungsmitglied der European Sports Economics Association (ESEA) und war mehrere Jahre Mitglied des Finance and Administration Committee der Weltantidopingagentur (WADA).

Markus Breuer

Prof. Dr. Markus Breuer studierte in Braunschweig, Chemnitz und Hamburg BWL, VWL und internationales Steuerrecht. Mit einer Marktanalyse und ordnungsökonomischen Untersuchung des Marktes für E-Sport wurde er 2011 an der Universität Jena promoviert. Nach einigen Jahren als Mitarbeiter einer internationalen Wirtschaftsprüfungsgesellschaft ist er seit 2014 als Professor an der Fakultät für Wirtschaft der SRH Hochschule Heidelberg tätig. Seine Forschungsschwerpunkte liegen neben dem elektronischen Sport vor allem im Bereich der Manipulation und Governance des professionellen Sports.

André Bühler

Prof. Dr. André Bühler ist Professor für Marketing und Sportmanagement an der Hochschule für Wirtschaft und Umwelt Nürtingen-Geislingen. Er ist Studiendekan des berufsbegleitenden Master-Programms Prozessmanagement sowie Akademischer Leiter des berufsbegleitenden MBA-

Programms Internationales Sportmarketing am Bodensee Campus in Konstanz. Gemeinsam mit Prof. Dr. Gerd Nufer leitet er das Deutsche Institut für Sportmarketing. André Bühler studierte Betriebswirtschaftslehre an der damaligen Fachhochschule Nürtingen und promovierte an der University of Plymouth (UK) im Bereich der Sportökonomie. Anschließend war er als Leiter der Marktforschungsabteilung eines internationalen Sport-Research-Beraters tätig. Seine Forschungsschwerpunkte sind Sportmanagement und Sportmarketing.

Axel Faix

Prof. Dr. Axel Faix ist Hochschullehrer für Unternehmensführung und Studiengangsleiter für International Business an der Fachhochschule Dortmund. Seine zentralen Arbeits- und Interessengebiete sind das Organisations-, Sport-, Marketing- und Innovationsmanagement. Prof. Faix verfügt über langjährige Erfahrungen in der Konzeption und Durchführung empirischer Untersuchungen zu unterschiedlichen Themenfeldern. Er ist Gründungsmitglied der Forschungsgruppe Innovationsexzellenz an der FH Dortmund sowie Vorsitzender des Wissenschaftlichen Beirats von FanQ, einer Gesellschaft für Markt- und Meinungsforschung im Sport.

Lars Griebel

Lars Griebel ist Doktorand und wissenschaftlicher Mitarbeiter für Marketing & Sportmanagement an der Rechts- und Wirtschaftswissenschaftlichen Fakultät der Universität Bayreuth. Seine Forschung konzentriert sich auf das Markenmanagement aus einer Multi-Akteurs-dominanten Logik, mit einem besonderen Fokus auf Sportmarken.

Maximilian Herzog

Maximilian Herzog studierte Sportwissenschaften an der Johannes Gutenberg-Universität Mainz und Internationale Sportpolitik und Entwicklung an der Deutschen Sporthochschule Köln. Er arbeitet als Wissenschaftliche Hilfskraft im Institut für Sportökonomie und Sportmanagement der Deutschen Sporthochschule Köln. Seine Forschungsinteressen liegen im Bereich Ehrenamtsforschung sowie der sozialen und ökonomischen Nachhaltigkeit von Sportveranstaltungen.

Anne Jakob

Prof. Dr. Anne Jakob lehrt an der accadis Hochschule Sportrecht und Compliance. Seit 2001 ist sie als Rechtsanwältin tätig, seit 2019 als Fachanwältin für Sportrecht. In dieser Eigenschaft berät sie u. a. die Host City Berlin. Darüber hinaus engagiert sich Anne Jakob ehrenamtlich als Vizepräsidentin des Deutschen Golf-Verbandes e. V., im Präsidium des Hessischen Golfverbandes e. V., als Schiedsrichterin am Deutschen Sportschiedsgericht, des Unabhängigen Schiedsgerichts der Deutschen Eishockey Liga und der Schiedsstelle des Deutschen E-Sportbundes sowie als Mitglied der Anti-Doping-Kommission des Nationalen Paralympischen Komitees und des Judicial Board des Weltsegelverbandes. Prof. Dr. A. Jakob ist Autorin zahlreicher Fachpublikationen im Sportrecht.

Florian Kainz

Prof. Dr. Florian Kainz leitet als Direktor das Internationale Fußball Institut und steht den Forschungsteams als wissenschaftlicher Leiter vor. Darüber hinaus ist Herr Kainz Geschäftsführer der Hochschule für angewandtes Management (HAM), der Deutschen Hochschule für Gesundheit und Sport (DHGS) sowie der Privatuniversität Schloss Seeburg. Er weist viele Jahre Erfahrung in der Lehre und der Forschung im Bereich Sport- und Fußballmanagement auf und hat eine Professur für Sport- und Eventmanagement inne.

Georg Kemper

Georg Kemper studierte an der Universität Bayreuth Sportökonomie. Seit Anfang der 1990er Jahre arbeitete er in verschiedenen Funktionen beim Deutschen Sportbund, beim Nationalen Olympischen Komitee und beim Deutschen Leichtathletikverband. 2008 wechselte er in die Verwaltung der Stadt Frankfurt am Main, wo er zehn Jahre das Sportamt leitete und mittlerweile Leiter der Stabsstelle „Sportberatung und -repräsentation" im Büro des Oberbürgermeisters ist.

Thomas Könecke

Prof. Dr. habil. Thomas Könecke ist seit 2018 Tenure-Track Professor für Sportmanagement an der KU Leuven (Belgien). Promoviert und habilitiert wurde er an der Johannes Gutenberg-Universität Mainz. In seiner wissenschaftlichen Arbeit beschäftigt er sich unter anderem mit Sportorganisationen und -events, Nachhaltigkeit im Sport, Governance, Regulierung und ethischem bzw. wertorientiertem Management. Er ist Gründungsmitglied von iCERIS (interdisciplinary Centre for Ethics, Regulation and Integrity in Sport) und Mitglied von DigiSoc (KU Leuven Digital Society Institute) und LIM (KU Leuven Institute for Mobility).

Christian Kühner

Christian Kühner ist Doktorand und wissenschaftlicher Mitarbeiter der Sports Management Research Group an der accadis Hochschule Bad Homburg und promoviert an der KU Leuven (Belgien). Der Fokus seiner Forschung liegt auf dem Konsumentenverhalten in der Sportindustrie. Im Mittelpunkt steht hier besonders das Kaufverhalten von Sportfans in Bezug auf digitale Fanartikel.

Justus Maas

Justus Maas (M.Sc. Economics, M.Sc. Sportmanagement) studierte an den Universitäten Mainz, Köln, Mailand und Tokio. Zuletzt unterstützte er das Institut für Sportökonomie und Sportmanagement der Deutschen Sporthochschule Köln u. a. in Forschungsprojekten wie dem Sportentwicklungsbericht von Prof. Dr. Breuer. Seit April 2023 ist er Mitglied des eCom Strategy & Growth Teams der Deichmann SE.

Gerd Nufer

Prof. Dr. Gerd Nufer lehrt Betriebswirtschaftslehre mit den Schwerpunkten Marketing, Handel und Sportmanagement an der ESB Business School der Hochschule Reutlingen. Er ist Studiendekan des MBA International Management Part-Time sowie Akademischer Leiter des berufsbegleitenden Master-Programms M.A. International Retail Management. Gemeinsam mit Prof. Dr. André Bühler leitet er das Deutsche Institut für Sportmarketing und ein berufsbegleitendes MBA-Programm. Seine Lehr-, Forschungs- und Beratungsschwerpunkte sind Sport- und Event-Marketing, Sponsoring, Ambush Marketing, Marketing-Kommunikation, Marketing below the line, innovatives Marketing sowie internationale Marktforschung.

Florian Pfeffel

Prof. Dr. Florian Pfeffel ist Präsident, Professor für Sportmanagement und Leiter der Sports Management Research Group an der accadis Hochschule Bad Homburg. Neben Lehre und Forschung in den Bereichen Konsumverhalten, Digitalisierung und Teammanagement im Sport, engagiert sich Florian Pfeffel auch – der Leidenschaft aus seiner Zeit bei McKinsey & Company folgend – in Beratungsprojekten in der Sportbranche und zu Digitalisierungs- und Entrepreneurship-Themen in anderen Industrien.

Christoph Rasche

Prof. Dr. rer. pol. habil. Christoph Rasche leitet den Arbeitsbereich Management, Professional Services und Sportökonomie an der Universität Potsdam. Er besitzt eine Doppelmitgliedschaft in der Humanwissenschaftlichen Fakultät und der WISO-Fakultät und fungiert als Vorstand und Vize-Präsident des IfK-Instituts Potsdam. Professor Rasche war unter anderem Strategieberater bei der Droege Group und wirkt als erfolgreicher Executive Coach im Rahmen der MBA-Ausbildung und diverser Transformationsprojekte. Er ist gleichzeitig wissenschaftlicher Beirat des Deutschen Instituts für Beratungswissenschaften und Dean of the Health Captains College.

Maria Ratz

Prof. Dr. Maria Ratz ist Professorin für Sports Finance an der accadis Hochschule Bad Homburg. Sie hat zum Thema Crowdfunding als Finanzierungsalternative im Profifußball promoviert, ist Mitglied der Sports Management Research Group und unterrichtet im Sport- und Eventmanagement an der accadis Hochschule. In dieser Verantwortung hat sie auch mehrere Nachhaltigkeitsprojekte betreut.

Florian Riedmüller

Prof. Dr. Florian Riedmüller ist Professor für Marketing an der Technischen Hochschule Nürnberg. In seiner bisherigen beruflichen Laufbahn mit Stationen in der Marktforschung, bei internationalen Sportartikelherstellern und an verschiedenen Hochschulen hat er die Themen Sport und Marketing an der Schnittstelle von Wissenschaft und Praxis eingehend verfolgt. In diesem Bereich ist er neben seiner Hochschultätigkeit auch als Referent, Autor und Berater tätig.

Peter Rohlmann

Dr. Peter Rohlmann ist Gründer und Inhaber von PR MARKETING, einem Marketingbüro, das sich mit strategischen Marketing-Fragestellungen in Wirtschaft und Gesellschaft, insb. aber dem Sport befasst. Neben Beratung gehören auch Marktforschungsfragen und konzeptionelle Grundsatzthemen zum Aufgabenspektrum von PR Marketing. Darüber hinaus erhebt Peter Rohlmann das Fanartikel-Barometer für den deutschen Fußball und den Fußball-Fankosten-Index. Er ist sowohl durch zahlreiche Publikationen und Fachvorträge bekannt also auch durch Gastvorlesungen zum Thema Sportvermarktung an zahlreichen Hochschulen.

Annette Schwarz

Annette Schwarz ist durch ihre langjährige Erfahrung als Personalverantwortliche beim VfB Stuttgart 1893 e.V. und zuletzt beim Deutschen Fußball Bund e.V. eine der profiliertesten Personalmanagerin im deutschen Sport. In ihrer bisherigen beruflichen Laufbahn mit Stationen im Bereich Public Sector, Beratung und Profifußball hat sie die Themen Personalmanagement und Sport vereint und professionelle Standards und HR-Prozesse im Profifußball etabliert. Aktuell ist sie Personalvorständin und Arbeitsdirektorin bei der Stuttgarter Straßenbahnen AG.

Alexander Smolareck

Alexander Smolareck studierte Wirtschaftspädagogik mit Schwerpunkt Sport an der Johannes Gutenberg-Universität Mainz. Beim Deutschen Fußball-Bund durchlief er die Karrierestufen vom Praktikanten bis zum Festangestellten im Personalbereich und war in seiner letzten Rolle in die personalwirtschaftliche Abwicklung der UEFA EURO 2020 am Standort München eingebunden. Im Mai 2021 wechselte er als einer der ersten Mitarbeiter in das von UEFA und DFB neugegründete Joint Venture EURO 2024 GmbH und wirkte an dem organisatorischen und personalstrategischen Set-Up des Unternehmens mit. In enger Kooperation mit der UEFA steuert und verantwortet er die operativen Personalthemen der EURO 2024 GmbH.

Tim Ströbel

Prof. Dr. Tim Ströbel ist Professor für Marketing & Sportmanagement an der Rechts- und Wirtschaftswissenschaftlichen Fakultät der Universität Bayreuth. Seine Forschungsschwerpunkte liegen in den Bereichen Sportmanagement und Sportmarketing, Digitalisierung im Sport sowie Markenmanagement in Sportorganisationen. Er ist aktives Mitglied und seit 2022 auch Board Member der European Association for Sport Management (EASM).

Gerhard Trosien

Prof. Dr. Gerhard Trosien ist seit 2012 Professor für Sportmanagement an der accadis Hochschule Bad Homburg. Davor war er Professor an der SRH Hochschule in Heidelberg und errichtete dort den Arbeitsbereich Sportmanagement (2001–2011). Studiert hat er an der Johann Wolfgang Goethe-Universität Frankfurt Soziologie und Sportwissenschaft und promovierte dort in Soziologie. Er ist Gründungsmitglied des Arbeitskreises Sportökonomie e.V. und Ehrenmitglied des Verbandes der Sportökonomen und Sportmanager in Deutschland e.V. Sein Sportbranchenansatz ist Allgemeingut in der Sportwissenschaft. Er ist global als Referent, Autor und Herausgeber aktiv.

Heiko von Glahn

Heiko von Glahn, gelernter Bankkaufmann, fand nach dem BWL-Studium seinen Einstieg in die Sport- und Medienwelt mit einem Engagement bei der National Football League (NFL) in den USA und Deutschland. Nach anschließenden 13 Jahren bei der ARD wechselte er zurück in den Sport und war u.a. für den Deutschen Volleyball-Verband sowie den Deutschen Hockey-Bund tätig. Aktuell arbeitet der gebürtige Norddeutsche bei der Senatsverwaltung für Inneres und Sport in Berlin im Host City Team. Er verantwortet bzgl. der UEFA EURO 2024 die Bereiche Marketing, Kommunikation sowie die kommerziellen Themen Sponsoring und Rechteschutz. Über sechs Jahre unterrichte der Fußball-Fan berufsbegleitend an der Hochschule Heilbronn, Campus Künzelsau, im Bereich Sportmanagement.

Andrea Braun von Reinersdorff

Prof. Dr. Andrea Braun von Reinersdorff studierte an den Universitäten Mannheim und Nürnberg und promovierte 2001 auf dem Gebiet des strategischen Krankenhausmanagements an der Universität Bayreuth (Dr. rer. pol.). Sie ist seit 1999 Professorin für Allgemeine Betriebswirtschaftslehre und Management im Gesundheitswesen, insbesondere Personal an der Hochschule Osnabrück. Seit 2016 hat sie die Wissenschaftliche Leitung des GesundheitsCampus Osnabrück inne, seit 2019 ist sie Vizepräsidentin für Internationales sowie Dekanin der Wirtschafts- und Sozialwissenschaftlichen Fakultät. Sie ist Mitglied der Ständigen Kommission der LHK Niedersachsen für Internationalisierung sowie der Ständigen Kommission der HRK für Medizin und Gesundheitswissenschaften.

Ronald Wadsack

Prof. Dr. Ronald Wadsack (*1958) hat an der Universität Wuppertal Wirtschaftswissenschaften studiert. Er ist seit 2000 Professor für das Management von Einrichtungen des Sports und der Sportindustrie an der Ostfalia Hochschule für angewandte Wissenschaften (Campus Salzgitter), wo er in den B.A.-Studiengängen „Sportmanagement", „Stadt- und Regionalmanagement" und dem Masterstudiengang „Führung in Dienstleistungsunternehmen" lehrt. Ronald Wadsack ist Mitherausgeber des „Handwörterbuch des Sportmanagement" und Autor zahlreicher Publikationen, u. a. Wadsack/Wach „Digitale Disruption und Sportmanagement", Wadsack „Vereinsorganisation" und Wadsack/Wach „Verein und Nachhaltigkeit".

Fabio Wagner

Dr. Fabio Wagner ist seit 2021 Programmleiter am Internationalen Fußball Institut (IFI) in München, Ismaning. Er lehrte und forschte im Bereich Sportmanagement von 2016 bis 2021 an der Johannes Gutenberg-Universität Mainz. Nach seiner Promotion wurde er Programmleiter für das Institutszertifikat „Management im leistungsorientierten Fußball" am IFI sowie Dozent für Organisation-, Marketing-, Social Media- und Stakeholder im Fußballmanagement an der Hochschule für angewandtes Management.

Stefan Walzel

Dr. Stefan Walzel studierte Sportwissenschaften mit dem Schwerpunkt Sportökonomie und Sportmanagement an der Deutschen Sporthochschule Köln sowie an der Victoria University in Melbourne (Australien). 2010 promovierte er an der Deutschen Sporthochschule Köln und lehrte dort seit mehr als 15 Jahren im Bereich Sportsponsoring, internationales Sportmanagement sowie Sportbetriebswirtschaftslehre. Seine Forschungsinteressen liegen insbesondere im Sportsponsoring, der sozialen Verantwortung von Sportorganisationen sowie der Nachhaltigkeit im Sport.

Christian Werner

Prof. Dr. Dr. Christian Werner war über 18 Jahre Geschäftsführer einer Unternehmensberatung, bis er 2004 in den Hochschulbereich wechselte. Dort war er Gründungspräsident der Hochschule für angewandtes Management (HAM) in Ismaning und der Deutschen Hochschule für Gesundheit und Sport (DHGS) in Berlin sowie Gründungsrektor der Privatuniversität Schloss Seeburg im Salzburger Land. Seine Schwerpunkte in Lehre und Forschung liegen unter anderem in den Bereichen Sportmanagement, Marketing und Sponsoring sowie Öffentliches und Politisches Management.